KB155085

수출입물류실무

허 문 구

KOFE 코페하우스

since 1986

머리말

제4판을 저술하면서

WTO 체제의 정착과 자유무역주의가 대두하면서 전세계가 단일시장화되고 기업간의 경쟁은 더욱 치열하게 전개되고 있다. "인터넷에 의한 무한 가상" 세계에서 국제 상거래는 날로 확산하는 추세이지만 결국 물류라는 유한 현실 세계에서는 적기인도(Just-in Time Delivery)의 개념이 더욱 위력을 발휘하고 있다.

물류는 이른바 경제학에서 말하는 파생수요(Derived Demand)이므로 물량이 존재하는 한 부수적으로 필요한 종속적인 개념으로만 받아들여진 것이 최근까지의 분위기였다. 그러나 최소의 비용으로 최대의 이윤을 창출할 수 있는 지역에 생산, 판매 및 유통거점을 구축하려는 글로벌 기업들의 의도를 볼 때 물류에 대해 종래와 같이 그리 단순한 기능만이 요구되지 않음을 엿볼 수 있다.

우리나라에서 물류란 용어가 본격적으로 사용되기 시작한 것은 그리 오래되지 않지만 이미 상당한 연구가 이루어져 왔고, 대학 및 대학원의 관련 학과들도 어느 사이에 많이 나타났다. 물론 물류실무를 이해할 수 있는 참고서적도 서점에 많이 볼 수 있게 되었다.

그런데 많은 참고서적 중에서 실무현장에서 바로 적용할 수 있는 국제물류의 실무서는 사실상 눈에 띄지 않는 것이 현실이었다. 이에 이 책은 이론 중심이 아니라 지금 국제물류 현장에서 발생하는 현상들을 반영하여 설명한 실무서이다. 특히, 이 책의 특징은 단순히 국제운송론의 수준을 넘어 국제물류 현장에서 필요한 적하보험이나 물류영어 그리고 국제물류가 어떤 추세로 가고 있는지를 설명하였다.

이 책은 총 8개의 장으로 구성하여 다음과 같이 저술하였다.

1장은 국제운송의 시작이자 일부라고 할 수 있는 국내운송에 관해 서술하고, 2장은 국제운송으로서 국제운송의 세 가지 모드(mode)인 해상운송, 항공운송 및 국제복합운송의 순으로 설명하고 있다.

3장은 선하증권 등 국제운송과 관련한 서류에 관한 서술과 운송클레임 발생시의 제기방법 등에 대해서 제시하고 4장은 실제 수출입에서 발생하는 복잡다기한 물류요금들에 대한 체계를 설명하였다.

5장은 국제물류 관리상 수반되는 적하보험에 관해서 서술하고, 6장은 최근의 국제물류 동향과 아울러 물류에서의 국제적인 대세로 가고 있는 물류 아웃소싱, 즉, 제3자물류 (Third-party Logistics)에 대해 설명하였다.

7장은 국내에서 최초로 시도한 물류영어로, 국제물류 실무에 꼭 필요한 물류영어 활용법을 설명하고, 마지막으로 8장에서 물류 관련 국제기구 및 국제해사기구와 관련한 국제조약에 대하여 설명하였다.

모쪼록 이 책이 물류를 전공하거나 공부하는 대학(원)생에게 국제물류에 대한 이해의 폭을 넓히는 한편, 물류분야에서 일하고 있거나 장차 일하고자 하는 분들께 실무 지침서로 글로벌 무한 경쟁 시대에 물류분야에서 핵심역량을 발휘하는 데 도움이 되길 바란다.

2018. 8. .

부산무역회관에서 부산항을 보면서

허 문 구

차 례

머리말 3
찾아보기 (표·그림·서식·용어) 410
저자소개 414

1장 국내운송

1절 수출화물의 운송절차와 이동 경로 ······················· 12
　　1. 수출화물의 해상운송절차　　　　　12
　　2. 수출화물의 이동 경로　　　　　　23

2절 수입화물의 운송절차와 이동 경로 ······················· 26
　　1. 수입화물의 운송절차　　　　　　26
　　2. 수입화물의 이동 경로　　　　　　28

3절 컨테이너 육상운송 ·· 30
　　1. 육상운송　　　　　　　　　　　30
　　2. 컨테이너 과적 차량 단속문제　　　33

4절 컨테이너 철도운송 ·· 37
　　1. 철도운송　　　　　　　　　　　37
　　2. I C D　　　　　　　　　　　　39

5절 컨테이너 연안 해상운송 ·· 47
　　1. 연안해송의 의의　　　　　　　　47
　　2. 연안해송의 절차　　　　　　　　49
　　3. 외항선의 연안 운송　　　　　　　50

1절 해상운송 ·· 56
　　1. 컨테이너　　　　　　　　　　　　56
　　2. 선박　　　　　　　　　　　　　　70
　　3. 항만과 컨테이너 터미널　　　　　　81
　　4. 해운시장의 수요와 공급　　　　　　90
　　5. 해상운송의 수요와 공급요인　　　　91
　　6. 정기선　　　　　　　　　　　　　94
　　6. 부정기선　　　　　　　　　　　　113

2절 항공운송 ·· 121
　　1. 수출항공화물 운송의 흐름　　　　　121
　　2. 수입항공화물 운송의 흐름　　　　　125
　　3. 항공화물대리점과 국제특송업　　　　129
　　4. 항공화물 운임　　　　　　　　　　133
　　5. 항공화물 화주보험　　　　　　　　138
　　6. 항공사의 책임한도　　　　　　　　140
　　7. 항공화물기 및 탑재 용기의 이해　　144

3절 국제복합운송 ··150
　　1. 국제복합운송의 의의와 서비스 내용　150
　　2. 프레이트 포워더　　　　　　　　　151
　　3. 복합운송증권　　　　　　　　　　154
　　4. 복합운송 루트　　　　　　　　　　158

1절 국제운송 관련 서류 ·· 164
　　1. 선하증권(B/L)　　　　　　　　　　164
　　2. 해상화물운송장 (Sea Waybill)　　　184
　　3. 항공화물운송장　　　　　　　　　189

2절 운송클레임 ··· 200
　　1. 운송클레임의 발생인인　　　　　　200
　　2. 운송클레임의 제기방법　　　　　　202
　　3. 운송클레임 사례　　　　　　　　　204

4장   수출입 물류요금

1절 국내운송 부문 요금 ·· 208
    1. 컨테이너 육상운송료   208
    2. 일반 화물자동차 운송요금   211
    3. 보세창고 보관료와 하역료   212
    4. 화물입출항료   214
    5. 화물보안료   218

2절 국제운송 부문 요금 ·· 219
    1. 해상운임 및 부대비용   219
    2. 항공화물 운임   230

3절 항만 및 통관 관련 요금 ·· 247
    1. 항만운송료   247
    2. 통관 관련 요금   251

5장   적하보험 실무

    1. 해상적하보험   256
    2. 무역조건과 해상적하보험 계약자   258
    3. 해상위험   260
    4. 해상손해   261
    5. 해상보험증권과 협회적하약관   262
    6. 해상적하보험 조건과 손해보상   263
    7. 해상보험회사에 대한 보험금   270
    8. 위부와 대위   271

6장   국제물류 추세와 제3자물류

1절 최근 국제물류의 환경분석 ·· 273
    1. 국제물류관리의 중요성   273
    2. 과학적 물류관리기법의 등장   274

2절 SCM의 도입·확산 현황 ··· 280
    1. SCM이란   280
    2. SCM의 도입   281
    3. SCM의 추진사례   283

3절 국제물류의 대형화 추세 ·· 290
1. 국제물류의 추세　　　　　　　　290
2. 국제물류의 대형화　　　　　　　291

4절 제4차 산업혁명 시대와 블록체인기술의 물류분야 ·········· 294
1. 제4차 산업혁명 시대 개요　　　　294
2. 물류의 블록체인 기술도입　　　　297

5절 물류분야의 전략적 제휴와 전문물류업체의 역할 ··········· 299
1. 물류분야의 전략적 제휴　　　　　299
2. 전문물류업체의 역할　　　　　　300

6절 제3자물류의 확산 ·· 302
1. 제3자물류의 의의　　　　　　　　302
2. 제3자물류 업자의 유형과 특징　　305
3. 제3자물류 서비스 도입시 기대효과　308
4. 외국의 제3자물류 시장 현황　　　311
5. 수출입기업의 제3자물류 서비스의 필요성　317
6. 물류 아웃소싱의 사례　　　　　　320

7절 3PL 추진 방법과 절차 ··· 323
1. 3PL 추진시 고려사항　　　　　　323
2. 3PL기업 선정 기본방향　　　　　326
3. 3PL기업 선정기준　　　　　　　327
4. 3PL 추진 절차와 방법　　　　　　330
5. 협상추진 세부사항　　　　　　　343

7장　　물류 관련 영어와 통신문 및 용어

1절 주의해야 할 명사·동사·형용사·부사 ······························ 350
1. 주의해야 할 명사　　　　　　　　350
2. 주의해야 할 동사　　　　　　　　355
3. 주의해야 할 형용사　　　　　　　360
4. 주의해야 할 부사　　　　　　　　364

2절 물류통신문 작성 실무 ··· 367
1. 물류통신문 작성개요　　　　　　367
2. 견적 관련 영문작성　　　　　　　368
3. 수출 관련 영문작성　　　　　　　371

4. 수입 관련 영문작성   375

3절 클레임과 결제 관련 물류영어 ┈┈┈┈┈┈┈┈┈┈┈┈ 377

1. 화물추적 관련 영문   377
2. 클레임 관련 예문   378
3. 결제 관련 물류영어   381

4절 혼동하기 쉬운 물류 용어 ┈┈┈┈┈┈┈┈┈┈┈┈┈┈┈ 383

1. 영문 물류 용어의 우리말과 비교   383
2. 주요 물류 관련 어구   386

8장   물류 관련 국제기구와 국제조약

1. 물류 관련 국제기구   389
2. 국제해사기구   498
3. 컨테이너 관련 국제조약   403

참 고

☑ 참고문헌   406
☑ 찾아보기(표·그림·서식·용어)   409
☑ 저자소개   414
☑ 발행정보   415

1장

국내운송

1절 수출화물의 운송절차와 이동 경로   12

2절 수입화물의 운송절차와 이동 경로   26

3절 컨테이너 육상운송   30

4절 컨테이너 철도운송   37

5절 컨테이너 연안 해상운송   47

1절
수출화물의 운송절차와 이동 경로

1. 수출화물의 해상운송절차

가 선박 수배

CIF 혹은 CFR 조건 등과 같이 수출자가 운임을 부담하는 조건으로 수출계약을 체결했을 경우 계약제품의 생산을 마쳤거나 조달이 완료되면 계약서상에 명시된 선적기한 내에 선적(船積)을 마칠 수 있도록 선박을 수배해야 한다.

선박 수배를 위해서는 출항일 전후에 선적항에 기항하는 선적일정을 확인해야 하는데, 그 기본적인 방법으로는 해당 항로에 취항하는 선박회사(선사)의 인터넷 홈페이지 방문이나 선박회사(포워더 포함) 직접 방문 혹은 전화 상담 등을 통할 수 있다.

보통 선적담당자들은 국내에 기항하는 모든 정기 컨테이너 선박의 입출항 스케줄(schedule)이 게재되는 운송 전문 주간지(예 코리아쉬핑가제트 등)를 찾아보는 경우가 많다.

이들 운송전문잡지에는 보통 목적지 항만별(국가별), 수출입 항로별로 취항하는 선박명과 출항 예정 일자 그리고 기항하는 항만 명과 도착예정 일자 등이 일목요연하게 매주 단위로 게재된다. 그런데 최근에는 e-logistics의 급속한 발전으로 인해 선적스케줄을 인터넷을 통해 실시간으로 별도의 비용지출 없이 확인해 볼 수 있는 사이트도 등장하고 있는데, www.schedulebank.com, www.shipshedule.com, www.tradlinx.com 등이 이에 해당한다.

대개 선적스케줄을 보면 선명(船名), 항차 번호, 도착항 및 도착예정 일자(ETA), 터미널에의 화물도착 마감시간(closing time), 차기기항 항만 및 도착일자, 환적(T/S) 여부, 선적항의 선적 대기 CY 명과 아울러 영업 및 선적문의 담당자 연락처 등이 같이 표시된다.

온라인(on-line) 혹은 오프라인(off-line)을 불문하고 선적스케줄 확인 시에는 첫째, 선박의 입출항 일자, 운송기일(T/T ; Transit Time), 직항 혹은 환적항에의 기항 여부를 체크(check)하고, 둘째, 선박의 출항예정일자(ETD ; Estimated Time of Departure), 도착예정 일자(ETA ; Estimated Time of Arrival)를 알아야 하며, 셋째, 특히 CY Cargo[1]인 경우는 화물수취 마감시간(Closing

Time[2])이 언제인지를 정확히 알아두고 관할 세관과 CY 담당자 및 전화번호까지도 별도로 메모해 두어야 한다.

[선박 스케줄 예시]

▶ BUSAN -> LOS ANGELES, CA　　　　　　　　　　　　　　POL ETD : 2017-01-06 / 2017-02-02

▪운항 총 3사	[CMA-CGM] [MOL] [NYK]
▪최다 주2회 1사	[NYK]
▪최단 11일	[MOL] [NYK]

POL ETD		POD ETA		VESSEL NAME	VOY.	T/TIME	C/TIME	POL ETA		OPERATOR	선택
01/07	Sa	01/19	Th	ARCHIMIDIS	169YTE	12 D	2일전 18시	01/07	Sa	CMA-CGM	☐
01/08	Su	01/19	Th	OOCL SHENZHEN	090E	11 D	2일전 23시	01/08	Su	MOL	☐
01/08	Su	01/19	Th	OOCL SHENZHEN	090E	11 D	하루전 18시	01/07	Sa	NYK	☐
01/12	Th	02/04	Sa	NYK DEMETER	048E	23 D	5일전 23시	01/11	We	NYK	☐
01/14	Sa	01/26	Th	CSCL EAST CHINA SEA	171YTE	12 D	2일전 18시	01/14	Sa	CMA-CGM	☐
01/15	Su	01/26	Th	CMA CGM LAMARTINE	006E	11 D	2일전 23시	01/15	Su	MOL	☐
01/15	Su	01/26	Th	CMA CGM LAMARTINE	006E	11 D	하루전 18시	01/14	Sa	NYK	☐
01/21	Sa	02/02	Th	NAVARINO	173YTE	12 D	2일전 18시	01/21	Sa	CMA-CGM	☐
01/21	Sa	02/06	Mo	NYK DIANA	048E	16 D	5일전 23시	01/21	Sa	NYK	☐
01/22	Su	02/02	Th	OOCL UTAH	012E	11 D	하루전 18시	01/21	Sa	NYK	☐
01/22	Su	02/02	Th	OOCL UTAH	012E	11 D	2일전 23시	01/22	Su	MOL	☐
01/28	Sa	02/20	Mo	NYK METEOR	048E	23 D	5일전 23시	01/27	Fr	NYK	☐

자료 : schedulebank.com

차후 선사에 화물을 맡기고 난 후 선하증권(B/L ; Bill of Lading)을 받았다고 해서 선적업무를 마무리 지었다고 생각해선 안 되며, 자신의 화물이 실제로 선적(On Board)되어 출항하였는지를 끝까지 확인해보는 것이 좋다.

간혹 성수기 때에 On Board B/L을 발급받았음에도 부두에서 자신의 화물이 대기업의 화물에 밀려 선적되지 못하는 경우도간혹 발생할 수도 있으며, 선적작업 시 착오도 발생할 수 있기 때문이다.

앞에서 언급한 해운 잡지에 게재된 선박 운항스케줄 광고를 보면 그 내용 중에 "Schedules are subject to change with or without notice"라고 명시되어 있어 사전통지 없이 운항스케줄의 변경 가능성을 예고하고 있다. 따라서 스케줄을 확정한 뒤라도 다시 한번 그 선박이 예정대로 출항하게 되는지 반드시 재확인해 볼 필요도 있다.

선박스케줄에는 Outbound Schedule(수출항로)과 Inbound Schedule(수입항로)이 있다. 그런데 같은 수출이라도 우리나라를 기점으로 해서 유럽으로 나가는 것은 서쪽으로 가는 것이기 때

---

1) CY(Container Yard) Cargo란 수출시에 화주 공장 혹은 창고에서 컨테이너내에 화물적입작업(→도어작업)을 마친 후 선적항의 부두에 바로 들어가지 않고 선박회사가 지정한 CY에 입고한 후 선적대기하는 화물이란 뜻이다. 물론 그 화물이 CY에 바로 들어갈 것인지 혹은 부두로 바로 들어갈 것인지의 결정은 선박회사가 그때그때의 사정에 따라 정한다.
2) Cut-off time으로 부르기도 한다.

문에(미국을 경유해서 가는 것은 예외) Westbound(서향), 반대로 유럽에서 수입하는 것은 Eastbound(동향)라고 한다. 이에 비해 우리나라를 기준으로 해서 미국으로 수출되는 것은 Eastbound, 미국에서 수입되는 것은 Westbound라고 한다.

한편, 무역조건이 FOB일 경우 해상운임은 수입자가 부담하므로 수입자는 이미 신용장(L/C)이 개설될 시점에 수출지에 소재하고 있는 선박회사 또는 포워더을 통해 운송할 선박을 지정(Nomination)하게 되는 것이 일반적이다.

자신이 지정된 사실을 안 운송인은 먼저 수출자(송하인)에게 연락하여 화물의 제조완료 시점 등 여러 가지를 문의하여 온다. 만약 수출자는 운송인에게 연락이 오지 않아 적기선적에 차질이 우려될 때는 지체 없이 이들에게 먼저 연락을 하여 선적 협의를 해야 한다. 왜냐하면, FOB 조건이라도 화물을 선적항에 도착시켜 적기에 선적되도록 하는 것은 수출자의 책임이기 때문이다. FOB 조건이라고 해서 모두 다 L/C에 운송인을 지정하는 것은 아니며, 때로는 수출자가 바이어를 대신해서 운송인을 선정해야 하는 때도 있고, L/C에 명시하지는 않았지만, 별도로 바이어가 지정하는 운송인을 이용하도록 요청하는 때도 많이 있다.

🔵 나 선박회사 선정

보통 부산항에서 외국의 목적지로 가는 선박은 하루에도 여러 정기 선박회사의 선박들이 있기에 수출화주는 그중에서 가장 적합한 선박회사의 선박을 선택해야 한다. 일반적으로 화주가 선사를 선정할 때는 운임 수준이 제일 중요하다. 운임에는 정기선사들이 공시하는 운임(tariff)이 있지만 실제로는 선사들간의 경쟁으로 형성되는 시장운임(market rate)이 있으므로 화주는 각 선사에게 일일이 반드시 서면으로 견적을 받아 보는 것이 바람직하다.

견적을 받아 볼 때는 해상운임뿐만 아니라 각종 부대 운임들도 같이 포함하여 소위 "All-in Rate"로 받아 보는 것이 차후에 운임의 범위로 인한 선화주간의 오해를 방지할 수 있다. 보통 화주는 운임이 제일 저렴한 선사를 선정할 수 있지만, 기타 제약조건도 생각해볼 필요가 있다. 특히 만일 무역계약서상에 환적(transshipment)[3]을 금지하고 있는데도 운임이 저렴하다고 해서 환적되는 선사를 선정하면 차후 계약위반에 직면하게 된다.

일반적으로 환적되는 화물은 직항으로 가는 편에 비해 운임이 저렴하다. 다음으로는 만일 무역계약서상에 당해 화물의 인도 일자(delivery date)가 명시되어 있다면 대상 선박 중 선적항에서 양륙항까지의 소요기일(T/T : transit time)을 확인하여 충분히 인도 일자에 맞추어 도착할 수 있는 선박스케줄을 갖추고 있는지 확인해야 된다.

---

3) 환적의 반대되는 용어를 직항(direct sailing)이라고 한다.

보통 우리나라 중소 수출기업들은 수출선적일 이전에 느긋하게 화물을 준비하지 못하는 경우도 많이 있는 만큼, 각 선사의 CY 반입 마감 시간(CY closing time)을 확인하여 해당 선박의 출항 일자가 문제가 아니라 CY 반입 마감 시간을 맞출 수 있는지 파악해야 한다. 만일 수출화주가 CY 반입 마감 시간을 어기면 선사는 법적으로 해당 화물을 실어줄 의무가 없다.

다) 선적예약 (Booking)

수출자는 일반적으로 화물이 출고되기 전 또는 수출신고를 전후해서 선사 혹은 포워딩업체에 선적예약(Booking)을 하게 된다. 물론 선적예약 화물이 FCL(Full Container Load)이 아닌 LCL(Less than a Container Load)이면 운임의 할인 혜택 등을 받기 위해서 포워딩 회사를 이용하는 경우가 대부분이다. 수출자는 선적예약을 하기 전에, 수출지역이나 수화주의 요청 또는 화물의 특성상 필요한 제반서류(예 : 원산지증명서, 세관 송장) 등을 준비한다.

선적예약 시 화주는 선사 소정 양식인 선적의뢰서(S/R ; Shipping Request)에 해당 사항을 기재하여 팩스로 송부한 후 접수 여부를 확인하는 것이 바람직하다.

[일반적인 S/R 양식]

Shipping Request

1. Seller Name Address Tel Fax			2. Buyer Name Address Tel Fax		
3. Consignee			4. Notify		
5. Vessel/flight and Departure Date ☐ Vessel ☐ flight Departure Date			6. L/C No.		
7. Loading Port			8. Terms of delivery and payment Delivery : ex) FOB,CIF Payment : ex) L/C, T/T		
9. Discharging Port			10. Cargo type ☐ Container ☐ LCL ☐ BULK		
11. Pick up date of Cargo date: Tel : P.I.C :					
12. Shipping Marks	13. No & kind of packages	14.Description	15. Measurement (CBM)	16. Net weight (kg)	17. Gross weight (kg)

S/R 양식은 선사마다 또는 포워더마다 서로 다른 양식을 사용하고 있으며, 일부 대형 화주기업은 독자적인 양식을 사용하고 있는 예도 있다. 보통 선적담당자들은 선적예약 시 송장(invoice)이나 포장명세서(P/L ; Packing List) 사본만을 팩스로 선사에 보내어 예약하는 경우가 많으나 선사들 입장에서는 나중에 발급하게 되는 선하증권에 반드시 기재해야 할 수출 품목, 중량 등에 대해 화주들에게 일일이 확인절차를 다시 밟아야 하는 번거로움이 발생하고 유선상의 확인 작업 중에서 착오가 발생할 수도 있게 되어 바람직하지 못하다.

더구나 운송계약의 성립이 청약(offer)과 승낙(acceptance)으로 이루어지는 만큼 단순히 송장(invoice)이나 포장명세서만을 선사에 보내어 예약하는 것은 정상적인 청약절차로 보기 어려우므로 만일 나중에 선적예약이 안 되어 문제가 발생하더라도 화주는 법적으로 불리한 상황에 있게 될 수밖에 없다. 요즘은 대부분 선박회사나 대형 포워딩업체는 자체 사이트에서 부킹사이트를 가동하여 온라인 부킹시스템을 가동 중이다.

[고려해운의 온라인 부킹시스템]

자료 : http://www.ekmtc.com/

화주가 S/R을 보내어 선적예약을 하게 되면 선사는 화주에게 해당 화물이 예약되었다는 내용을 서면으로 보내주게 되는데, 이때 불리는 서식은 booking note, shipping/booking confirmation letter, 부킹확약서 등으로 실무에서 다양하게 불리고 있다.

BOOKING NOTE
VVMV: 1008307

Shipper: PASL	1sr Fl., 3G Pho Quang St., Tan Binh Dist , Hochiminh City, Viet Nam Tel (84.8) 8447434 Fax: (84.8) 8447438/ 8447456		
Notify party:			
Port of loading HOCHIMINH, VN	Port of discharge SYDNEY	Place of stuffing: WAREHOUSE 8 - NEW PORT	Loading/stuffing date: before16H00PM SEP-1, 2010
Routing information: VINASHIN NAVIGATOR VN015S ETD: SEP-6,2010		For stuffing please contact: Mr Hòang 0908 524 611	

PARTICULARS FURNISHEDED BY SHIPPER

Shipping marks	No. of cont./pkgs	Description of good	GW	Measurement
				10,00CBM

Others services inquired, handing information and remarks * HÀNG KIỆN GỖ HUN TRÙNG PHẢI BÁO TRƯỚC	Date:AUG-26,2010	VVMV LOC 0908.994.717
	Charterrer	

　수출화물 통관절차가 EDI 처리 방식으로 이루어진 후 선사들이 적하목록을 직접 작성해야 하므로 선사들은 수출화물에 대해 정확한 정보를 받기를 바라고 있다. 이에 따라 선사들은 수출업체들이 귀찮더라도 선사들이 요구하는 양식에 따라 S/R을 정확히 작성해주고 가급적 수출면장 사본을 제출해주기를 희망하고 있다.

　S/R을 접수한 선박회사는 화물예약을 마치면 화주에게 선적예약확인서를 보내든가 구두로 예약번호 등을 알려주면서 선적 예약되었음을 통보하는 경우가 많다.

　한편, 일단 선적 예약된 사항을 변경하는 경우에는 선박이 입항하기 전에 변경사항을 서면이나 구두로 선사에 통지하여야 한다. 특히 양하항을 변경하고자 할 때는 FCL의 경우 선적을 위하여 하역업자에게 화물이 이송되기 전에 선사에 변경사항을 전달하여야 한다.

라 공컨테이너 도어[4] 반입

수출 FCL 화물은 부킹이 완료되면 선사는 자사의 공컨테이너(empty container)를 수출화주의 공장이나 창고로 보내게 되고 이때 컨테이너 차량 기사 편으로 컨테이너의 봉인을 위한 씰(seal)도 같이 가져온다. 경인 지역이나 수도권의 경우 의왕ICD에 있는 선사의 컨테이너를 보내게 되며, 수입화주의 경우 해당 공컨테이너를 의왕ICD로 반납하게 된다.

수출 LCL 화물의 경우 공컨테이너의 도어 반입이 이루어지지 않기 때문에 수출화주가 자기의 책임으로 포워더가 지시한 수출항의 CFS로 직접 보내야 한다.

마 도어작업과 씰링작업

공컨테이너가 도어반입 되면 수출화주는 해당 수출제품을 컨테이너 안에 차곡차곡 적입, 적재하게 되는데, 이 작업을 도어(door)[5] 작업이라고 부른다. 도어작업 시 해당 수출제품만을 적입하는 것이 아니라, 화물과 화물 사이의 마찰로 인한 손상을 방지하기 위해 완충재(dunnage)도 적입하게 되며, 신속한 하역을 위해 팔레트(pallet)도 들어가게 된다.

또한, 컨테이너 내부 화물이 운송과정 중에 흔들림 등에 대한 충격을 막기 위해 고정작업(lashing)도 실시한다.

[도어작업 모습]

도어작업이 끝나게 되면 트럭기사 편으로 받은 컨테이너 씰(seal)을 컨테이너의 외부에 채워 잠금장치를 하게 되는데, 이를 씰링(sealing)작업이라고 부른다. 오래전에는 수출검사제도를 통해 반드시 세관원의 입회하에 세관신고된 물품과 컨테이너내 적입물품이 일칠하는 지를 확인한 후 씰링작업이 이루어졌으나 현재는 수출자의 책임하에 씰링작업이 이루어지고 있다. 이로

---

4) 여기서 도어는 수출업체의 공장문 혹은 창고 문이란 뜻이다.
5) 여기서 도어는 컨테이너 문이란 뜻임(컨테이너는 문이 한쪽뿐이며, 문 있는 쪽이 컨테이너의 후면이다

인해 선사는 컨테이너 도어작업과 씰링작업에 관여치 않기 때문에 컨테이너 안에 적재된 화물의 내용물이나 개수, 중량 등에 책임을 지지 않는다는 면책조항인 이른바 "부지조항(unknown clause)[6]"을 선하증권의 전면에 표기해둔다.

[도어작업 완성 직전의 컨테이너 내부 모습]

[대표적인 씰의 도구와 씰링된 형태]

바 선적

수출 컨테이너 화물을 육송이나 철송에 의해 부산항이나 광양항 등 선적항의 ODCY나 컨테이너 터미널에 반입하는 경우 마감 시간(Closing Time)을 지키도록 유의해야 한다. 현재 선사들은 CY 반입 마감 시간을 선박 출항 하루 전이나 선박 입항 후 12시간 내외로 규정하고 있기 때문에[7] 시간 내 화물반입이 이루어지지 않으면 예약된 선박에 선적하지 못하는 경우를 맞을 수도 있다.

특히 수출자가 선사에 내륙운송서비스까지 직접 의뢰한 경우 선사들이 자기 책임 아래 운송

---

6) "shipper's load and count", "said to contain"이 이에 해당한다.
7) 현재 미국으로 수출하는 화물은 미국의 보안기준(CSI ; Container Security Initiative)에 의해 클로징 타임은 당해 선적의 입항 48시간 전까지로 정하고 있다.

계약업체를 통해 적기에 수송서비스를 해주지만 소위 "자가운송"[8]을 이용할 경우 선사들이 책임이 없으므로 수출자 스스로 마감 시간을 지키도록 신경을 써야 한다.

CIP나 CIF 조건에 의한 수출일 경우에는 수출자는 보험회사와 적하보험계약을 체결하고 이에 대한 보험료를 납부해야 한다. 일반적으로 수출자는 보험계약을 체결할 때 최저 부보조건인 인보이스 가격의 110% 조건으로 보험을 들게 된다.

물품을 외국으로 수출하기 위해서는 최종적으로 거쳐야 할 단계가 수출통관 절차이다. 현재의 수출통관 절차는 수출신고서류 없이 EDI로 신고내용을 세관에 전송하면 세관에서 컴퓨터상의 신고화면을 확인하고 신고수리를 신고자에게 전산 통보해주는 EDI 수출통관제도를 시행하고 있다. 수출물품에 대하여는 검사생략을 원칙적으로 하고 있으나 전산에 의한 발췌검사 또는 필요한 경우 예외적으로 검사를 실시하는 현품검사를 받고 관세법상 적법한 물품인 경우 수출신고필증을 교부받게 된다. 또한, 교부받은 수출신고필증 사본은 선사가 요구하는 마감시간까지 제출해야 한다.

화물의 선적이 이루어진 후 선사 혹은 포워더로부터 선하증권(B/L)을 받게 되는데, 선하증권(B/L)을 받으면 선적담당자는 반드시 B/L에 기재된 내용을 확인해보아야 한다. 보통 선적 전후로 선사나 포워더는 수출화주에게 체크(check) B/L을 발행하여 보낸 후에 화주로부터 확인완료된 B/L Copy를 다시 받아 받은 내용을 가지고 원본 B/L을 발행하게 된다.

따라서 체크 B/L을 받은 수출화주는 반드시 B/L 기재내용을 확인해야 한다. 즉, 선사들은 수출업체가 도착항이나 컨테이너 번호 등과 같은 중요한 내용을 확인하지 않고 B/L을 받은 다음, 화물이 다른 항으로 보내어지거나 화물이 분실되어 입게 되는 피해에 대해 화주에게 책임지지 않는 것을 원칙으로 하므로 B/L 수령 시 담당자가 기재내용을 반드시 확인해 주는 것이 좋다. 물론 이러한 과정 중에서 잘못된 기재내용이 있으면 선사에 바로 알리고 변경통보 내용은 전화나 구두로 보다는 반드시 서면(書面)으로 남겨두는 것이 바람직하다.

---

8) 선사가 지정한 CY나 부두까지의 내륙운송 시 컨테이너 내륙운송업체를 선택할 수 있는 권한은 화주에게 있는데, 선사가 지정해준 업체(주로 CY 소속 혹은 선사의 계약/계열사)가 아니라 화주가 지정하여 운송 의뢰한 업체를 보통 "자가운송업체"라고 부른다.

[체크 B/L 예시]

CHECK B/L

Shipper PATRA CO.LTD.856-55, JAKJEON-DONG, GYEYANG-GU, INCHEON, KOREA	House B/L No. TBAE0612103
	TO : PATRA ATTN :
Consignee UZ-DONG YANG COMPANY SEVERNAYA PROMZONA ANDIJAN CITY, REPUBLIC OF UZBEKISTAN	FROM : 터보지엘에스(주)
Notify SAME AS ABOVE ATTN : MR.A.A.HORINOV/GENERAL DIRECTOR TEL : 996-742-243-918	UZ-DONG YANG COMPANY SEVERNAYA PROMZONA ANDIJAN CITY, REPUBLIC OF UZBEKISTAN

Place of Receipt	INCHEON, KOREA	Port of Loading	INCHEON, KOREA
Vessel/Voyage No.	ZI YU LAN 6096W	Port of Discharge	LIANYUNGANG, CHINA
Place of Delivery		Final Destination	ANDIJAN-SEVERNIY RAILWAY**

Mark & Number	No of package	Description of good	Weight Measurement
	1 X 40' (89 CASES)		3,471.56 KGS 51.007 CBM

```
N/M                                 SHIPPERS LOAD AND COUNT
UZ-DY<IN DIA>                        SAID TO CONTAIN
CASE No: DYA-03-001~
MADE IN KOREA                       KNOCK DOWN PARTS, AUXILIARY MATERIALS, CONSUMABLES AND SPARE
***STATION, UZBEKISTAN              PARTS ACCORDING TO THE BASIC SUPPLY CONTRACT (III A)
*CONTAINER IS PROPERTY OF           DO 06. 06. 2005. DETAILS ARE AS PER P/O 06-11 A.
TURBO GLS CO., LTD.                 FOB KOREAN PORT AND/OR  FCA KOREAN AIRPORT AND/OR CIP ANDIJAN-
EMPTY CONTAINER BELONGS TO          SEVERNIY RAILWAY STATION, AND/OR CIP TASHKENT AIRPORT,UZBEKISTAN.
TURBO GLS CO., LTD.
AFTER DEVANING,                     AUTOMOTIVE KD PARTS (KNOCK DOWN PARTS)
EMPTY CONTAINER SHOULD BE             SEAT COVER     63 CASES
REDELIVERED TO                        AUXILIARY      26 CASES
TURBO TASHKENT OFFICE
MR.DAVRON (TEL:996-711-52-27-18/20)  L/C NO. IMP862006353  061120
                                     INVOICE NO:U611DYA-03  DEC.04.2006
TRIU5797966 / TURB0010494                                              On Board Date
                                                                        DEC. 05, 2006
                                     FREIGHT PREPAID
```

CY/CY   SAY : ONE(1) X 40' CONTAINER ONLY

Freight & Charge	Prepaid	Collect	
Place and Date of Issue DEC. 05, 2006			

B/L CHECK 후 수정할 부분 기재하여 보내 주시면 감사하겠습니다.

사 선적지 변경

수출신고 수리 후 "선적지"를 변경할 때 신고필증상에 단순히 목적지를 변경하는 방식으로 선적지를 정정 기재해서는 안 된다. 관세청의 '수출신고 수리 후 선적지 변경에 따른 통관지침'에는 선적지 일부 변경의 경우 당초 신고필증에 관련된 내용을 모두 정정하고, 변경된 선적지의 선적분에 대해서는 별도로 세관에 수출신고를 해야 한다고 규정하고 있다.

예를 들어 A사가 전자제품 한 컨테이너 분을 부산항에서 선적하기 위해 서울세관에서 수출신고를 마쳤는데, 그중 일부에 대해 인천공항을 통해 긴급히 수출해야 할 사유가 발생할 경우, 서울세관에 신고 수리된 필증은 부산항 선적분만을 뜻하므로 인천공항 선적분을 제외한 나머지 부분에 대해서는 당해 신고필증상 포장개수와 수량, 중량 및 가격을 정정해야 한다는 것이다.

또 인천공항 선적분에 대해서는 별도로 세관에 수출신고를 해야 한다. 이 경우는 수출신고필증의 분할절차와 동일하므로 분할 내역 및 사유서 이외에 별도 첨부서류는 제출하지 않아도 된다.

만일, 선적지를 전부 변경할 경우 수출신고 수량 등 내역의 변경 없이 적재항(port of loading)이 변경되는 때에는 정정신고만으로 가능하며 별도의 첨부서류는 필요 없다. 이 밖에 수출신고 내역과 적재 항이 단순히 구분하기 곤란할 정도로 복잡하게 변경되는 경우에는 당초의 수출신고를 취하하고 새로 변경된 내용으로 각기 수출신고를 해야 한다.

2. 수출화물의 이동 경로

일반적으로 수출 컨테이너 화물의 흐름은 자사의 화물로만 한 컨테이너 분을 채울 수 있는 FCL(Full Container Load)이냐 그렇지 않은 LCL(Less than a Container Load)이냐에 따라 이동 경로 및 방법이 조금 달라진다. 먼저 FCL 화물은 수출자가 선사 혹은 포워더에게 선적을 의뢰할 경우, 운송인은 화주가 별도로 지정하지 않는 한 자신과 계약된 컨테이너 트럭킹 회사에 연락하여 선적기일에 맞추어 수출자의 공장 혹은 창고에 공컨테이너(empty container)를 실어온다. 이때 운송업체로부터 받은 공컨테이너 용기는 화물적재 담당 직원이 직접 안에 들어가 빛이 새는 곳이 없는지(빛이 샌다면 물이 그 틈으로 들어올 수 있다는 뜻임), 기타 하자가 없는지를 검사해 볼 필요가 있다.

만약 도착한 컨테이너에 그대로 화물 적입작업(도어작업)을 한 후 선적했는데 항해 중 컨테이너에 물이 침입하여 화물이 손상한 때에는 수출자는 선사로부터 보상받을 수 없음을 유의해야 한다.[9] 도어작업이 끝난 컨테이너는 만일 회사의 공장이나 창고에서 수출신고가 이루어졌을 경우 컨테이너는 봉인(Sealing)된 채 선적항의 컨테이너 야드(Off-Dock CY)를 거쳐 부두로 운송되거나 혹은 부두로 직반입 된다.

[FCL 화물의 운송 루트 : 부산항 선적의 경우]

LCL 화물의 경우는 제품생산 완료 후 공컨테이너를 회사로 가져오게 하지 않고 일반트럭을 불러 적재한 후 부두 밖 컨테이너 장치장(ODCY)에 있는 CFS 혹은 부두내에 있는 CFS[10]로 운

---

9) 선하증권통일조약(Hague Rule)의 경우 화물 고유의 하자(Inherent defect) 및 숨은 결함과 포장의 불충분 (Insufficient packing)에 기인하는 화물사고에 대해 선사는 면책됨을 밝히고 있다.

송해 가야 한다. 선박회사가 지정한 CFS에 화물이 입고되면 동일선박에 의해 동일 목적지 항만까지 갈 타사의 화물과 함께 혼적되어 FCL 화물화 된다.

만일 LCL 화주가 CFS를 이용치 않고 공컨테이너를 다 이용키로 한다면 해상운임은 컨테이너당으로 징수하므로 상당한 운송비 부담이 되는 만큼 일종의 '합승'을 위해서 CFS를 이용해야만 한다. 다시 말하면 LCL 화물은 수출지의 CFS를 거쳐 FCL화된 후 도착지의 CFS로 들어가 FCL 화물을 해체하여 수입화주별로 해체, 보관작업이 이루어지므로 LCL 화물은 반드시 수출지와 도착지의 CFS를 각각 한 번씩은 거쳐야 한다.

[수출입화물의 CFS 경유 형태]

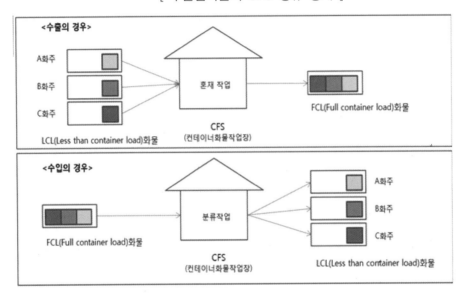

---

10) CFS : Container Freight Station의 약어로서 CY 안에 소재하고 있으며 단순히 지붕과 벽으로 이루어진 창고의 형태이다. 내부에 특별한 설비는 없고 화물을 쌓아둘 수 있는 평평하고 넓은 공간을 가지고 있다. 수출시는 동일방향으로 가는 여러 화주의 LCL 화물을 '합승' 할 수 있도록 한 컨테이너로 단위화(→콘솔)하여 컨테이너에 적입하는 작업(stuffing)을 행하는 곳이며, 수입시는 한 컨테이너내에 들어 있는 여러 화주의 화물을 컨테이너에서 끄집어내(devanning) 화주별로 분류, 보관하는 기능을 한다. 현재 모든 ODCY 회사는 CY 내에 CFS도 운영하고 있으므로 CY입구간판에 (주)ㅇㅇCY/CFS로 표시하고 있다.

[CFS의 내외부 모습]

한편, 컨테이너 전용부두내로 들어온 컨테이너 화물의 경우 통상 부두내의 On-dock CY에 머물 후 선적이 가까워져 오면 에이프런(Apron) 지역으로 이송되어 갠트리 크레인(Gantry Crane) 등의 하역기기에 의해 선박에 적재하게 되는 것이 일반적이다.

[LCL 화물의 운송루트]

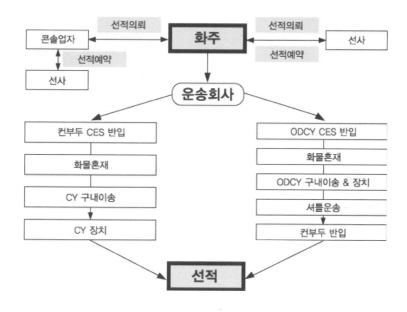

2절

수입화물의 운송절차와 이동 경로

1. 수입화물의 운송절차

가 선하증권 원본 입수

무역거래 할 때 대금결제를 신용장(L/C ; Letter of Credit) 방식으로 한 경우 수출자는 L/C에 제시된 물품을 선적한 후 선하증권 등 선적서류를 자국의 은행을 통해 네고하여 대금을 회수하고, 네고은행은 그 서류들을 신용장 개설은행으로 송부하게 된다. 네고서류를 접수한 수입지의 신용장 개설은행은 수출지의 네고은행에 대금을 송부하기 위해 수입자에게 해당 수입대금을 완납하길 요구한다. 물론 수입대금을 완납한 수입자는 신용장 개설은행으로부터 선하증권 원본 등 선적서류를 찾아갈 수 있게 된다.

나 A/R 접수

선사는 수입자가 도착화물을 인수할 수 있도록 해당 선박이 도착하기 전에 수입지에 있는 대리점을 통해 수입화주에게 화물의 도착을 알리는 도착통지서(A/R ; Arrival Notice)를 발송한다. 혹시 수입자는 도착통지서를 받지 못할 경우라도 수시로 선사와 연락을 취하면서 자신의 화물이 어디에 있는지 혹은 어느 물류 단계에 있는지를 점검해야 한다.

한편, 관세청은 1999년 8월 16일부터 외국무역선박(항공기)이 입항하기 전 해당 선박회사(항공사)로부터 적하목록 자료를 EDI로 제출받으면 이를 즉시 인터넷을 통한 이메일(E-Mail)로 화주에게 알려주는 통보서비스를 시행하고 있다. 이에 따라 화주들은 선박 도착 24시간 전 제출되는 적하목록(Manifest)[11] 자료를 통해 제공되는 수입화물 도착 정보를 이메일로 받음으로써 입항 전 화물사용계획 및 물류계획 등을 수립할 수 있게 되었다. 기존에는 모든 무역업체에 팩

---

11) 적하목록(Manifest) : 선하증권에 근거하여 선적화물에 관한 모든 자료가 기재되어 있는 서류이다. Outward Manifest라고 부르는 사본은 선사(포워딩업체 포함)가 선적항의 세관 당국에 제출하며, Inward Manifest는 하역준비를 위해 양륙항의 세관 및 선박대리점으로 송부된다.

스(FAX)로 수입화물 도착 사실을 통보함에 따라 대기업 및 수입량이 많은 업체에는 팩스비용이 가중되는 부담이 있었다. 또 구형 팩스를 사용함에 따라 통보내용이 누락되는 사례가 발생하기도 했었다. 또 이러한 이메일 서비스와 더불어 관세청 홈페이지에 있는 화물추적정보 서비스를 이용한다면 화물의 현재 위치, 이동상황, 통관 여부 등도 수시로 조회해 볼 수도 있다.

[OOCL의 Arrival Notice 양식]

다 수입통관

수입통관을 하기 위해서는 원칙적으로 물품이 도착한 후 지정된 보세구역에 물품이 장치되었다는 것을 확인받은(⇒장치확인) 후 세관에 수입신고를 해야 한다. 그러나 예외적으로 신속한 통관을 위해 수입물품이 우리나라에 도착하기 전에 신고할 수도 있으며, 부두직통관 화물은 사전수입신고가 가능하다.[12] 수입신고란 외국으로부터 반입한 물품을 수입하겠다는 의사표시이다. 수입신고 후 세관에서는 수입신고[13]한 물품과 수입승인서상의 물품이 일치하는지를 심사한 후 수입자에게 '수입신고필증'을 교부한다.

---

12) 현재 관세법상 신속한 통관을 원하면 수입화물이 부두에 도착하기 전에라도 수입신고가 가능한 제도로는 '출항 전 신고'와 '입항 전 신고'가 있다. '출항 전 신고' 제도는 항공기로 수입되는 물품 또는 일본, 중국, 대만, 홍콩으로부터 선박으로 수입되는 물품을 선(기)적한 선박 또는 항공기가 당해 물품을 적재한 항구 또는 공항에서 출항하기 전에 수입신고 하는 것을 말한다. '입항 전 신고제도'의 경우 수입물품을 선(기)적한 선박 등이 물품을 적재한 항구 또는 공항에서 출항한 후 입항하기 전에 수입신고 하는 것을 말한다. 이 제도를 이용하는데 별도의 소요경비는 없으며 수입화주가 이를 이용하고 싶으면 자신의 화물을 운송하고 있는 선사에 구두 통보하거나 선하증권 사본의 여백에 "출항 전 / 입항 전 수입신고 원함"이란 표시만 하면 된다.

13) 현재 관세법상 수입신고 기간은 보세구역 반입일로부터 30일 내로 하도록 명시하고 있으며, 수입 신고할 때 구비서류로는 수입승인서(수입승인 물품에 한함), 송장(invoice), 선하증권, 항공화물운송장 사본, 포장명세서, 원산지증명서(해당 물품에 한함), 가격신고서 등이다.

라 수령 및 화물수취

수입화주는 개설은행으로부터 입수한 선하증권 원본(OBL ; Original B/L)을 선사에 제출(이 때 미지급된 운임납부)하면 선사는 화주에게 화물인도지시서(D/O ; Delivery Order)를 제공한다. 만일 선하증권 원본이 도착하기 전이라면 화주는 신용장 개설은행으로부터 수입화물선취보증서(L/G ; Letter of Guarantee)를 발급받아 선사 혹은 포워더에게 제출해야 D/O 발급이 가능하다. 수입화주는 이 D/O를 보세창고 혹은 CY에 제출하면 자사의 화물을 인취(引取) 할 수 있다.

2. 수입화물의 이동 경로

가 FCL 화물경로

컨테이너 부두에 하역된 FCL 화물은 다음의 경로를 통해 화주에게 인도되고 있다.

① 부두에서 보세운송으로 부두직반출 수송(컨테이너내장 물품의 부두 보세운송)

② 부두통관 후 부두직반출 수송(컨테이너내장 물품의 부두통관)

③ 부두양하 → 보세운송 및 타소장치허가 → 철도이용 보세운송 → 의왕ICD도착 → 화차하차 → (일시장치) → 트럭 → 상차 → 화주 문전 도착 → 수입통관 → 컨테이너 내장물품 인출 → 공컨테이너 반환

④ 부두양하 → 게이트 반출 → 부두 밖 CY 반입 → 장치 → 수입통관 → 화주의 화물반출 → 화주 문전으로

⑤ 부두양하 → 게이트 반출 → 부두 밖 CY 반입 → 보세운송 및 타소장치허가 → 도로 보세운송 → 화주 문전 수입통관 → 컨테이너내장물품 인출 → 공컨테이너 반환

1990년대 후반만 하더라도 대부분 수입화물은 부두면적의 협소함과 상대적인 물량증가로 부두에서 직통관되지 못하고 ODCY로 이송되어 통관 대기 하는 경우가 많았다. 더욱이 ODCY도 장치장 면적이 충분치 못하여 장치 후 10일이 경과하면 다시 영업용 보세창고로 이송, 보관됨으로써 수입통관 하는데 보통 15일 정도가 소요되는 등 상당한 물류비의 추가부담을 해야 했던 것이 현실이었다.

그러나 현재는 부산항의 경우 수입물량의 상대적인 감소와 더불어 컨테이너 부두의 신·증설로 특별한 경우 혹은 수입화주가 요청하지 않는 한, 수입화물이 영업용 보세창고까지 가는 경우는 거의 없어진 편이다. 그 때문에 수입통관 소요시간도 2~3일 정도로 대폭 축소되었고 부두

직통관을 이용할 경우 이전과 비교하면 경비도 약 25만원 절감되는 것으로 알려져 있다.

LCL 화물은 일반적으로 수출지 CFS에서 두 명 이상 화주의 LCL 화물로 혼재된 후 FCL화 되어 수입항에 도착하게 된다. FCL 화물의 인도조건 및 선사의 책임 범위가 CY to CY임에 반해 LCL 화물의 인도 조건은 CFS to CFS 임에 따라 수입항의 CFS에서 인출 및 통관되고 있다.

나 수입LC화물 운송경로

수입 LC화물은 부두통관의 경우와 ODCY 통관의 경우 운송경로가 약간 다른데 다음과 같다.

☑ 부두통관의 경우
터미널 양하 → 구내이송 → CFS 입고 → 반입신고 → 수입통관 → 화주별 또는 B/L별 컨테이너 내장물품 인출 → 필요시 검수, 검량, 감정 → 화주의 화물반출

☑ ODCY 내 CFS 통관의 경우
터미널 양하 → 터미널 게이트 반출 → 셔틀운송 → ODCY반입 Gate Log 작성 → CFS 반입 → 수입통관 → 컨테이너 내장물품 인출 → 필요시 검수, 검량, 감정 → 화주의 화물반출

3절

컨테이너 육상운송

1. 육상운송

경인지역에서 수출예정인 컨테이너를 부산항 혹은 광양항까지 보내는 방법에는 현재 두 가지가 있다. 가장 많이 이용하는 방법은 도로를 이용하는 육상운송이며, 다음으로는 철도에 의한 방법이다. 그런데, 1989년부터 생긴 인천과 부산/광양간의 연안 해상운송은 현재 사업성 부족으로 잠정 중단된 상태이다. 현재 통계적으로 볼 때 경인지역에서 부산항까지 육상운송되는 비율은 전체의 약 88%를 차지하며 철도운송이 약 12%를 차지하고 있다.

특히 컨테이너 육상운송료는 수출입 시 부담해야 하는 물류요금 중 해상운임 다음으로 가장 큰 부담을 차지하고 있고, 도로정체 및 컨테이너 차량에 대한 과적 단속 등을 감안할 때 외국에 비해 과다한 부담을 안고 있어 컨테이너 육상운송에 대한 정확한 이해가 요구된다. 컨테이너를 육상운송하기 위해서는 기본적으로 구동장치인 트랙터와 컨테이너를 적재하는 부분으로 차축, 차륜, 제동장치를 보유하고 있는 트레일러가 필요하다.

국제적으로 보면 컨테이너 육상운송 방식은

① 세미트레일러 방식(Semi-Trailer Combination)

② 풀트레일러 방식(Full-Trailer Combination)

③ 더블바텀 방식(Double Bottom Trailer Combination)의 세 가지로 구분된다.

세미트레일러 방식은 트레일러를 샤시(Chassis), 샤시의 바퀴 부분을 보기(Bogie), 차대(車臺) 부분을 프레임(Frame)이라 부른다. 우리나라는 대부분의 컨테이너 차량은 세미트레일러 방식이며, 풀 트레일러나 더블바텀 방식은 미국이나 유럽에서 많이 볼 수 있다.[14]

---

14) 우리나라에서 현재 가끔 풀 트레일러 방식의 컨테이너 차량이 보이는데, 주로 빈 컨테이너 두 개를 운송하는데 사용되고 있다.

[트랙터와 트레일러]

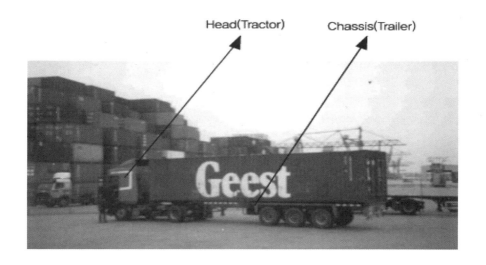

[컨테이너 육상운송 장비]

구분		장비명	용도
견인차	컨테이너, 벌크화물 등을 실은 피견인차를 끌고가는 부분(기차의 경우 기관차에 해당)	tractor (head)	chassis, trailer, low bed 등을 끌고 가는 앞 부분
		open truck	대형트럭으로 8톤, 11톤, 13톤등이 있으며 컨테이너를 곧 바로 싣기도 하고 벌크화물, LCL 등을 싣기도 한다
피견인차	화물이 실려서 견인차에 끌려가는 부분(기차의 경우 화차 혹은 객차에 해당)	chassis	컨테이너를 싣는 대차이며, 20피트, 40피트로 구분한다.
		trailer	벌그화물, 중량화물을 운송하는데 쓰이는 피견인차이다.
		low bed trailer	적재높이가 높은 화물 등을 운송하는데 쓰이는 피견인차를 말한다.

자료 : 한국무역협회 무역아카데미, 운송실무, p.111

2015년부터 화물운송실적신고제도에 따라 화주는 화물운송업자에게 육상운송을 의뢰한 후 화물운송업자는 그에 따른 운송내역을 매월 국토교통부에 신고해야 하는 의무가 있다. 운송을 의뢰하는 화주는 화물운송업자와 직접 운송계약을 하는 자가운송이 있고, 포워더 혹은 선사가 운영하거나 대행하는 운송업체에게 화물운송을 맡기는 타사운송(라인 운송)이 있다.

수출입물량을 많이 보유하고 있는 실화주들은 통상 자가운송을 하거나 계열 및 계약 운송회사에 의뢰하여 진행하나 대부분의 화주들은 포워더에게 육상운송도 맡기는 것이 일반적이다.

따라서 육상운송의 주체는 트럭회사, 화물운송주선업체, 포워더, 관세사, 하역업체, 부두/창고 운영업체 등이 된다.

화물자동차에 의한 도로운송은 수출화물의 경우 생산자의 공장에서 선적항에 위치한 CY/CFS 까지의 운송이며, 수입화물의 경우 양하항에 위치한 CY/CFS에서 수입자의 공장 혹은 창고까지의 운송이 된다. 컨테이너 운송사업자는 관세청으로부터 보세운송업자로 지정받아야 보세운송이 가능하다.

우리나라의 도로운송을 거리에 따라 분류하면 다음과 같다.

가. Long Drage : 부산과 대전 이북지역간의 운송을 말하며 통상적으로 컨테이너기지가 경인지역에 소재할 경우 편도운임을 적용한다.

나. Local Drage : 서울, 부산, 인천, 광양시 내의 운송을 말한다.

다. Shuttle Drage : CY와 ICD, ODCY와 컨테이너 터미널간의 단거리 왕복 운송을 의미한다.

2. 컨테이너 과적 차량 단속문제

과적 차량 단속이 처음으로 시행된 것은 1982년 초부터이다. 당시 대통령과 국무총리 지시로 도로포장 파손의 원인이 되는 적재기준 초과차량(축중[15] 10톤, 총중량 40톤 이상)에 대해 고속도로 출입구 및 일반국도상 주요 지점에 축중계를 설치하여 내무부, 건설부가 합동으로 단속에 나선 것이 계기가 되었다.

이같이 1982년부터 시행된 과적 단속문제가 특히 무역업계에 심각한 애로를 안겨준 것은 1993년 6월 1일부터 도로법이 개정 시행된 이후부터라고 생각한다. 당시 도로법의 개정을 통해 건설부는 전국에 140여 개 단속반을 투입하여 차종을 불문하고 화물을 포함한 차량의 중량이 축하중 10톤, 총중량 40톤을 초과하는 모든 차량에 대해 강력한 단속에 나서게 되었다.

필자의 기억으로는 당시 그와 같이 정부가 과적 단속의 강화에 나섰던 것은 고철운반 등 각종 중량화물을 과다하게 실으려고 불법으로 적재함을 고쳐 운행하던 화물차들이 운행 중에 대형사고를 많이 내고, 이 차들에서 떨어진 고철덩이 등에 의해 2차적인 교통사고를 일으키는 것이 각종 언론에 보도되면서 사회 문제화되었기 때문이 아닌가 한다.

[총중량과 축중량의 개념도]

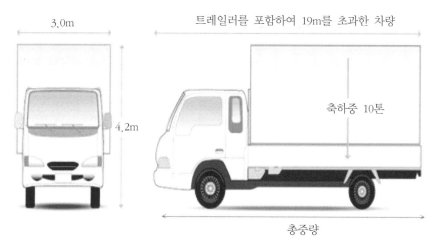

한편, 동 개정된 도로법에는 이들 위반차량에 대한 행위자 즉, 운전자와 그 법인이나 사업주에 대해 각각 50만원의 벌금을 물리도록 하여 종전 각각 10만원의 벌금을 대폭 상향 조정하였을 뿐만 아니라, 과적을 강요하는 화주와 검문 불응차량에 대해서도 고발 조치할 수 있도록 별

---

15) 축중이란 자동차의 바퀴 하나가 지면에 미치는 하중을 말한다.

도의 규정을 만들었다. 그 때문에 단속에서 적발되는 위반자에 대하여는 자동차운수사업법 위반 과징금 30만원, 도로교통법 위반 범칙금 2만원이 병과되므로 실제 납부할 벌금총액은 무려 132만원에 달하게 되었던 것이다.

더구나 성수대교 붕괴 이후 도로법 및 도로교통법의 개정을 통해 1995년 2월 이후 벌금조항이 더욱 강화되어 도로법의 경우 과적 차량 적발시 운전자 또는 화주에게 2백만원, 법인 또는 차주에게 2백만원의 범칙금을 내도록 상향조정되었으며, 도로교통법에 의한 범칙금도 이전의 2만원에서 10만원으로 크게 상향조정된 상태이다. 따라서 현행 관련법규에 의해 과적 단속으로 적발될 경우 납부할 벌금의 총금액은 최대 235만원에 달한다.

한편, 1994년 3월 1일 도로법 시행규칙의 개정 시행과 아울러 한국도로공사는 차체높이 4m 20cm 이상의 고속도로 운행 컨테이너 차량에 대한 운행허가수수료를 종전 2,700원(91년 8월부터 징수)에서 20,000원으로 무려 640%의 대폭 인상을 단행한 바 있다.

도로공사는 그동안 고속도로 시설구조물의 높이를 고려, 도로법상 제한기준(적재함을 포함한 차체높이 : 4m)을 4m 20cm로 임의 완화하여 소정의 수수료를 징수해 왔다. 그런데 도로법상 운행제한 차량의 하나인 기준제원을 초과하는 차량은 과적 차량과 달리 고속도로 톨게이트(Toll Gate) 통과 시 레이저 빔(Laser Beam)에 차량 상단부가 걸리는 경우 운전자가 하차하여 운행허가신청서를 작성하고 허가수수료를 납부하는 형태로 운행허가에 갈음하고 있다.

그런데 현실적으로 '수수료'라 함은 허가업무 수행에 필요한 인건비 등 행정비용이지만 차량과 도로구조물의 충돌 등으로 인한 보수비 충당에 적합한 금액으로 결정되어야 할 것이므로 대폭 인상할 이유는 없었던 것으로 보인다. 다만, 개정된 도로법에서 과적 차량과 기준제원 초과 차량을 구분하지 않고 '운행제한 차량'으로 새로이 표시하게 됨에 따라 도로법 시행규칙 개정 시 운행제한 차량(과적 차량)에 대한 운행허가수수료를 20,000원으로 신설하자 도로공사에서 이를 즉시 반영한 것이다.

[컨테이너 및 컨테이너 차량의 제원]

(단위 : m)

규격	길이	폭	높이(a)	트레일러높이(b)	계(a+b)
20피트	6.1		2.6		3.95-4.05
40피트	12.2	2.4		1.35-1.45	
40피트 HC	12.2		2.9		4.25-4.35
점보(45피트)	13.7				

주) HC는 High Cubic의 약어

[과적 규제내용 및 벌칙규정]

단 속 기 준	벌 과 금	관 련 부 처	관 계 규 정
총중량 40톤 이내 축중량 10톤 이내	•행위자(운전자) 및 과적 운송을 지시·요구한 자 - 1년 이하의 징역 또는 200만원 이하의 벌금 •법인 - 200만원 이하의 벌금	국토교통부 한국도로공사	도로법 54조 시행령 28조 3 국토부 과적 차량 단속 요령
적재정량 초과	•사업자 - 과징금 30만원, 운행정지(15~30일)	국토교통부	자동차운수사업법 31조 시행령3조
적재중량 110% 차량길이 110% 높이 3.5m 초과	운전자 - 범칙금 5만원, 벌점 30점	안전행정부(지도과) 경찰청(교통안전과)	도로교통법 35조 시행령 17조, 73조

컨테이너 차량에 대한 무차별적인 과적 단속의 근본적인 문제점은 화주가 차량과 화물 등 총중량을 알 수 없다는 구조적인 문제에서 출발한다.

수출시 화주는 선사에 공(空) 컨테이너운송을 요청하여 화물을 적입하게 되는데, 이때 화주가 알 수 있는 것은 화물의 중량뿐이다. 화주들이 운송부대비용을 한 푼이라도 절감하기 위해 과적 단속기준 이내에서 가능한 한 화물을 많이 적재하려고 하는 것은 당연하지만, 도대체 얼마를 실어야 적정한 것인지 알 수 없다는 것이다.

운송회사가 배차하는 컨테이너 트랙터나 트레일러는 제작회사나 차종에 따라 자체중량이 달라, 상품을 적입한 컨테이너와의 임의 결합 시 최대 4.5톤이나 중량 상의 오차가 발생할 소지가 있다. 또한, 화물탑재 상태에서 총중량이 같은 차량이라도 바퀴(축)의 부착 위치에 따라 힘의 모멘트(moment)가 달라져 축 중량이 초과하는 경우도 있다. 뿐만 아니라 기계류나 중장비같이 무게중심이 편중되는 화물은 총중량 제한기준에 훨씬 못 미치게 적재하는 경우에도 축 중량 단속에 걸리는 경우가 적지 않다.

그뿐만 아니라 컨테이너 화물 운송차량은 중량화물 운송을 위해 제작된 특수차량으로써 국토교통부의 차량형식 승인 상 적재정량이 과적 단속기준 중량을 대개 상회하고 있는 만큼, 적재함을 개조하여 과적으로 부당이익을 취하는 일부 화물트럭과 달리 안전운행이 가능하다. 또한, 컨테이너는 선사나 세관의 봉인(sealing)을 한 상태로 운송되므로 운송인이 임의로 분할 또는 과적운송이 불가능하며, 화주의 송품장(invoice)에 의한 서류상의 화물중량만 알고 있기 때문에 과적 단속에 대비하기 어렵다.

특히 LCL 화물이 Co-loading 된 컨테이너 화물의 경우 한 건의 서류에는 다수의 컨테이너에 분산 적립된 화물 총중량이 표시되어 각 컨테이너에 적입된 화물 중량을 알 수 없기 때문이다. 컨테이너 화물운송업계는 이러한 어려움을 들어 20피트 컨테이너의 경우 17.5톤, 40피트의 경우 20톤으로 내품적입중량을 임의로 정하여 이를 초과하는 화물의 인수를 거절하거나 처벌에 대한 책임을 지겠다는 화주의 각서 징구 또는 별도요금을 요구하는 등 운송인과 화주간 마찰이 빈번하게 일고 있다.

국제표준화기구(ISO ; International Standardization Organization) 규격에 의한 컨테이너의 최대 적재량은 20피트의 경우 18.7톤, 40피트의 경우 27.6톤이나, 국내에서는 이를 수용하지 못하고 있는 상태이다. 국제적인 수송용기인 컨테이너의 경우 '규모의 경제효과'를 위해 점차 대형화하고 있으며 이에 맞추어 컨테이너 터미널의 하역기기도 대형화하는 추세에 있다.

전체 유통 컨테이너의 약 15%를 차지하는 하이큐빅(Hi-Cubic)이나 점보(Jumbo) 컨테이너의 경우 국제적으로 규격화된 용기임에도 불구하고 트레일러에 적재시 고속도로 통과높이보다 약 5cm를 초과한다고 해서 20,000원의 허가수수료와 함께 운행허가를 일일이 받아야만 한다. 또한, 현행 통과높이를 맞추기 위해 트레일러, 스프링(spring) 및 견인 판을 교체하거나 개조하여 막대한 비용을 추가로 들이는 것이 현실이다.

특히 연중 발생하는 수출입 물동량이 현재와 같은 방법으로 처리되면 허가 기간이 과다하게 소요되며, 컨테이너의 상하차 지역이 전국에 산재해 있어 매 운행 시 마다 운행허가를 받아야 할 경우 수입화물 체화의 원인을 제공할 뿐만 아니라 컨테이너의 회전율 저하도 일으키게 된다.

[외국과의 과적 차량 단속기준 비교]

국가	축중(톤)	총중량(톤)	폭(m)	높이(m)	길이(m)
한국	10.0	40.0	2.5	4.0	19.0
일본	10.0	36.0	2.5	3.8	12.0
미국	9.1(복축14.5)	36.4	2.7	4.4	18.3
대만	10.0	42.0	2.5	3.8	20.0

4절

컨테이너 철도운송

1. 철도운송

철도운송은 중·장거리[16] 이상을 대량운송하는데 그 매력이 있으며, 현재 주로 이용하고 있는 품목으로는 무연탄과 시멘트(전체의 약 60% 점유)다. 무연탄과 광석은 무개화차(하중 50톤)에 의해 주로 운송되며, 자동차는 차량 10대를 한꺼번에 실을 수 있는 자동차 전용화차에 의해 운송된다. 도로체증과 수출입화물 운송 차량에 대한 과적 단속문제를 고려해볼 때 컨테이너 육상운송의 대체수단으로 컨테이너 철도운송이 점차 주목받고 있다.

그런데 컨테이너 화물에 대해서는 철송이 장거리 및 일시 대량운송으로 인해 도로운송보다 운송원가가 낮지만, 공로 운송과는 달리 화주 공장이나 창고에서 항만까지 직접 연결되지 못하고 철도 터미널을 거쳐야 하기에 운송의 즉시성(卽時性)은 상대적으로 낮은 편이다. 현재 전국의 역 중에서 컨테이너를 취급하고 있는 곳은 의왕, 부산진, 조치원, 부강, 약목, 삽교, 청주, 동산, 동익산역이며, 컨테이너 철송은 수도권의 의왕ICD와 부산항 및 광양항간에 가장 활발하게 이루어지고 있다.

컨테이너를 철도 운송할 수 있는 화차는 총 1,700량이 있으며, 그중 철도청 소유와 사유화차[17]가 반반 정도 차지하고 있는 것으로 알려졌다. 부산과 의왕간의 컨테이너수송 열차는 오봉역 기준으로 상행은 첫차를 시작으로 다음 날 새벽 4시 40분 마지막 기차까지 총 24편이 있으며 6시간~9시간 소요되고 있다. 하행은 오전 10시 40분 의왕역 출발을 시작으로 하루 22편이 운행되고 있다.

한편 철도청은 새로운 철송서비스 차원에서 수출입 농수산물, 의약품 등의 냉동·냉장이 필요

---

16) 철도는 250km 이상 운행해야 경제성이 있으며, 현재 우리나라는 철도에 의한 평균운송 거리는 약 220km인 것으로 알려졌다(공로는 약 120km).

17) 사유화차란 세방기업, 대한통운 등 11개 업체가 자사의 필요로 구매하여 철도 컨테이너운송에 투입하고 있는 것으로, 철도청 소유의 화차는 20피트 컨테이너 두 대 혹은 40피트 한 대가 적재될 수 있음에 비해, 이들 업체의 화차는 물류 합리화의 관점에서 좀 더 길어져 40피트 한 개와 20피트 한 개가 적재될 수 있는 것들이 대부분이다.

한 화물을 넣은 컨테이너의 철도수송이 가능하도록 전원을 공급할 수 있는 설비를 갖춘 리퍼 컨테이너 화차를 개발하여 전용 열차를 편성하여 운행하고 있다. 현재 냉동 컨테이너 화차 32량을 연결(64TEU)하여 의왕~부산 신선대역간을 1일 1회 왕복하고 있다.

[컨테이너 철도운송 모습]

2. ICD
(Inland Container/Clearance Depot)

가 ICD의 의의

ICD란 내륙컨테이너통관기지(Inland Container/Clearance Depot)의 약어로서 항만 혹은 공항이 아닌 내륙에 위치하여 배후 지역에서 운송된 여러 종류의 화물을 일시적 저장 및 취급에 대한 서비스를 제공하는 종합물류터미널의 기능을 다하는 곳이다. CY가 단순히 컨테이너의 장치기능을 하는 것에 비해 ICD는 신속한 통관 및 B/L 발급을 통한 수출대금의 조기결제가 가능토록 하는 이른바 "내륙에 있는 부두"의 개념으로 CY의 기능이 확대, 발전된 것이라고 할 수 있다.

현재 우리나라에는 정부의 사회간접자본 시설 확충 및 물류합리화 정책에 따라 경부간의 육로화물을 철송화물로 전환하고, 부산시 내 부두 밖 CY(ODCY)와 항만간의 셔틀운송 교통량을 감소시키며, ICD를 이용한 복합운송의 활성화를 목적으로 경기도 의왕시 부곡역 인근에 의왕ICD가 운영하고 있고, 경남 양산시 물금읍에도 2000년 4월 개장되어 (주)양산ICD에 의해 운영하고 있다.

나 의왕ICD

의왕ICD(경기도 의왕시 소재)는 서울에서 38km, 수원 10km, 안양 14km의 지점에 위치하여 신갈~안산간 고속도로에 인접하고 있으며 현대적 시설과 하역장비를 갖추고 있다. 의왕ICD는 입지선정 시 김포공항과 인천국제공항 및 인천항에서 연계가 쉽도록 고려되었다. 신갈~안산간 고속도로에서 직접 진출입이 가능하며, 터미널 진입구간과 47번 국도가 입체교차로화 되어 터미널에 진출입하는 화물 차량의 소통이 원활하도록 되어 있다. 그 외의 인접도로로는 서울외곽순환도로, 서해안고속도로, 중부고속도로가 있다.

의왕ICD는 1.05km 떨어진 부곡역으로부터 철도 인입선을 놓아 단지 내에서 철도화물을 처리할 수 있게 하였다.

의왕ICD에서의 실제 수송은 입주해 있는 17개 철도소운송업체가 하고 있고 총괄 운영은 이 업체들이 공동출자하여 설립한 (주)의왕ICD가 담당하고 있다. 양산 ICD의 경우 한국컨테이너부두공단을 비롯하여 현대상선 등의 선박회사, KCTC 등의 CY 운영업체 등 16개사가 참여하고 있다.

다 ICD의 기능

ICD의 주요기능으로는 수출입화물 통관, 화물 집화, 보관, 분류,간이 보세운송, 관세환급, 선사 B/L(Received B/L) 발급 등이 있다. 또한, ICD를 통해 철도운송을 하면 컨테이너 화물을 안전하고 정확한 시간에 원하는 장소에 도착시키며, 철도 1회 수송에 화물차 30대의 화물을 수송할 수 있으므로 대량 수송이 가능하다는 또 다른 장점이 있다.

외국에서 도착한 수입 컨테이너 화물의 철도 보세운송은 세관장이간이보세운송업자로 지정한 보세운송업체에 한정하여 허용된다.간이보세운송업자가 운송할 때는 보세운송신고서에 적하목록 사본 1부를 첨부하여 세관장에게 제출하여야 한다. 신고는 입항 또는 하선 전에도 가능하며 동일 보세운송업자가 보세운송하는 경우에는 입항 선박별로 한 건으로 일괄하여 신고할 수 있다.

보세운송신고가 수리된 수입 컨테이너 화물의 보세운송기간은 원칙적으로 5일 이내로 하고 있다. 보세운송업자는 화물이 컨테이너기지에 도착하면 보세운송 신고필증(신청인용, 반입신고용)과 적하목록 사본을 제출하여 컨테이너기지 운영회사의 보세사에 도착보고를 하고 확인을 받게 되며, 보세사는 보세운송된 컨테이너의 정확한 도착 여부 및 선사 또는 세관 봉인의 파손 여부를 확인하여 보세운송신고서 사본에 도착일시 등을 기재하고 적하목록 사본을 첨부하여 컨테이너기지내 세관장에게 제출한다.

컨테이너기지 운영회사는 컨테이너기지를 경유지로 하여 보세운송물품이 반입되면 이를 컨테이너 수출입물품과 분리하여 구분 장치한다. 한편, 외국에서 도착한 수입컨테이너 화물을간이보세운송 이외의 방법으로 컨테이너기지로 보세운송하는 경우의 보세운송절차는 보세운송에 관한 고시(관세청고시 제2002-30호)를 적용하게 된다.

라 ICD에서 수출통관

ICD 내에서 수출통관은 화물이 컨테이너기지내에서 장치된 후에 할 수 있으며 FCL 화물은 컨테이너에 적입한 상태로 기지내 세관장에게 수출신고를 할 수 있다. ICD 내 세관장은 검사대상으로 선별한 화물이 컨테이너에 적입된 경우에는 컨테이너기지 운영회사에 검사대상 컨테이너를 세관검사장으로 이송하도록 하여 세관검사 공무원의 물품검사를 받은 후 재적입하고 세관봉인을 실시한다. 기지내 컨테이너화물조작장에 장치되어 있는 화물에 대한 세관검사 공무원의 물품검사는 컨테이너조작장에서 한다.

[의왕ICD의 시설현황]

구 분	제1터미널 (구기지)	제2터미널 (신기지)	합계
부지 면적	491,209㎡	261,919㎡	753,128㎡
컨테이너 야적장(CY)	272,084㎡	145,455㎡	417,539㎡
컨테이너 작업장(CFS)	4,628㎡(2동)	6,083㎡(1동)	10,711㎡(3동)
운영건물	6,522㎡(5동)	7,504㎡(3동)	14,026㎡(8동)
차량 정비고	1,719㎡(1동)	-	1,719㎡(1동)
컨테이너 정비고	1,223㎡(1동)	-	1,223㎡(1동)
냉동 전원 시설	-	96개	96개
철도 궤도	3,720m(8개선)	2,542m	6,262m(11개선)
주유소	저장용량 : 28만ℓ	-	저장용량 : 28만ℓ

[ICD의 주요기능]

마 ICD에서 수입통관

ICD 내에서의 수입통관 절차는 다음과 같다. 즉, 컨테이너 수입화물은 컨테이너기지에 화물이 도착하기 전 또는 도착 후에 수입신고를 할 수 있는데, 컨테이너기지 도착 전 수입신고는 당해 화물을 적재한 선박의 입항일로부터 당해 화물이 컨테이너기지에 도착하기 전까지 기지내 세관장에게 하면 된다.

수입신고를 받은 기지내 세관장이 검사대상 화물을 선별할 때에는 검사대상 목록을 작성하여 컨테이너기지 운영회사에 도착한 수입 컨테이너 화물의 하차 작업 개시 전까지 목록을 인수시켜야 한다.

컨테이너기지 운영회사는 화물이 도착하면 즉시 하차하여 검사대상 FCL 컨테이너 화물은 세관검사장 또는 검사대기장소, 검사생략 FCL 컨테이너 화물은 기지내 컨테이너 보관장소, LCL 컨테이너 화물은 기지내 컨테이너 화물 조작장, 위험물은 위험물품통관장, 기타 특수물품은 물품의 장치에 적합한 장소로 운송장치하게 된다.

컨테이너기지내에서 수입 통관하는 FCL 화물은 별도의 신청절차 없이 컨테이너 내장장치를 허용하고 있다. 한편, 입항지 세관에서 수입신고가 수리된 내국물품이 컨테이너기지에 운송된 경우에는 이를 즉시 반출하도록 하고 있으며 컨테이너 수입물품과 별도로 구분하여 반·출입 관리되고 있다.

한편, 수입 FCL 화물을 컨테이너에 적입한 상태로 컨테이너기지에서 다른 보세구역으로 보세운송할 때는 보세운송신고서에 적하목록 사본 1부를 첨부하여 기지내 세관장에게 보세운송신고를 한다. 동 신고는 당해 컨테이너 화물을 적재한 선박이 출항한 후에는 당해 컨테이너 화물이 컨테이너기지에 도착하기 전에도 할 수 있다.

보세운송신고를 받은 기지내 세관장은 신고서의 기재내용, 첨부서류의 구비 여부 및 담보 제공 여부를 확인한 후 보세운송신고번호를 부여하고 보세운송 신고대장에 이를 기재한 후 우범화물 등 검사대상 물품을 선별하고 필요시 물품검사를 하게 된다.

보세운송신고의 수리는 검사대상 화물이면 검사 후에 수리(승인)하고, 검사생략 대상화물이면 컨테이너기지에 도착 여부를 불문하고 수리(승인)한다. 화물의 보세운송기간은 보세운송에 관한 고시에서 정한 보세운송기간 일수를 기준으로 하되, 당해 화물의 컨테이너기지 도착예정일을 고려하여 기지내 세관장이 적정하게 정할 수 있다.

바 의왕ICD ⇒ 부산항간 수출화물의 운송절차

의왕ICD ⇒ 부산항간 수출화물의 운송절차는 다음과 같다.

① 선적서류 제출 : 화주는 신용장의 선적 일자에 맞추어 화물 수출준비를 하는 동시에 선사의 선박 Schedule에 맞춰 선적예약을 하고 수출화물 통관 시점에 맞춰 Firm Booking (확정선적예약)하며, 선사에 S/R(Shipping Request), 송장(invoice), 포장명세서 등을 제출한다.

② 컨테이너 반입 : 선사는 확정 선적예약이 되면 지정운송사에 지시하여 공컨테이너(MT container)를 화주 출고 시점에 맞추어 화물 출고지에 보내 화물을 적입한 후 ICD로 반입하여 부산항으로 철도 수송한다. 이때 의왕ICD에서 통관할 컨테이너인지, 타처에서 통관된 컨테이너인지 구분하고, 또한 B/L 발급대상인지 표시하여야 한다.

③ 화차배정 요구 : 선사 또는 운송업체는 의왕ICD 주전산기에 제①항의 사항을 입력 통보함과 동시에 각 운송사는 당일 14:00까지 컨테이너별 최종도착지(예 : 부산 자성대부두)를 명기한 화차배정요구서를 의왕ICD에 제출한다.

④ 화차 배정량 통보 : (주)의왕ICD는 제②호 및 제③호에 근거하여 철도청(의왕역)으로부터 통보받은 당일 수송능력에 의거, 화차배정 협조요청서를 철도청(의왕역)에 제출하고 선사 또는 운송사별 화차배정량을 각 운송사에 통보한다.

⑤ B/L 발급 통보 : 의왕ICD는 반입된 컨테이너의 수출신고 수리 및 신고필증 발급 여부를 확인하고, 반입 확인사항과 신고번호를 운송사를 통하여 선사에 통보하여 Received B/L을 발급할 수 있도록 한다.[18]

현재 선사들은 ICD 반입화물에 대해 수취 선하증권(Received B/L)을 발급하고 있으나 무역업체들은 수취 선하증권을 가지고 은행과의 네고가 사실상 어려워서 ICD 반입과 동시에 무사고 선하증권을 발급해주기를 바라고 있다. 현재 복합운송계약이 체결되면 국제적으로 통용되는 선하증권에 갈음하는 복합운송서류가 발급되고 있는 점을 본다면 우리나라에서도 미국 등 선진국에서와 마찬가지로 ICD 반입화물에 대해 무사고 선하증권의 효력을 인정해주는 것이 바람직하다. 연안해송을 이용하는 수출화물에 대해서도 선사들이 연안항 출발지인 인천에서도 B/L을 발행해주기로 한 만큼 의왕ICD를 통해 반입화물에 대해 무사고 선하증권을 발급해주는 것도 무리가 아닌 것으로 판단된다.

⑥ 통관 수속 : 의왕ICD에서 통관될 컨테이너는 ICD 내 장치를 확인한 후 입주세관에 통보하여 화주 또는 관세사로 하여금 수출통관 수속을 받도록 한다. FCL 화물은 컨테이너에 적

---

18) 무역업체의 입장에서는 ICD에 반입되는 컨테이너 수출화물은 컨테이너에 장치된 상태에서 철송에 의해 바로 부산항으로 보내진 다음 외국으로 바로 수송되고 있는 관계로 ICD 반입과 동시에 Clean B/L 발급 효력을 인정해주는 것이 도움된다.

입한 상태로 수출신고를 할 수 있다.

⑦ LCL 화물 반입통보 : LCL 화물은 화물이 CFS에서 컨테이너에 적입되어 의왕ICD에 반입 (GATE IN)된 후 세관에 반입 확인되었음을 통보한다.

⑧ 화물운송장 제출 : 의왕ICD는 화차 배정 요구시 화차 수송능력이 부족할 경우 화차사용 우선순위는 B/L 발급 또는 관세 환급되는 컨테이너, 의왕ICD에서 통관된 컨테이너, Full Container의 순으로 순위를 정하며, 운송사는 수출신고필증 및 철도수송 운송장을 의왕역에 직접 제출하거나 의왕ICD를 경유하여 제출한다.

⑨ 관세환급 대상 통보 : 의왕ICD의 철도 CY에 반입된 컨테이너에 대하여 컨테이너 번호, Seal 번호, 화주 및 화물내력 등을 확인하고 철도 수송절차(Booking)를 마친 화물에 관한 반입확인서 발급을 세관에 통보하여 화주로 하여금 소정절차에 따라 관세환급을 받도록 한다.

⑩ 컨테이너 화물 운송 : 의왕ICD에 반입되는 컨테이너는 철도로 수송하여야 하며 부득이 철도 수송능력이 부족하여 선적일정에 맞추지 못할 때에만 자동차로 도로 수송한다. 철도로 수송되는 컨테이너 화물은 부산진역 도착 후 Off-Dock CY를 경유하지 않고 부산항까지 직접 수송하는 것을 원칙으로 한다. 의왕역에서 적재된 컨테이너는 행선지가 자성대부두/신선대부두 또는 부산진역인지 분류, 발송하고 철도수송 컨테이너가 부산진역 CY 또는 자성대부두/신선대부두에 도착하면 열차승무원(차장) 편으로 탁송된 수출신고필증을 운송사가 인수하여 처리한다.

⑪ 화물선적 : 자성대부두/신선대부두는 운송사로부터 받은 정보에 따라 컨테이너를 부두시설(Marshalling Yard)에 장치하였다가 해상선박에 선적한다.

[수출컨테이너 철송 절차도]

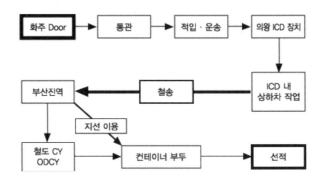

사 부산 ⇒ 의왕ICD간의 수입절차

다음으로는 부산 ⇒ 의왕ICD간의 수입절차를간단히 살펴보면 다음과 같다.

① 화물입항 통보 : 선사는 사전 입수된 적하목록에 의하여 해당 화물을 선적한 선박이 부산 항에 도착하는 예정 일자, 컨테이너 번호, Seal 번호 등 화물정보를 수입화주에게 통보 (Arrival Notice)한다.

② 선석 수배 : 선박이 도착하면 부두에서 하역이 이루어지도록 선사가 선석을 수배한다.

③ 부두 하선 : 선사는 수입 컨테이너 화물을 컨테이너에 적입한 상태로 철도에 의해 보세운 송한 후 의왕ICD 내에서 통관하거나 보세운송될 화물은 하선신고서의 하선장소 기재란에 구분코드와 함께 컨테이너기지명을 의왕ICD로 기재하여 세관 화물담당 과장에게 제출하 고 해당 화물을 부두내에 하선하면 하역회사는 부두에서 의왕ICD로 직송되도록 별도장치 한다.

④ 간이보세운송 : 철도로 수송할 의왕ICD 착 수입 컨테이너 화물의간이보세운송은간이보세운 송업자가 보세운송신고서에 적하목록 사본 1부를 첨부하여 세관에 신고한 후 운송한다.

⑤ 반입통보 : 수입컨테이너 화물이 의왕ICD에 도착하면 보세운송업자는 보세운송신고필증과 적하목록 사본을 제출하여 (주)의왕ICD의 보세사에게 도착보고를 하고 확인을 받게 된다.

⑥ 통관 수속 : 의왕ICD는 화물이 도착하면 즉시 하차하여 검사대상 FCL 화물은 세관검사장 또는 검사대기장소, 검사생략 FCL 화물은 ICD 내 컨테이너 보관장소, LCL 화물은 컨테이 너 화물 조작장에 운송 장치한다.

⑦ 화물의 반출 : 수입신고가 수리된 화물 및 보세운송신고가 수리(승인)된 화물을 의왕ICD에 서 반출할 때에는 (주)의왕ICD에 수입신고필증을 제시하여 반출증을 발급받아 기지 출입 구에 근무하는 (주)의왕ICD 직원에게 반출증을 제시한 후 화물을 반출한다.

⑧ 화물의 인수 : 화주는 Arrival Notice에 근거하여 통관 수속을 하고 화물 인수시는 Original B/L을 선사에 인도하고 선사가 발행한 D/O를 (주)의왕ICD 또는 보세창고 설영주에게 인 도한 후 화물을 인수한다.

[컨테이너 철송을 위한 하역작업 모습]

[의왕ICD 전경]

5절

컨테이너 연안 해상운송

컨테이너 연안 해상운송은 2014년 4월 말 현재 중단된 상태이다. 이는 부산항 신항~ 인천 경인항간 서비스를 맡아오던 한진해운신항만(주)가 운항을 포기하였기 때문이다. (주)한진(부산항~인천항, 군산항~광양항)과 한진해운신항만(부산신항~포항항, 부산항~ 인천항) 등 2개사에 의해 그간 서비스가 이루어져 오다가 적자 누적으로 양쪽 당분간 폐지되긴 하였지만, 상황이 나아지면 재개될 것으로 보아 아래와 같이 서비스 내용을 소개한다.

1. 연안해송의 의의

연안해운은 도로운송이나 철도운송과 비교하면 장거리 대량화물을 가장 저렴하게 운송할 수 있을 뿐만 아니라 에너지 효율도 가장 높다고 할 수 있다. 공해유발도 다른 운송수단에 비하여 가장 낮은 이른바 "녹색 운송수단"인데, 해양수산개발원의 연구에 의하면 1TEU의 컨테이너를 서울과 부산간 도로운송에서 연안 운송으로 전환하면 약 139만원의 환경비용이 절감되는 것으로 조사된 바도 있다.

컨테이너 연안해송은 1989년 8월부터 (주)한진에 의해 부산-인천 항로간 서비스가 시작된 이래 전체 컨테이너 물량 중 약 2%(도로 88%, 철도 10%)가 연안해송을 이용한 것으로 나타난 바 있다. 컨테이너 연안해송은 (주)한진에 의해 3척의 전용선으로 부산-광양-인천간을 독점 운행하고 있다.

① (주)한진에 의한 부산~광양~인천 서비스는 채산성이 맞지 않아 2004년 중단되었다가 2009년 재개되었다.
② 군산~광양에도 2000년 3월부터는 신규 취항하였다.

[국내수송수단별 컨테이너선 물동량 처리실적]

구분	2011년		2012년					
	3/4	4/4	1/4	2/4	3/4	10월	11월	12월
연안	36	46	42	30	24	24	23	29
철도	95	90	90	97	98	105	90	90
도로	1,018	1,054	998	1,063	1,041	1,046	1,061	1,046
계 (천TEU)	1,149	1,190	1,130	1,190	1,169	1,187	1,180	1,166

*DLC

[연안 컨테이너선 취항 현황]

선명	진수 일자	총 톤수	TEU
한서	97.1	3,096	215 TEU
한포	95.06	2,821	215 TEU
한남	97.09	3,096	215 TEU

　부산/인천간 연안해송의 운송단계는 도로나 철도운송에 비해 복잡한 절차를 거치고 있어 소요시간이 두 배 이상 걸리는 것이 취약점이라고 할 수 있다. 즉, 예를 들어 구로공단에서 출발하여 부산항 도착기준으로 살펴보면 도로운송이 1.6일~2.6일, 철도운송이 2.5일~4일 소요됨에 비해 연안 운송은 4~5.5일 정도 소요되는 것으로 알려졌다. 따라서 화주들은 운송수단 선택시 적기선적을 위해 정시 수·배송을 운송비용보다 더 중시하고 있어 연안 운송 이용의 저해요인으로 작용하고 있다.

　한편, 구로공단→부산의 컨테이너 도로나 철도운임은 20피트, 40피트 각각 675,000원, 750,000원임에 비해 연안 운송은 인천에서 부산까지 각각 394,000원, 600,000원으로 운임 자체는 공로나 철도운송보다 저렴하다고 할 수 있다.

　그러나 연안 운송을 할 수 있는 경인지역 대부분 구간에서 인천항까지의 도로운송료를 포함한 총비용을 고려하면 비용 절감의 큰 이점을 확보할 수 있는 지역은 인천항을 중심으로 하여 인접한 지역으로 한정되어 진다고 할 수 있다. 따라서 선적시간이 급하지 않은 수출화물이나 원자재 수급에 시간적 여유가 있는 수입화물의 운송시에 연안해송을 적극적으로 활용할 경우 도로운송에 비해 다소 저렴한 운임으로 화물의 운송이 가능하다고 할 수 있겠다.

2. 연안해송의 절차

(1) 연안해송의 절차

연안해송의 절차를 보면 다음과 같다.

✅ 상행

↻ 부산항 입항, 하역 → (ODCY 일시장치) → (셔틀(Shuttle)운송 → 부산항 자성대부두 65번 선석/중앙부두(35번 선석)/감천항 한진부두 출항 → 연안해송 → 인천항(제4부두)하역 → (ODCY 경유) → 화주 문전의 경로를 취한다.

✅ 하행

↻ 화주공장(창고) → 인천항 On-Dock CY 조작 → 부두내 이송·하역(선적) 인천항 출항 → 연안해송 → 하역(양하) → 셔틀 → 컨테이너 부두조작의 경로를 취한다.

(2) 부산항

부산항의 경우는 연안컨테이너선이 중앙부두에 접안하고 있어 타 컨테이너 전용부두와의 상호간 연계성이 부족한 편이며, 인천항은 내항 4부두에서 외항선과 연안 컨테이너선이 공동으로 터미널을 사용하고 있어 효율성에 문제는 없으나 갑문 대기시간 등 비효율적인 측면도 있다.

(3) 광양항

광양항의 경우 연안컨테이너선과 외항선이 터미널을 공동으로 사용하고 있어 가장 효율적인 연안 운송 시스템을 갖추고 있다고 할 수 있다.

[컨테이너 연안해송 절차도]

구로공단 창고상차	인천항 내륙운송	인천항 CY 작업	연안운송 (인천→부산)	CY 조작 및 대기	선적
4시간	2시간	12~24시간	30시간	2~3일	

3. 외항선의 연안 운송

해양수산부는 2002년 12월 11일에 해운법(제26조) 개정을 통해 그간 무역협회 등 선화주의 요청이 있었던 외항선의 국내 연안 운송을 허용하게 되었다. 즉, 수출입 컨테이너의 연안 운송 활성화를 위하여 국내 항간 수출입 컨테이너 화물의 운송을 내항 화물 운송사업에서 제외하고 외항 정기화물 운송사업에 포함토록 함으로써 국내항간 운송되는 수출입 컨테이너는 외항 화물로 간주하고 운항선박도 외항선으로 취급하게 된 것이다. 제도의 개선을 통해 많은 경제적 효과가 발생할 것으로 전망된다.

첫째, 외항선을 통해 연안 운송을 하는 경우 무역업계는 TEU당 약 11만원의 비용경감을 이룰 수 있게 된다. 즉, 현재 인천항을 기항하여 부산항(광양항)을 경유, 제3국으로 취항하는 외항선의 항로별 운임은 인천기점과 부산기점의 차이가 거의 없다. 다시 말하면, 인천항을 기항하지 않는 모선에 선적할 경우 인천항이 기간항로에서 벗어나 있기에 FEU당 150달러 TEU당 112.5달러의 Surcharge를 부담해야 한다. 따라서 인천항 선적, 부산항 환적을 통하여 수출 목적지까지 운송할 경우 경인지역 ↔ 부산간 도로운임에 비하여 TEU당 평균 111,030원의 비용 절감 효과가 발생할 수 있다.

둘째, 현재 인천항 기항 외항선사의 유휴 적재 공간은 연간 338,000TEU에 이르는데, 이번 조치로 연안해송 이용물량이 늘어나 유휴 공간이 상당히 해소될 것으로 전망된다.

셋째, 인천항 기점으로 On-board B/L이 발행되어 수출대금의 조기회수가 가능해질 뿐만 아니라, 인천 ↔ 부산간 연안 운송이 '환적' 개념으로 전환되어 인천에서 통관을 마친 화물은 부산 혹은 광양에서 환적되어 수출지로 바로 운송될 수 있다.

[인천항기항 정기컨테이너 항로현황 (정기선 운항표)]

하역사: ㈜한진, 대한통운(내항), 대한통운(남항), EICT, PSA,㈜선광, 동부 EXPRES(기준: 2009.6.28)

✅ 한·일 항로

운항항로	운항선사	선명	국적	총톤수	적재톤수(Teu)	기항주기	입항	출항
인천-부산-고베-오사카-미주시마	천경해운	SKYDUKE	KR	3,988	342	주1회	월	월
인천-군산-부산-도쿄-요코하마-치바	천경해운	OM-AESATIS	HK	7,170	570	주1회	목	목
인천-부산-도쿄-요코하마-나고야-시미주	태영상선	GRANDOCEAN	PA	6,775	560	10일1회	수,토	수,토

✅ 중국항로

운항항로	운항선사	선명	국적	총톤수	적재톤수(Teu)	기항주기	입항	출항
인천-대련	중국해운	JINMANJIANG	CN	2,900	332	주2회	목.일	목.일
인천-대산-상해		XIANGPENG	CN	6,764	580	주1회	일	월
인천-닝보-상해		XIANGKUN	CN	8,635	582	주1회	목	금
인천-대산-산토우-홍콩-세코우-산토우-샤먼		XIANGZHU	CN	8,469	514	주1회	화	수
		XIANGMING	CN	8,469	514	주1회		
인천-청도	STXPANOCEAN	X-PRESSTOWER	PA	7,808	732	주2회	월.금	화.금
인천-위해	HSLINE	SINOKORINCHEON	KR	3,625	261	주3회	화.목.토	화.목.일
인천-연태	COSCO	NORFOLD	PA	4,811	265	주3회	월.수.금	월.수.금
인천-천진	진천항운	TIANYAN	CN	5,231	300	주1회	토	일
인천-단동(단동)	두우해운	MINGYUE	CN	2,453	163	주2회	월.목	월.목
인천-상해	동영해운	PEGASUSPLENTY	CN	4,393	400	주1회	금	토
인천-닝보-상해	범주해운	MCPALSTERTAL	HK	7,990	405	주1회	수	수
인천-상해-닝보	CSCLINE	X-PRESSSINGAPORE	PA	7,179	460	주1회	일	일
인천-상해-닝보(상해)	고려해운	SUNNYCEDAR	PA	3,980	334	주1회	화	수
인천-대련-청도-부산-울산-인천(부산)	고려해운	FESCOVOYAGER	MJ	12,471	1,060	주1회	목	목
인천-광양-상해	머스크라인	ASTOR	DM	14,241	880	주1회	월	화

✅ 동남아 항로1

운항항로	운항선사	선명	국적	총톤수	적재톤수 (Teu)	기항 주기	입항	출항
인천-광양-부산-기륭-카우슝-홍콩-싱가폴-페낭-포트켈랑-파서구당	완하이라인	WANHAI503	SG	42,579	4,300	주1회	토	일
		WANHAI506	SG	42,579	4,300			
		WANHAI313	SG	27,800	2,600			
		WANHAI315	SG	27,800	2,600			
인천-광양-부산-울산-기륭-다이중-홍콩-호치민		WANHAI202	CN	17,117	1,200	주1회	수	목
		WANHAI203	SG	17,134	1,200			
		WANHAI207	SG	17,136	1,200			
천진-부산-마닐라-싱가폴-자카르타-마닐라-부산-인천-천진	흥아해운	ASIANACE	CYP	18,075	1,710	주1회	일	월
	한진해운	HANJINSAOPAOLO	PA	16,472	1,805			
		MERKURCLOUG	LR	15,929	1,608			
		HANJINNHAVASHEVA	PA	17,280	1,577			
인천-청도-홍콩-람차방-방콕-람차방-홍콩	STXPANOCEAN	WARNOUWBELUGA	MT	15,995	1,550	주1회	토	일
		VICTORIATRADER	MH	14,278	1,222			
	흥아해운	CAPEFELTON	MH	14,278	1,222			

✅ 동남아 항로 2

운항항로	운항선사	선명	국적	총톤수	적재톤수(Teu)	기항 주기	입항	출항
인천-울산/부산-광양-기륭-홍콩-황푸-세코우-기륭	고려해운	MEDVIKAL	KR	9,981	990	주1회	금	토
		CAPECREUS	KR	7,000	650			
인천-청도-상해-호치민-방콕-람차방-홍콩-심천	CMA-CGM	KUOWEI	GR	15,095	1,300	주1회	목	목
	STXPANOCEAN	STXSINGAPORE	PA	16,731	1,401			
인천-상해-홍콩-마닐라-홍콩-상해-천진-대련-청도(천진)	ZIM	ST-CERGUE	PA	28,000	2,800	주1회	화	수
		QINGDAOSTAR	PA	22,667	1,923			
		PHILIPPINESTAR	PA	22,667	1,923			
인천-홍콩-샨토우-샤멘-콴조우-푸칭-부산-광양-인천-평택	STXPANOCEAN	STXBUSAN	PA	8,523	660	주1회	일	일
		EMILEMIASHULTON	PA	9,039	834			
인천-청도-홍콩-포트켈랑-싱가폴-홍콩-부산(부산)	TS-LINE	TSBUSAN	MH	25,000	2,400	주1회	화	수
	STXPANOCEAN	STXMELBOURN	PA	28,000	2,700			
		STXQINGDAO	PA	23,400	1,740			
인천-부산-홍콩-하이퐁-홍콩-세코우-인천		ISLANDIA	PA	9,957	700	주1회	화	화
	고려해운	FRISIASPREE	PA	9,948	700			

✅ 동남아 항로3

운항항로	운항선사	선명	국적	총톤수	적재톤수(Teu)	기항주기	입항	출항
인천-평택-샤먼-홍콩-하이퐁-샤먼-인천	SITC	SITCQINGDAO	CN	8,530	704	주1회	월	화
		SITCEXPRESS	CN	8,971	850			
인천-평택-닝보-기륭-홍콩-하이퐁-홍콩		SITCNingbo	CN	9,571	850	주1회	금	금
		CAPECAMPBELL	PA	9,571	850			
인천-대련-천진-청도-연운항-자카르타-수라바야-심천(세코우)-홍콩-카오슝-샤먼	STXPANOCEAN	MASOVIA	LR	17,285	1,504	주1회	월	화
	YANGMING	YMINTERACTION	LR	16,488	1,805			
		YMIMAGE	LR	16,488	1,450			
		YMINITIATIVE	HK	16,488	1,450			
인천-청도-상해-호치민-방콕-람차방-홍콩-심천(세코우)		YMOSAKA	MH	14,923	1,452	주1회	수	목
인천-부산-홍콩-하이퐁-심천-샤먼	남성해운	LIBERTYSTAR	KR	7,409	706	주1회	금	토

✅ 아프리카 항로

운항항로	운항선사	선명	국적	총톤수	적재톤수(Teu)	기항주기	입항	출항
싱가폴-심천-상해-천진-인천-포인테노이레-루안다(교대운항)	NileDutchAfricaLines	MVNileDutchShanghai	NL	23,150	1,730	월1회	-	-
		MVNileDutchAsia	NL	23,150	1,700			
		MVNileDutchSingapore	NL	23,150	1,700			
		MVNileDutchTianjin	NL	23,150	1,700			
		MVNileDutchHongkong	NL	23,150	1,700			
		MVNileDutchPresident	NL	23,150	1,730			
인천-광양-청도-푸칭-샤먼-샨토우-싱가폴-파서구당-람차방-홍콩-테마(가나)-코토르(베닌)-라고스(나이지리아)-도알라(카메룬)	PIL	TBN(1,400TEU급12척운영)				주1회	화	화

[부산 ⇄ 인천 연안해송 스케줄 현황]

✅ 부산항

구분		Mon	Tue	Wed	Thu	Fri	Sat	Sun
CNTR	한포호	07:00 ~ 17:00			19:00 ~ 05:00			
	한남호		07:00 ~ 17:00			19:00 ~ 05:00		

✅ 인천항

구분		Mon	Tue	Wed	Thu	Fri	Sat	Sun
CNTR	한포호			01:00 ~ 11:00			13:00 ~ 23:00	
	한남호				00:0 ~ 10:00			13:00 ~ 23:00

[부산 ↔ 인천 운임 현황 (2009년 현재)]

구분		40'		20'	
		Full	Empty	Full	Empty
연안해송	편도	300,000	244,000	197,000	145,000
	왕복	600,000	488,000	394,000	290,000

주) 1. 부산 3부두 CY TO 인천 4부두 CY 기준 운임
    2. 부산 및 인천 셔틀 요금은 별도

2장

국제운송

1절 해상운송　　　　　　　　　56

2절 항공운송　　　　　　　　　121

3절 국제복합운송　　　　　　　150

1절

해상운송

1. 컨테이너

가 컨테이너의 등장과 발전

컨테이너는 1926년에 미국 뉴욕에서 시카고간에 19개를 적재할 수 있는 철도화물운송을 위해 처음으로 등장하였으며, 국제 해상운송을 위해서는 제2차 세계대전 중에 미군이 군수물자의 수송에 사용한 것이 처음으로 알려졌다. 국제무역을 위해서는 1957년에 미국의 Sea-Land사가 휴스턴과 뉴욕간의 연안 운송에 소형탱커선을 개조한 컨테이너전용선을 취항시켰고, 1966년에는 미국 뉴욕과 서유럽간의 풀 컨테이너선인 페어랜드(fairland)호를 투입하여 본격적으로 국제 해상운송에 투입되게 되었다. 1967년에는 Matson사가 극동-북미항로간에도 컨테이너운송을 시작하면서 태평양항로에도 컨테이너시대가 열리게 되었다. 한편, 우리나라에는 1969년에 지금은 사라진 미국 정기선 회사인 US Line사가 주한 미군용 화물을 컨테이너를 사용하여 들여오면서 시작되었다고 한다. 1970년에는 Sea-Land사의 컨테이너선이 부산항에 입항함으로써 컨테이너에 의한 수출입화물 운송이 본격화되어, 현재 부산항의 경우 수출물량의 약 95%, 수입물량의 약 88%가 컨테이너에 의해 수송되고 있다.

해양수산부가 2020년까지 연평균 4% 이상으로 우리나라 컨테이너 물동량 증가율을 예측할 정도로 국제무역에서 컨테이너화가 급진전한 것은 컨테이너에 의한 화물운송이 운송의 신속화, 안정성 제고 및 비용 절감과 같은 여러 장점이 있기 때문이라고 할 수 있다. 그런데 컨테이너화는 많은 장점이 있는 것은 사실이지만 이용할 수 있는 화물이 한정되어 있고, 컨테이너 전용부두 시설 확보에 따른 투자비 부담, 그리고 컨테이너 및 제설비의 관리문제 등 한계가 있어 모든 수출입화물이 컨테이너화하지는 않으리라고 본다.

예를 들어 전자제품, 피복류, 의약품 등의 고부가가치 제품이나 철재류, 피혁제품, 철판 같은 제품은 컨테이너에 의해 운송되는 것이 바람직하나, 운임이 싸고 도난위험이 낮은 선철이나 잉고트 같은 제품, 혹은 중량물, 장척물 등이나 단가가 낮고 일시 대량 수송이 경제적으로 유리한 물품(철광석, 석탄, 양곡 등의 벌크화물)은 컨테이너에 실리지 않고 일반 재래화물선(벌크선)에 선적되어 운송되는 것이 보통이다.

[전국 컨테이너 물동량 추이]

(단위 : 천 TEU)

구분	2012년	2013년	2014년	2015년	2016년	전국대비(%)	전년대비(%)
계	22,550	23,469	24,798	25,680	25,948	100	101
부산항	17,046	17,686	18,683	19,468	19,432	75	99
광양항	2,154	2,285	2,338	2,327	2,224	9	95
인천항	1,982	2,161	2,335	2,377	2,677	10	112
평택·당진항	517	518	546	565	619	2	109
울산항	373	385	392	385	422	2	109
기타항	78	434	504	558	574	2	103

자료 : http://yeosu.mof.go.kr/service?id=port_sta_natctn

나 컨테이너의 사양

고속도로를 달리거나, 컨테이너 야적장(CY ; Container Yard)에 쌓여 있는 컨테이너 중에서 우리 눈에 가장 많이 보이는 것은 20피트 컨테이너와 40피트 컨테이너이다. 20피트 컨테이너는 TEU(Twenty-foot Equivalent Unit)라고도 부르며, 40피트 컨테이너는 FEU(Forty-foot Equivalent Unit)라고도 한다.

주로, 컨테이너 선박의 크기나 컨테이너 관련 통계 및 운임을 산정할 때 많이 쓰이는 용어이다. 예를 들어, 우리나라는 2016년에 약 2천600만 TEU의 컨테이너를 처리하였으며, 미국 LA까지의 해상운임은 "TEU가 1,500달러 FEU가 3,000달러" 하는 식이다.

20피트 컨테이너와 40피트 컨테이너의 폭과 높이는 똑같이 각각 8피트(2.348m), 8피트 6인치(2.376m)이며, 단지 그 길이에서 20피트(약 6m)와 40피트(약 12m)는 차이가 있다. 과거엔 20피트 컨테이너가 40피트 컨테이너보다 더 많았으나 현재 전세계에서 유통되는 컨테이너는 20피트가 약 40%, 40피트 컨테이너가 약 60%를 차지하고 있다.

최근에는 국제물류의 대형화 추세에 따라 45피트 점보 컨테이너와 더불어, 높이도 1피트 더 높아진(9피트 6인치) 하이큐빅(High Cubic) 컨테이너가 점점 늘어나는 추세이다.

무역업체로 보아 수출입 시 컨테이너 내에 어느 정도의 화물을 적입할 수 있는지에 대해 가장 많은 관심이 가는 부분인데, 모든 컨테이너는 국제표준화기구(ISO)에 의해 최대적재중량 및 용적을 인증받고 있으며, 제작사마다 조금의 오차가 있으나 거의 다음 표와 같다. 여기서 주의서 주의 깊게 보아야 할 것은 컨테이너 내 최대 적재 가능 중량과 부피이다.

20피트, 40피트 컨테이너는 최대 화물의 적재 가능 중량은 각각 21톤, 26톤이 넘지만, 도로법 및 도로교통법 등 현재 국내에서 적용되는 과적 차량 단속기준(총중량 40톤, 축중량 10톤) 때문에 실제로는 각각 17톤, 20톤이 적재 가능한 상태이다.

물론 컨테이너 내에 실을 수 있는 화물의 부피는 20피트, 40피트 각각 33 CBM, 67 CBM 정도이지만, 적립 시에 사용하는 팔레트, 던니지(dunnage) 및 내장화물을 고정하는 모든 자재, 그리고 틈새 공간(broken space) 등을 고려하여 볼 때 우리나라 전체 평균적으로는 각각 약 25 CBM, 55 CBM 정도가 적재되고 있다.

[드라이 컨테이너의 사양]

구분		20피트	40피트	40피트 하이규빅	45피트
내장규격	길이(m)	5.898	12.031	12.031	13.555
	폭(m)	2.348	2.348	2.348	2.348
	높이(m)	2.376	2.376	2.695	2.695
	최대용적(CBM)	33.2	67.11	76.11	85.77
무게(톤)	자체중량	2.26	3.74	3.94	4.88
	적재가능 화물중량	21.74	26.74	26.54	25.6
	총중량	24.0	30.48	30.48	30.48

한 컨테이너 내에 우리 회사의 수출제품이 몇 박스나 들어갈 수 있는 가에 대해 처음 수출하는 경우라면 의문을 가질 수가 있을 것이다. 계산방법은 간단하다. 예를 들어, 박스의 크기가 30cm(가로)×40cm(세로)×50cm(높이)라면 박스 하나는 0.06CBM이 된다. 따라서 20피트 컨테이너 한 개에 평균 25CBM이 적재되므로 25CBM÷0.06CBM하면 417박스가 된다. 물론 이는 우리나라 전체 평균 적재 가능 부피를 기준으로 한 것인 만큼 각사의 사정에 따라 더 혹은 덜 적입될 수도 있을 것이다.

다 컨테이너의 재질과 소유

컨테이너의 재질은 가장 많이 보이는 것이 철재(steel container)와 알루미늄일 것이다. 철재 컨테이너는 튼튼하고, 보수가 쉽고 가격이 상대적으로 저렴하지만, 무거운 편이고 녹과 부식에 약하다는 단점이 있지만, 대부분의 국제무역에서 사용되고 있다. 알루미늄 컨테이너의 경우 상대적으로 가볍고 부식에 강하나 비싸고 쉽게 손상이 가고 유지보수에도 비용이 많이 드는 편이다. 주로 섬유, 의류제품 등의 화물운송에 많이 이용되고 있다.

새로 만들어진 철재컨테이너의 세계평균 공장도가격은 20피트 컨테이너(TEU)가 2,000달러 40피트 컨테이너(FEU)가 3,000달러 FEU 하이큐빅이 3,500달러 내외정도인 것으로 알려져 있다. 현재 전 세계적으로 유통되고 있는 컨테이너는 2000년에는 1,500만 TEU, 2012년 약 3,000만 TEU이었으나 컨테이너화(containerization)의 진전으로 계속 그 수는 증가할 것으로 전망되고 있다.

우리나라에서 소유하는 컨테이너 대부분은 선박회사 소유이며 일부는 선사들이 전문 리스회사로부터 임대하여 사용하고 있다. 세계 전체적으로 보면 연말기준으로 선박회사 소유의 컨테이너가 약 56%, 리스업체 소유가 약 44%를 차지하고 있고 평균 리스료는 하루당 약 1 US$ 정도이다.

컨테이너의 외관, 특히 좌우 측면에는 영어로 된 큰 글씨가 눈에 띈다. 예를 들어 "Hyundai", "Evergreen" 등은 소유주인 선박회사의 이름이고, 간혹 "Tiphook", "Triton" 등은 리스회사의 이름들이다. 참고로, 전세계에서 가장 큰 컨테이너 리스회사는 미국의 Textainer Group사로서 전체 컨테이너의 13.4%인 96.5만TEU를 소유하고 있다고 한다.

1992년도만 하더라도 우리나라는 전 세계 컨테이너 생산량의 30% 이상을 차지하는 등 최대의 컨테이너 수출국이었다. 그러나 컨테이너는 조선산업과 같이 생산을 자동화하기 어려워 인건비가 많이 드는 특성 때문에 중국, 동남아 등으로 기술을 이전하여 현지 생산체제로 바뀌었다. 현재 최대 컨테이너 생산국인 중국의 연간 생산능력은 182만 5,000TEU로써 전체의 약 77%를 차지하는 규모이다. 다음으로 인도네시아 등 동남아의 생산능력이 전체의 약 6%를 차지하고 있다.

[세계 신조 컨테이너 생산량 추이]

● 타입별 글로벌 컨테이너 생산량

(단위 : 천 TEU)

	2010	2011	2012 상반기
스 탠 다 드	2,540	2,775	1,400
리 퍼 , 탱 크 , 스페셜 및 리저널	390	575	200
총 량	2,930	3,350	1,600

*자료 : Containerisation International (www.ci-online.co.uk)

● 제조사별 글로벌 컨테이너 생산량

(단위 : 천 TEU)

	2010	2011	2012 상반기
C I M C 그 룹	1,480	1,680	800
신가마스 홀딩스	635	650	300
기 타	815	1,020	500
총 량	2,930	3,350	1,600

*자료 : Containerisation International (www.ci-online.co.uk)

[세계 주요 컨테이너 생산기업의 생산량 추이]

(단위 : 만 TEU)

구분	국가	2006	2007	생산량
CIM Group	중국	157	195	225
Singamas Holings	홍콩	58.5	80	125
CXIC Group	중국	28	38	60
Maersk Cont Ind	덴마크	7.5	20	23
Jindo Corp (C&중공업)	한국	16.5	10	24
Hyundai Mobis	한국	9	11	16
Dong Fang Intl Cont	중국	15	na	45
EHIC Malaysia	말레이시아	4	6	7
기 타		14.5	30	45
전 체		310	390	570

*자료 : Containerisation International (www.ci-online.co.uk)

라 컨테이너의 종류

컨테이너를 용도에 따라 분류해보면 먼저 일반 건화물 수송용의 대표적인 표준형인 Dry Cargo Container가 있다. 드라이 컨테이너란 컨테이너 자체가 드라이하다는 뜻이 아니라 드라이한 화물 즉, 대부분의 무역화물인 전자제품, 신발, 섬유의류, 잡화 등을 적재할 수 있는 컨테이너를 뜻한다.

[드라이 컨테이너]

리퍼 컨테이너(Reefer Container)는 과일, 채소, 생선, 육류 따위와 같이 보냉이나 보열이 필요한 물품의 운반에 이용되는 컨테이너로서, 규격은 드라이 컨테이너와 같지만, 온도조절 장치가 붙어 있어 보통 -28℃에서 +26℃까지의 임의조절이 가능하다. 리퍼 컨테이너는 수출 시 공장에서 문 작업 후부터 선적항까지 계속 냉동장치가 가동되어야 하므로 운송과정에서 컨테이너 헤드나 트랙터 뒤에 MG(magnetic generator) set이라는 전기 발생장치를 통해 만들어진 전기를 계속 공급하여 냉동·냉장상태가 되도록 만들어준다. 또한, ODCY나 부두내 CY에서 통관 및 선적 대기 하는 동안에도 전원이 꺼지지 않도록 별도의 장소에 리셉터클(receptacle)이란 전원구에 연결되어 있어야 하며, 또 선적되어서도 선내에서 계속 가동될 수 있는 별도의 장소가 마련되어 있다.

따라서 리퍼 컨테이너는 일반 드라이 컨테이너보다 그 자체의 공장도가격도 10배 정도 비싼 편이어서 TEU 표준형은 약 15,500달러 정도이다. 그에 따라 리퍼 컨테이너를 사용할 경우 운송료나 하역요금이 드라이 컨테이너보다 두 배 이상 비싼 편이다.

[리퍼 컨테이너 야드와 리퍼 리셉터클 (receptacle)]

오픈 톱 컨테이너(Open Top Container)는 파이프와 같이 길이가 긴 화물, 중량품, 기계류 등을 수송하기 위한 컨테이너로 지붕이 없는 형태여서 화물을 컨테이너의 윗부분으로 넣거나 하역할 수 있다.

탱크 컨테이너(Tank Container)는 유류, 술, 화학물질과 같은 액체화물을 수송하기 위한 컨테이너이다. 대부분 액체화물은 위험물이 많은 편이다. 일반 컨테이너와 같은 프레임 내 원주형의 용기를 설치한 형태를 취한다.

플랫랙 컨테이너(Flat Rack Container)는 드라이 컨테이너의 지붕과 벽을 제거하고 기둥과 버팀대만을 두어 기계류나 목재, 승용차 등을 수송할 수 있는 컨테이너이다. 보통 플랫 랙 컨테이너는 운송종료 후 양쪽 기둥이나 벽을 접어 공간을 줄일 수 있게 되어있다.

2015년도 말 기준으로 전세계 컨테이너 생산능력은 약 500만 TEU인데, 그중 드라이 컨테이너가 가장 많은 약 89%를 차지하고 있고, 다음으로는 리퍼 컨테이너(5%), 탱크 컨테이너(1%)가 차지하고 있다.

한 번에 많은 양을 적재하여 운송할 수 있다는 점에서 컨테이너도 20피트보다는 40피트, 나아가 45피트 컨테이너가 선호되어 점점 많아지게 되자 선박도 그에 맞추어 대형화가 점점 이루어지게 되어 한 번에 2,500TEU에서 3,000TEU를 적재하여 운송할 수 있는 5만G/T 정도인 파나막스(Panamax) 선박이 세계 일주 항로에 투입되고 있으나 1993년 이후는 선박 길이가 300m가 넘고 한 번에 5,000TEU를 적재할 수 있는 약 6만 5천G/T나 되는 포스트 파나막스(Post Panamax) 선박이 등장, 취항하고 있고 18,000TEU급의 초대형 컨테이너선도 나타났다.

그런데 2017년부터 20,000TEU가 넘는 초대형선들이 등장하게 되고 2017년 파나마운하의 확장으로 인해 종래의 파나막스선박에 대한 기준이 앞으로는 바뀌어야 할 상황이다.[19]

---

19) 파나마운하의 확장개통으로 이제는 선박의 길이 최대 427m, 폭 55m, draft가 18미터로 총톤수 20만톤 (14,000TEU급)의 선박이 통행가능한데, 이는 전세계 선박의 96%가 통행가능함을 뜻한다.

이러한 컨테이너 및 선박의 대형화에 따라 컨테이너 부두의 하역기기도 대형화 및 하역속도의 고속화가 추진되고 있는데, 한 번에 30톤 정도를 들 수 있는 컨테이너 크레인에서 40톤 이상을 들 수 있는 슈퍼 크레인의 도입을 서두르고 있으며 14~15m 이상의 충분한 수심을 확보하여 그러한 대형선들이 정박할 수 있도록 하고 있다.

향후 컨테이너 자체는 같은 규격으로 계속 사용이 되겠지만, 재질은 변화가 될 것이며, 접이식 컨테이너(Foldable Container)의 형태가 되고, 그리고 화물상태, 운항기록 등을 통신할 수 있는 인공지능이 탑재된 컨테이너가 될 것이다. 이미 로테르담의 Cargo shell사가 제안한 접이식 컨테이너는 대량생산을 위한 표준인증을 추진하고 있는데, 이는 섬유 강화 플라스틱으로 만들어져 기존 철재컨테이너보다 25% 경량화되었으며, 혼자서 컨테이너를 접는 데 30초밖에 걸리지 않는다고 한다.

[특수컨테이너의 모양]

Tank Container   Reefer Container   Flat Rack Container   Open Top Container

마 컨테이너 외부의 각종 표식

2012년도의 경우 1천8백만 개(2천9백만 TEU)의 컨테이너가 국제해상 운송에 사용된 바 있다. 보통 한 해에 약 1억6천만 번의 컨테이너 선적 및 양하가 전세계에서 발생하는데, 이는 그 숫자만큼 컨테이너운송과 관련한 실수 혹은 사고가 발생할 수 있음을 의미한다고 할 수 있다. 따라서 컨테이너와 화물의 분실 및 인도지연등을 방지할 수 있도록 각각의 컨테이너 자체에 관해 확인할 수 있는 장치가 필요하다. 컨테이너는 크기, 재질, 색깔과 형태가 다양하지만, 일반적으로 서로 비슷하게 생겼기 때문에 각 컨테이너에 대해 일종의 일련번호를 부여할 필요가 생겨났다.

더구나, 컨테이너를 적절하고 안전한 방법으로 하역하고 보관하기 위해서는 컨테이너의 겉에 해당 표시를 할 필요가 있다. 즉, 컨테이너 터미널에서의 적재계획과 하역기기의 할당을 위해서는 컨테이너의 형태와 규격에 대한 정보가 필요하고, 안전한 하역을 위해서는 최대 화물 적입 가능 톤수에 대한 정보가 필요하게 된다. 그뿐만 아니라 안전하게 컨테이너를 쌓아 올리기 위해서는 하중에 대한 정보도 필요하며, 사용 가능한 공인된 컨테이너인지를 알 수 있는 공식인증 표시에 대한 정보도 있어야 한다.

이를 위해 국제적으로 인증된 컨테이너의 표식은 국제표준화기구(ISO ; International Standardization Organization)에 의해 만들어졌다. 다시 말하면, 국제해상 운송에 사용되는 모든 컨테이너는 ISO에서 정한 부호화된 표시(ISO marking)를 명확하게 그 외부에 나타내어야 한다. ISO marking은 크게 세 부분으로 나눌 수 있다.

① 인식코드(identification code)

② 크기/형태코드(size/type code)

③ 컨테이너 규격코드(specification code = operational marks)

(1) 컨테이너 인식코드

다음 예에서 보는 바와 같이 인식코드는 소유자 코드, 컨테이너 일련번호 및 체크디지트(check digit)으로 구분된다. 소유자 코드는 아래의 "HLBU"가 이에 해당한다. HLBU의 네 글자 중 첫 세 글자는 그 컨테이너의 소유주인 선박회사 혹은 리스회사를 지칭하는 것이며 국제컨테이너관리국(International Container Bureau, 파리소재)은 마지막 네번째 글자는 항상 U를 쓰도록 하고 있다. HLBU는 Hapag Lloyd사의 컨테이너를, MAEU는 Maersk사의 컨테이너를 의미하는 식이다.

컨테이너 일련번호는 6단위의 숫자로 이루어지는데, 아래의 "150903"이 그에 해당한다. 이는 단순히 컨테이너의 소유자가 자체적으로 정한 일련번호이다. 마지막으로 체크디지트는 이 일련번호가 정확하고 컨테이너 자체가 엉터리가 아닌지를 체크하기 위함이다. 만일 이 체크디지트가 없다면 제조처가 불명확하고 ISO의 인증을 받지 못한 컨테이너일 가능성이 크다.

일반적으로 그림과 같이 6단위의 숫자와 분리되어 있고 숫자밖에 사각형으로 둘러싸고 있다.

[컨테이너 일련번호]

체크디지트를 산출하는 방법은 비교적간단하다. 소유자 코드의 각 알파벳에 일정 숫자를 부여한 후(예 : D = 14, N = 25 등) 첫 번째 글자는 1, 두 번째 글자는 2, 세 번째 글자는 4, 네 번째 글자는 8, 다섯 번째 숫자는 16…… 식으로 기본값을 부여한 다음 각각 합산하여 나온 숫자에서 11을 나누어떨어지는 숫자 중 소수점 첫 번째 자릿수(필요하면 반올림)가 바로 체크디지트가 된다.

이를 표로써 부연 설명하면 다음과 같다.

[체크디지트 산출표]

구분	D	N	A	U	2	5	1	8	8	4	합계
기본값	14	25	10	32							-
곱하기	×	×	×	×	×	×	×	×	×	×	-
단위	1	2	4	8	16	32	64	128	256	512	-
계	14	50	40	256	32	160	64	1024	2048	2048	5736

5736÷11 = 521.45454545··· ☞ 체크디지트 5(반올림)

참고	A	B	C	D	E	F	G	H	I	J	K
	10	12	13	14	15	16	17	18	19	20	21
알파벳별 배정숫자	L	M	N	O	P	Q	R	S	T	U	V
	23	24	25	26	27	28	29	30	31	32	34
	W	X	Y	Z							
	35	36	37	38							

(2) 크기/형태코드

과거에는 컨테이너 국가코드가 있었으나 현재는 사용되지 않는데, 예를 들어, DE 2200 중 DE는 국가 명을 의미한다. 원래 세 글자를 사용하였으나 1984년에 두 글자로 바뀌었었다.

참고로, 국가코드의 경우 한국은 KR, 미국은 US, 일본은 JP 등으로 표기되었다. 요즘은 국가 코드 없이 예를 들어 22G1으로 표기되는데

첫 번째 「2」는 컨테이너의 길이를 의미하므로 20피트 컨테이너란 뜻이다. 즉 이 숫자 대신 1이면 10피트 컨테이너, 4는 40피트 컨테이너란 의미이다. 참고로, 현재 ISO는 10피트, 20피트, 30피트, 40피트 컨테이너만 규격을 인증하고 있고, 최근 국제무역에서 점차 많이 사용되고 있는 45피트에 대하여는 표준규격으로 아직 인정하지 않고 있다.

다음으로, 22G1은 ISO type 코드에 의해 20피트 드라이 컨테이너를 뜻한다. 40피트 드라이 컨테이너는 42G1으로, 40피트 하이큐빅 컨테이너는 45G1으로, 40피트 리퍼 컨테이너는 42R1으로 표기된다.

ISO type	Description
22G1	20' Dry
42G1	40' Dry
45G1	40' High Cube
22U1	20' Open Top
42U1	40' Open Top
22P1	20' Flat Fixed ends
22P3	20' Flat Collapsible
42P1	40' Flat Fixed ends
42P3	40' Flat Collapsible
22R1	20' Reefer
42R1	40' Reefer
45R1	40' Reefer High Cube
2CG1	20' Palletwide
4CG1	40' Palletwide
4EG1	40' HC Palletwide

*자료 : http://www.marfret.fr/en/conteneurs/types-iso

(3) 컨테이너 규격코드(operational marks)

컨테이너 인식코드와 국가/크기/형태 코드 아래에는 컨테이너 자체 무게나 실을 수 있는 최대 무게 및 부피 등이 표시된 규격코드가 있다. MAX. GROSS는 Maximum gross weight, 즉 컨테이너 자체 무게와 그 안에 들어있는 화물의 무게를 합한 단위이다.

TARE는 Tare weight, 즉 빈 컨테이너 자체무게이며, MAX. PAYLOAD는 Maximum payload weight로서, 운송 가능한 화물의 최대무게를 말한다.

마지막으로 CUB. CAP.는 Cubic capacity로서, 컨테이너내에 적재될 수 있는 화물의 최대부피로서 CBM(cubic meter)과 Cubic feet로 표시된다.

MAX. GROSS	24,000 kg 529,10 lbs
TARE	2,200 kg 48,50 lbs
MAX. PAYLOAD	21,800 kg 480,60 lbs
CUB. CAP.	32,2 cbm 1,137 cft

바 컨테이너 외부의 각종 부착물과 표시

(1) CSC Plate

컨테이너 안전성에 대한 인증 스티커인 CSC plate는 1972년 채택된 CSC(국제컨테이너안전협정 : International Convention for Safe Containers)에 의해 규정된 표준사양에 따라 건조된 컨테이너임을 확인하여 주는 표시로서, 보통 컨테이너 문 쪽 하단에 부착되어 있다. 컨테이너의 안전성에 대한 인증은 CSC 규정에 정해진 대로의 안전성 기준에 충족되는지를 검사받은 뒤에 하게 되는데, 보통 선급협회가 하고 있다. 우리나라의 경우 (사)한국선급(KR)이 있고, 그 외 세계적으로 유명한 선급으로는 영국의 LR(Lloyd's Register of Shipping), 미국의 AB(American Bureau of Shipping), 일본의 NK(Nippon Kaiji Kyokai) 등이 있다.

아래 CSC plate의 실제 예를 들어 이를 좀 더 자세히 설명해보면,

① Approval reference에는 인증번호와 인증연도가 표시되고,

② Date of manufacture에는 컨테이너의 제조일자가 표시된다.

③ Identification No에는 컨테이너 제조업체가 만든 일련번호가 표시되고,

④ Maximum gross weight에는 컨테이너 자체무게와 내품 중량을 합한 컨테이너의 총중량이 킬로그램(kg)과 파운드(lbs)로 병기된다.

⑤ Allowable stacking weight는 그 컨테이너 위에 적재될 수 있는 컨테이너의 총 무게가 표시된다. 즉, 이 컨테이너의 경우 192톤이 그 위에 쌓일 수 있다는 것이다. 보통 화물이 들어 있는 20피트 컨테이너는 6단까지, 40피트 컨테이너는 4단까지 쌓을 수 있다.

⑥ Racking test load value는 컨테이너 벽(패널)의 적재 가능 무게이다.

⑦ First maintenance examination date는 컨테이너의 최초검사 및 재검사 일자를 표시하는 것이다.

[CSC plate]

보통 컨테이너는 최초 검사한 후 5년 후에 30개월간격으로 재검사가 이루어진다. CSC plate 는 컨테이너가 터미널(부두)에 도착하게 되면 검사를 하게 되는데, 만약 CSC plate가 없다면 그 컨테이너는 터미널에서 받아들여질 수 없고 그 컨테이너 안에 들어있는 화물은 선박대리점을 통해 화주에게 알려 정상적인 컨테이너에 재적입되도록 해야 한다.

(2) 세관인증표시 (Customs Approval Plate)

세관인증표시는 그 컨테이너가 국제 세관 협정인 TIR이나 CCC 중의 하나에 기술적 조건이 충족하는 것임을 인증하는 것이다. TIR(Transport International Routier) 국제조약인 "Customs Convention on the International Transport of Goods under Cover of TIR Carnets)"에 따라 만들 어진 것이다. 즉, 도로주행 차량 혹은 이 차량에 적재되는 컨테이너가 국경을 통과할 경우 도중 에 환적하지 않고 바로 수송되도록 하는 국제조약이다. 1959년 1월 15일 제네바에서 제정되었 다.

당초에는 유럽 제국에서 해당 화물이 국경 혹은 중도 경유국에서 관세 취급 편의를 위해 시 도되었으나 현재에는 미국도 가맹했고 점차 그 수가 늘고 있다고 한다.

CCC는 Customs Convention on Containers로서, 컨테이너 자체의 국제간 통관절차의간소화를 목적으로 1956년 유럽 경제위원회에 의해 제네바에서 제정되었다. 이는 일시적인 수입 컨테이 너를 재수출한다는 조건으로 면세조치를 인정하고, 조약 체약국의 세관에서 붙인 봉인을 존중 한다는 것 등을 주요 내용이다. TIR 또는 CCC가 그중 하나의 인증을 받기 위해선 그 컨테이너 가 세관 봉인(sealing)을 해야 한다.

CCC나 TIR plate는 주로 ①인증한 국가, 이름, 제작연도 표시 ②컨테이너 형태 및 ③컨테이 너 제조자의 일련번호가 표시된다.

[Customs Approval Plate]

(3) Owner's plate

소유자 표시(owner's plate)는 ISO와는 무관하며 그 컨테이너 소유자의 이름, 컨테이너의 형태, 제조자의 표시 및 제조연월일 등이 표시된다.

[Owner's plate]

마지막으로, 지금까지 열거한 각종 컨테이너 외양에 표시되는 주요 내용이 컨테이너에서 위치하는 곳을 정리해보면 다음과 같다.

즉, 컨테이너 인식코드는 총 여섯 군데의 "1" 번 위치에 표시되며, 국가/크기/형태코드는 세 군데의 "2" 번 위치에, 컨테이너 규격코드(operational marks)는 "3"의 위치에 표기된다.

[컨테이너 표식의 부착지점]

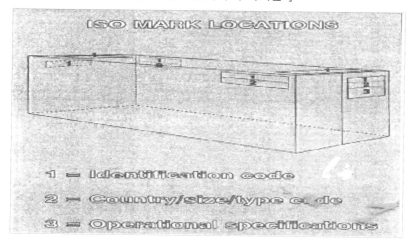

2. 선 박

가 선박의 의의

해운은 물량 기준으로 우리나라 수출입화물의 99.7%[20]를 수송하는 국가 경제의 생명선이며 2016년 약 239억 달러의 운수 수입을 올려 국제수지 개선에 기여하고 있다. 한국은 2017년 1월 기준으로 국제운송 상선대 보유현황에서 1,656척, 8,100만 톤(DWT)으로 세계 7위의 상선대 보유국이다. 여기서 해상운송의 필수수단인 선박에 대해 우선 알아보고자 한다.

[국가별 해운 순위]

해운 순위	2017년 1월1		
	국가	척수	천 DWT
1	그리스	4,199	308,837
2	일본	3,901	223,856
3	중국	5,206	165,430
4	독일	3,090	112,028
5	싱가포르	2,599	104,414
6	홍콩	1,532	93,630
7	한국	1,656	80,977
8	미국	2,104	67,104
9	노르웨이	1,842	51,824
10	영국	1,360	51,151

출처: UNCTAD RMT(1,000 G/T 이상 상선대)

선박이란 "수상(水上)에서 사람 또는 물건을 싣고, 이것들을 운반하는 데 쓰이는 구조물", 즉 부양성(浮揚性), 적재성(積載性), 다양성(移動性)을 갖추어야 하며, 국제무역에서는 선박법에 의한 상선(Merchant Ship) 중 화물선만을 그 대상으로 한다. 선박은 민법(제99조)상 동산(動産)이나 등기와 등록을 해야 하는 준부동산(準不動産)으로 취급하고 있다.

즉, 선박은 「선박법」에 의한 등록제도 및 「선박등기법」상의 등기제도로 이원화되어 있다. 선

---

20) 2016년 기준 총 수출입화물은 약 9억4천4백만 톤이었으며 해상운송은 그 중 약 9억4천만 톤을 기록했다.

박은 부동산으로간주해 선박등기 후 선박을 등록한다[21]. 참고로, 항공기는 별도의 등기제도 없이 항공기 등록제도로 단일화되어 있다. 이는 4,000~5,000TEU의 컨테이너를 한꺼번에 실을 수 있는 신조선의 가격이 6~7천만 달러나 되는 등 선박의 재산적 가치가 상당하기 때문으로 추정된다.

우리나라는 삼면이 바다로 둘러싸여 있어 그만큼 선박이 일반인에게도 친숙해야 함에도 그렇지 못한 것은 밀수, 밀항이나 안보문제 등으로 인해 쉽게 부두에 들어가서 승선해 볼 기회가 너무나 적어 그저 배라면 소형유람선이나 여객선 등을 타보는 정도이어서 무역을 하면서도 무역운송의 최대수단인 선박에 대해서는 크게 관심의 대상이 되지 못하는 것 같다.

선박[22]의 종류는 용도, 추진방식, 선형, 구성재료 등 여러 가지로 구분 가능하며 크게 유류를 운송하는 탱커선과 나머지 화물을 운송하는 건화물선으로 나눌 수 있다. 모든 선박은 선체(Hull), 엔진(Engine), 장비(Machinery)의 세 부분으로 구성되어 있다. 선체는 인체의 등뼈에 해당하는 용골(Keel), 갈비뼈 역할을 하는 늑골(Transverse Frame), 선박 내부를 수직으로 분리해주는 격벽(Bulkhead)과 수평적으로 분리해주는 갑판(Deck)으로 구성되어 있다. 선박과 관련한 주요 용어를 살펴보면, 선수(船首)를 Stem 혹은 Bow라고 하며 선미(船尾)를 Stern이라 한다. 선장이나 항해사가 선박을 조종하는 공간을 Bridge라고 하며 배의 좌측은 좌현(Port-side), 우측은 우현(Starboard)이라 부른다.

나 선박의 크기

(1) 총톤수 (G/T ; gross tonnage)

선박의 크기는 보통 톤수(tonnage)로서 나타내는데 중량 혹은 용적 단위로 표시된다. 원래 ton이란 말은 선박에 적재하는 술통의 수를 표시한 것으로, 영어의 tun이나 라틴어의 tunna에서

---

21) 선박법 제8조, 선박등기법 제2조에 의해 총톤수 20톤 이상의 선박과 총톤수 100톤 이상의 부선(barge)은 등기해야 한다.

- 선박법 제8조(등기와 등록) ① 한국선박의 소유자는 선적항을 관할하는 지방해양항만청장에게 해양수산부령으로 정하는 바에 따라 그 선박의 등록을 신청하여야 한다. 이 경우 「선박등기법」 제2조에 해당하는 선박은 선박의 등기를 한 후에 선박의 등록을 신청하여야 한다. 〈개정 2013.3.23.〉
- 선박등기법 제2조(적용 범위) 이 법은 총톤수 20톤 이상의 기선(機船)과 범선(帆船) 및 총톤수 100톤 이상의 부선(艀船)에 대하여 적용한다. 다만, 「선박법」 제26조 제4호 본문에 따른 부선에 대하여는 적용하지 아니한다. [전문개정 2011.6.15.]
- 제3조(등기할 사항) 선박의 등기는 다음 각호에 열거하는 권리의 설정·보존·이전·변경·처분의 제한 또는 소멸에 대하여 한다. [전문개정 2011.6.15.]
  1. 소유권 2. 저당권 3. 임차권

22) 배에 해당하는 영어표현이 여러 가지 있는데, Vessel은 크고 작은 모든 배를, Ship은 대형선을, Boat는 작은 배를, Craft는 특수한 기교나 설비가 가해진 배를 의미한다.

유래하여 용적의 단위로 먼저 사용되었다는 설이 있다. 이때의 1톤은 2,240 lbs이었고 용적으로는 약 40 cubic feet가 기준이었다. 선박의 톤수 중 용적을 기준으로 하는 톤에는 총톤수와 순톤수가 있고, 중량을 기준으로 하는 배수톤수 그리고 적재되는 화물의 무게를 기준으로 하는 재화중량톤수가 있다. 이를 좀 더 자세히 살펴보면 다음과 같다.

총톤수는 1969년 IMO Tonnage Convention에서 새로 도입된 톤수이다. 즉, 총톤수는 선박의 밀폐된 모든 공간을 부피로 환산하여 100 cubic feet를 1톤으로 환산한 톤수이다. 갑판(deck) 위의 모든 공간과 갑판 아래의 모든 밀폐된 공간을 합계한 것인데 기관실, 조타실, 취사실, 선용품창고, 기타 선박의 안전위생 등에 이용된다고 인정되는 장소는 제외된다. 보통 유조선을 제외한 상선이나 어선의 크기는 이 총톤수로 표시되므로 각국의 해운력을 비교할 때 많이 사용된다.

(2) 순톤수 (N/T ; net tonnage)

순톤수 역시 1969년 IMO Tonnage Convention에서 새로 도입된 톤수이다. 순톤수는 선박이 직접 상행위에 사용하는 공간, 즉 화물이나 여객을 수용한 장소의 용적을 톤수로 나타낸 것이다. 그렇지만 용적을 산출할 때 선원사용실, 기관실, 조타기구 등은 제외된다. 순톤수는 총톤수와 같이 선박원부에 등록되거나 선박국적증서에 기재되는 중요한 톤수인데, 직접 상행위를 하는 용적의 크기를 표시하므로 항세, 톤세, 운하통과료, 등대사용료 등 제 세금의 부과기준이 된다.

(3) 배수톤수 (displacement tonnage)

배수톤수는 전중량(全重量)을 말하는 것으로 아르키메데스의 원리를 응용한 것이다. 즉, 배의 무게는 선체의 수면하의 부분인 배수용적에 상당하는 물의 중량과 같으며, 이 물의 중량을 배수량 또는 배수톤수라고 한다. 화물, 연료, 담수(fresh water), 평형수(ballast water), 창고품 등을 적재하지 않은 경화상태(light condition)의 배수량을 경화 배수량(light load displacement)이라고 하며, 또 만재 상태의 배수량을 만재배수량(full load displacement)이라고 하는데, 보통 배수량의 개념으로 사용된다. 거의 흘수(draft)가 변하지 않는 군함의 크기는 그 기준상태의 배수톤수(standard displacement)로 표시하는 것이 일반적이다.

(4) 재화중량톤수 (DWT ; dead weight tonnage)

선박이 적재할 수 있는 화물의 최대중량을 나타내므로 해운업에서는 이 톤수로 화물선의 크기를 평가하는 경우도 많고 선박의 매매, 용선료 산정의 기준으로도 쓰인다. 원래 DWT에는 적재화물 이외에도 항해에 필요한 연료, 청수(fresh water) 등이 포함되어 있어 이러한 요소들을 제외한 것을 순재화중량(net dead weight) 또는 수송능력(carrying capacity)이라고도 하는데, 대개 근해항로에서는 총재화중량톤의 90%, 원양항로에서는 85~90% 정도가 된다. 톤 단위 중량은 2,240 lbs(long ton)가 일반적으로 사용된다.

이상 열거한 톤수의 상호비율은 일반화물선에서 총톤수를 100으로 할 때 보통 순톤수는 62, 배수톤수는 210, 재화중량톤수는 150이 되고, 자동차전용선의 경우 총톤수는 DWT의 3배 이상 되고, LNG 수송선의 경우 총톤수는 DWT의 1.4배 정도 된다.

이밖에 선박의 톤수로는 Compensated gross tonnage(cgt), Lightweight(lwt), Standard displacement(sd) 등이 있다. 기타 선박의 크기를 나타내는 용어로 파나막스, 포스트 파나막스 등이 사용되기도 하는데 파나막스는 Panama 운하의 Panama와 Maximum의 합성어로서, 파나막스형 선박(Panamax Type Vessel)이라 하면 파나마 운하를 통과해서 운항할 수 있는 최대의 크기를 가진 선박을 말한다.

즉, 폭이 32.3m, 흘수가 12m, 그리고 65,000DWT급의 선박이다[23]. 이에 비해 파나마 운하를 통행할 수 없는 초대형선은 포스트 파나막스형 선박(Post Panamax Type Vessel)이라고 한다. 포스트 파나막스는 선박 디자인상의 제약이 없으므로 배의 폭을 넓혀 화물의 적재량을 늘릴 수 있으며 안정성과 하역효율이 높아지는 장점이 있다.

다 선박의 국적

선박의 국적은 선적(Ship's Nationality)이라고 하는데 선박의 소유자와 승무원의 국적에 따라 여러 가지 형태의 국적인정 방법이 있다. 우리나라는 소유권 일부가 한국인에게 속하면 한국적 선박으로 인정하는 데 반해 미국은 소유권 전부가 미국인에 속해야 하고 승무원도 일정수가 미국인이어야 하며, 일본이나 영국은 소유권 전부가 자국민에 속하면 자국적 선박으로 인정하고 있다.

2016년 말 현재 국적외항선사들의 선박보유량은, 모두 1,028척·4,009만G/T이며, 벌크선 253척, 광탄선 38척, 자동차선 58척, 풀 컨테이너선 135척, 세미컨선 2척, 원유운반선 51척, 일반화물선 146척, 케미칼선 18척, LPG선 41척, LNG선 21척, 석유제품운반선 23척, 석유제품/케미칼 겸용 190척 등을 보유하고 있다.

그러나 일부 후진국의 경우는 국가 재정수입의 증대를 위해 소유권이나 승무원에 전혀 제한을 두지 않고 선박의 등록을 받아 주고 있는데 이것을 편의치적(便宜置籍) (FOC ; Flags of

---

23) 파나마운하가 2016년 6월 확장개통됨에 따라 통항가능한 선박은 길이 366m, 너비 49m, 흘수 15.2m로 확대되어 이러한 규모의 선박을 뉴 파나맥스라 부르고 있다.

Convenience)이라 한다. 라이베리아, 파나마, 키프러스, 소말리아, 레바논, 온두라스 등이 편의치적에 주로 이용되고 있는 국가이다. 우리나라는 편의치적제 대신, 1997년에 「국제선박등록법」을 제정, 국적선으로 선령 20년 미만과 총톤수 기준 500톤 이상 선박은 국제선박으로 정식 등록하게 되면 외국인 선원 혼승비율을 높일 수 있고 선박매각 시 매매차익의 80%에 대해 3년간 법인세 과세유예 혜택을 받을 수 있게 되는 제도를 도입한 바 있다.

각국의 선사들은 경쟁이 치열한 해운시장에서 살아남기 위해 편의치적을 경쟁력 확보의 보편적인 방편으로 삼고 있다. 모든 선박은 관련 국제조약 및 관련법에 근거, 항해 시 선수에는 목적지 나라의 국기를, 선미에는 선적국의 국기를 달도록 하고 있으므로 이제부터 바다에 떠있는 무역선을 보면 어느 나라 소유이고 어디를 향하고 있는지 금방 알 수가 있을 것이다. 편의치적제도에 대해선 곧 이어 더욱 자세히 설명키로 한다.

라 편의치적제도

편의치적제도란 소유 선박을 자국이 아닌 외국에 등록하는 제도이다. 원래 정치적·군사적 동기에서 유래하여 오늘날에는 주로 경제적 동기에서 이루어지고 있다. 그 역사는 로마제국에까지 거슬러 올라갈 만큼 오랜 제도이다.

나폴레옹의 해상봉쇄령을 피하고자 영국의 선주들이 독일에 치적하였고, 1922년 미국의 United American Line이 객선 2척을 파나마에 치적한 것이 경제적 동기에 의한 편의치적의 시초이다. 1948년 라이베리아가 파나마보다 더 매력적인 조건을 제공하면서 편의치적국으로 등장하였다.

편의치적은 1950년대에 급증하여 1959년에는 전세계 선복량의 13.6%가 편의치적을 하였고, 1976년에는 26.8%로 늘었다. 특히 1976년 편의치적 선복의 74%가 리베리아에 치적되었다. 파나마, 라이베리아 외에도 온두라스, 코스타리카, 레바논, 키프로스, 소말리아, 오만 등이 편의치적을 공여하고 있다. 편의치적을 하면

① 간섭을 받지 않는다. 재무상태, 거래내역을 보고하지 않아도 되고 기항지도 제약을 받지 않는다.

② 고임의 자국 선원을 승선시키지 않아도 된다. 선진해운국의 선주들이 치적하는 중요한 이유 중의 하나이다.

③ 편의치적국은 등록시의 등록세와 매년 징수하는 소액의 톤세 외에 선주의 소득에 대해 일체의 조세를 징수하지 않는다.

④ 금융기관이 선박에 대한 임치권(유치권) 행사를 용이하게 할 수 있어, 선박의 건조 또는 구입자금을 구제금융시장에서 쉽게 조달할 수 있다.

⑤ 편의치적국들은 선박의 운항 및 안전기준 등에 대해 규제하지 않기 때문에, 이러한 부문의 비용 절감을 노려 치적하는 사례도 많다.

한편, 최근 편의치적을 대신해 등장한 제도가 제2치적, 역외치적(flagging out) 또는 국제개방치적(international open registry)이다. 1980년대에 해운경쟁이 격화되면서 선진국의 선대가 대량으로 편의치적을 하자, 자국선대의 해외이적을 방지하기 위해 자국의 자치령 또는 속령에 치적할 경우 선원고용의 융통성과 세제혜택을 허용하기 시작한 것이다.

예컨대, 영국령 버뮤다, 케이만 군도, 지브롤터, 네덜란드의 안틸레스 등이 치적지로 이용되었다. 특히 네덜란드령 안틸레스는 네덜란드 선박뿐만 아니라 영국 선박도 치적할 수 있는 개방치적제를 채택하였는데, 이는 1986년 유엔선박치적조건협약에 의해 제2치적제도가 가속화 되었다. 제2치적제도는 자국령이면서도 자국 선원노조의 영향을 받지 않는 일정지역을 치적지로 삼는 것이다. 요컨대, 제2치적제도는

① 기존의 등록지와 다른 곳에 등록을 하고 명목상의 본사를 둔다.
② 자국기를 게양하면서 외국선원의 고용을 허용하고 각종 세금을 경감해 준다.
③ 선박안전 등에 관한 사항은 자국적선과 동일하게 적용하며 등록선박에 대한 관리체제가 잘 정비되어 있다.

우리나라도 현행 국적선 등록제도로는 제2치적 및 정부의 보조를 받는 선진해운국과의 경쟁에 효과적으로 대처할 수 없다는 판단하에 제2치적제도를 도입하였다. 우리나라 해운업은 1980년까지 법인세, 지방세 등을 전면 면제받는 지원업종에서 81년부터 과세업종으로 전환, 조세부담이 늘어 경쟁력 상실의 한 요인이 되었었다.

선박취득시 편의치적선에 비해 106배의 조세를 부담했고, 선박소유에 대한 조세부담도 연간 136배에 달했었다. 따라서 선대의 경쟁력 강화를 위해, 기존의 선박등록제와 별도로 1997년 7월 30일 국제선박등록법이 국회를 통과 이른바 National Minimum 제도와 함께 제2치적제도를 도입한 것이다. 우리의 경우 특정지역을 치적지로 지정하지 않고, 해양수산부에 국제선박으로 등록하면 편의치적선과 같은 혜택을 누릴 수 있게 하였다.

더불어 프랑스, 스페인, 덴마크, 벨지움, 포르투갈 등 현재 많은 나라가 개방치적을 허용하고 있어 머지않아 선박의 국적은 의미가 없게 될 것이다. 따라서 국제해사기구(IMO)는 앞으로 선박의 국적보다는 선박에 고유번호를 부여하여 관리할 계획을 추진 중이다. 이른바 국제치적제도(international register system)로 선박의 모든 검사 및 관리, 선급, 유지보수, 운항, 선원충원, 항해, 오염통제 등에 대한 국제적 기준을 설정하여 관리하려는 것이다.

마 선박의 속력

선박의 속력에는 최고속력(maximum speed)과 상용항해속력(sea speed)의 두 가지가 있다. 선박의 속력은 노트(knot)를 기준으로 하는데, 1노트란 선박이 1시간에 항해하는 거리를 1해리 (nautical mile : 1,852m)로 나타낸 것이다. 즉, 요즘 미국으로 가는 정기 컨테이너선의 상용항해 속력이 25노트인데, 이 말은 그 선박이 한 시간에 46.3km(25×1,852m)를 항해할 수 있다는 뜻이 다. 최근에는 부산항을 출항한 정기 컨테이너선은 거의 일본을 기항하지 않고 태평양을 지나 캐나다의 밴쿠버나 미국의 시애틀을 거쳐 LA까지 도착하는 데에 10-12일 정도밖에 걸리지 않는 것이 이러한 속도 때문에 가능하게 된 것이다.

선박의 최고속력이란 시운전 할 때에 그 선박의 가장 좋은 흘수(draft) 상태로 비교적 평온한 해면에서 행한 속도시험결과 정한 속력이다. 반면에 항해속력이란 파도가 있는 해면에서 상당 량의 화물을 적재하고 실제 항해하는 경우를 상상하여 정한 속력이다. 연료비는 선박운항비용 중에서 가장 많은 비중을 차지한다.

선박의 연료 소비량은 속도의 세제곱에 비례하여 증가하므로 스케줄을 고려하여 가장 경제 적인 속력으로 항해하는 것이 일반적이다. 이러한 속도를 경제속도(economical speed)라고 한 다. 그런데 부정기선(tramp)의 경우 경제속도로 항해하는 것이 보통이지만 정기선의 경우 선사 간의 경쟁으로 높은 연비 부담에도 고속력으로 항해하지 않을 수 없게 되었다.

한편, 마력(HP ; horse power)이란 선박 엔진이 단위 시간에 출력하는 기관(engine)의 발생역 량을 표시하는 단위이다. 이는 동일기관에서도 측정하는 장소와 목적에 따라 각각 다른 명칭으 로 불리는데, 지시마력(indicated HP), 축마력(shaft HP), 제동마력(break HP)의 세 종류가 있다.

바 정기선의 형태

앞에서도 잠시 언급한 바 있지만, 국제무역선에는 크게 탱크선과 건화물선으로 나누어 생각 해볼 수 있다. 정기선 운송에 이용되는 건화물선에는 컨테이너선이 가장 많고, 기타 로로선 (roll-on roll-off vessel)과 다목적선(multi-purpose vessel)도 이용된다.

컨테이너선은 컨테이너 화물의 운송에 적합하도록 설계된 구조와 설비를 갖춘 대형의 고속 화물선을 말하는데, 컨테이너선은 선박 전체가 컨테이너 적부(積付)에 적합한 구조를 가진 풀 컨테이너선(Full Container)과 선박 일부만이 그러한 구조로 되어있는 세미 컨테이너선(Semi Container)으로 나눌 수 있다.

(1) 풀 컨테이너선

풀 컨테이너선은 갑판(deck) 및 선창(hold)이 컨테이너만을 전용으로 적재하도록 설계된 선박이므로 컨테이너 전용 터미널에 접안하여 양적하를 수행해야 한다. 한편, 컨테이너선은 하역기기에 의해 수직으로 컨테이너를 찍어 올리고 내리며 하역을 하므로 LO-LO(Lift on/Lift off)선이라고도 불린다.

대부분의 정기선 항로에서는 컨테이너선이 이용된다. [그림]에서 보는 바와 같이 풀 컨테이너선은 선박의 갑판 아래를 몇 개의 선창으로 나누어 오픈박스 형태로 만든 뒤 차곡차곡 컨테이너를 적재한 후 해치 커버(hatch cover)를 닫고 그 위에 다시 컨테이너를 적재(보통 4~5단)하게된다. 이때 갑판에 적재된 컨테이너를 on-deck 컨테이너로 부른다. 참고로, 원칙적으로는 적하보험에서 on-deck에 적재된 일반화물은 보상할 수 없지만, 컨테이너만큼은 예외로 하고 있다.

한편, 대부분의 풀 컨테이너선은 해치 커버를 보유하고 있는 것이 일반적이지만 최근 건조되고 있는 일부 선박은 갑판 위까지 cell guide를 만들어 놓은 이른바 hatch less ship 혹은 open top vessel이라고 하여 아예 해치와 해치 커버가 없는 예도 있다. 이러한 선박은 기존의 선박처럼 갑판적 컨테이너에 대해 별도로 고정 혹은 묶어(lashing)두는 작업이 필요 없고 컨테이너가 바다에 떨어질 수도 없으며, 그만큼의 하역시간이 단축되어 전체 운항일수를 줄일 수 있는 장점이 있다. 물론 건조비용은 상대적으로 더 많이 든다고 할 수 있다.

[풀 컨테이너선의 모습]

[컨테이너선의 크기변화추이]

구분	선박 크기 (TEU)	선체 폭(m)	draft(m)	스피드 (knot)	하역장비 보유율(%)
Feeder	0~499	10.8	6.3	13.8	30.9
Feedermax	500~999	150	8.6	16.4	49.7
Handy	1,000~1,999	18.6	10.2	18.5	38.9
Sub-Panamax	2,000~2,999	23.7	11.7	20.8	3.7
Panamax	3,000~3,999	27.3	12.5	22.2	0.0
Post-Panamax	4,000 이상	28.4	13.1	24.0	0.0

자료 : Martin Stopford, 「Maritime Economics」, p.396

한편, 컨테이너선은 규모의 경제에 따른 효과를 극대화하기 위해 지속적으로 대형화가 추진되어 오고 있다. 1980년대 후반 제4세대 4,000TEU급 컨테이너선이 보편화한 이후 1995년에는 6,000TEU급, 2002년에는 7,000TEU급의 초대형 컨테이너선이 등장하였고, 18,000TEU급의 선박에 이어 한번에 20피트를 2만개 이상 적재할 수 있는 축구장 4개를 합친 크기의 초대형 컨테이너선들이 취항하게 되었다. 참고로, 12,000TEU급 이상의 ULCS(Ultra Large Container Ship)의 경우, 거대한 몸체를 움직이기 위해 선박 엔진이 두 개가 필요하며, 길이는 350m에서 400m에 이르고 선체 폭(beam)은 55m 내외, 수심(draft)은 15m 정도가 필요하게 된다.

[최근 인도 초대형 컨테이너선 현황]

선사명	선박크기	선박수	조선소	인도시기
CMA CGM	2만600TEU	3척	한진중공업	2017 하반기
OOCL	2만1100TEU	6척	삼성중공업	2017년 11월
MOL	2만100TEU	4척	삼성중공업	2017년 8월
에버그린	2만TEU	11척	이마바리조선	2018년

(2) 세미컨테이너선

세미컨테이너선은 재래선 선창의 일부, 주로 선체 중앙 부분 또는 갑판 등에다 컨테이너를 적재할 수 있는 전용장비(derrick 혹은 ship's gear)를 설치한 선박이다. 따라서 재래부두에서도 컨테이너의 양하역이 가능하다. 주로 근해항로(예를 들어 한·일간 혹은 한·동남아간)에 주로 이용되고 있으며 풀 컨테이너선에 비해 상대적으로 작은 편이다.

[세미컨테이너선 모습]

(3) 로로선 (Ro-Ro, Roll-on Roll-off)

로로선에 대해 알아보고자 한다. 로로선은 1928년에 Seatrain사가 미국 내 동부연안과 걸프만 사이의 자동차와 화물차 운송을 위해 처음 도입한 것이다. 원양항로에 본격적으로 사용된 것은 1969년에 Scan Austral사에 의해 유럽과 호주간의 운송부터라고 한다. Ro-Ro선의 대표적인 두 가지 형태에는 훼리(Ferry)선과 자동차전용운반선(car carrier)을 들 수 있다. 훼리선의 경우 컨테이너를 실은 트럭 자체가 선박의 뒤쪽인 선미에 설치된 램프(ramp)를 거쳐 직접 안으로 들어가서 하역을 하는 방식을 사용한다. 그렇지 않으면 더욱 재래식 방법으로는 부두에 쌓여 있는 팔레트 화물을 포크 리프트(fork lift)가 들어 올린 후 직접 램프를 통해 배 안에 들어가 내려놓기도 한다.

[RORO선 모습]

(4) 자동차전용선

자동차전용선 역시 수출되는 자동차 한 대씩 직접 운전기사인 하역인부가 배 안으로 운전하여 들어가 주차한 후 고정하여 두는 방식을 사용한다. 이같이 화물이 바퀴에 실린 채 직접 배 안으로 들어가 하역하는 방식의 선박을 Ro-Ro선이라고 한다. Ro-Ro방식의 선박은 앞에서 말한 LOLO 방식의 선박에 비해 선창(hold)내 빈공간(broken space)이 3~5배나 되어 많이 적재할 수 없는 단점이 있지만, 근거리 수송에는 하역시간의 단축을 통해 하역비를 절감할 수 있는 장점이 있어서 주로 feeder service(지선 수송)에 많이 이용되고 있다.

[자동차전용선에의 자동차 선적 모습]

(5) 다목적선

마지막으로 이제 정기선 운송에서는 거의 사라지고 있고 1970년대 이후에는 사실상 건조되지 않고 있는 그림과 같은 다목적선(Multi-purpose cargo liners)을 소개한다.

[다목적선]

다목적선으로는 1960년대에 건조된 Ocean Priam호가 대표적인 모델이 된다. 이러한 선박들은 다양한 화물과 액체화물용 탱크를 적재할 수 있도록 이중갑판(twin deck)을 가지고 있으며, 냉동냉장 설비도 동시에 갖추고 있다.

또 선창에 작은 양의 철광석이나 철을 적재할 수 있게 되어 있으며, 때로는 중량물을 하역할 수 있는 하역기기를 갖추고 있기도 하다. 다목적선의 가장 큰 단점은 하역에 소요되는 시간과 인원이 많이 소요된다는 것이다.

3. 항만과 컨테이너 터미널

가 컨테이너 터미널과 컨테이너 하역장비

(1) 컨테이너 터미널의 구조

해상과 육상의 접점인 항만에 위치하는 컨테이너 터미널은 컨테이너 화물의 본선하역, 보관, 트럭, 철도에의 컨테이너 인수도, 컨테이너의 장치, 공컨테이너의 집화, 컨테이너의 수리 및 청소 등의 제반 기능을 수행하는 장소이다. 컨테이너 터미널의 일반적 형태는 다음과 같다.

가) Berth (선석, 안벽 : qury, pier, wharf)

선박이 접안하여 화물의 하역작업이 이루어질 수 있도록 구축된 구조물로써 육상 높이와 같이 해저에서 수직으로 구축된 일종의 벽과 그 부속물을 총칭한다. 선석내에는 선박의 동요를 막기 위한 계선주(bit)가 설치되어 있다.

나) Apron

부두 안벽에 접한 야드부분에 일정한 폭(30~50m정도)으로 나란히 뻗어 있는 하역작업을 위한 공간으로써 부두에서 해상과 가장 가까이 접한 곳이다. 이곳에는 Gantry crane이 설치되어 있어 컨테이너의 양하 및 적하가 이루어진다.

다) Marshalling Yard

방금 하역했거나 적재할 컨테이너를 정렬해 두는 넓은 장소로서 Apron과 이웃하여 마련된다. Marshalling Yard는 CY의 상당 부분을 차지할 뿐만 아니라 컨테이너터미널 운영에 있어 중심이 되는 중요한 부분 이다. 컨테이너 크기에 모두 맞추어 바둑판처럼 백색 또는 황색의 구획선이 그어져 있는데 그 한 칸을 Slot이라고 한다.

라) CY(container yard)

컨테이너를 인수·인도·보관하는 장소인데 넓게는 Marshalling Yard, Apron, CFS 등을 포함한 컨테이너 터미널의 의미로도 쓰이지만, 엄밀히 말하면 CY는 컨테이너 터미널의 일부이다. CY에서는 냉동컨테이너와 보관용 배전시설 등의 준비뿐만 아니라 FCL의 인수도 작업이 수행된다. 보통 터미널 전체 면적의 약 65%를 차지한다. 일반적으로 부두 안에 있는 On-dock CY를 CY라고 부르고, 부두 밖에 있는 CY를 ODCY(Off-dock CY)라고 부른다.

마) CFS(container fright station)

컨테이너 한 개를 채울 수 없는 소량화물(LCL 화물)을 인수, 인도하고 보관하거나 컨테이너에 적입(stuffing) 또는 끄집어내는(devanning) 작업을 하는 장소이다. CFS는 일반 재래창고와 그 모습이 다르지 않다. 한 가지 특이한 것은 화물이 드나드는 문의 폭과 바닥 높이가 컨테이너 트레일러의 폭과 높이와 비슷하게 되어있어 컨테이너의 문 쪽이 CFS의 문 앞에 붙은 채로 화물을 집어넣거나 빼낼 수 있게 되어있다는 것이다. CFS는 컨테이너 터미널의 기능 일부로 터미널 내에 있을 경우 모든 컨테이너의 이동이 터미널의 시스템과 통합 관리되어 그 터미널이 자체적으로 보유하고 있는 하역장비 및 기기에 의해 효율적으로 작업을 수행할 수 있는 장점을 가지고 있다. 다시 말하면, 선박회사 측으로서는 CFS 작업을 위해 별도의 장비를 준비할 필요가 없다는 것이다. 그러나 선진국의 터미널에서는 인건비가 높아 CFS 작업료도 높아지고 있으므로 아예 CFS를 부두밖에 두든지 CFS 운영을 아웃소싱하고 터미널로서는 CY 기능만 수행하려는 경향이 늘어나고 있다.

바) Control Tower

컨테이너 야드 전체를 내려다보는 곳에 있어 컨테이너 야드의 작업을 통제하는 사령실로써 본선 하역작업에 대한 계획, 지시, 감독과 컨테이너 야드 내의 배치 등을 담당한다.

사) CY Gate

컨테이너와 컨테이너 화물을 인수, 인도하는 장소이므로 해상운송 대리인과 화주 또는 육상운송인과의 운송확인 또는 관리책임이 변경되는 중요한 기능을 가진다. 게이트(gate)는 컨테이너의 출입구로서 수출 컨테이너는 반입 전, 수입 컨테이너는 반출 전에 게이트에서 검수(檢數)하고 컨테이너 터미널 측과 컨테이너 소유 측이 인수·도 서명을 한다. 따라서 게이트는 취급 컨테이너에 대한 책임 시기 및 종기의 한계점이 된다.

아) 컨테이너 유지보수장소(container maintenance shop)

보통 터미널 한쪽에서 한두 개의 컨테이너를 수리할 수 있는 공간을 갖추고 터미널 운영업자와 계약을 맺은 별도의 업체에 의해 운영된다.

[컨테이너 터미널의 전경]

[일반적인 컨테이너 터미널의 배치도]

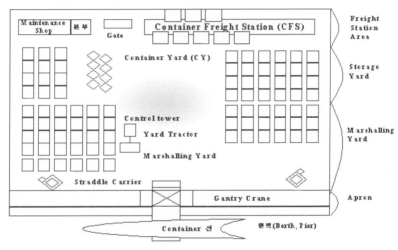

(2) 컨테이너 터미널의 장비

컨테이너 터미널 내의 CY에서 컨테이너를 하역 및 운송하는 방법으로는 샤시 시스템, FLT 시스템, 리치스태커 시스템, 스트래들캐리어 시스템, 트랜스퍼 크레인 시스템 등이 있으며, 터미널에 따라 이들을 혼합하여 사용하고 있다. 다음에는 이들 각각에 대해 설명해보고자 한다.

가) 샤시 시스템 (chassis system)

대부분의 미국 서부 항만에 있는 컨테이너 터미널과 우리나라의 터미널 내의 컨테이너 이송 시 주로 샤시 시스템을 사용하고 있다. 즉, CY에 야적된 컨테이너는 샤시 위에 적재되어 야드 트랙터(혹은 tug master)와 결합하여 선측 혹은 마샬링야드 사이를 이동한다.

우리나라는 야드 트랙터 하나가 한 개의 야드 샤시를 끌고 다니지만, 네덜란드 로테르담 항에 있는 ECT 컨테이너 터미널의 경우 하나의 야드 트랙터가 동시에 5개의 샤시를 끌고 다니는 마피 트레일러(mafi-trailer) 방식을 사용하고 있어 우리보다 높은 생산성을 보인다. 터미널의 샤시는 20피트짜리 한 개 혹은 두 개나 40피트짜리 한 개를 싣고서 운송한다. 사용하지 않는 빈 샤시(MT chassis)는 보통 터미널 내의 별도 장치공간에 보관되는데, TEU당 45㎡를 요할 정도의 공간을 많이 차지한다.

보통 야드 트랙터의 적재 가능 톤수는 약 25톤부터 57톤 사이이며 회전반경은 14m 정도이다. 20피트 컨테이너용은 길이가 약 7m, 넓이가 2.6m, 적재량이 30톤 정도이며, 40피트용은 길이가 약 12.4m, 넓이가 2.6m, 적재량은 약 41톤 정도인 편이다.

[샤시 시스템]

나) FLT 시스템 (fork lift system)

컨테이너 전용 터미널보다는 규모가 작은 다목적부두에서 많이 사용하는 방식이다. 보통 중간 정도 규모의 터미널에서 FLT는 이동 속도가 그리 높지 않고 상대적으로 안전성도 떨어지기 때문에 컨테이너의 적재 혹은 적재된 컨테이너를 내리는 데 사용된다. 대신에 컨테이너의 수평적 이동은 야드 트랙터 및 야드 샤시에 의해 이루어진다.

적재된 컨테이너에 접근하여 컨테이너 한 개를 들고서 컨테이너를 운반하려면 90도로 회전해야 하므로 컨테이너를 야적해 둔 공간 사이의 복도는 적당히 넓어야 하는데, 40피트 컨테이너 작업을 위해서는 최소한 약 18m의 컨테이너와 컨테이너 사이의 복도 공간이 필요해진다. 이 시스템의 이용을 위해서는 TEU당 약 25㎡의 적재공간이 필요한 편이다.

[FLT 시스템]

다) 리치스태커 시스템 (reach stacker system)

FLT 시스템과 리치스태커 시스템의 차이점은 리치스태커가 FLT보다 팔을 더 멀리 뻗을 수 있다는 것이다. 다시 말하면 FLT는 바로 앞에 있는 컨테이너만 찍어 올리든가 내릴 수 있는 반면, 리치스태커는 3열 뒤에 있는 컨테이너까지 팔을 뻗어 작업이 가능하다는 것이다.

따라서 FLT 시스템보다는 복도면적을 좁게 가질 수 있다. 그렇지만, 안전한 작업공간을 확보하기 위해서 약 18m의 복도 공간을 유지하고 있다. 일반적으로 리치스태커 시스템하에서는 컨테이너를 6단적 하였을 때 TEU당 평균 적재공간은 15㎡ 정도인 편이다.

[리치스태커 시스템]

라) 스트래들캐리어 시스템(straddle carrier system)

스트래들캐리어 시스템에는 독일의 브레멘항과 같이 터미널 내의 컨테이너운송을 스트래들캐리어만으로 수행하는 풀스트래들캐리어 방식과 우리나라의 터미널같이 야드 트랙터와 스트래들캐리어를 같이 이용하는 컴바인드(combined) 스트래들캐리어 방식의 두 종류가 있다.

컨테이너와 컨테이너 사이의 복도 폭은 약 20m 정도를 유지하고 평균 적재공간은 TEU당 16㎡를 필요로 한다. 스트래들캐리어 시스템하에서는 컨테이너는 2단부터 4단까지 장치할 수 있다.

[스트래들캐리어 시스템]

마) 트랜스퍼 크레인 시스템(transfer crane system)

트랜스퍼 크레인 시스템에는 Rubber Tyred Gantry Crane(RTGC)과 Rail Mounted Gantry Crane(RMGC)의 두 가지 종류가 있다. RTGC는 아래에 타이어로 된 바퀴가 달렸으며 비교적 장거리인 200m 정도의 거리를 이동할 수 있다. 너비는 약 24m이고 6개의 컨테이너 사이를 앞뒤로 지나다닐 수 있다.

3단에서 8단까지의 높이로 적재 가능하며 평균 적재공간은 TEU당 12㎡이다. RMGC는 RTGC와 비슷하나 철도 레일 위를 앞뒤로만 이동하게 되어있으며 우리나라의 경우 철도 CY에서의 하역에 많이 이용된다. 이 시스템하에서는 보통 4 내지 5단 높이로 컨테이너가 적재되며 평균 적재공간은 TEU당 9㎡이다.

[트랜스퍼 크레인 시스템]

나 컨테이너 터미널 오퍼레이션

(1) 로케이션 시스템

컨테이너 야드 내의 각 컨테이너의 위치 혹은 장치공간은 그 터미널이 가지고 있는 별도의 야드 주소에 따라 고유인식 부호를 가지고 있다. 야드 어드레스 시스템(yard address system)은 터미널 내에서 컨테이너의 위치파악이나 이동을 통제하는 데 있어 필수불가결한 수단이 된다. 즉, 야드 어드레스 시스템을 통하여 컨테이너가 미리 계획된 위치에 지시에 따라 위치해 있는지를 확인할 수 있고, 장치장소에 대해 관련 당사자간에 올바르게 커뮤니케이션을 나눌 수 있다. 또한, 지체없이 올바른 컨테이너가 이동될 수 있을 뿐만 아니라 점유 혹은 비어 있는 컨테이너 장치공간을 쉽게 파악할 수 있게 되는 것이다.

여기서는 현재 네덜란드의 로테르담 항에서 사용하는 로케이션 시스템을 소개하고자 한다.

먼저 각 장치공간(storage slot)은 네 가지 구성요소로 이루어진 일련의 조합에 의해 그 고유기호를 부여받게 된다. 즉, 컨테이너가 모여 있는 단위 공간(block)은 보통 영어로 알파벳 A, B, C, D…로 표현한다. 다음으로 01(1단적 위치)-02(2단적 위치)-03(3단적 위치)… 하는 식으로 블록 내의 컨테이너 열(row)에 따라 둘 혹은 세 단위의 숫자를 붙인다. 터미널 대부분에서는 블록 단위와 열(row)을 같이 묶어 표현하는데, 가령 A-01은 A블록의 1열에 있는 컨테이너를 말한다.

다음으로는 열 옆에 붙어 있는 행(line)을 표시하기 위해 두 자리 숫자를 01부터 열 다음에 붙여서 사용한다. 그리고 마지막으로 한 자릿수 혹은 알파벳 한 자를 사용하여 그 컨테이너가 몇 층(tier)에 있는가를 표시한다.

이상의 설명을 예를 들어 보면, 『A-06-02-B』란 의미는 그 컨테이너는 A블록, 06열, 02행, 2층에 적재되어 있다는 것이다(그림 참조). 그런데 이것은 20피트 컨테이너의 경우이고 40피트 컨테이너는 어떻게 표현할 것인가. 일반적으로 이를 위해 사용하는 방법은 행 숫자 두 개를 연이어 사용한다. 즉, 「A-06-01-02-B」의 경우 그 컨테이너는 A블록, 06열, 01행+02행, 2층에 적재되어 있다는 것이다. 따라서 20피트와 40피트의 혼란을 피하고자 20피트 컨테이너는 행(line) 번호를 같은 것이지만 두 번 사용하기도 한다. 즉, 'A-06-02-02-B'가 되는 식이다.

[로케이션 시스템]

(2) 컨테이너 터미널의 능력

컨테이너 터미널은 처리능력(handling capacity)과 보관능력(storage capacity) 두 가지 모두 해당한다. 먼저 처리능력은 "시간당 컨테이너 처리 개수"로 표현될 수 있다.

보통 크레인의 생산성과 속도에 대해 표현할 때 곧잘 사용된다. 예를 들어, 만일 어떤 크레인이 시간당 25개의 컨테이너를 처리한다고 하자. 그럴경우 그 크레인에 있어 취급하는 컨테이너가 20피트, 40피트 혹은 45피트인지는 문제 되지 않는다.

가) 크레인의 생산성

평균적인 크레인의 생산성을 정리해보면 다음과 같다.

- 컨테이너(갠트리) 크레인 : 20-25 컨테이너/시간(75,000-100,000 컨테이너/년)
- 스트래들캐리어 : 12 컨테이너/시간(36,000 컨테이너/년)
- 트랜스퍼 크레인(RTG형) : 20 컨테이너/시간(60,000 컨테이너/년)
- 트랜스퍼 크레인(RMG형) : 25 컨테이너/시간(75,000 컨테이너/년)

나) 컨테이너 장치능력

터미널 내의 컨테이너 장치능력은 TEU/m^2로 표시한다. 장치공간은 컨테이너의 규격과 연관이 많다. 40피트 컨테이너는 20피트 컨테이너 면적의 두 배를 차지한다. 앞에서 언급한 바와 같이 모든 하역 및 운반기기는 다양한 크기의 컨테이너 야적공간이 있어야 하는데 이를 정리하면 다음과 같다.

- 샤시 시스템 : $45m^2/TEU$
- 스트래들캐리어 시스템 : $16m^2/TEU$
- 트랜스퍼 크레인(RTG형) : $12m^2/TEU$
- 트랜스퍼 크레인(RMG형) : $9m^2/TEU$
- 포크 리프트(풀컨테이너용) : $25m^2/TEU$
- 리치스태커 : $15m^2/TEU$

터미널의 장치능력에 영향을 미치는 요소는 다음과 같다.

① 하역장비의 형태

② 컨테이너가 머무는 시간

③ 야드의 점유율

④ 피크계수(Peak Factor)

먼저 앞에서 본 바와 같이 모든 형태의 하역장비는 "TEU당 ㎡"라는 그 자체의 소요면적을 가지고 있다.

다) 컨테이너가 머무는 시간(Dwell Time)

다음으로, 컨테이너가 머무는 시간(Dwell Time)은 컨테이너가 터미널에 머무는 평균 시간을 날짜로 표현하는 것을 뜻한다. 터미널마다 다르지만 보통 수출컨테이너는 3일 또는 5일, 수입 컨테이너는 6일, EMP TY(MT) 컨테이너는 25일을 드웰타임으로 잡는다. 이는 선박회사와 터미널 운영 주체간의 계약상 혹은 무료 장치기간(free time) 여부에 따라 결정되지만 통상 수출 컨테이너는 선적이 임박해서야 터미널에 도착하기 때문에 수입보다는 짧은 드웰타임을 적용하는 것이다.

MT 컨테이너의 경우 필요한 화주들을 위해 적정재고를 보관해야 하기 때문에 상대적으로 긴

드웰타임을 갖는다. 기존의 실적치를 근거로 하여 드웰타임에 의해 터미널에서의 일일 평균 컨테이너 재고량을 계산해낼 수 있다. 예를 들어 보자. 어떤 터미널이 350,000개의 연간 컨테이너 처리실적을 가지고 있다고 치고, TEU factor가 1.234라면 필요한 총 터미널 면적은 얼마나 되는지를 계산하면 다음과 같다.

총 TEU는 350,000 컨테이너×1.234 = 432,000TEU이고, 평균 드웰타임이 12일이라고 하면 평균 일일 재고량은 432,000 TEU ÷ (365÷12) = 14,203 TEU가 된다. 이제 문제는 14,203TEU를 위해서는 얼마나 많은 스페이스가 필요한 가이다. 이는 물론 첫 번째 팩터였던 하역장비 형태에 따라 달라진다. 만일 트랜스퍼 크레인 중 RTGC(Rubber Tyred gantry Crane) 방식만을 사용한다면 RTGC 시스템은 12㎡/TEU가 필요하므로 14,203TEU×12㎡ = 170,436㎡가 된다.

라) 야드 점유율(yard occupancy factor)

야드 점유율(yard occupancy factor)에 대해 알아보자. 사실 위의 계산은 장치장에 여분의 공간이 하나도 없을 때를 가정한 것이다. 효율적인 작업을 위해서는 어느 정도의 여유공간이 있어야 한다. 그러한 조건을 충족시킬 수 있는 최대한의 점유 정도를 야드 점유율이라고 부른다. 물론 이 점유율은 터미널마다 상이한데, 보통 0.75에서 0.8 사이에 있다. 만일 0.75라고 가정하면 앞에서 계산된 170,436㎡는 전체 면적의 75%가 되어야 하므로 전체 면적은 역산하면 170,436×100/75 = 227,248㎡가 된다.

마) 피크계수(peak factor)

마지막으로, 피크계수(peak factor)에 대해 알아보자. 앞에서 야드 점유율이 감안된 소요면적이 산출되었는데, 터미널에 컨테이너가 집중적으로 몰리는 피크 때의 상황을 감안할 필요가 있다. 피크계수는 선박스케줄, 평균선석점유율 등의 변수에 따라 터미널마다 다르다. 만일 피크계수가 1.3이라면 평균 야드 소요면적에 이를 곱해야 한다.

즉, 227,248㎡×1.3 = 295,422㎡ = 약 30ha가 된다.

마지막으로 30ha는 터미널 야드 면적이므로 총 터미널의 소요면적을 구해낼 수도 있다. 보통 터미널에서 장치장 면적은 전체의 65%를 차지하므로 역산하여 보면,

295,422×(100÷65) = 454,495㎡(약 45ha)가 된다.

4. 해운시장의 수요와 공급

해운시장이 어떻게 움직이는가를 알기 위해서는 해상운임이 어떻게 등락을 거듭하게 되는가를 알 필요가 있다. 물론 해상운임은 해운에 대한 수요와 공급이 일치하는 점에서 결정된다. 해운 경제는 대단히 복잡한 구조로 되어있지만, 간추려 보면 5개의 해상운송 수요 요인과 5개의 공급 요인으로 나누어 볼 수 있다.

✔ 수요 요인

① 세계 경제 상황
② 해상 물동량
③ 운송 거리
④ 정치적 사건
⑤ 수송비

✔ 공급 요인

① 선복 스페이스
② 선박의 생산성
③ 조선 능력
④ 선박 해체 규모 및 운임

✔ 수요와 공급 메커니즘

해운시장에서 수요와 공급이 만나는 메커니즘은 어떻게 되는가? 그 대답은 의외로 간단하다. 즉, 수요의 측면에서는 다양한 산업 활동을 통해 세계 경제는 해상운송이 필요하게 된다. 특정 산업 분야에서의 발전은 화물이 운송되는 거리(톤-마일)와 같은 상황을 변형시킬 수 있다.

공급 측면에서 본다면 단기적으로는 선복규모는 고정된 해상운송 능력(capacity)의 재고량이라고 할 수 있다. 특정 시점을 놓고 보면 일부 선박들은 취항 중이고 또 어떤 선박들은 계선되어 놓고 있는 예도 있으며, 다음 취항을 위해 대기 중에 있을 수 있다. 선복규모는 신조선과 해체선의 규모에 의해 달라진다. 선복규모는 선박의 운항 및 하역속도와 같은 운항 효율성에 따라 달라진다.

예를 들어 시속 11노트로 운항하면서 돌아올 때는 공선(空船)으로 취항하는 선박보다는 시속 14노트로 운항하면서 귀항 시 화물의 일부 혹은 전부를 배에 채워온다면 당연히 후자를 위해 더 많은 선복 수요가 생길 수 있다. 이러한 효율성은 보통 선대생산성(fleet productivity)으로 불리며 연간 DWT당 톤-마일로 표현된다.

5. 해상운송의 수요와 공급요인

그러면 여기서 해상운송의 10가지 수요와 공급 요인에 대해 좀 더 자세히 알아보기로 하자. 먼저, 톤·마일로 측정될 수 있는 해운 수요요인의 경우를 보면 연간 10~20%나 급속히 변동하는 등 예측이 어려운 편이다.

해운 수요는 또한 장기적인 추세의 변화에도 영향을 받는다. 지난 30~40년을 돌이켜 보면 1960년대와 같이 일정기간 해운 수요가 급격히 증가하기도 했고, 1973년 석유 위기에 이은 10여 년간의 정체와 하락기도 있었다.

해운 수요 중 가장 큰 영향을 미치는 요인은 세계 경제라고 할 수 있다. 세계 경제는 상품제조를 위한 원자재의 수입이나 완제품의 운송을 위한 해상운송 수요의 대부분을 창출해낸다. 따라서 해운시장에 정통하기 위해서는 세계 경제의 추이에 대해 최신의 정보와 지식을 갖추어야 한다는 명제가 주어진다.

가 세계 경제 (world economy)

해상운송의 수요를 변화시킬 수 있는 세계 경제는 단기적인 해상운송 수요의 변동을 일으키는 가장 중요한 요인인데, 세 가지 측면이 있다. 즉, 세 가지 측면이란 경기사이클(business cycle), 국제무역의 탄력성(trade electricity), 그리고 무역경기 사이클(trade development cycle)이다. 최근 대부분 경제학자는 경기사이클이 내부와 외부요인의 결합으로 나타난다는 것을 인정하고 있다. 즉, 외부요인으로는 전쟁 혹은 원유 같은 특정 제품 가격의 급변 같은 사건을 들 수 있고, 내부요인으로는 세계 경제 자체의 역동적 구조를 들 수 있다.

그 밖에 경기사이클에 영향을 미치는 요소로는 투자와 소비지출(multiplier and accelerator), 경제적 의사결정과 이행 사이의 리드 타임(time-lags), 특히 단기적인 영향력을 많이 행사하는 재고비축(stock building), 기후, 전쟁이나 새로운 자원의 개발 같은 예기치 못한 충격(random shocks) 등이 이에 해당한다. 국제무역의 탄력성(trade electricity)은 해상운송량의 증가율을 산업생산의 증가율로 나눈 값으로 나타낼 수 있다. 최근 30년 동안 평균 1.4를 보이는데, 이 말은 해상운송 물량이 세계전체 경제보다 40% 더 증가했다는 것을 의미한다.

나 해상 물동량 (seaborne commodity trade)

해상 물동량의 단기적 변동을 일으키는 가장 중요한 요인은 계절성(seasonality)이다. 많은 농산물은 계절적 요인에 영향을 받는데, 9월부터 11월 말까지는 연간 평균대비 50%의 물량이 증가한다. 장기적으로 변동을 일으키는 요인으로는 특정 제품에 대한 수요의 변화, 공급원의 변화, 제조지역의 이동, 그리고 화주의 운송정책 변화 등이다.

다 운송 거리 (average haul and ton-miles)

평균운송 거리를 계산하기 위해서는 선적되는 화물의 톤에다 그 화물이 운송되는 거리를 곱한 톤-마일을 산출해낸다. 평균운송 거리에 대한 해운 수요의 변화는 아라비아만에서 유럽까지의 운송 거리를 6,000마일에서 11,000마일로 늘린 수에즈운하의 봉쇄가 그 좋은 예가 된다. 갑작스러운 해운 수요변화의 결과로 매번 운임시장의 붐이 일어났다. 수입에 대한 수요가 늘어날수록 더욱 원거리로부터의 공급이 가능해지고 더 큰 규모의 선박을 통해 운송함으로써 규모의 경제에 의한 비용감축을 이룰 수 있었다.

다 정치적 사건 (political disturbances)

이에는 국지전쟁, 혁명, 외국자산의 동결, 스트라이크 등이 해당하며, 갑작스러운 예기치 않은 해운 수요의 변화를 일으킨다. 이 같은 정치적 사건은 반드시 해운 수요에 직접적인 영향을 미친다고는 할 수 없지만,간접적인 영향력이 크다고 할 수 있다. 한국전쟁, 수에즈운하 봉쇄위기, 중동전쟁 등이 이에 해당한다.

라 수송비 (transport cost)

원자재는 해상운송비용이 수용할 수 있는 수준까지 줄어들 수 있다면 원거리로부터 운송될 수 있을 것이다. 과거 수백 년간 선박 효율성의 개선, 선박의 대형화, 해운기업 조직의 생산성 향상으로 인해 해상운송 비용은 감축됐고 선사들의 서비스 수준은 높아져 왔다. 앞에서 해운의 다섯 가지 주요 공급 요인으로 선복 스페이스, 선박의 생산성, 조선 능력. 선박 해체 규모 및 운임이다. 여기서는 이들 요인에 대해간단하게 알아보자.

(1) 선복 스페이스

선박의 평균 경제적 수명은 25년이다. 아마 최근 30년 동안 세계 해운선대에 있어 가장 큰 특징 중의 하나는 선박 규모의 급속한 대형화라고 할 수 있다. 선박 대형화와 동시에 자동차전용선, 화학물운반탱커선 등과 같은 선박의 전문화에 대한 투자도 지속적으로 이루어져 왔다.

(2) 선박의 생산성

선박의 생산성은 대개 속도, 재항시간(port time), 화물의 적재효율성, 실화물 해상운송 일수(loaded days at sea) 등에 의존한다. 속도는 선박의 총항해 시간을 결정하는 가장 중요한 요소이다. 선박의 속도는 시간이 지남에 따라 변화한다.

즉, 더 높은 속도를 가진 신조선이 인도되면 이는 점차 전체 선복능력을 감소시키게 되고, 선박은 잘 관리되지 않으면 시간이 지나면서 점차 최대 운항시간이 줄어들게 된다. 컨테이너의 출현으로 정기선의 재항시간은 상당히 감소되어 왔다.

화물의 적재효율성(deadweight utilization)은 연료유, 선용품 적재 등으로 인해 손실된 화물 적재 능력을 말한다. 일반적으로 벌크선은 95%, 탱커선은 96%의 적재 효율성을 가진다고 한다. 실화물 해상운송 일수는 선박의 형태, 즉 선형에 많이 좌우된다.

다시 말하면 다양한 화물을 실을 수 있게 건조된 선박이라면 귀항 시 화물을 실을 가능성이 크므로 실화물 해상운송일수를 늘릴 수 있다.

(3) 조선 능력

조선(造船)산업은 장기간의 비즈니스 사이클을 가지며 주문과 인도 사이에 보통 1~4년이라는 장기간이 소요된다. 선복 규모의 성장률은 신조선의 인도와 중고선의 해체 사이의 균형에 의존한다. 그리고 선박 해체는 주로 선령, 기술적 진부(technical obsolescence), 해체선의 가격, 현재 그 선박으로부터 벌 수 있는 수입의 정도 및 향후 관련 해운시장의 전망 등에 의해 결정된다고 할 수 있다.

(4) 운임

해상운임은 선박투입을 할 수 있는 의사결정권자가 단기적으로 선복 공급을 조정할 수 있도록 할 뿐만 아니라 장기적으로는 운항코스트를 줄이려는 방법을 찾도록 한다. 장기적으로는 운임은 선박 해체 혹은 신조에 대한 의사결정에 영향을 미친다.

운임이 결정되는 메커니즘은 간단하다. 전체적인 화물량에 비해 선박이 너무 많으면 운임은 내려가고 반대로 선박의 수가 작으면 운임은 올라간다. 이렇게 운임이 책정되면 선주와 화주는 그 수준에 맞추려고 하고 결국 수요공급의 균형이 이루어진다.

6. 정기선

가 정기선의 의의

정기선(Liner)이란 정해진 항만 사이를 정해진 운항일정(Schedule)에 따라 항해하여 주로 완제품이나 반제품 등의 일반화물(General Cargo)을 운송하는 선박을 말한다. 정기선은 전세계 해상운송량의 약 60%를 담당하고 있다. 반면에 부정기선은 정해진 항로를 정기적(규칙적)으로 운항하는 정기선과 달리 일정한 항로나 화주를 한정하지 않고 화물의 수송수요에 따라 화주가 원하는 시기와 항로에 선복을 제공하는 선박을 가리킨다.

정기선과 부정기선의 특징을 좀 더 자세히 비교해보면 다음 표와 같이 정리될 수 있다. 즉, 부정기선은 주로 단가가 낮은 재래 벌크(bulk)화물을 운송하는 데 반해, 정기선은 부정기선보다 상대적으로 고부가가치가 있는 제품을 운송한다. 또 부정기선은 그야말로 부정기적으로 움직임보다 정기선은 정기적인 운항 스케줄로 정해진 항만을 기항한다.

[정기선과 부정기선의 특징 비교]

구분	정기선	부정기선
선적제품의 특징	상대적인 고부가가치품	단가가 낮은 재래벌크화물
운항 Frenquency	정기 스케줄 보유	부정기적 운항
운임	상대적으로 높음 Tariff 보유	상대적으로 낮음 별도 Tariff없음
운송계약	개품운송계약(B/L로 갈음)	용선계약(C/P 작성)
소요자본·인원	대자본·대인원	소자본·소인원
사업자단체	해운동맹	없음
이용화주의 성격	불특정다수	주로 대기업·종합상사
해운시장의 특성	경쟁제한	완전경쟁에 근접

정기선은 미리 정해진 요율표(tariff)를 가지고 있음에 반해 부정기선은 별도로 태리프가 존재하지 않고 개별 운송건별로 선주와 화주간에 운임을 결정한다. 또, 정기선을 이용시는 선화주간에는 별도의 운송계약서를 작성하지 않고 선하증권(B/L)이 운송계약서의 역할을 대신하지만, 부정기선의 경우 용선계약서(C/P ; charter party)를 별도로 작성한다. 부정기선의 운영이 상대적으로 소자본과 적은 인원으로 가능함보다 정기선은 대자본이 필요로 함과 아울러, 업무의 복잡

함과 해외지사 요원 등으로 인해 많은 인원이 필요하다.

정기선의 경우 해운동맹(shipping conference)이라고 하여 동일항로간에 다니는 선사간의 카르텔 조직이 결성됐음에 반해 부정기선은 그런 조직이 존재하지 않으며, 정기선을 이용하는 화주는 불특정다수임에 반해 부정기선을 이용하는 화주는 POSCO, 한국전력, 농수산물유통공사 등 일부 대기업 등에 국한되어 있다. 마지막으로, 부정기선 시장은 완전경쟁에 가까움에 비해 정기선 시장은 해운동맹의 존재 등으로 인해 상대적으로 경쟁이 제한되어 있다.

간혹 중국, 인도네시아, 러시아 등으로부터 원자재 수입을 위해 부정기선을 이용하는 경우를 제외하곤 거의 모든 중소 무역업체는 수출입화물 운송을 위해 정기선(특히 정기 컨테이너선)을 이용한다고 보면 된다.

현재 우리나라의 48개 외항선 운항업체 중 부정기선 운항을 전문으로 하는 Pan Ocean이 정기선 서비스를 하고 있고, 정기선 서비스 전문인 현대상선(주)도 부정기선 서비스를 하는 등 사실상 거의 모든 선박회사가 어떤 형태로든 정기선과 부정기선 서비스를 동시에 하고 있으므로 정기선, 부정기선 운항 선사를 찾는 데 큰 어려움을 겪지는 않을 것이다.

나 컨테이너화 (containerization)

정기선의 역사는 1869년 수에즈운하의 개통으로 인해 1872~3년 운임시장의 붐을 타고 유럽과 아시아간에 많은 정기선이 투입되면서 본격화된 것으로 알려졌다. 정기선 해운이 크게 발전하게 된 동기는 무엇보다도 수출입화물의 컨테이너화(containerization)가 급진전하였기 때문이라 할 수 있다.

1966년 트럭 운송업자인 말콤맥린(Malcom MacLean)에 의해 설립된 Sea-Land사가 북대서양 항로에 처음으로 원양 정기컨테이너 서비스를 개시한 이래, 오늘날 '정기선'이라 하면 컨테이너 운송으로 대표되게 되었다. 수출입화물의 컨테이너화는 팔레트에 적재되어 화물의 운송, 보관, 하역을 가능케 하는 단위화(unitization)를 그 기본으로 하며 이는 생산성의 제고로 이어지게 되었다. 예를 들어 22,000DWT 선박이 연간 항해일수의 40%인 149일을 항만에서 소비하였음에 반해 단위화, 컨테이너화로 인해 47,000DWT 선박이 연간 항해일수의 17%인 64일만을 항만에서 소비할 수 있게 된 것이다.

컨테이너화의 영향은 이외도 다양한데

첫째, 선사의 운송 책임범위가 선적지 항만에서의 선박의 난간(ship's rail)으로부터 도착항에서 선박의 난간까지였던 것에서 더 나아가 'door-to-door' 혹은 일관 운송(through transport) 서비스가 가능하게 되었다는 것이다.

둘째, 수많은 정기선사가 사라지고 일부 선사들이 인수합병을 거치며 살아남게 되었다.

셋째, 세미컨테이너선에서 컨테이너만을 전용으로 운송, 하역할 수 있는 풀 컨테이너선이 늘어나게 되었다.

네째, 재래부두(conventional port)가 없어지는 대신, 자동화 시설과 설비를 갖춘 컨테이너 전용 터미널이 등장하게 되었다는 것이다.

다 해운동맹

정기선사들은 해운동맹(shipping conference)을 결성하여 왔다고 했다. 여기서 해운동맹에 대해 좀 더 알아보자. 우선 해운동맹이란 두 개 이상의 정기선 운항업자가 특정 항로에서 상호간에 기업적 독립성을 존중하면서 과당 경쟁을 피하고 상호간 이익을 유지하고 증진하기 위하여 운임, 적취량, 배선, 기타 운송조건에 관하여 협정 또는 계약을 체결한 국제 해운카르텔(cartel)이라고 할 수 있다.

해운동맹의 출현을 해운 경제학적인 관점에서 보면 다음과 같다. 즉, 정기선은 높은 고정비용 혹은간접비용을 부담해야 하고 화물이 충분하지 않더라도 규칙적인 운항서비스를 유치해야 한다.

따라서 동일항로에서의 경쟁업체들에 의한 가격경쟁에 존립의 위태로움을 받을 여지를 가지고 있다. 이러한 상황을 극복하기 위해서 나타난 것이 해운동맹이다. 해운동맹은 안정된 선복과 안정된 운임을 제공함으로써 운임부담 능력에 따라 탄력적인 운임을 설정하고 화물을 안정적으로 수송하는 긍정적인 면도 있으나, 독점적 성격이 강하여 높은 운임을 부과하거나 유지하려는 부정적인 면도 가지고 있다.

이들은 대부분 대내적으로 운임협정(Rate Agreement), 배선협정(Sailing Agreement), 공동계산협정(Pooling Agreement) 등의 방법을 채택하고 있으며, 대외적으로는 맹외선사(outsider)의 활동을 억제하는 조치(Fighting Ship 운영)를 하는 한편, 화주들을 동맹에 구속하기 위한 각종 계약제도를 실시하고 있다. 해운동맹은 1875년 영국~인도 캘커타항로에서 처음 나타난 이래 1980년대에는 세계적으로 약 350개가 존재하는 등 막강한 위력을 발휘하였다.

그러나 1970년대 후반부터 대만, 한국 등 아시아의 개발도상국들과 소련을 비롯한 동구권 비동맹선사들이 적극적인 공세를 취하면서 힘을 잃기 시작하였고 1984년 6월에 미국의 신해운법(US Shipping Act 1984)이 발효되는 것을 계기로 동맹의 기능은 뚜렷이 약화되었다.

그뿐만 아니라 컨테이너화(Containerization)의 급진전으로 복합운송(inter modal transport)이 활성화되면서 대부분의 선사가 Door to Door 서비스를 제공함에 따라 Port to Port 서비스를 위주로 한 해운동맹은 경쟁력을 잃게 되었다. 1980년대 중반부터 태평양, 유럽, 대서양항로와 같은간선항로(Trunk Route)에서는 대형선사를 중심으로 세계일주서비스(Round the World

Service) 및 시계추서비스(Pendulum Service)가 늘어나면서 항로마다 특성을 달리하는 동맹에 가입하는 것이 어렵게 된 점도 동맹약화의 한 원인이 되었다.

(1) 선사간의 전략적 제휴

그런데 최근 들어 선박회사간에는 기능이 약화하는 해운동맹 대신에 글로벌 제휴 혹은 전략적 제휴추진이 늘어나고 있다.

즉, 선사간의 글로벌 제휴체제(global alliance)는 선박의 공동운항, 컨테이너 터미널의 공동이용, 컨테이너와 장비의 공동사용, 육상물류망의 공유 등을 전세계에 걸쳐 실현시키는 주요 선사간의 전략적 제휴를 말한다.

1996년 최초로 출범한 세계 정기선 해운시장의 글로벌 제휴체제는 1998년 재편되어 6개 글로벌 제휴그룹 및 초거대선사에 의한 체제로 유지되었으나 2018년 현재 Maersk와 MSC의 2M, Hapag-Lloyd와 일본 선사들 중심의 The Alliance, Evergreen과 중국 선사들을 중심으로 한 Ocean 등 3개 그룹으로 재편되어 치열한 경쟁을 벌이고 있다.

[얼라이언스 현황]

Alliance	소속해운사	점유율
2M	MAERSK(덴마크) MSC(스위스)	36.6%
THE Alliance	Hapag-Lloyd(독일)+UASC MOL+NYK+K-Line(일본) Yangming(대만)	34.8%
OCEAN	EVERGREEN(대만) CMA/CGM(프랑스)+APL COSCO(중국)-CSCL(중국) OOCL(홍콩)	28.6%

자료 : 알파라이너

[세계 정기선 해운시장의 글로벌 제휴 추이]

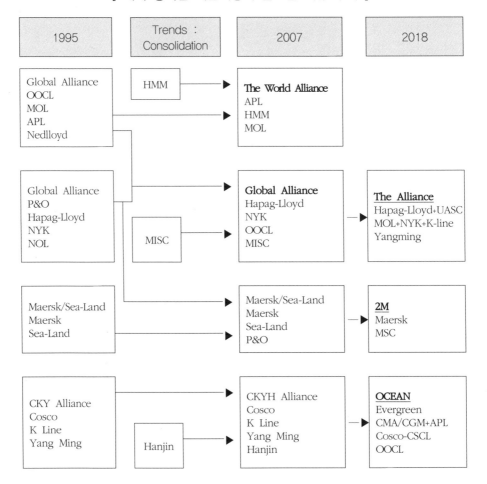

[컨테이너 정기선사의 전략적 제휴의 발전 방향]

구분	발전방향(초기단계→ 최종단계)
항로	1개 기간항로 → 1개 기간 및 Feeder → 2~3개 기간 및 Feeder항로 → 모든 항로
영역	선박 → 터미널 → 장비/내륙운송 → 지원업무 → 영업/마케팅
형태	선복임차/교환 → 공동배송
기간	단기(임시투입/용선선박) → 3년~4년 → 3년~10년 → 무기한

* 최중휘 ; 정기선해운의 전략적 제휴 변천과정, KMI, 2001

(2) 해운동맹의 규제수단

해운동맹은 결성되자마자 이후 지속해서 비난과 공격을 받아왔다. 1879년에 홍콩신문인 China Mail은 중국해운동맹(China Conference)을 '근래 볼 수 없는 문제가 많은 독점체제'라고 규정하여 근 한 세기 이상을 끌어온 해운동맹의 폐해에 대한 논쟁에 불을 댕기게 되었다. 1887년에 구주운임동맹(FEFC ; Far Eastern Freight Conference)이 모글사(Mogul Line)를 이용하는 화주에 대해 리베이트를 주지 않도록 하자 이 조치를 철회토록 모글이 가처분신청을 냄으로써 해운동맹에 대한 첫번째 법적인 도전이 시작되었다고 한다.

그 당시에 FEFC는 7개의 회원사를 보유하고 있었다. 한편, 모글은 1885년에는 비수기 때에 정기취항 서비스에 대한 할당량을 받아들지 않아 FEFC에 가입신청을 하였지만 거부당하기도 하였다.

이 거부사건은 FEFC의 상해사무소가 모글을 이용하는 어떤 화주에게도 리베이트를 주지 말도록 회람을 돌림으로써 운임전쟁을 일으키게 된 것이다. 그러자 모글은 소송을 제기하여 법정으로 하여금 그러한 행위를 금지하여 달라고 요청하였지만, 법원은 해운동맹의 적법성을 인정하여 동맹의 손을 들어주었다.

그러나 몇 년 후에 홍콩해운산업위원회(Royal Commission on Shipping Rings)는 리베이트시스템 조사를 착수하게 되었다. 1909년 동 위원회는 그 보고서에서 화주와 동맹간의 상업적인 관계는 정당하며 리베이트시스템의 남용은 건전한 정기선 체제를 보호하기 위해서는 자제되어야 한다고 밝혔다.

(3) 운크타드 코드(UNCTAD Code)의 도입

해운동맹은 1950년대에 가장 전성기를 누렸다고 할 수 있다. 이때까지 해운동맹이 어느 정도로 그 위상을 보장받았는가는 1964년 제네바에서 개최된 제1회 UNCTAD 회의에서 발의된 정기선동맹헌장(UNCTAD Code of Conduct for Liner Conferences) 제12장 12.9항에 잘 나와 있다.

2차대전 후 신생 독립국과 개발도상국들은 거의 모두 대외수지 적자문제로 어려움을 겪고 있어 해결책을 찾고 있었다. 해상운임이 수출가격 경쟁력에 차지하는 비중이 상당히 컸고, 대외 운임지급 자체가 외화보유액을 감소시키는 요인으로 작용하는 상황이었다. 국적선사를 만드는 것이 가장 이상적인 대안으로 보였지만 관련 경험이 없어 애로를 겪고 있었다.

이러한 상황은 소위 운크타트 내에 있는 개도국 중 압력단체인 '77그룹'에 의해 정치적인 행동을 보이는 결과를 가져오게 되었는데, 그것이 바로 각 국가로 하여금 정기선 동맹에 참가할 수 있는 권리를 부여하는 정기선동맹헌장(운크타드 코드 : UNCTAD Code)를 만드는 것이었다.

1972년 제3차 운크타트총회 때에 개발도상국은 주로 화주국으로써 아시아, 아프리카 그룹과 해운국으로서의 라틴 아메리카 그룹간의 의견 차이를 통일 조정하여 개발도상국 단일 초안을 조약화하기 위한 정기선 동맹헌장 전권 회의 개최를 결의하였다. 1973년 11월 12일부터 12월 15일까지, 또 1974년 3월 11일부터 4월 6일까지(제2부) 두 차례에 걸쳐 제네바에서 79개국이 참가한 정기선 동맹 헌장 채택을 위한 전권 회의를 개최하여 이의 전권화 작업을 마지막으로 손질하여 지금에 이르게 되었다.

운크타드 코드는 전문(前文)으로서 목적 및 원칙 54개안과 부칙 13개항의 규칙으로 되어있다. 전문에서는 정기선 체제의 개선을 바라고 다수가 수락할 수 있는 정기선 동맹헌장의 필요함이 인식된 것이 동 헌장 마련의 계기가 되었음을 밝히고 있다.

나아가서 기본 목적 및 원칙으로서는 어느 국가를 막론하고 무역항로에 동맹의 관행(Conference practice)에 대해 어떠한 차별도 두어서는 안 된다는 원칙을 두었다. 또, 동맹은 공통 이해관계 사항에 관하여 화주 기관, 화주 대표 혹은 화주와 협의를 거친다는 원칙도 명시하고 있다.

이 헌장의 주요 골자는 다음과 같다.

무역 당사국 소속선사의 동맹가입 자유와 무역 당사국에 의한 50 : 50 혹은 제3국선이 존재하는 경우에는 40 : 40 : 20의 화물 적취 비율의 결정, 그리고 개발도상국 상품의 수출 촉진을 도모키 위한 장려 운임제도의 설정과 화주와 선주의 협의 기구에 대한 당사국 정부의 참여 및 운임인상 후 구체적 수속 및 유예기간의 설정 등이다. 운크타드 코드가 추진되게 된 배경은 크게 다음 두 가지로 요약 될 수 있다.

첫째로 정기선 동맹의 지나친 비밀주의 및 폐쇄주의, 그리고 독점적 운영방법으로 인한 폐단을 인식하고 이를 사전에 개선코자 하는 의도이었다.

둘째로, 이들 정기선 동맹의 폐습을 내버려 두었을 때 개발도상국이 동맹선사에 대한 일방적 규제조치로 발전할 우려 및 자국선 우선주의의 급진전에 대한 위험을 미연에 방지 내지는 최대한 줄여보자는 데서 나온 기도이다.

운크타드 코드의 내용 중 가장 중요한 원칙 중의 하나는 국적선이 자동으로 동맹의 회원사가 되는 권리를 부여하는 것이다. 그에 따라 동맹 내 적취 화물량의 일정 부분을 국적선사가 맡아 운항할 기회를 얻게 된 것이다.

예를 들면, 40 : 40 : 20 화물 적취율 원칙에 따라서 양 거래 당사국의 국적선은 각각 40%의 화물량 쉐어를 확보할 수 있고, 제3국간 운항선사는 20%의 화물량 쉐어를 얻을 수 있다. 또 다른 주요 원칙은 해운동맹이 운임에 대하여 상호 협의토록 하는 것이며, 국적선은 당해 국가에 영향을 미치는 항로동맹의 결정에 참여할 수 있는 권리를 부여받았다는 것이다.

(4) 운크타드 코드(UNCTAD Code)의 적용현황

운크타드 코드는 제대로 시행이 되는 데에 20여 년이 걸렸다. 1983년에 발효될 때 미국에 의해 비준을 받지 못하였으며 어떻게 화물량을 정확히 측정해낼 수 있는가에 대해서도 많은 논란을 일으켜 왔다.

동 헌장의 40 : 40 : 20의 적취 원칙에 대해서는 영국과 덴마크는 반대하는 입장이었고 선복이 적은 프랑스와 벨기에 등은 적극적으로 찬성하였다. 따라서 EC 집행위원회에서는 EC 제국과 개발도상국의 화물수송에 대하여는 개발도상국의 40%의 적취를 인정하고 EC 국가간에는 40%를 Pool로 하여 자유경쟁을 원칙으로 하며 EC 국가와 기타 OECD 국가간의 화물수송에는 자유경쟁을 원칙으로 하는 타협안을 내놓기도 하였다. EC 제국의 통일 된 입장은 1978년 5월에 개최된 운크타드총회 이전에 결정되었다.

아무튼, 정기선 동맹헌장의 발효에 대한 당초의 비관론은 보다 긍정적인 방향으로 대부분의 선진회원국이 받아들이고 있어 당초 예상과는 달리 이른 시일 내에 발효되었다. 우리나라도 1978년 초에 최종 방침을 확정하여 비준토록 추진하여 1979년 5월에 가입하였다. 운크타드 코드는 두 가지 중요한 역할을 해내었는데, 하나는 제3세계 국가의 해운업이 인정받을 기회를 제공하였다는 것이며, 다른 하나는 폐쇄적인 해운동맹을 규제하는 첫 번째 국제적인 시도이었다는 점이다. 가입 희망선사에 동맹가입을 개방함으로써 동맹의 내부규제를 약화하는 역할도 하게 되었다고 할 수 있다.

정기선 해운동맹에 대한 정치적인 분위기는 점차 덜 관용적으로 바뀌어서 갔고 1980년대 중반에는 미국과 유럽의 정부로부터 동맹체제에 관한 조사도 있었다. 미국의 반독점금지법(Anti-trust Law)하에서 경쟁을 제한하는 것은 위법이다. 1984년 미국 상선법(The US Merchant Shipping Act)에서는 해운동맹은 반독점금지법의 적용이 제외됨을 재확인하였지만, 해운동맹의 활동에 대해서는 몇 가지 규제를 두었다. 폐쇄 동맹(Closed conference)과 로열티리베이트(Royalty rebate)는 불법이 되었고 운임의 결정에 대해서 강력한 규제를 만들었다.

미국 해운동맹에 의한 모든 운임은 미국연방 해사위원회(US Federal Maritime Commission)에 신고하여만 하고 모든 서비스 컨트랙트(Service Contract)는 공개되어야 했다. 1986년에는 유럽 경쟁조사위원회(European Commission Competition Directorate)가 유럽의 반독점금지법으로부터 회원동맹이 적용 제외됨을 EC Regulation 제4056조를 통해 통과시켰다.

이 규정에서는 리베이트는 적법하지만 '80년대 후반 들어서는 상당히 약화 되었다. 한편, 태평양항로에서는 안정화 협정이 체결되었지만 더 이상 동맹으로서는 불릴 정도의 체제가 아니었다.

첫 번째 협정은 TPDA(Trans Pacific Discussion Agreement)이었으며, TAA(Trans Atlantic Agreement)는 나중에 TACA(Trans Atlantic Conference Agreement)로 바뀌었다. 1990년대 중반에는 약 60%의 정기선사들이 어떠한 형태로든 동맹에 속해 있었다. 컨테이너화가 계속되면서 운임 카르텔로서 기능은 점차 약해졌고, 관련 정부 기관의 규제도 강화되자 컨소시움

(consortium), 전략적 제휴 그리고 흡수·합병을 통하여 규모의 경제에 의한 단위 비용을 낮추려는 전략을 취하게 된 것이다.

라 정기선 항로

정기선을 운항하는 선박회사들은 전세계 모든 항만을 기항하여 영업하는 것이 아니라 각 사의 판단 및 영업 전략하에 일정 항만간을 주기적으로 오가면서 화물 운송에 나서고 있다. 우리나라를 기준으로 하여 선박이 많이 다니는, 혹은 물동량의 이동이 많은 루트에는 북미항로, 구주항로, 한일항로, 동남아항로, 한중항로 등이 있다.

(1) 북미항로

북미항로는 아시아지역과 북미(미국, 캐나다)간의 수출입항로이다. 북미항로에는 선복량의 감축을 통한 운임의 안정화 도모를 위해 동맹(shipping conference), 비동맹선사(outsiders)를 총괄하는 태평양항로안정화협정(TSA ; Trans Pacific Stabilization Agreement)이 있다. 또, 수입(북미→아시아) 운임동맹인 TWRA(Trans Pacific West Bound Rate Agreement)와 WTSA (Westbound Transpacific Stabilization Agreement)가 있다. 한국과 미국간 FTA 발효이후 양국간의 교역량이 증가함에 따라 취항선사와 선박도 증가하여 오고 있으나 미국 서부항만 노조의 고질적인 파업 혹은 태업으로 정기선사의 북미 서안서비스가 자유롭지 못한 경우가 발생되고 있다.

국적 원양선사인 현대상선 및 한진해운은 TSA와 WTSA에 가입된 선사로, 이들 국적 2개 선사가 우리나라 전체 미국향 물량의 약 40%를 수송하고 있다. 우리나라를 포함한 아시아-북미항로는 아시아지역에서 북미지역으로의 수출이 많고 상대적으로 수입이 적어 인바운드와 아웃바운드 물량수급이 불균형을 이루고 있는 것이 구조적인 문제이다.

북미항의 평균선적률이 약 74%임에 비해 아시아로의 인바운드 평균선적률은 약 41%에 불과하다. 이로 인해 운임의 불균형도 심각한데 동일 화물, 동일항만간이라도 북미지역으로의 수출운임은 수입운임의 두 배 이상인 상태이다.

한편, 2003년 1월부터 미국과 우리나라의 컨테이너안전협정(CSI ; Container Security Initiative) 체결로 앞으로는 미국으로 수출선적시 선적예약 및 선적준비를 현재보다 훨씬 앞당겨서 하게 되었다. 미국은 9·11테러 사태 이후 해상화물을 통한 테러 물품의 미국 내 반입을 막기 위해 미국으로 선적되는 외국의 컨테이너 화물에 대해 25개국 47개 항만에서 선적 전 검사를 하도록 추진했으며 우리나라도 싱가포르. 로테르담항 등에 이어 부산항에서 이를 시행토록 결정하였다.

검사대상 컨테이너 선별은 우리나라 선사가 미국 관세청으로 선적 24시간 전에 전자적으로 제출하고, 이를 토대로 적하목록 선별시스템인 ATS(Automated Targeting System)를 이용하여 우범 컨테이너를 선별한 후 검사를 실시한다.

또 미국은 2002년 8월에 미 관세청 규칙을 개정하여 2003년 2월1일부터는 선박이 해당 화물을 적재하고 미국항에 입항 시 선사는 그 선박이 외국항에서 화물선적 24시간 전에 선박의 화물목록(cargo manifest)을 미국세관에 신고토록 하고 있다.

신고할 대상으로는 출발항, 선하증권의 수와 량, 화물에 대한 상세명세 및 무게 등이다. 동규칙에 의하면 만약 이를 위반시 선사나 포워더는 5,000달러 이상의 벌금을 내야 할 뿐만 아니라 미국 도착항에서 하역이 지연될 수 있다. 이에 따라 한진해운이나 현대상선 등 북미항로 취항 선사들은 수출선적서류마감시간(cut-off time)을 선적 전 3일, CY반입마감시간(closing time)을 본선 입항 24시간 전으로 적용키로 하고 있다. 따라서 미국으로 수출하는 무역업체는 충분한 시간을 두고 선사나 포워더에 S/R(Shipping Request)을 제출하는 등의 선적준비를 해야 한다.

(2) 구주항로

아시아·극동지역과 유럽·걸프지역간을 운항하는 구주항로에는 100여 년의 전통을 갖고 있고, 가장 폐쇄적인 해운동맹인 FEFC(Far East Freight Conference)가 있었으며 우리나라의 현대상선이 1998년 1월부터 동 동맹에 회원으로 가입하였다. 그러나 2008년 EU의 반독점금지법(Anti-trust law) 발효 이후 더이상 해운동맹의 법적지위를 인정받지 못하게 됨으로써 FEFC도 해체되게 되었다.

북미항로가 2016년의 경우 총 184만TEU의 물동량을 기록하였으며 구주항로는 그에 조금 못 미치는 129만TEU 물동량을 보였다.

구주항로에는 선박회사의 단독운항 뿐만 아니라 얼라이언스에 의한 공동운항 형태로도 많이 취항하고 있다. 구주항로는 주요 선사들의 컨테이너 선대 확충 및 대형화로 교역량에 비해 선복량 과잉으로 선사들간의 만성적자 및 수익성 악화를 막기 위해 운임수준의 유지와 선복량 감축, 배선조정 등을 실시하여 오고 있다.

구주항로 역시 북미항로와 마찬가지로 수출입 물동량의 불균형으로 평균선적률이 차이가 크게 나는데, 수출시는 약 75% 수입시는 41% 정도인 편이다. 만일 미국이 이라크를 공격할 경우 전쟁위험지역을 통과해야 하는 구주항로 운항선사들은 화주들에게 상당기간 전쟁위험할증료를 부과할 것으로 예상한다.

주요 항로에 직접 영향을 미치는 전쟁이 진행되는 경우 보통 300달러 수준의 전쟁위험할증료가 부과될 것이다. 참고로 1991년 1월 페르시아만 전쟁 때에는 운항선사 및 화물종류별로 TEU당 170~300달러의 중동비상할증료(MEES ; Middle East Emergency Surcharge)가 부과된 바 있다.

(3) 한일항로

한일항로에는 2018년 현재 고려해운, 흥아해운 등 우리나라 14개 선사가 한국근해선사수송협의회에 가입하여 광양, 군산, 대산, 마산, 목포, 부산, 울산, 인천, 평택, 포항 등 국내 10개항만과 고베, 오사카 등 일본의 60개 항만간 취항 중이다.

취항 국적선사들은 동 항로의 채산성 악화를 방지하기 위해 1993년 7월부터 취항선사간 공동으로 운임을 계산하는 운임 Pooling System을 도입하여 시행하여 오다 현재는 그 이름을 운임 Ceiling System으로 바꾸었다. 한편, 1995년 초 한일항로의 전면개방으로 일본, 중국선사 등 외국선사들이 진출하기 시작하였으나 이들 외국선사의 화물수송실적은 극히 미미한 실정(약 5%)이다.

[한·일간 컨테이너 물동량 추이]

(단위 : 천TEU)

구분		2011	2012	2013	2014	2015	2016	CAGR
한국 ⇒ 일본	수출	603	596	584	572	548	578	-0.8%
	수입	1,013	1,023	1,070	1,057	998	1,063	1.1%
	환적	1,161	1,250	1,390	1,459	1,500	1,492	5.2%
	소계	2,777	2,869	3,044	3,088	3,046	3,133	2.5%

자료 : 부산발전연구원, 2017 항만·공항 물류통계집

(4) 동남아 항로

동남아 항로는 북미, 유럽, 호주 항로의 교차지점으로 연계수송지역으로서 역내운항선사와 원양항로의 경유항으로 서비스하는 원양선사 등을 합쳐 100여 개 선사가 취항하고 있으며 국적 선사로는 장금상선, 고려해운 등이 취항하고 있다.

동남아 항로는 선사들의 선박보유량 확충에도 역내국가들의 경제성장, 특히 중국의 성장에 힘입어 물동량이 큰 폭으로 증가하고 있고 베트남, 인도네시아 등 우리나라와 아세안지역간의 교역이 확대되어 취항선사간의 경쟁이 치열한 상태이다.

(5) 한중항로

한중 양국은 1989년 6월에 부산/상해간에 합작선사인 장금유한공사가 컨테이너 직항로를 개설한 것을 기점으로 부산/천진·연운·상해, 인천/청도·위해·단동 등 11개의 컨테이너 및 카훼리 정기선항로가 개설되었다. 현재 초기에 참여한 장금유한공사, 진천항운, 위동항운, 경한해운 등 한중 합작선사와 Tranpac, EAS, TMSC 및 Bonami 등 제3국적 선사, 한국측 선사 2개 컨소시움

(각각 5개 선사), 중국선사 등 35개사가 76척의 선박을 투입하여 취항하고 있으며 1991년에 한중정기선사수송협의회(현 황해정기선사협의회)를 구성하였다.

한편, 국적선사로는 처음으로 한진해운이 1996년부터 중국(상해)/미국항로를 개설하였고 1998년 2월부터 북중국의 관문인 신강, 청도에서 부산을 거쳐 미국으로 직항하는 중국/북미 직항로를 추가로 개설하였다. 중국은 영토가 넓어 내륙운송에서 적기수송이 어렵고 운송경비가 많이 소요되는데, 이러한 단점을 보완하기 위해서 개발된 것이 중국내륙을 동서로 관통하는 중국횡단철도(TCR ; Trans China Railroad)이다. 현재 중국의 연운항과 천진항을 기점으로 러시아와의 국경지점인 아라사쿠까지 또는 동유럽까지 연결이 가능하다.

[한중간 컨테이너 물동량 추이]

(단위 : 천TEU)

구분		2011	2012	2013	2014	2015	2016	CAGR
한국 ⇒ 중국	수출	1,963	2,006	2,136	2,296	2,331	2,493	4.9%
	수입	2,461	1,856	1,856	1,933	1,987	2,257	-0.8%
	환적	2,581	2,662	2,938	3,050	3,470	3,202	4.7%
	소계	7,005	6,524	6,930	7,279	7,788	7,952	2.7%

자료 : 부산발전연구원, 2017 항만 · 공항 물류통계집

(6) 한국·러시아 항로

1991년 7월에 부산과 보스토치니간에 정기 직항로가 개설되어 현재 양국 합작선사인 한소해운(대리점 : 동해해운)이 부산-마산-보스토치니-블라디보스토크간을 1척의 풀 컨테이너선(704TEU급)으로 취항 중(마산항 기항은 월 1항 차만 실시)이다. 2001년 후반부터 협운해운(500TEU급), 한성선박(350TEU급), 오주해운(550TEU급)이 동해해운과 같은 항로에 각각 주 1항차의 정기/부정기 서비스에 나서 어느 정도 경쟁체제가 갖추어졌다.

특히, 이들 3개사는 한·러해운협정상 동해해운만 정기 컨테이너 서비스가 가능한 상태여서 러시아 선사를 Principal로 하는 부정기 대리점(Agent)의 형태를 띠면서 영업하는 상태이다.

1998년 5월부터는 한로해운[24]이 부산, 바니노, 코르샤코프(격주 1항차)를 세미풀 컨테이너선에 의해 운항 중이다. 러시아는 국토가 광활하여 내륙운송에 많은 애로가 있어 이를 보완하기 위해 시베리아횡단철도(TSR ; Trans Siberian Railroad)를 개발하였는데, 현재 보스토치니에서 모스크바, 리투아니아 등 러시아내륙은 물론이고 이란 등 중동지역, 폴란드 등 동구지역 및 독일 등 유럽지역까지의 연계수송이 가능하다.

---

24) 러시아 국적선사인 SASCO(49%)와 흥아해운(51%) 합작선사

구 공산주의 국가들에서 공통으로 나타나는 항만, 도로, 통신시설 등 사회간접자본시설의 부족으로 화물의 체화현상, 화물추적의 곤란 등으로 피해사례가 많이 발생하고 있고 화물 인도장소의 제한으로 Through B/L에 의한 일관수송의 어려움을 일부 안고 있다.

[한·러간 컨테이너 물동량 추이]

(단위 : 천TEU)

구분		2011	2012	2013	2014	2015	2016	CAGR
한국 ⇒ 러시아	수출	222	238	201	172	109	93	-14.8%
	수입	226	240	274	227	165	131	-8.9%
	환적	248	271	328	325	333	221	-0.4%
	소계	697	749	803	724	669	445	-7.2%

자료 : 부산발전연구원, 2017 항만·공항 물류통계집

마 정기선의 운임

(1) 의의

일반적으로 운임의 이론적인 근거로서 생산비설(cost of service principle), 운송가치설(value of service principle), 부담능력설(charging what the traffic will bear principle), 절충설 등이 있는데 여기서는 이들 네 가지 이론들에 대해간단히 알아보고자 한다.

가) 생산비설(Cost of service principle)

원가주의이론, 생산가격설, 비용가격설 등이라고도 부르며 운임의 결정은 최종적으로 생산비에 의한다는 주장이다. 생산비설에서 생산비란 회계적 비용(accounting cost)에다 기회비용(opportunity cost)과 정상이윤을 포함한 경제학적 비용을 말한다. 생산비설에 의하면 운송의 대가인 운임은 운송에 소요되는 생산비를 기준으로 하여 결정되어야 한다는 것이다. 운임결정의 근거를 생산비에서 구한다는 것은 경제 이론적으로는 이상적인 방법이지만 생산비를 정확하게 산출한다는 것은 불가능하므로 생산비설은 성립될 수 없다고 비판하는 학자들도 있다.

나) 운송가치설(Value of service principle)

운송의 부가가치를 기준으로 하여 운임을 결정해야 한다는 이론이다. 즉, 운임은 제공하는 운송용역의 대가이므로 용역제공으로 발생하는 부가가치에 따라 가격이 달라질 수 있으며, 또한 수요자측에서 주관적으로 인정하는 운송용역에 대한 가치평가에 따라 상이할 수 있으므로, 그 가치변화에 따라 운임도 변화해야 한다는 것이다.

그런데 운송서비스의 이용자 측면에서 보면 가치설에 의한 운임은 이용자가 부담할 수 있는 최고한도이기 때문에 이용자는 그 이하로 부담해야만 이익을 얻게 되므로 운임은 운송가치설보다는 다음에 설명할 부담능력설이 더 호소력이 있는 것 같다.

다) 부담능력설(Charging what the traffic will bear principle)

운임은 특정 운송용역의 가치와 이용자 측의 운임부담 능력을 한도로 하여 결정되어야 한다는 학설이다. 즉, 부담력의 차이에 의하여 요율표를 몇 개의 등급(class)으로 나누어 높은 등급일수록 높은 운임을 부과하는 것이다. 예를 들어, 항공기나 여객선을 탈 때 좌석등급에 따른 요금 차등화가 그 좋은 예이다.

이 학설의 결점은 요율결정 기준이 명확지 않고 대량수송되는 화물에 할인을 해주지 않으며 운송서비스 공급자가 독점적 지위를 행사할 때는 화물의 부담력을 서비스 이용자가 아니라 운송용역의 공급자가 일방적으로 결정하는 강제성을 지니고 있다는 것이다.

부담능력설에 의한 독점적 운임은 생산비설에 있어서와 같이 운송용역을 제공하는데, 소요되는 생산비에 정상이윤을 추가하는 것이 아니라 초과이윤을 추가하여 결정한다는 것을 전제로 하고 있다. 운송서비스 공급자가 독점성을 상실하여 독점운임을 유지하기가 곤란한 경우 여러 나라에서는 운송수단간의 경쟁을 장려하고 정부 통제기관이간섭하여 고부가가치의 상품에는 적정 이상의 요율을 부과하고 저가의 상품에는 변동비를 최저한도로 하여 변동비나 그 이상을 회수할 수 있는 요율을 부과하는 경우가 많아졌다. 즉, 생산비를 최저로 하고 부담력을 최고로 하여 정책적 등급 운임제를 실시하고 있다.

라) 절충설

절충설이란 운임의 최고한도는 부담능력에 있고 최저한도는 수송비용에 있으므로 운송업자가 실제로 요금을 부과할 때에는 부담능력과 수송비용의 어느 중간을 택하게 된다는 것이다. 이론적으로 보아서 운임은 생산비설과 부담력설의 조건 내에서 최대 이익을 목표로 결정될 것으로 생각하나, 실질적으로는 국가의 경제정책, 사회정책 등을 정부 통제기관이 고려하여 운임을 정책적으로 결정하는 경우가 많아서 절충에 의한 운임을 정책운임(administered price)이라고도 부른다.

궁극적으로 정기선운임은 부정기선운임과 마찬가지로 시장에서의 수요와 공급으로 결정되지만, 부정기선운임보다는 더욱 복잡한 결정 과정을 거치고 경쟁과 규제로 지속해서 변화하는 성질을 가진다.

과거 해운동맹의 기능이 왕성하였을 때는 해운동맹이 화주협의회(Shippers' council)와의 협의를 거친 후 손쉽게 일관 운임(GRI; general rate increase)을 설정할 수 있었다. 그런 후 비동맹선사(outsiders)들은 이를 감안하여 독립적으로 운임을 책정하여 왔다. 정기선운송에는 항로별로 해운동맹이 결성되어 있어 운임요율표(Tariff)를 보유하고 있으나 맹외선사(outsiders)와의 경쟁으로 실제로 선사가 징수하는 시장운임(market rate)은 요율표보다 낮은 경우가 대부분이며 시황에 따라 변동 폭도 크다.

(2) 선불운임과 후불운임

정기선 해상운임의 종류를 지급시기에 따라 구분하면, 선불운임(Freight prepaid)과 후불운임(Freight to collect)으로 나눌 수 있다. CIF 또는 CFR 조건에 의한 수출은 수출업자가 선적지에서 운임을 선불하는 경우가 있는데 이를 선불운임이라 한다. FOB 조건은 수입업자가 화물의 도착지에서 운임을 지급하는데 이를 후불운임이라 한다. 후불운임의 경우 수입자가 운임을 완불치 않으면 선사는 CY나 보세창고에서 물건을 찾을 수 있는 권리증인 화물인도지시서(D/O ; Delivery Order)를 발행하여 주지 않는다.

참고로 정기선에 컨테이너 한 개를 운송 의뢰하면 해상운임(Ocean Freight) 외에 할증료(Surcharge), 추가운임(Additional Charges) 및 기타요금(Other Charge)도 내야 할 경우가 발생할 수 있다. 그러므로 선사에 부킹(Booking) 전 운임을 문의할 때 선사가 밝히는 운임이 Ocean Freight인지 아니면 이들 부대비를 다 포함하는 것인지 반드시 확인해 보지 않으면 수출 한 건 하고 "배보다 배꼽이 더 큰 상황"을 맞을 수도 있다.

이런 상황을 미연에 막기 위해선 선사 혹은 포워더에 견적을 의뢰할 때 해상운임뿐만 아니라 부대비까지도 같이 체크할 수 있도록 "All-in"으로 견적을 받아보는 것이 좋다.

✅ 운임의 종류

운임을 부과하는 방법에 따라 분류해보면
① 귀금속 등 고가품의 운송에서 화물의 가격을 기초로 이의 일정률을 운임으로 징수하는 종가운임(Ad Valorem Freight)
② 화물의 용적이나 중량이 일정기준 이하일 경우 이미 설정된 최저운임을 부과하는 최저운임(Minimum Rate)
③ 화물, 장소, 화주에 따라 운임을 차별적으로 부과하는 차별운임(Discrimination Rate)
④ 화물, 화주, 장소를 불문하고 운송거리를 기준으로 일률적으로 운임을 책정하는 무차별운임(FAK ; Freight All Kinds Rate)

등이 있다. 그렇지만 컨테이너 화물은 대부분은 컨테이너내 화물의 종류와 관계없이 컨테이너 크기(20 feet, 40 feet 등)를 기준으로 운임을 적용하고 있다(box rate).

[정기선운임의 종류]

종류	개 념
품목별운임 (Commodity Rate)	운임요율표에 유형별로 명시된 품목에 적용되는 운임
등급별운임 (Class Rate)	운임요율표에 화물을 종류, 성질, 형태별로 분류하여 적용하는 운임
특별운임 (Special Rate)	운임요율표에 일반운임과는 별도로 특정목적을 위해 설정한 운임
최저운임 (Minimum Rate)	극소량 화물에 대하여 운임이 일정액 이하로 산출될 때 톤수에 관계없이 징수되는 최소운임
종가운임 (Ad Valorem Rate)	운송시 특별한 관리와 주의를 요하는 고가품에 대하여 송장 가격에 일정률의 운임을 부과하는 운임
경쟁운임 (Open Rate)	운임동맹에서 화물운임을 해운동맹에서 결정한 운임요율표에 의하지 않고 가맹선사가 임의로 결정할 수 있는 운임
박스운임 (Box Rate)	톤당 운임에 기초한 운임산정 방법의 번거로움을 줄이기 위하여 화물의 종류나 용적에 관계없이 컨테이너당 정한 요금
무차별운임 (F.A.K Rate)	화물의 종류나 내용과는 관계없이 중량과 용적에 따라 동일하게 적용되는 운임
통운임 (Through Rate)	1개 이상의 운송기관에 의해 운송되는 화물에 대해 일괄적으로 적용되는 운임
지역운임 (Local Rate)	선박회사가 단일운송업자로서 직접 서비스하는 지역 또는 동등지역에 적용하는 운임
OCP운임 (O.C.P Rate)	북미 태평양연안에서 항공기, 철도, 트럭 등에 환적되는 내륙지행 화물에 적용되는 운임
기간/믈동량운임 (Time/Volume Rate)	일정기간 제공한 물량에 따라 차등제로 적용되는 운임
독자운임 (Independent Action Rate)	운임동맹 내에 선박회사가 동맹의 일반운임 대신 특별한 이유로 적용하는 운임

바 해상운송 코스트

해상운송비용은 세 가지 요소의 결합으로 달라지는데, 첫째는 연료소비량, 선원 수, 선박의 상태이며 둘째는 인플레, 연료유, 소모품, 선원임금, 선박수리비 및 이자율 등인데, 이들은 선주의 통제 밖에 있는 경제추세에 따른다. 세 번째는 일반관리비 등을 포함한 경영비용이다. 아직 국제적으로 인정되는 표준적인 해운비용 산정기준은 없다. 그 때문에 용어에 대해 혼란이 생길 수 있는 여지가 많은 것이 현실이다.

일반적으로 해운 비용은 여섯 가지로 구분할 수 있다.

① 운항비(operating cost)

② 일반관리비(general cost)

③ 주기적인 유지관리비(periodic maintenance)

④ 항해비용(voyage cost)

⑤ 화물비(cargo handling cost)

⑥ 자본비(capital cost)

운항비는 선원 및 선용품과 같이 선박의 항해 여부와 관계없이 매일 발생하게 되는 경비들이다. 주기적인 유지관리비는 보통 선박 검사시에 주요한 수선을 위해 드라이 도킹(dry docking)하면서 발생하는 비용인데, 선박이 오래되었을수록 당연히 이 비용규모는 더 커진다. 항해비는 특정 항해시에 발생하는 변동비의 성격인데, 연료비, 항비 등이 포함된다. 화물비는 화물의 양적하와 관련되는 비용이며 정기선 운송에서는 특히 중요하다고 할 수 있고 자본비는 선박이 어떻게 자본을 조달받았는가에 따라 달라진다. 해운비용에 대해 좀 더 자세히 알아보기로 한다.

(1) 운항비

운항비는 선박의 크기와 선원의 국적, 선령(船齡)과 선박가격 및 선주의 경영 효율성에 의존한다. 운항비는 항해비에 포함되는 연료비를 제외한 선박의 매일매일 운항에 소요되는 비용과 상시로 발생하는 수리 및 유지관리비(정기 검사비용은 제외)가 되는데, 전체 비용의 약 25%를 차지하는 편이다.

선박의 운항비를 산식으로 표현하면 $OC_{tm} = M_{tm}+ST_{tm}+MN_{tm}+I_{tm}+AD_{tm}$이 되며 이때 M = 선원비, ST = 선용품비, MN = 상시적인 수선 및 검사비, I = 보험료, AD = 관리비 이다(tm은 기간표시).

가) 선원비 (crew cost)

운항비 중 가장 많은 비율을 차지하는 것은 선원비로 약 30% 정도이다. 선원비는 기본임금과 보험, 연금 및 선원송환비 등을 포함하여 선박의 가동에 소요되는 모든 직간접 인건비이다.

특정 선박에 대한 선원비는 선원의 숫자와 그 선박이 등록된 국적에 영향을 받는다. 선박이 치적(置籍)된 국가는 최소 승선 선원수에 대한 규정을 두고 있지만, 선박의 자동화 정도, 선원의 숙련도 등에 따라 달라진다.

선원비를 줄이기 위한 선박자동화의 결과로 인해 1950년대에 한 배에 평균 40~50명 있던 선원 수는 1980년대 초 들어 그 절반 정도로 줄어들었고, 현재는 15명 내외를 유지하고 있다. 이미 이론적으로는 무인선박(unmanned-vessel)도 가능한 것으로 알려졌다.

1993년도에 조사된 16만DWT 벌크선의 예를 보면, 선령(船齡) 5년 된 선박의 선원 수는 20명이었고 선원비는 445,124$이었으며, 연간 114,000$가 선원보충비, 의료보험료, 선원파견비 등으로 추가 소요되는 것으로 나타났다.

선령이 10년 된 동일 선박의 경우, 유지보수비가 증가하기 시작하기 때문에 선원이 24명 필요하게 되고, 선령 20년 된 동일선박은 28명이 필요하게 되어 선원비도 그만큼 더 늘어나게 된다는 것이다. 국제운수노동자연합회(ITF ; International Transport Workers' Federation)는 모든 직급의 선원 임금과 휴가에 대한 최소한의 규정을 두고 있지만 모든 국가에서 그대로 적용되고 있지는 않다. 예를 들어, 유럽에 적을 두고 있는 선박은 선원고용에 관한 규정이 덜 엄격한 라이베리아나 파나마에 편의 치적된 선박들에 비해 선원비가 약 50% 높은 편이다. 그러나 1990년대부터 선박의 역외 등록제도가 널리 퍼짐에 따라 그 차이는 점차 줄어들고 있다.

나) 선용품비(stores and consumables)

선용품 및 소모품비는 선박운항비의 약 10%를 차지하고 있다. 이 비용은 일반 선용품비, 소모품 및 급수비 그리고 윤활유비의 세 종류로 나눌 수 있다. 부품, 갑판 및 엔진룸 기기 및 장비교체와 유지보수에 소요되는 것이 일반 선용품비에 해당된다. 최근 건조된 배들은 하루에 수백 리터의 윤활유를 소비하고 있으며 소모품비는 선박이 노후화되면 더 증가하게 된다.

다) 수선비 및 유지관리비(repair and maintenance)

이는 선박운항비의 10% 내외를 차지하는데, 선사의 정책이나 선급협회(Classification Society)의 기준 혹은 그 선박을 용선하려는 사람의 요구 등에 따라 실시되는 선박의 유지관리를 위해 외부에 지출하는 비용이다. 수선 및 유지관리비는 평상적인 유지관리비(routine maintenance)와 고장수리비용(breakdowns)의 두 종류로 크게 나누어진다. 평상적인 유지관리비는 선박의 주 엔진과 보조기기의 유지관리, 선체의 도장(塗裝)비용 등이며 선령이 높아질수록 이들 비용은 증가하게 된다. 고장수리비용은 기기와 장비의 고장 수리비용이며, 평상적인 유지관리비와 마찬가지로 선박이 오래될수록 그 비용은 증가하는데, 보통 20년 된 선박은 신조선의 두 배 정도가 든다고 한다.

라) 보험료 (insurance)

선박에 따라 다르지만, 보험료는 운항코스트의 15%~40% 정도를 차지하고 있다. 보험료 중 가장 많이 차지하는 것은 선체의 물리적 손상 혹은 멸실을 보상하는 선체 및 기관보험(H&M ; Hull and Machinery)과 선원의 사망 혹은 부상손해, 화물에 대한 도난 혹은 손상으로 손해 및 기름 유출 사고와 같은 제3자에 대한 손해배상을 위한 P&I(Protection and Indemnity) 보험료이다. 참고로, 보험료 수준은 선주의 클레임 기록과 예정 항해지역, 운송할 화물, 선적(船籍)국가 및 선원의 국적에 따라 달라진다. 물론 이외에도 선주는 전쟁위험, 스트라이크 등의 위험을 방어하기 위한 별도의 보험도 들고 있다.

(2) 일반관리비 (general cost)

이는 간접비의 성격으로서 육상에서의 일반관리비, 통신비 및 기타 잡비 등이 해당되는데, 이는 회사 규모나 운영형태에 따라 달라진다. 예를 들어, 두 세척의 부정기선을 경영하는 선사보다는 대규모의 정기선을 경영하는 선사가 훨씬 큰 일반관리비를 부담해야 한다.

(3) 주기적인 유지관리비 (periodic maintenance)

선박은 2년마다 드라이 도킹을 한 후 정기검사를 받아야 하고 4년마다 감항성(seaworthiness)을 인증받기 위한 특별검사를 받아야 한다. 따라서 주기적인 유지관리비는 정기검사와 특별검사에 소요되는 비용이다.

(4) 항해비용 (voyage cost)

항해비용은 특정 항해를 수행함으로써 나타나는 변동비이다. 이에는 연료비, 항비, 예선료, 도선료, 운하통과료 등이 포함된다. 연료비는 항해비용 중에서 가장 많은 비중을 차지하는데, 대략 전체 항해비용 중에서 약 45% 정도를 차지하는 편이다. 두 척의 파나막스 벌크선이 동일 항해거리를 가지더라도 선령과 선박엔진의 디자인 및 평균 항해속도에 따라 20%에서 30% 연료소비량에 차이를 보이는 것으로 나타난다. 항비는 입항료, 정박료 등의 항만시설 사용에 대한 비용인데, 화물부피, 화물의 무게, 선박의 총톤수 혹은 순톤수 등에 따라 부과된다. 항비는 그외 예선료, 도선료 등도 포함된다.

(5) 화물비 (cargo handling cost)

항만에서의 화물 양적하 비용, 화물중개료 및 기타 운송계약으로 선사가 부담하게 되는 비용이다. 화물비는 화물량, 양적하항의 하역요금 수준 등에 따라 달라진다. 화물비를 줄이기 위해서는 선박 디자인을 개선하여 신속한 하역을 가능토록 하는 것도 중요하다.

(6) 자본비 (capital cost)

자본비는 전체비용의 약 40%를 차지하고 있다. 운항비와 항해비는 구매하는 선박에 따라 어느 정도 조정이 가능하지만 자본비는 완전히 가변적이다. 즉, 현금흐름에서 보면 선박구매를 위해 어떻게 자본 조달하는가에 따라 자본비는 대단히 높을 수도 있고 전혀 없을 수도 있다.

단적인 예를 들어, 선주가 신조선을 자신의 보유현금 전액으로 구매하고 운항비와 항해비를 충당할 수 있는 수준으로 운임을 받지 못하면 지속적인 사업운영이 불가능할 것이다.

6. 부정기선

부정기선 서비스는 정해진 항로를 정기적(규칙적)으로 운항하는 정기선과 달리 일정한 항로나 화주를 한정하지 않고 화물의 수송수요에 따라 화주가 원하는 시기와 항로에 선복을 제공하는 형태의 운송서비스이다. 당초 해운업의 초기는 부정기선 형태이었으나 국제간의 무역이 많이 늘어나고 조선기술의 발달로 점차 정기선 서비스로 발달하는 추세라고 할 수 있다.

부정기선 화물은 대체로 원유, 철광석, 석탄, 곡물, 시멘트 등 저가 대량화물로 구성되며, 선박은 화물수요에 따라 수시로 항로를 변경하기 때문에 부정기선 시장은 글로벌 마켓을 형성하게 되어 특정 업체의 시장점유율이 높지 않아 정기선과 달리 동맹을 만들 수 없다는 특징을 가지고 있다.

부정기선의 운항 주체는 일반 해운 회사가 선박을 보유하여 운항하는 일반운송인(Common Carrier)과 화주 자신이 선박을 소유하여 자기 화물을 직접 운송하는 자가운송인(Private = Industrial Carrier)의 두 가지 형태이다.

부정기선 운송계약의 형태는 정기선의 개품운송계약과는 달리 통상 화주가 필요로 하는 선박에 대해 매항차(每航次) 당 선적지와 양하지, 운송시기와 운임조건을 감안하여 용선계약서(C/P ; Charter Party)를 작성하여 임대차 계약을 맺는 형태를 띠고 있다.

가 부정기선 용선 방법

부정기선의 용선 방법은 ①정기(기간)용선 ②항해용선 ③나용선(선박임대차)의 세 가지로 크게 나눌 수 있으나, 이 중에서 수출입 화주가 대개 이용하게 되는 것은 항해용선(계약)이다. 우리나라는 원료의 대량구매를 주로 하는 한전, POSCO 등의 대화주와 선박회사간에는 1년 단위 혹은 그 이상의 장기용선계약(Long Term Charter)을 통해 원료의 안정적 수급을 꾀하고 있다.

여기서는 이들 세 가지 용선계약에 대해 좀 더 자세히 알아보기로 한다.

(1) 정기용선 (기간용선 ; Time Charter)

정기용선 계약은 용선(chartering)의 한 형태로서 일정기간 선복의 전부 또는 일부를 용선하는 계약이다. 용선료는 적재화물의 종류나 양과 관계없이 본선의 적재중량톤수(DWT)에 대해 일일당 혹은 일정기간당 얼마의 형식으로 지급된다. 정기운송계약은 정기선사로 보아 급격하게 증가한 선복 수요를 충족시키고자 할 때, 용선자는 용선자가 다시 제3자에게 정기용선 또는 항해용선을 주어 운임의 차액을 얻으려는 상업상의 목적에서, 그리고 화주는 일정기간 연속해서 대량의 화물운송이 필요할 때 맺어진다고 할 수 있다.

(2) 항해용선 (Trip, Voyage Charter)

선주와 용선자가 단일 항해운송을 약정하는 것이며, 항로, 화물, 기일 등은 이들 당사자간의 약정으로 결정된다. 이 경우는 선주가 선박의 의장 및 항해에 관한 모든 책임과 비용을 부담하고 운임은 운송물 수량에 의하든가 또는 사용 선복에 의하여 결정된다. 선주가 용선자에게 자유로이 선복의 사용을 허용하는 계약의 관점에서 보면 항해용선계약은 lump sum charter와 daily charter의 두 종류로 나눌 수 있다. 먼저 운임은 보통 선적을 하고자 하는 화물의 계산단위를 기준으로 결정되나 lump sum charter는 일정한 선복을 제공하고 그 선복에 선적하는 화물의 수량과 관계없이 일정한 금액을 운임으로 결정하는 방식이다. 이는 여러 종류의 화물을 한 선박에 적재하는 경우 사용한다. daily charter는 용선료를 1일을 기준으로 하여 책정하는 용선계약이다. 즉 기간용선(time charter)과 비슷하지만, 운항비는 선주부담이며 선장도 선주가 고용한다는 점에서 차이가 있다.

(3) 나용선 계약 (선박임대차 : Bare Boat charter 혹은 Demise charter)

나용선 계약이란 선박 자체만을 임차하고 선원, 항세, 수선비, 항해비용, 선체보험료 등 항해에 필요한 일체의 인적·물적 요소를 용선자가 부담하는 선박의 임대차 계약으로서 운송계약은 아니다.

나 용선계약

용선계약의 주요 내용에는 화물의 종류, 수량, 운송의 시기, 적지(Loading Port), 양지(Discharging Port)뿐만 아니라 하역비 부담조건(Berth Term, F.I.O, FO, FI), 정박기간(Laytime)과 조출료(Despatch) 및 체선료(Demurrage) 규정, 그리고 선주의 면책조항 등에 관한 규정을 두고 있다. 선주와 용선자간에 하역비를 누구 부담하는가에 관한 규정이 하역비 부담조건인데,

앞에서 말한 것과 같이 네 가지가 있으며 이에 대해 좀 더 구체적으로 알아보기로 한다.

먼저 Berth term은 화주가 정기선 서비스 이용시 적용되므로 Liner Term이라고도 하는데, 화주가 자기의 책임과 비용으로 선측까지 화물을 운반하면 본선은 이를 선창에 적부 하면서부터 발생하는 하역비 및 이 때문에 발생하게 되는 클레임에 대해서도 책임을 지게 된다. 따라서 FI나 FIU 조건보다는 하역비 부담이 화주에게 가장 적은 편이다.

FI(Free In) 조건은 화물을 선측에서 선내까지 싣는 과정의 비용 및 손상은 선주에게 책임이 없으며, 목적지에 도착하여 본선에서 부두로 양하할 때에만 본선책임으로 하는 조건이다. 반대로 FO(Free Out)는 선적한 화물을 도착항에서 하역할 때 본선으로부터 부두에 양하하는 비용은 선주가 지지 않고 모든 위험과 부담은 화주가 지는 조건이다. 마지막으로 FIO(Free In and Out) 조건은 본선으로 선적하거나 본선으로부터 화물을 양하 하는데 드는 모든 위험과 비용은 선주가 지지 않고 화주가 부담하는 조건이다.

용선된 선박이 항만에서 하역서비스를 받아야 할 경우 서비스를 받지 못하게 되어 항해가 지연되거나 정박기간(laytime)이 약정된 기간 이상으로 길어져 불필요한 비용이 발생하게 된다. 항해용선이 체결되었다면 선주는 이러한 비용을 보상받기 위해 체선료(demurrage)제도를 두고 있다. 또한, 약정된 정박기간 이전에 하역작업이 끝난다면 용선자는 선주로부터 일정조건에 따라 보상을 받는 조출료(deapatch money)제도도 존재한다.

체선료나 조출료의 산정을 위해서는 정박기간을 언제부터 개시하고 끝내는 것인가, 휴일 등은 계산에 넣을 것인가 말 것인가를 정하는 것도 중요하다.

이에 따라 정박기간의 산출은
① Running Lay Days
② Working Days
③ Weather Working Day, Sundays and Holidays Excepted(SHEX)
④ Weather Working Day, Sundays and Holidays Excepted Unless Used (WWDSHEXUU) 등
　의 하나로 정하게 된다.

Running Lay Days는 일요일이나 공휴일과 관계없이 계속적인 작업시간을 정하는 것이고 Working Days는 공휴일과 일요일은 작업일에서 제외하고 평상일의 작업시간을 1일 24시간으로 한다.

SHEX는 1일 24시간을 기준으로 하여 작업이 가능한 날만을 정박기간에 포함하는 한편, 일요일과 공휴일은 계산에서 제외하는 것이다. WWDSHEXUU는 일요일이나 공휴일에 하역작업을 하게 되면 하역을 한 것으로 간주하는 조건이며 가장 많이 이용하는 방법의 하나이다.

예를 들어, 아래 표와 같이 정박일수가 4월 6일부터 4일간 주어졌다면 Running lay days의 경우 비록 4월 7일(화)에 파업이 있었더라도 4월 9일까지로 정해진다. Working Days의 경우 4월

8일(토)과 4월 9일(일)은 주말이므로 정박일수에 포함되지 않게 되어 4월 11일(화)까지로 늘어나게 된다. Weather Working Days(SHEX)의 경우, 4월10일(월)이 태풍으로 인해 작업을 하지 못했기 때문에 정박일수는 4월 12일(수)까지로 늘어나게 된다.

[조건별 정박일수 4일 예시]

구분	4/6(목)	4/7(금) (파업)	4/8(토)	4/9(일)	4/10(월) (태풍)	4/11(화)	4/12(수)
Running Lay days	●	●	●	●			
Working Days	●	●			●	●	
Weather Working Day(SHEX)	●	●				●	●

다 부정기선운임

부정기선운임은 해운 시황에 따라 등락을 하므로 정기선 운임과 달리 안정되어 있지 않다. 부정기선운임의 결정요인으로는 경제성장과 교역량(장기적), 경제적·정치적 변수(중기적), 일시적 수요증감에 따른 선복 과부족(단기적) 등이 있을 수 있다.

부정기선의 운임 단위는 정기 컨테이너선과 달리 선적되는 화물의 톤(중량 혹은 용적)으로 표시된다. 부정기선운임의 종류는 몇 가지가 있는데,

① 선복운임(Lumpsum Freight)은 화물의 개수, 중량 혹은 용적과 관계없이 일항해(Trip or Voyage) 혹은 선복(Ship's space)을 기준으로 하여 일괄 계산하는 운임이다.

② Dead Freight(부적운임)는 선적하기로 계약했던 화물량보다 실제 선적량이 적은 경우 용선자(Charterer)인 화주가 그 부족분에 대해서도 지불하는 운임이다.

③ 마지막으로 장기운송계약운임(Long Term Contract Freight) : 원료 및 제품을 장기적·반복적으로 수송하기 위한 장기운송계약 체결의 운임이다.

구분	항해용선 계약	정기용선 계약	나용선 계약
선장고용책임	선주가 선장임명 및 지휘 감독	좌동	용선자가 선장임명 및 지 감 감독
책임한계	용선자는 선복 이용하고 선주는 운송행위	좌동	용선자가 선박을 일정기 간 사용 및 운송행위
운임결정기준	화물의 수량 또는 스페이스당으로 결정	기간에 따라 결정	기간을 기초로 결정
선주의 비용부담	선원급여, 식대, 음료수, 유류비, 수선비, 보험료, 감가상각비, 하역료, 항비, 예선료, 도선료	선원급여, 식대, 음료수, 유류비, 유지비 및 수선비, 보험료, 감가상각비	감가상각비, 보험료
용선자의 비용부담	없음	연료, 항비, 하역비, 예선료, 도선료	항해용선 중 감가상각비 이외의 제비용

라 주요 용선계약 내용해설

(1) 용선자 (charterer)

선박을 선주(shipowner)로부터 빌려 타인을 위하여 화물이나 여객의 운송을 하는 자를 말한다. 용선자는 용선자의 선박을 다시 용선하는 재용선자(sub-charterer)도 포함될 수 있다. 재용선은 보통 해운업자가 자기 소유의 선박에 화물을 다 실을 수 없을 때나 대형화주가 자기 수요를 위한 화물수송을 목적으로 용선할 때 발생할 수 있다.

(2) 용선 중개인 (chartering broker)

선적할 화물을 구하고 있는 선주와 선복(船腹)을 구하고 있는 용선자의 사이에 그 수급의 중개인으로서 활동하는 브로커를 용선중개인이라고 한다. 이 중개인 중에는 선주 쪽에서 일하는 Owner's broker와 용선자 편에서 일하는 Charterer's broker가 있다. 이들은 고객들을 위하여 용선계약의 상담에 임한다. 이의 전문가를 일반적으로 용선 브로커라고 한다. 일반적으로 브로커에게 지급되는 수수료는 전체 용선료의 2.5%이다.

최근에는 해운물류분야의 전자상거래 추세로 인해 전통적인 용선중개도 인터넷에 의해 이루어져 가고 있는데, 용선전문 인터넷 사이트인 ShipDesk.com사의 Fred Doll 사장은 온라인 차터링에 대한 포럼에서 2005년까지 세계 용선 시장에서 거래되는 용선계약의 절반 이상이 인터넷을 통해 거래될 것으로 예상한다고 밝힌 바 있다.

또한, 미국의 운송산업 전문 컨설팅 기관인 Forrester Research사도 모든 거래의 70%까지 인터넷이 흡수하게 될 것으로 예측하였는데, 현재 전세계에서 진행되는 용선거래 추세를 볼 때 인터넷을 통한 거래는 더욱 증가하게 될 것으로 보이며, 관련 용선 전문사이트들도 새로운 전성기를 맞이하게 될 것으로 보인다.

BP Amoco, Royal Dutch/Shell Group, Clark sons, Cargill 등 유명회사들이 참여하는 런던에 본부를 둔 Level Seas.com은 고객들의 수요에 부응하기 위한 다양한 서비스를 제공할 계획이다. 이 회사는 온라인에서 화물관리, 종합적인 시장정보 제공, 용선, 운임선물(先物)을 포함한 위험관리 등의 서비스를 제공할 뿐만 아니라 운항비용 관리 및 각종 항만서비스의 이용까지를 고객의 입장에서 제공하게 된다.

또 다른 인터넷 용선 회사인 SeaLogistics사는 One Sea Direct사와 합병을 통해 인터넷을 이용한 용선 및 전자상거래의 경쟁력을 강화하였다. Sea Logistics사는 석유 메이저 회사들인 Texaco, Chevron, Koch Industries, LG Caltex 등의 강력한 지원을 받고 있는데 SeaLogistics사는 글로벌 용선시장을 겨냥하는 반면 OneSea사는 해운기업의 선용품 조달, 선원, 크루즈 부문을 담당하게 된다. 인터넷을 이용한 용선시장은 주로 정기선 시장보다는 액체화물 및 대량 벌크화물 시장을 주요 대상으로 하고 있는데, 선박관리(Ship Management)까지를 통합하여 제공하는 등 그 영역을 확산시켜 가고 있다.

(3) 용선료 (Charterage)

용선료란 용선의 대가로 용선자로부터 선주에게 지불되는 것이며, 선주측에서 보면 일종의 선박임대료이다. 선주가 부담하는 선박의 경상비와 용선자가 부담하는 항해비로 구성되는 원가를 최저기준으로 하여 여기에 선복수요의 실제 시세가 가미되어 정해진다. 정기용선(Time Charter)에서는 중량 1톤당 1개월 기준으로 하고 있고, 항해용선에서도 채산 기준을 세울 때에 이것에 따라 환산하고 있다.

따라서 용선시에는 1톤당의 용선료를 계산하는 기초, 즉 챠터베이스(Charter base)가 되고 있다. 다만, 정기용선의 일종으로 용선료를 월 단위로 하지 않고 1일에 얼마로 정하는 일대용선(日貸傭船)도 있다. 또한, 항해용선의 일종에는 용선료를 톤당으로 하지 않고, 1 항해당 얼마로 일괄하여 정하는 선복용선의 럼섬챠터(Lumpsum charter)도 있다.

(4) 용선계약부 선하증권 (Charter Party B/L)

화물의 운송이 용선계약으로 행해지는 경우에 그 용선자가 발행하는 선하증권을 말한다. 일

반적으로 용선계약은

「①오퍼의 제시 → ②성약각서(fixture note)의 교환 → ③용선계약서의 작성 → ④선적과 양륙 → ⑤운임계산과 정산 → ⑥사후 체선료 및 조출료의 정산」의 순으로 진행되는데, 용선계약서는 계약 성립시에 작성되어 선적시에 B/L이 된다.

이때 B/L에 용선계약서와의 관계를 나타내는 문구(예 : freight and all other conditions as per charter party)가 더해진다. B/L 양식은 보통 이면약관이 생략된 short form이 많이 이용된다.

이 경우의 B/L은 용선계약이 되어 있다는 사실을 전제로 하여 발행되는 것이므로, 양자가 내용상으로 상반되는 것은 허용되지 않는다. 양자간에 해석상 차이가 있더라도 계약의 요소에 관해서 B/L에 의한 요소에 저촉되지 않을 때에는 계약 당사자의 의사를 참작하여 중재인이 이를 결정한다.

(5) 해약기일 (Canceling date)

만일 본선이 이전 선적지에서 하역작업이 지연되면 화주는 선적준비상 손해를 입게 된다. 따라서 해약기일을 약정하여 해약기일이 넘으면 화주는 해약권을 발동할 수 있다. 이 같은 기일은 C/P(Charter Party)면에 기재되는데, 보통 예정일로부터 10일~20일 정도 여유를 두는 것이 보통이다. 해약기일이 도래하더라도 선박의 운항이 일기(日氣)나 고장수리 등으로 방해를 받는 수가 많기 때문에 일반 항해용선 서식인 Gencon form에서는 입항 48시간 전에 화주에게 통보하게 되어있다.

참고로, 항해용선계약서의 표준서식에는 약 50가지가 있는데, 일반용으로는 Baltic 백해 동맹(The Baltic and White Sea Conference)이 1922년에 제정한 Gencon Uniform General Charter가 있고, 기타 석탄수송용인 Baltcon, Coastcon, 목재수송용인 Benacon, Baltwood, 곡물수송용인 Centrocon, Baltimore Berth Charter party-Steamer(Form C), 광석수송용인 Meditorem Ore C/P 등이 있다.

(6) 정박기간의 시기와 종기

정박기간의 개시일은 각국의 법률이나 관습에 따라 차이가 있지만, 일반적으로 계약으로 결정된다. 정박기간의 기산점과 밀접한 관련이 있는 것은 바로 하역준비완료통지서(N/R ; Notice of Readiness)이다[25].

본선이 적지(積地) 및 양지(楊地)에 도착했을 때 하역준비가 완료된 직후에 용선자에게 통지하게 되며, N/R은 서면(書面)에 의해 선장명으로 용선자의 영업시간 내에 송부하는 경우가 많

---

25) 실무에서는 이를 N/R Tender라고 한다.

다. 또한, 용선자는 N/R에서 검정인의 검정증명서의 첨부를 요구하게 된다. 보통 선적을 여러 개의 항에서 할 때에 완료 통지서를 최초의 항에서 발송하는 것이 관례로 되어있다.

대개 정박기간은 적양하 N/R을 제출한 후 일정 시간이 경과한 다음부터 시작된다. 이에 대해 Gencon form에서는 N/R이 오전에 통지된다면 오후 1시부터 기산하고, 만일 오후 용선자의 영업시간에 통지된다면 다음 날 오전 6시부터 기산토록 하고 있다.

다만, 선석(berth)에 대기하여 상실되는 시간은 적양하(積楊荷) 기간에 산입된다고 규정하고 있다. 하역기간이 종료되는 종기는 보통 하역이 완료되는 시간이다. 물론 계약상 정박기간은 여유를 두어 소정의 기간을 경과하여 종료되게 되어 있다.

그러나 약정된 소정기간을 경과하여 하역이 완료되든지 소정기간의 만료 전에 완료되는 두 가지 경우를 생각할 수 있다. 전자는 약정에 따라 정박료를 지불해야 한다.

하역이 종료되면 사용한 정박일수를 기재한 정박일계산서(Laydays Statement)를 작성하여 선장이 서명한다. 또한, 체선일수 및 조출일수에 대한 기록이 되는 정박시간표(Time Sheet)도 별도로 작성하는데, 이것 역시 정박일계산서와 대동소이한 목적에 이용된다.

항공운송

1. 수출항공화물 운송의 흐름

국제물류에서 두 가지 큰 축은 해상화물 운송과 항공화물 운송이라고 할 수 있다. 항공화물은 해운화물에 비해 물동량 측면에서는 미미(전체운송의 약 0.3%)하지만 화물의 가치 측면에서는 부가가치가 매우 높고, 그 중요성이 더욱 커지고 있다. 특히 무역화물의 구조가 중후 장대형으로부터 경박단소형으로 변화함에 따라 수출입 화물운송에서 항공운송의 이용도 늘어가는 추세이다.

우리나라의 항공화물 운송은 1970년대부터 본격적으로 시작되어 초창기 우리나라는 주로 섬유류, 잡화류, 생동물, 가발 등을 항공으로 운송하였다. 그러나 점차 가발과 생물류의 비중은 감소했지만, 기계류와 전자제품의 비중이 상대적으로 증가한 결과, 최근에는 전체 항공화물의 약 30% 이상을 전자제품이 차지하고 있다.

우리나라는 2002년 국제선 항공화물 실적이 200만톤 정도이었으나 그로부터 10년이 지난 2012년은 250만톤, 2016년은 275만톤에 이르게 되었다. 항공으로 화물을 맡기면 해상운송에 비해 무엇보다도 신속성과 안전성이 보장된다는 것이다. 항공운송시 안전성의 정도는 적하보험요율에서 그대로 반영되고 있어 이를 보면 미루어 짐작할 수 있다. 동일화물에 대해 전위험담보조건(A/R ; All Risk)으로 수출입 적하보험을 들 경우 해상운송보다는 항공운송을 이용할 때의 보험료가 약 절반가량 저렴한 편이다.

항공운송은 해상운송에 비해 수송기간이 현저하게 짧고 정시수송에 따른 화물의 적기인도가 가능하므로 재고비용과 자본비용을 절감할 수 있다는 매력을 갖고 있다.

더구나, 충격에 의한 화물의 손상(Damage) 및 장기수송에 의한 변질 가능성이 적어 화물을 안전하게 거래 상대방에게 인도할 수 있다는 장점이 있다. 그러나 경제적인 측면에서는 Total Cost(포장비, 보험료, 부대비용, 기회비용, 운임)로 비교하였을 때 해상운송보다 일부 경쟁력이 있는 화물이 있음에도 대체로 항공운임이 해상운임에 비해 적게는 10배, 많게는 70~80배 이상 상당히 높다는 단점이 있다. 이것이 수출입업자들이 항공운송을 기피하는 주된 이유 중의 하나가 아닐까 한다.

가 항공운송의 이용절차

항공운송 이용시 절차를 살펴보면, 우선 운송의뢰를 해야 하는데, 이는 구두(口頭) 또는 서면 (書面)으로 요청할 수 있다. 구두의뢰는 송화주가 직접 항공화물대리점으로 화물을 전달할 경우, 그 즉시 항공화물운송장(AWB ; Air Waybill) 작성 및 서명을 하므로 서면에 의한 위임의 필요가 없어진다. 그런데 대부분은 화물은 서면으로 의뢰하여 항공화물대리점으로 인도된다.

서면의뢰 형태는 송화주의 Letterhead 사용에 의한 일반적인 Letter 형식이다.

화물의 내용을 구체적으로 세분화하여 기술된 서면의뢰서(Shipper's Letter of Instruction) 양식을 사용할 수 있다. 서면의뢰서는 AWB 발행 및 운송요금 계산의 기본이 되는 실질적인 서류로서, 해상운송에서의 S/R(Shipping Request)에 해당하는 서류이다.

서면의뢰서의 기재내용으로는 출발지 및 도착지 공항, 포장종류 및 개수, 품명, 총중량, 용적, 운송신고가격, 취급시 주의사항 등이다. 서면의뢰서는 화물의 성격에 따라 위험품화주신고서 (Shipper's Declaration for Dangerous Goods), 생동물화주신고서(Shipper's Declaration for Live Animals) 및 상업송장(Commercial Invoice), 기타 수출입국의 세관에 의하여 필요한 제반서류 등과 함께 제출될 수 있다.

공항에서 일반적으로 이루어지는 수출항공화물의 유통과정을 보면 다음과 같다.

(1) 장치장 반입

공장에서 생산된 완제품은 트럭에 의한 육로수송으로 공항 화물터미널에 도착하게 되고 화물터미널의 Land Side에 있는 트럭 도크(Truck Dock)를 통해 장치장으로 반입된다. 인천공항은 장치장 반입시 (주)한국항공(Air Korea) 조업원은 화물검사를 실시한 후 수출화물 반입계를 발급한다. 보세구역인 보세창고에 수출화물을 반입하기 위해서는 세관 보세과에 수출화물 반입계를 제출하고 장치지정 및 승인을 받아야 한다.

(2) 수출신고

보세구역 내에 수출화물 반입 후, 자가통관의 허가를 받지 않은 수출업자는 반드시 통관업자 (관세사)를 통해서 수출신고를 해야 하며, 이때 필요한 서류는 상업송장, 포장명세서, 검사증 등 이다.

(3) 수출심사

세관 심사과에서는 제출된 수출신고서를 1차 심사한 후 이상이 없을 경우 감정과로 서류를 이송한다. 이때 심사하는 사항은 정상결제 여부, 수출금지품목 여부, 신고서 기재사항의 정확성, 화물의 기호, 품종, 수량, 계약조건, 목적지 심사 등이다.

(4) 화물검사

세관 감정과에서는 서류와 화물을 대조하면서 수량, 규격, 품질 등을 검사하며 심사과에서는 지정한 검사수량에 대해 전부 또는 일부를 개봉하여 검사한다.

(5) 수출허가

화물검사 결과 이상이 없는 경우 서류는 심사과로 회송되어 2차 심사 후 수출신고필증을 발급해 준다. 일단 이 신고필증이 발급되면 해당 화물은 관세법상 외국화물이 되며, 수출업자는 이 신고필증으로 수출대금을 은행에서 찾을 수 있다.

(6) 운송장 및 화물인계

통관절차가 완료된 화물의 운송장은 항공화물운송대리점에서 Cargo Delivery Receipt와 함께 해당 항공사에 접수한다. 운송장에는 Invoice, Packing List, C/O(원산지증명서), 검사증 등 목적지에서의 통관에 필요한 서류가 첨부된다. 항공사는 Cargo Delivery Receipt에 접수확인을 기재한 후 (주)한국항공의 검수원에게 전달하여 화물을 인수토록 한다.

화물 인수시 화물의 포장상태, 파손 여부, Marking과 Label의 정확성, 개수 및 수량의 일치 여부를 확인한다. 운송장의 중량과 실화물의 중량이 다른 경우에는 운송장의 중량을 정정해야 한다.

(7) 적재작업

항공사는 해당 항공편의 항공기 특성을 고려하여 적재작업 방법 등의 작업지시를 (주)한국항공의 담당 검수원에게 알리고 검수원은 작업지시에 의거 적재작업을 시행한다.

(8) 탑재작업

적재작업이 완료된 화물은 중량배분을 위해 계량한 후 (주)한국공항의 담당자에게 인계되어 항공기 Side로 이동된다. 항공사는 항공기의 안전운항 및 화물의 안전수송을 고려한 탑재작업 지시를 (주)한국공항 담당자에게 알리고 작업결과를 통보받는다.

(9) 항공기 출발

화물기는 적하목록이 완성되면 General Declaration 및 기용품 목록과 함께 세관 승기실에 제출하여 출항허가를 얻은 후 탑재된 화물의 운송장 및 출항허가, 적하목록, Load Sheet를 운항승무원에게 인계함으로써 항공기는 목적지를 향해 출발한다.

[수출항공화물 유통과정]

```
┌──────────┐        ┌──────────┐              ┌──────────┐
│ 인천출발화물 │───┐    │ 운송장 접수 │─ 화물접수 확인 ─│ 화물반입, 접수│
└──────────┘   │    └──────────┘              └──────────┘
              ├──▶       │                          │
┌──────────┐   │    ┌──────────┐              ┌──────────┐
│  통과화물  │───┘    │  예약확인  │              │  장치통관  │
└──────────┘        └──────────┘              └──────────┘
                         │                          │
                    ┌──────────┐              ┌──────────┐
                    │ 특수화물 확인 │              │   반출   │
                    └──────────┘              └──────────┘
                         │                          │
                    ┌──────────┐ 적재작업 지시  ┌──────────┐
                    │Space Control│───────────▶│  적재작업  │
                    └──────────┘              └──────────┘
                         │                          │
         ┌───────────┌──────────┐              ┌──────────┐
         │           │화물 적하목록 작성│              │   계량   │
         ▼           └──────────┘              └──────────┘
┌──────────┐            │                          
│출항허가(세관)│       ┌──────────┐              ┌──────────┐
└──────────┘       │ 중량배분작업 │◀───────────│   탑재   │
     │             └──────────┘              └──────────┘
     │                 │   탑재작업지시   │              │
     └───────────┌──────────────┐◀──────────────┘
                 │   항공기 출발   │◀──────┘
                 └──────────────┘
                      │
                 ┌──────────┐
                 │  전문발송  │
                 └──────────┘
```

2. 수입항공화물 운송의 흐름

수입항공화물 운송을 위해서는 우선 당해 물품이 수요요건이 가능한지를 요건확인 기관(검사, 검역) 등에 확인을 거쳐 필요한 구비서류를 갖추어야 한다. 모든 수입물품은 세관에 수입신고를 하여야 하고, 수입신고 후 국내에 반입할 수 있다.

수입신고는 우리나라에 물품이 도착하기 전이나 보세구역에 장치한 후 어떠한 시점에도 가능하다. 세관에서는 편의상 "출항전신고, 입항전신고, 보세구역도착전신고, 보세구역도착후신고"로 구분하고 있고, 입출항전신고는 항공기 도착 1일 전까지는 가능하며, 입항전신고는 인천국제공항에서만 가능하다.

신고인은 수입신고 수리결과를 「Paperless 수입통관제도」를 통해 통보받을 수도 있고, 수입신고는 화주, 관세사, 관세사법인, 통관취급법인의 명의로 할 수 있으나, 대부분 과세가격, 관세율 및 품목분류번호, 과세환율 등을 확인하고 신고해야 함에 따라 복잡한 통관업을 대부분 대행업체에 의뢰하고 있다.

수입신고가 정당하게 이루어지면 당해 물품에 대해 관세를 납부하거나 해당 세액에 상당하는 담보를 제공하여야 하고, 담보를 제공한 경우에는 15일 이내에 관세를 납부해야 한다.

가 수입항공화물의 취급절차

수입항공화물의 취급절차는 수출과 역순이라고 할 수 있지만 이를 개략적으로 살펴보면 다음과 같다.

(1) 전문접수

출발지로부터 항공기 출발 후 해당편 탑재화물 관련 전문을 접수하면 화물을 완벽한 상태로 신속히 인도하기 위해 항공기 도착 이전에 조업사에 통보하여 필요한 장비 및 시설을 확보토록 한다.

(2) 적하목록 작성 및 제출

항공사는 Master AWB 당 Simple 화물, 포워더는 console 화물에 대하여 하기장소와 배정장소를 기재하여 세관에 적하목록 취합시스템(MFCS ; Manifest Consolidation System)으로 전송해야 한다. 하기장소와 배정장소의 결정은 Master AWB simple화물인 경우는 항공사가 화주와 협의하여 결정하고, Master AWB 콘솔화물인 경우에는 포워더가 화주와 협의하여 결정한다. 하기

장소는 인천국제공항 혹은 터미널 내 보세구역이고, 배정장소는 MFCS상의 배정 D/B에 있는 보세구역이 된다.

하기 및 배정장소가 미기재된 화물처리는 항공사와 포워더간 계약이 있으면 MFCS상 하기장소 또는 배정장소 D/B를 참고하여 기재하고, 항공사와 포워더가 계약이 없는 경우에는 항공사와 계약된 장소로 기재한다.

(3) 항공기 도착 및 하기

항공기가 도착하면 항공사 직원이 기내에 탑승, 운항승무원 또는 객실승무원으로부터 운송장 및 출발지 출항허가, 적하목록 등을 인계받은 다음, 세관승기실에 General Declaration, 적하목록, 기용품 목록을 제출하여 입항허가를 득한다. 또한, 항공화물은 조업사에 의해 하기운송 하여 항공사별로 지정된 장치장에 입고하기 위해 실물 분류장으로 운반된다.

(4) 서류 분류 및 검토

서류가 도착하면 운송장과 적하목록을 대조하여 수입금지화물, 안보위해물품 여부를 확인하고 보냉 또는 냉동이 필요한 품목은 적절한 조처를 하도록 조업사에 작업지시를 한다. 검토 완료된 운송장과 적하목록은 통과화물은 최종목적지로의 수송을 위해 세관에 이적허가를 신청하고 우리나라 도착화물은 화물이 입고된 해당 장치장 분류실에서 창고배정을 한다.

(5) 창고배정

창고배정은 화주의 창고배정 지정신청에 의거 당초 세관에서 담당하고 있었으나, 1998년 5월부터 민간에게 이양되었다. 그 결과 화주가 특정 수입화물에 대해 창고를 임시로 지정하는 긴급분류일 때에는 현재와 같이 항공사에서 담당하고, 해당 화주 명의로 수입되는 모든 수입화물에 대해 특정한 창고를 지정할 수 있는 상시분류는 3개월에 한 번씩 세관에서 변경하던 것을 이제는 1개월에 1번씩 운송업체로 대표로 구성된 민간운영협의회의 협의를 거쳐 변경하고 있다.

(6) 실 화물분류 작업

창고배정이 완료되면 배정관리 D/B에 의거 해당 장치장은 실화물을 배정된 창고에 입고시킨다. 즉, 김포세관 관할 창고에서 통관되는 화물은 해당 창고로 입고시키고, 서울세관 관할 창고에서 통관될 화물은 현도장으로 장치한 후 보세운송업자들에게 화물은 인도한다. 포워더가 Master AWB 단위로 인천공항 현도장치장에서 수입화물을 인도받은 때에는 인천 또는 김포공항 보세구역 운영인에게 반입을 의뢰하고, 반입신고 후 보세운송 신고절차를 수행하게 된다.

(7) 도착통지

창고배정작업이 완료되면 항공화물운송장은 통관지역에 따라 김포화물터미널에 있는 항공사 지점이나 서울시내 영업소로 보내지며 수하인에게 전화 등을 통해 도착통지를 한다. 혼재화물은 항공사로부터 AWB를 인도받은 복합운송주선업체가 도착통지를 한다.

(8) 운송장인도

해당 화물 수하인이 운송장을 인계할 때 본인이면 주민등록증(대리인이면 주민등록증 외에 위임장 제출)을 확인한다. 착지불 화물은 운송요금 이외에 운송요금의 2%에 해당하는 Charge Collect Fee를 지불해야 한다.

(9) 보세운송

외국물품이 통관되지 않은 상태에서 김포화물터미널 이외의 지역으로 수송될 경우 보세운송 허가를 받아야 한다. 다시 말하면 Master AWB상 하기장소가 김포공항인 경우는 보세운송 절차 없이 하기운송이 가능하고, 하기운송시에는 세관에서 지정한 하역통로를 이용해야 한다. 운송업체는 간이보세운송업자도 가능하며, 하기운송을 할 때에는 유개차로 하기운송 한다.

간이보세운송이란 부산, 제주 등의 개항장(開港場)으로 외국물품을 항공수송하는 경우를 말하며, 특별보세운송이란 개항장 이외의 지역으로 외국물품을 수송하는 경우로서 대구지역의 FMS(Foreign Military Sales Materials) 물자와 광주지역의 원자력발전소 자재는 항공수송이 가능하다. 그 외의 지역의 물자는 유환화물 중 경인지역행은 (주)국제상운, 기타지역 유환화물은 (주)한진에서, 무환화물은 (주)협동통운에서 보세운송을 담당하고 있다.

적하목록취합 시스템(MFCS ; Manifest Consolidation System)은 우리나라에 입출항하는 모든 화물의 총량관리를 위하여 항공기나 선박에 적재된 화물의 총괄목록인 적하목록(manifest)를 세관에 제출해야 하는 항공사 및 선사를 대신하여 포워더 등의 화물목록을 취합하여 제출할 수 있도록 지원하는 시스템이다.

이를 통해 세관의 법적·행정적 문제와 이용자의 업무적, 기술적인 문제를 중간에서 여과하여 세관 및 이용자 모두를 충족시켜주는 것이다. 현재 MFCS에는 선사, 항공사, 포워더, 검수회사, 보세구역 운영자, 관세사 등 약 3,000여 업체가 가입되어 있다.

[수입항공화물의 유통과정]

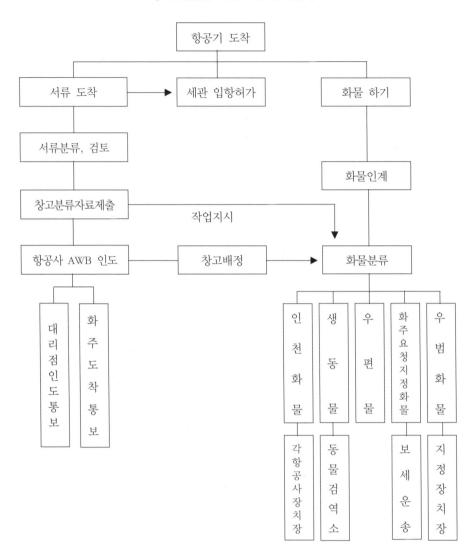

3. 항공화물대리점과 국제특송업

수출업체가 항공으로 화물을 목적지까지 운송하고자 하면, 먼저 복합운송주선업자(포워더)라고 하는 항공화물운송대리점을 선택하여야 한다. 왜냐하면, 항공사는 선사와는 달리 무역업체를 대상으로 직접 영업을 하지 않고 있기 때문이다. 항공화물운송대리점(Air cargo agent)은 운송계약주체인 항공사를 대신해서 항공화물운송장(Air Waybill)을 발행하고 수출입화물 모두에 대해 육상운송과 수출입면허, 창고반출입 업무를 대행하면서 항공화물의 흐름을 원활히 하는 업자를 말한다.

가 항공화물대리점

항공화물운송업은 1990년대 초반까지 항공법에 따라 항공화물운송대리점업과 항공운송주선업으로 나누어져 있었으나, 1993년 12월 항공법이 개정되면서 복합운송주선업자(현재의 국제물류운송주선업)로 통합되었다.

이에 따라 현재 항공화물 포워딩업을 규정하고 있는 법규 및 업종은 물류정책기본법에 따른 복합운송주선업(이후 물류정책기본법상의 국제물류주선업)이며, 복합운송주선업자가 종전의 항공화물대리점 및 항공운송주선업자의 기능과 역할을 동시에 수행하고 있다. 현재 우리나라에는 약 3,000개의 포워딩업체들이 산재하고 있으며, 그중 약 1,000개 업체가 항공화물운송대리점 업무를 하는 것으로 알려졌다.

그러나 전체 항공화물 건수의 약 95%를 불과 100여 개 포워딩업체들이 취급하는 만큼 무역업체들이 항공화물 운송대리점을 선택하는 데 신중한 자세가 필요하다고 하겠다.

항공화물운송대리점의 역할을 자세히 살펴보면 다음과 같다.

① 수출입화물의 판매 및 유치(Selling transportation) : 항공사를 대신하여 세계 각국으로 수출되는 화물의 항공수요를 개발하여 유치하고 운송계약을 체결한다.

② 운송을 위한 준비(Ready for carriage) : 항공화물의 중량, 크기, 품목 등을 사전에 미리 확인하고 항공화물운송장을 작성한다.

③ 수출입 통관절차의 대행 : 송하인의 요청이 있으면 수출화물에 대한 통관절차를 대행하고 또한 수하인의 요청에 따라 수입화물의 통관절차도 대행한다.

④ Trucking : 화물의 항공운송 이전, 이후의 픽업 및 인도를 위해 통상 대리점은 직접 혹은 아웃소싱을 통해 트럭킹을 주선한다.

⑤ 기타 서비스 활동 : 고객들에게 수출입 규정, 항공화물 관련 전문지식을 제공하는 등의 컨

설팅 서비스, 화주들에게 항공화물보험의 보험가입 서비스 대행 등도 실시한다.

참고로, 항공화물대리점과 비슷하지만 다른 업무를 맡은 항공운송주선업자(Air Freight Forwarder)가 있다. 항공운송주선업자는 항공기를 보유하고 있지 않지만, 자체적으로 설정한 요율 및 운송약관을 적용하고 House Air Waybill을 발행하는 등 국제 항공운송에 있어서 상대방 국가의 포워더와 제휴하여 전 운송국산에 걸쳐 일관 운송책임을 지는 운송주체로서의 역할을 하고 있다. 또한, 다수의 송화인으로부터 소형화물을 혼재하여 항공사에는 대형화물로 위탁 운송하게 함으로써 소형화물의 취급을 쉽게 하는 등 항공운송의 합리화를 도모한다. 이러한 포워더들이 행하는 혼재운송부분을 강조하여 혼재업자(consolidator)라고 부른다.

[항공화물대리점과 항공운송주선업자 비교]

구분	항공화물운송대리점	항공운송주선업자
자체 Tariff	없음(항공사 Tariff 사용)	있음
운 송 약 관	없음 (항공사 약관에 준함)	자체약관 사용
수 하 인	매 건당 Consignee가 됨 (Master AWB)	Break Bulk Agent (Break Bulk 및 Reforwarding)
수 익	IATA의 5% 커미션이나 기타 수수료	IATA의 5% 커미션 외에 -항공사운임 중량체감에 의한 화주로부터의 수령금과 항공사운임과의 차액 -혼재에 의한 Volume Weight의 감소
A W B	One AWB (항공사의 Master AWB)	자체 House AWB 사용

항공운송주선업자의 주요 역할은 항공화물 운송대리점의 역할은 물론 수출항공화물의 경우 화물을 혼재하여 항공회사와 운송계약을 체결하고 화물의 출발, 환적, 도착 등 일련의 화물이동을 추적 관리한다.

수입항공화물의 경우에는 수입통관과 Door to Door 서비스를 위한 조치를 하여 수하인을 위한 수입관세 주선하기도 한다. 목적지에서 혼재화물을 분류해야 하는 경우 혼재업자의 현지법인 또는 현지 포워더에게 이것을 위탁하는데, 혼재화물처리를 위탁받은 대리점(break bulk agent)은 목적지에 도착한 혼재화물을 수하인별로 분류하여 각 수하인에게 인도하는 업무를 담당한다.

즉. 혼재화물이 목적지에 도착하면 도착 세관에 혼재화물 목록신고를 하고 Hosue Air Waybill 별로 화물을 분류하여 수하인에게 항공화물의 도착을 통지하고 수입통관 절차를 대행 (주선)해주며 운임이 후불인 경우에는 수하인으로부터 운임을 징수하고 출발지의 혼재업자에게 송금하는 업무를 행한다.

나 국제특송업

항공화물대리점업과 별개로 최근 각광받는 업종이 국제특송업이다. 항공화물과 관련된 특송업의 근거는 항공법상 '상업서류송달업'에 근거를 두고 있다. 상업서류송달업은 "우편법 제2조 제2항의 단서 규정에 해당하는 수출입 등에 관한 서류와 그에 수반되는 견본품을 항공기를 이용하여 송달하는 사업"이다.

항공법상의 상업서류송달업(International Courier)에는 사업범위가 '수출입 서류와 그 견본품'으로 국한되어 있고, 상업서류송달업을 뒷받침해주는 우편법과 동 시행령에서도 서류의 범위를 '송장, 수출입, 외자, 기술도입, 상업용 서류'로 한정하고 있다. 견본품의 범위도 명확하지는 않지만, 국토부 지침을 통해 중량 45kg 이하를 그 범위로 하고 있으며, 현재 '견본품'일 경우, 그 이상의 중량도 취급하고 있는 실정이다.

현재 쿠리어 서비스를 많이 이용하고 있는 품목으로는 서류(계약서, 각종 데이터, 사양서, 은행관계 서류, 수출 선적서류, 증권류 등), 도면, 설계도, 팜플렛, 사진 등이 있다.

통상 상업서류송달업은 국제택배업 혹은 특송화물(express cargo) 서비스로도 볼 수 있으나, 우리나라에서는 명확한 의미와 운송범위가 반영되어 있지 않다. 원래 국제택배업과 특송화물운송업과 차이는 국제택배업이 택배업자 혹은 상업서류송달업자인 포워더들의 사업인 반면, 특송화물운송업은 항공상의 화물운송사업이었으나, 국제택배업자들이 'airport-to-airport'에서 'door-to-door' 서비스를 제공함에 따라 보통 같은 개념으로 사용되고 있다.

항공화물 운송 중 가장 높은 증가추세를 보이는 부문이 '국제특송업'이다. 국제특송시장은 1992년 이후 연평균 24%의 고성장을 하고 있고, 교통개발연구원에 의하면 2019년까지는 연평균 13%의 성장이 예상된다. 그에 따라 국제특송업이 전체 항공화물에서 차지하는 비중도 1999년 9.2%에서 2019년에는 31%로 증가할 것으로 전망되고 있다. 참고로, 싱가포르는 이미 1996년에 특송에 의한 화물운송 교역이 169억 달러로서 전체 항공화물 운송규모의 25%를 기록하였고, 홍콩은 136억 달러로 21%를 기록한 바 있다.

특송화물의 평균 크기도 1992년 2.7kg에서 1999년에는 4.5kg으로 커져 특송화물의 중요성이 증대되고 있다. 특히, 세계적인 특송사들은 특송서비스뿐만 아니라 제3자물류(3PL) 서비스도 제공하고 있다. 그에 따라 다국적기업들의 글로벌물류 전략 수립시 국제특송에 대한 의존도가 날로 높아지고 있다. 국내업체로는 우정사업본부가 약 13%의 시장점유율을 차지하고 있다.

[주요 국제특송업체 현황]

구분	DHL	Fedex	UPS	TNT
직원 수(명)	71,000	148,000	370,000	40,000
비행기(대)	262	665	263(자가) 302(전세)	43
차량(대)	15,722	43,500	157,000	19,330
서비스 가능국	228	210	200	210
허브 공항 수	33	16	25	-
서비스 센터 수	2,954	1,400	1,713	704
서비스 개시일	1969년	1973년	1907년	1969년

자료 : 김제철·예충열(2002), 항공화물수송부문의 경쟁력 강화방안, KOTI

　　DHL은 1969년에 미국 샌프란시스코에서 설립되었다. DHL이란 이름은 공동 창업주인 Dalsey, Hillbramr과 Lynd의 이름 첫 글자에서 따온 것이다. 미국에서는 1983년에 Cincinnati 국제공항을. 유럽은 1985년에 Brussels를, 중동은 1994년에 Bahrain을, 그리고 아시아지역은 홍콩을 허브 지역을 삼고 있다. 우리나라에서는 대리점 체제로 운영하다가 2000년 12월에 DHL Korea라는 자사 운영체제로 전환하였다.

　　Fedex는 약 210개국 13만개 도시를 망라하는 방대한 물류 네트워크를 구축하고 있어 하루 330만건의 화물을 처리하는 세계 최대의 국제물류 전문기업이다. Fedex는 아시아 시장의 중요성이 커지면서 1992년에 호놀룰루에 있던 아·태지역 본부를 홍콩으로 이전하였으며, 1995년에는 과거 미 해군이 사용하던 필리핀 수빅(Subic)만에 아·태지역 허브를 설치하여 운영 중에 있다. TNT는 1969년부터 호주에서 사업을 시작하여 유럽으로 사업을 확대하였다. 국내에서는 점보익스프레스와 1989년에 대리점 계약을 체결하면서 진출하였고, 아시아 시장은 중국, 일본, 동남아 3개 지역으로 나누어 거점을 기반으로 운영되고 있다.

　　UPS(United Parcel Service)는 1907년도에 영업을 개시한 가장 역사가 오래된 특송업체이다. 국내에서는 대한통운과 합작법인을 세워 자사 운영체제를 구축하였다. 현재 홍콩과 싱가포르에 아·태지역 거점을 운영하고 있고, 미공군이 사용하던 필리핀의 Clark 공군기지를 아시아지역 시장확대를 위한 'Intra-Asia hub'로 개발하고 있다. 이곳을 중심으로 대중국 직항 서비스를 제공하여 아시아 주요 도시를 4시간 내외로 연결하는 거점으로 이용하고 있다.

4. 항공화물 운임

항공화물 운임(Air Freight Charges & Other Charges)은 일반적으로 요율(rate), 부대요금(charge) 및 기타 수수료로 나누어진다. 요율이란 항공사가 화물운송의 대가로서 징수하는 것인데, 보통 노선별로 요율표(tariff)가 정해져 있으며, 요율 적용은 화물의 중량을 기준으로 하고, 대부분 kg를 사용하고 있다. 부대요금(charge)은 운송에 관련된 부수적인 업무에 관한 대가와 설비의 사용에 대한 대가를 의미하는데, 이에는 수출항공화물 취급수수료(handling charge), 수입화물 AWB Fee, Pick up Service Charge, 위험품 취급수수료, 결제수수료 등이 있다.

가 항공운임의 결정

항공화물 운임은 항공사가 독자적으로 결정할 수 있는 것이 아니라 대개 정부의 개입 하에 일정한 방식과 절차를 거쳐 유효한 요율이 결정된다.

국제선의 화물운임은 원칙적으로 양 당사국의 허가로 발효되지만, 세계의 수많은 국가와 도시 간에 수많은 항공사에 의해 항공노선이 연결되어 있으므로 이들간의 혼란조정과 지나친 운임 경쟁 방지의 목적에 따라서 국제항공운송협회(IATA ; International Air Transport Association)의 운임조정회의에 의해 결정된다.

여기서 결정된 운임을 각 항공사가 자국의 국내법에 따라 정부에 허가를 신청, 적용하게 되는 것이다. 한편, IATA에 가입하지 않는 항공회사(즉, 해운으로 치면 비동맹선사 : Outsiders)들도 IATA 운임을 채택하는 것이 일반적이다.

IATA의 운임조정회의(Cargo Tariff Co-ordinating Conference)는 운항원가의 분석에 관여하는 동시에 화물운임, 요율 설정, 통화규정 또는 국제 항공화물의 판매 및 처리에 종사하는 중간업자의 수수료 수준 등 관계규칙의 설정·변경을 협의하여 결정하고 있다.

이렇듯 IATA의 가장 중요한 기능 중의 하나가 여러 국가의 항공회사 사이에서 운임을 조정하여 협정을 체결하고 IATA 가맹 항공사를 구속하는 것, 즉 운임의 국제적 통제이다. 또한, 항공운임 요율은 항공운송 기업이 독자적으로 결정할 수 있는 것이 아니라 대개 정부의 개입하에 일정한 방식과 절차를 거쳐 유효한 요율이 결정된다.

그러나 미국의 항공산업규제완화 이후 항공운송 기업의 자유로운 운임 및 요율의 결정이 점차 세계적인 추세로 구체화 되어가고 있다.

나 항공화물 운임의 개요

항공사나 항공화물대리점 혹은 혼재 업체의 항공화물 운임은 일반적으로 요율 및 요금, 기타 수수료 등에 의해 결정된다.

운임산정의 기본이라고 할 수 있는 요율(rate)이란 항공운송인이 화물운송의 대가로 징수하는 운임을 중량 단위당 혹은 단위용 기당 금액으로 나타내는 것인데, 보통 노선별로 요율(tariff)이 정해져 있다. 화물요율의 중량 단위로는 미국의 경우 파운드(lb)를 사용하고 IATA나 미국을 제외한 대부분의 국가에서는 kg을 사용한다.

요금(charge)은 운송에 관련된 부수적인 업무에 관한 대가와 설비의 사용에 대한 대가를 의미하는데, 팔레트 등 ULD 사용료, 위험품취급수수료, 착지불수수료, 트러킹차지(pick-up service charge) 등이 이에 해당한다.

어떤 한 건의 화물에 대하여 적용 요율을 찾기 위해서는 운임산출 중량을 먼저 결정해야 하는데, 운임산출 중량의 결정 방법에는 다음의 세 가지가 있다.

(1) 실제 중량(actual weight)에 의한 방법

화물을 실제 중량을 기준으로 운임을 산출하는 방법이다. 어떤 화물의 무게가 포장명세서에 45kg이라고 하면 45kg을 기준으로 해당 구간의 kg당 요율을 곱하여 운임을 산출하는 방식이다. 화물의 실제 화물 중량의 측정은 미국 출발을 제외하고는 kg으로 측정되며, kg과 lb 모두 0.1단위까지 정확히 실제 중량이 측정돼야 한다.

이렇게 측정된 실중량은 항공화물운송장의 실중량(Actual Gross Weight)란에 기입된다. 또 0.5kg 미만의 실중량은 0.5kg으로 절상하고 0.6kg 이상 1kg 미만의 실중량은 1kg으로 절상하여 운송장의 운임 산출량 난에 기입된다(예: 20.2kg→20.5kg이 운임 부과 중량). 단, 파운드(lb)로 중량을 계산할 때에는 소수점 이하는 무조건 파운드로 절상하여 운임을 산출한다(예: 42.3lb→43lb가 운임 부과 중량).

예
- 162cm×156cm×141cm=3,563,352㎤
- 3,563,352㎤÷6,000=593.892kg
- 따라서 594kg이 운임부과 중량이 된다.

---

(2) 용적 중량에 의한 방법

용적 계산은 '가로×세로×높이'의 방식으로 계산되나 직육면체 혹은 정육면체가 아닌 경우에는 '최대 가로(greatest length)×최대 세로(greatest width)×최대 높이(greatest height)'로 계산된다. 길이단위에 있어서의 소수점의 처리는 곱셈을 하기 전에 처리되며 cm, inch 모두 사사오입을 한다. 용적을 운임산출 중량으로 계산하는 법은 '가로×세로×높이'÷(6,000cubic cm 혹은 366인치 혹은 166cubic inch)가 된다. 우리나라에서 수출되는 화물 중 의류, 장난감류 등은 대체로 용적량이 적용되고 원단, 전자부품, 기계류 등은 실중량이 적용된다.

> **■ 예 ■** 한 개의 화물 중량이 80g이고 용적이 80cm×90cm×100cm인 화물에 적용하는 운임부과 중량의 경우
> - 80cm×90cm×100cm=720,000㎤
> - 720,000㎤÷6,000㎤=120kg
> - 따라서 실중량이 80kg, 용적량이 120kg으로 용적화물이 되며 운임부과 중량은 120kg이 된다.

(3) Chargeable weight

항공화물 운임의 산출을 위해서는 해상과 마찬가지로 화물의 용적 혹은 중량을 산출하고 산출된 숫자에서 큰 쪽을 택하여 그것을 단위 운임에 곱하는 R/T(Revenue Ton)의 개념을 적용하지만, 항공화물의 특성상 거의 모든 요금은 중량을 기준으로 적용된다. 하지만 해상운송에서 1용적톤(CBM)은 1,000kg으로 환산되는 데 반해, 항공운송에서는 1CBM은 Chargeable weight라고 하여 167kg으로 환산하는 것이 다르다. 이는 항공운임의 단가를 kg당으로 적용하기 때문이다.

[국제항공화물 운임의 결정 과정]

나 IATA의 운임 정산제도 : CASS

(1) CASS의 의의

CASS(Cargo Accounts Settlement System)란 화물운임 정산제도를 말하는 것으로, 항공사와 대리점간에 매표대금 정산을 일정 자격을 갖춘 settlement office를 통하여 일괄처리함으로써 정산업무의 신속화, 단순화, 표준화를 기하기 위하여 IATA와 항공사가 공동 개발한 시스템이다.

이 제도는 IATA의 운송회의에서 결정된 IATA Resolution 제851조의 절차에 의거하여 항공사와 대리점간에 발생하는 항공화물 판매대금을 직접 당사자간에 결제하는 대신에 운임 정산은행을 중개인으로 하여 대금을 일괄청구, 일괄정산하는 항공화물 운임 정산제도이며 우리나라에는 1991년 도입되어 1993년부터 시행되고 있다.

CASS가 시행되기 전까지의 항공화물 운임 정산은 각각의 항공사가 화물을 기적한 각각의 대리점에 청구서를 발송하고 대리점은 항공사별로 운임을 개별 정산해 왔다.

(2) CASS의 운영

가) CASS의 구성원 및 역할

CASS의 구성원은 항공사, 대리점, 정산소, IATA CASS 사무국으로 이루어지며 그 역할은 다음과 같다.

① 항공사 : CASS 운영비용 분담, 정산소에 billing 생산을 위한 자료 제출
② 대리점 : CASS 정산소로부터 billing된 invoice 수령 및 IATA 규정에 따라 허용된 신용공여 기간 내 일괄송금
③ 정산소 : billing 생산, 배포 및 대리점으로부터 대금 수납 및 항공사 이체
④ 사무국 : 항공사, 대리점, 정산소간의 업무 조정 및 담보 관리, Neutral Air Waybill 관리 등

나) CASS의 운임 정산절차

CASS의 운임 정산절차는 항공사가 운임 정산소 측에 Air Waybill 데이터를 제출하는 것에서부터 시작된다. 정산소는 AWB 사본에서 운임청구서에 필요한 자료를 입수하여 청구서를 작성하여 각 대리점에 배포하게 된다.

청구서를 받은 대리점은 송금일에 화물판매대금 전액을 정산소에 송금해야 하며, 대리점으로부터 송금된 운임은 중앙 결제 계좌에 예치되어 각 항공사의 개별 계좌로 이체된다.

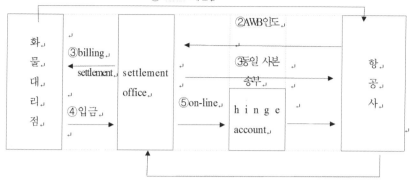

[CASS의 운임 정산절차]

출처 : 국제물류협회, 「항공운송실무」, 국제물류협회; 서울 p.122.

(3) 비공시 요율

비공시 요율이란 일정 구간의 요율이 태리프에 표기되어 있지 않은 경우를 말한다. 대체로 전 세계 모든 구간의 항공요율은 TACT rate book에 공시되어 있고 대부분의 항공사들이 이 직통요율(through rate)을 기준으로 영업을 하고 있다. 그럼에도 불구하고 어떤 구간에는 직통요율이 있지 않은 경우가 허다하다. 이처럼 직통요율이 공시되어 있지 않은 구간에서는 다음의 두 가지 방법으로 요율을 구성해야 한다.

① 구성 요율(construction rate) : all-in amount에 의한 요율 구성을 의미한다.

② 결합 요율(combination rate) : 어떤 도시는 construction rate의 리스트에도 나타나지 않는 경우가 있다. 이때는 최단 거리의 중간 지점을 설정하고 구간요율(sector rate)의 결합을 통하여 요율을 설정해야 한다.

☑ 비공시요율 구성의 일반 원칙

Construction rate는 태리프의 공시요율과 결합하되 다음의 원칙을 지켜야 한다.

① GCR의 construction rate는 단지 GCR과 결합하며,

② SCR의 construction rate는 단지 SCR과 결합하며,

③ BUC는 단지 BUC와 결합한다.

☑ 요율 적용의 우선순위

일반적으로 비 공시요율을 적용할 때에는 다음의 우선순위를 따른다.

① 태리프에 공시된 through rate

② Construction rate에 의해 만들어진 through rate

③ Sector rate의 결합에 의해 만들어진 요율(Combination rate)

④ 항공사 사무실에 문의해서 적용

⑤ 최종 목적지에 가장 가까운 임의의 공항을 항공운송장에 기입하거나,

⑥ 요율이 전혀 구성될 수 없는 구간에 대해서는 "The charges for the sector over which the rate is unknown are guaranteed by the shipper"라는 문구를 항공운송장에 기입한다.

5. 항공화물 화주보험

가 의의

항공회사들이 들게 되는 항공보험의 종류에는 선체보험(Hull All Risks Insurance), 승객배상책임보험(Passenger Legal Liability Insurance), 화물배상책임보험(Cargo Legal Liability Insurance), 제3자 배상책임보험(A/C & General 3rd party Liability), 전쟁보험(Political Risks Insurance) 등이 있다.

보험사들은 항공운송과정 중의 사고에 대한 보험으로서 해상적하보험의 담보 조건 중 All Risk(Air) 조건을 따로 두고 있다. 그런데 이 조건 외 항공사가 일종의 보험대리점 역할을 하면서 적하보험회사와 포괄보험계약(Open Contract)을 체결하여 항공화물에 대한 보험을 인수받고 있는데, 이것이 항공화물 화주보험(Shipper's Interest Insurance)이다.

나 특징

항공화물 화주보험의 특징으로서는 우선, 보험부보절차가 상당히 간단하다는 것이다. 즉, 보험부보를 위한 별도의 수속이 필요 없고 항공사는 자신이 보험회사를 대리하여 화물에 대한 담보를 받고 보험증서 대신에 운송장을 발행함으로써 보험가입 절차가 완료되는 것이다.

또 항공화물 화주보험은 모든 위험에 대하여 담보되며 항공운송의 전구간은 물론 그 전후에 따르는 육상운송 중 위험도 담보된다. 마지막으로, 해상적하보험을 이용할 경우 보험개시 이전에 우선 보험자(보험회사)에게 사실이 통보되고 즉시 해외의 재보험자에게 운송될 화물의 내용이 구체적으로 밝혀지지만, 항공화물 화주보험의 경우는 항공사 단독으로 운송이 종료된 후에야 보험자에게 통보된다는 것이다.

항공화물 화주보험은 화주가 보험가입 의사를 밝히고 항공화물운송장에 보험금액 및 보험료를 기재한 시점부터 개시되며, 화물이 수하인에게 인도되거나 수하인이 지정한 장소에 도착되

는 시점에서 종료된다. 보험가입화물의 대상에는 항공사로 운송되는 모든 화물에 대하여 부보 가능하지만, 우편물, 소포 등은 제외된다.

항공화물 화주보험은 모든 위험에 대해 보상하는 것은 아니며, 원칙적으로 다음의 위험에 대해서는 담보하지 않는다.

① 지연에 의한 상실, 손상 및 품질저하

② 전쟁 및 파업 등으로 인한 손해

③ 포획, 나포, 탈취 등에 의한 멸실 및 손상

④ 냉기 또는 기압의 변동으로 인한 부패성 화물이나 생동물의 멸실 및 손상

⑤ 방사능 오염으로 인한 파괴 및 손해 혹은 방사능으로 인한 직접·간접적인 손해, 단 전쟁, 파업, 폭동 등의 위험성에 대한 부보는 추가보험료 지불로 가능하다.

보험금액은 송장(invoice) 가액의 130%까지 부보가능하며, 귀중화물의 경우는 운송가격을 신고하고 종가요금을 지불한 경우에만 가능하며 운송신고가격과 보험가입 금액이 일치하여야 한다.

항공화물 화주보험의 배상한도액은 1항공기 당, 1사고 당, 1장소 당 2,000만$ 한도 내에서 배상 된다.

어떠한 경우에도 배상금의 지급은 보험금액 한도 내에서 지급되고, 배상금의 지급은 해당 보험료의 납부가 전제조건이 되므로 배상금 지급 이전에 보험료 청산 여부를 확인한다. 화물의 실제액보다 현저히 초과부보를 한 경우에는 실제가액의 130% 한도 내에서만 배상한다.

배상액의 결정기준은 「(화주가 신고한 보험금액÷화물의 실제가격)×실제 손해액」이 된다. 단, 일부 멸실이나 파손의 경우에는 실제 손해액에 해당하는 금액만을 배상액으로 한다.

다 항공화물 화주보험과 항공운송장의 관계

항공화물 화주보험의 보험금액은 항공화물운송장상의 "Amount of Insurance"란에 기재하고, 보험료는 "Due Carrier"란에 표시되며 선불 또는 착지불 모두 가능하다.

운송장상에 표기된 보험사항(보험금액 및 보험료)에 의하여 해당 화물이 항공 적하보험에 부보되었다는 것을 충분히 증명할 수 있지만, 화주 또는 은행이 별도의 보험증서를 요청할 때에는 이를 항공사 지점 혹은 대리점에서 발행할 수도 있다.

보험증서는 원본 2매와 사본 6매가 1세트로 구성되어 있다. 참고로 혼재화물 중 일부만을 항공화물 화주보험에 부보하고자 하는 때에는 운송장에 다음과 같이 표시한다.

✅ House Air Waybill 기재사항

- Amount of Insurance 란에 보험금액 기재
- Insurance Premium 란에 보험료를 기재

✅ Master Air Waybill 기재사항

- Amount of Insurance란에 보험금액 기재
- Due carrier란에 보험료 기재, Other charges란에 보험료 기재
- Handling Information란에 보험부보 사실과 대리점 코드
- House Air Waybill no. 및 보험료를 기재(예: SII Insured /KAF- 110351(80.00)).

6. 항공사의 책임한도

국제운송에서 항공사의 책임한도는 Warsaw 조약에 따라 kg당 250 FGF(French Gold Francs)로 제한되어 있으며 이는 USD20/kg 또는 USD 9.07/LB에 상당하다. 세계 각국에서는 USD 20상당의 현지통화가 kg당 최대 배상책임한도이며, 어떤 경우에도 목적지에서의 상품의 실제 가격을 초과할 수 없다.

송하인이 USD 20을 초과하는 책임한도 요구 시에는 운송가격을 신고하고 종가요금을 지불해야 한다. AWB 작성시 종가요금은 보험료가 아니며 단지 항공사의 책임한도를 나타낸다. AWB의 운송신고 가격란에 기입된 액수는 손해 발생시 항공사가 책임을 지는 금액은 아니다.

항공운송의 모든 관련자(송하인, 트럭업자, 브로커, 대리점, 항공사, 수하인)는 계약상의 의무를 정확하게 수행할 책임이 있다. 만약에 의무 일부를 이행하지 못하면 발생된 손해를 책임져야 한다. 항공운송의 관련자들은 자체과실이 없다거나 손해방지를 위해 최선을 다했다거나 또는 방지할 수 없었다는 것을 입증할 수 있다면, 면책이 가능하다. 만약 관계자의 과실이 있다면 손해배상을 해야 한다.

그러나 책임한도는 법이나 운송약관에 의해 제한되어 있어 클레임 과정에서 클레임 청구자(대리점, 송하인, 수하인)는 클레임 피청구자(항공사)가 잘못이 있다는 것을 증명해야 한다. 항공사는 손해가 통제할 수 없는 사유로 발생되었다는 것을 증명할 수 있다면 클레임을 거부할 수 있고 천재지변으로 인한 손해는 책임지지 않는다.

항공사는 클레임 청구자측이 원인발생이 증명되면 책임을 거부하거나 제한할 수 있다. 일반적으로 IATA 화물대리점의 화물에 관한 책임은 화물과 관계서류가 운송항공사에 인도되고 선

불인 경우 운임이 입금되거나 후불인 경우 송금되었을 때 종료된다.

IATA 대리점은 수출입 절차의 완성단계에서 화물이 대리점 관리하에 있을 때 화물의 안전과 보호를 위해 필요한 제반 조치를 해야 한다. 특히 엄격한 규정이 적용되고 인명과 재산을 보호하기 위해 특별취급이 필요한 특수화물, 위험품 및 귀중품에는 더욱 세심한 주의를 기울여야 한다.

이러한 안전측면에서 볼 때 빈번한 확인과 함께 화재, 도난 등에 대비하여 경도를 갖춘 적절한 창고시설이 필요하다. 송하인 혹은 IATA 대리점은 화물의 부적절한 포장으로 인한 손해발생 시 이를 책임져야 한다.

항공화물은 대부분 고가임에 따라 IATA 대리점은 화물이 대리점 관리하에 있을 때 손해발생 책임에 대한 정확한 보험 적용한도액을 파악해야 한다.

IATA 대리점은 많은 항공화물 운송 관련 서류를 취급하며 서류 일부를 송·수하인으로부터 접수하여 화물과 함께 관련 당국에 제출해야 한다.

기타서류는 서비스제공의 대가로 화주가 운임지불을 요청받을 때 취급된다. 대체가 불가능한 서류의 분실이나 취급 실수는 화물의 심각한 수송지연과 회사의 수입감소를 발생시킨다. 따라서 IATA 대리점이 발행하거나 접수한 영수증, 계약서, 서류 등은 정확하게 참조되고, 빠른 시간 내의 재사용을 위해 즉시 파일 되어야 한다.

IATA 대리점은 AWB 발행항공사, 최초 혹은 최종 운송항공사 등 책임을 져야 할 항공사에 대하여 클레임 제기 권한을 가지고 있다. 클레임은 구두로는 불가하고 문서로만 가능하며 특정 기간 내에 이루어져야 한다.

클레임의 제기기한은 운송약관과 화물의 사고의 세 가지 유형(분손/파손, 지연, 전손)에 따라 변할 수 있다. 클레임 제기권은 AWB 발행 후 2년간 유효하다. 참고로, 항공사의 책임한도를 규정하는 국제항공운송조약에는 몬트리올조약, 바르샤바조약, 헤이그의정서 등이 있다.

(1) 몬트리올조약(Montreal Convention)

몬트리올조약(The Convention for the Unification of Certain Rules For International Carriage by Air: 국제항공운송에서 일부 규칙통일에 관한 협약)은 바르샤바조약 및 관련 협약을 현대화하고 통합화하기 위하여 국제민간항공기구(ICAO)가 1999년 5월 28일 몬트리올에서 개최한 국제항공법회의에서 채택되어 2003년 11월 4일 발효됐다. 우리나라는 2007년 9월 20일 몬트리올협약의 가입에 비준(국회 동의)하여 2007년 12월 29일부터 동 협약이 발효(조약 제1876호)하게 됐다.

바르샤바조약은 제1차 세계대전 이후 급격히 발전한 항공운송을 규율하고자 프랑스 정부의 주도로 1929년에 채택된 것으로 여객의 권익 보호와 항공 산업의 보호 육성을 동시에 추구하여 배상 책임의 한도(여객 25만 프랑, 화물 250프랑)를 정하고 그 이하의 금액은 항공사에 무과실 입증책임을 부여했다.

하지만 책임한도액 이상의 배상을 받으려면 고객이 항공사의 고의·과실을 입증해야 하는 어려움이 있었다. 이후 항공기술의 발전과 함께 항공 여행객 및 화물이 증가하고 사고 발생 시 그 규모가 확대되는 한편, 항공 산업의 발전으로 국가가 항공 산업을 보호할 필요성이 감소함에 따라 협약 개정에 대한 수요가 증대하게 된 바에 의한 것이다.

몬트리올 협약은 바르샤바조약의 기본 구조를 유지하면서도
① 항공운송인의 손해배상책임을 강화하고,
② 여객운송 관련 소송에 있어 종전 바르샤바조약의 규정에 따른 4개 관할권에 추가한 제5 관할권을 인정했으며,
③ e-business 추진 관련 사항을 규정

하는 등 바르샤바조약의 기본 구조를 유지하면서도 일부 내용상의 개선을 도모하고 있다.

또 협약 발효 후 5년 주기로 물가 상승 요인을 감안하여 배상 한도를 재검토할 것을 규정하고 있으며(제24조 한도의 검토-물가변동률을 감안한 책임한도액 자동조정 장치 마련), e-business와 관련하여 운송증권이 서면으로 교부되지 않더라도 책임 제한을 원용할 수 있도록 규정하고 있다.

(2) 항공운송인의 책임한도

몬트리올조약 상의 항공운송인의 책임한도를 살펴보면 다음과 같다.

운송인은 화물의 파괴·분실 또는 손상으로 인한 손해 및 승객 수하물 또는 화물의 항공운송 중 지연으로 인한 손해에 대하여 책임을 부담해야 한다(협약 제1조 제1항 및 제19조).
① 수하물 및 화물과 관련한 항공운송인의 배상책임한도는 수하물의 파괴·분실·손상 및 지연은 승객 1인당 1,131SDR(Special Drawing Rights: 특별인출권),
② 화물의 파괴·분실·손상 및 지연은 화물 kg당 19SDR이다(제22조 제2항 및 제3항).

다만, 송하인이 화물을 운송인에게 교부할 때 인도 시의 가액을 특별히 신고하고, 또 필요에 따라 추가 요금을 지급한 경우 운송인은 신고된 가액을 한도로 하는 액(額)을 지급해야 한다. 하지만 운송인·고용인 또는 대리인이 손해를 일으킬 의도를 가지거나 손해가 야기될 것을 인지하고 한 작위·부작위(Willful Miscount)로부터 손해가 발생했음이 입증되는 경우 배상 상한 액수는 적용되지 않는 것으로 규정하고 있다(제22조 제5항).

(3) 이의제기 시한

이의제기의 시한은 종전의 바르샤바조약과 같이 손상을 발견한 즉시 또는 늦어도

① 위탁수하물의 경우 수령일로부터 7일 이내,

② 화물의 경우 수령일로부터 14일 이내에 운송인에게 이의를 제기해야 한다.

③ 지연의 경우 인도받을 권리를 가지는 자가 수하물 또는 화물을 처분할 수 있는 날로부터 21일 이내에 제기돼야 한다.

모든 이의는 서면으로 이 기한 내에 발송해야 하며, 이 기한 내에 이의가 제기되지 아니할 때는 운송인에 대하여 제소할 수 없다(제31조).

[국제협약의 책임한도액 비교]

구 분 \ 조 약			바르샤바조약	헤이그 의정서 (개정 바르샤바조약)	몬트리올조약
목 적			국제항공운송에 관한 각 국가의 다양한 제 규칙을 국제적으로 통일하며, 항공운송인의 책임을 규정함	기존 바르샤바 협약을 현대의 항공기업, 법률, 항공안전 등 제 부문을 고려하여 현실화시킴. 특히, 여객에 대한 책임한도액을 증액 조정함	바르샤바 협약 및 관련 문서를 현대화하고 통합화할 필요성 인식, 소비자 이익 보호의 중요성 인식 하에 새로운 협약을 통하여 국제항공운송규율
서 명 일			1929. 10. 23	1955. 9. 8	1999. 5. 28
발 효 일			1933. 2. 13	1963. 8. 1	2003. 11. 4
한 국 발 효 일			-	1967. 10. 11	2007. 12. 29
책임한도액	여 객 (1인당)		12만 5,000금프랑 (US$ 10,000)	25만 금프랑 (US$ 20,000)	10만SDR → 11만 3,100SDR(2010)
	위탁수하물		kg당 US$ 20.00	바르샤바 협약과 동일(좌동)	kg당 17SDR → 19SDR(2010)
	휴대수하물		1인당 US$ 400.00		1인당 1,000SDR → 1,131SDR(2010)
	화 물		kg당 US$ 20.00		kg당 17SDR → 19SDR(2010)
책 임 원 칙			과실추정주의	(좌동)	절대책임주의
청구기한	훼손	위탁수화물	수취일 후 3일 이내	수취일 후 7일 이내	헤이그 의정서와 동일함
		화 물	수취일 후 7일 이내	수취일 후 14일 이내	
	지연	휴대수하물	처분 가능일 후 14일 이내	처분 가능일 후 21일 이내	
		화 물			

출처 : 국제물류협회 내부 자료

주) 1. 과실추정주의는 운송인이 손해를 방지하기 위하여 필요한 모든 조치를 취했음을 증명한 때에는 책임이 면제되며, 절대책임주의는 운송인이 손해 방지를 위하여 필요한 모든 조치를 취했다는 항변을 할 수 없는 것을 말한다. 다만, 화물의 내재적 결함, 불완전한 포장, 전쟁 및 정부기관의 행위로 발생한 책임의 경우 항변이 가능함.

2. 모든 이의는 상기 기한 내에 서면으로 제출해야 하며, 항공운송인의 책임에 관한 소송은 2년 이내에 제기해야 함.

7. 항공화물기 및 탑재 용기의 이해

가 항공기의 분류

(1) 크기에 의한 분류

① 컨벤셔널 에어크래프트(Conventional aircraft) ; 재래식 소형 기종으로서 deck에 의해 상부와 하부의 격실(compartment)로 구분되며 하부의 compartment에는 ULD(Unit Load Device: 단위탑재용기)를 탑재할 수 없고 날개의 화물을 수작업으로 탑재한다. 종류로는 A320, B707, B737, DC-8, MD-80 등이 있다.

② 하이 커패시티 에어크래프트(High Capacity aircraft) ; 대형 기종으로서 deck에 의해 상부와 하부 compartment로 구성되며, 특히 보잉747기의 경우 세 개의 deck(upper, main, lower compartment)로 구성되어 있다. 하부의 compartment에 ULD를 탑재할 수 있다. 종류로는 A300, B-747, B767, DC-10, MD-11 등이 있다.

(2) 용도에 의한 분류

① 화물기(all cargo) ; 상하부 compartment에 화물만 탑재하도록 제작된 항공기로서 B707F, B747F, DC-8F, DC-10F 등이 있다.

② 콤비(Combi) ; 상부 compartment에 여객과 화물을 각각 탑승 및 탑재하도록 제작된 항공기이다.

③ 여객기(passenger) ; 상부 compartment에는 여객을, 하부 compartment에는 위탁 수하물 및 화물, 우편물을 탑승 및 탑재하도록 제작된 항공기로서 B727, B747, DC-8, DC-10 등이 있다.

(3) 전환 가능성에 의한 분류

① 화물전용기(freighter) ; 항공기의 내부 공간을 최대한 활용하기 위하여 좌석이나 선반을 제거하고 화물만 수송하도록 제작한 항공기로서 여객기로의 전환은 불가하다.

② 화객겸용기(convertible) ; 필요시 여객기에서 화물기 또는 반대로 화물기에서 여객기로 전환이 가능하도록 제작된 항공기이다.

③ 신속전환기(rapid change) ; convertible의 일종으로, 극히 짧은 시간 내에 전환이 가능하도록 제작된 항공기로 낮에는 여객용, 밤에는 화물용으로 운항하는 데 편리하다.

나 항공운송을 위한 각종 탑재 용기

(1) 타이다운 이큅먼트 (tie-down equipment)

ULD에 작업된 형태를 유지하는 것으로 운항 도중 또는 이착륙 시 발생하는 충격과 진동에 의한 화물의 파손 및 화물의 위치 이탈에 따른 화물과 항공기 내부의 파손을 방지하기 위한 도구이다.

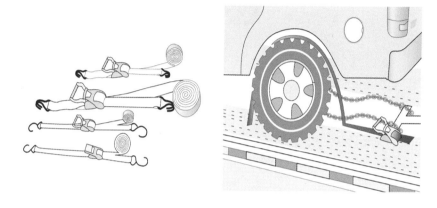

(2) 트랜스포터 (transporter)

적재 작업이 완료된 ULD를 터미널에서 수평 이동하는 데 사용하는 장비로서 자체 구동력을 가지고 있다.

(3) 돌리(dolly)

Transporter와 동일한 역할을 하지만 자체 구동력이 없고 tug car와 연결하여 사용한다.

(4) 터그 카(tug car)

Dolly를 연결하여 이동하는 차량이다.

(5) 하이 로더(high loader)

ULD를 비행기에 탑재, 하기하기 위하여 사용하는 장비로 lower deck high loader, main deck high loader로 구분된다.

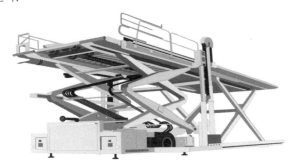

(6) 셀프 프로펠드 컨베이어 (self-propelled conveyor)

수하물 및 소형 화물을 소형기의 belly 또는 대형기의 compartments에 낱개단위로 탑재 또는 하기 시 사용하는 장비이다.

다 ULD

ULD(unit load device)란 화물의 항공기 탑재를 용이하게 하고 화물을 보다 안전하게 취급할 목적으로 낱개의 화물을 담을 수 있게 한 일정한 용기를 의미한다. 항공운송에만 사용되는 항공화물용 컨테이너와 팔레트 및 이글루 등이 이에 해당한다.

IATA(International Air Transport Association)의 허가 하에 각종 항공기의 화물칸에 맞도록 만들어낸 것을 aircraft ULD라고 하며 '컨테이너, 팔레트, 이글루'는 대부분 이에 해당한다. 화물의 종류에 맞추어 화물칸의 탑재 상태와는 상관없이 만든 비항공용박스를 non-aircraft ULD라고 부른다.

ULD는 지사 조업 시간 단축에 따른 항공기 가동률 제고, 악천 후 도난, 파손으로부터 화물 보호, 신속한 화물 작업이 가능한 장점이 있지만 고가이며 ULD 자체 중량으로 인하여 pay load 탑재량이 줄어들고 사용 후 회수 상의 문제가 생기는 단점도 있다.

ULD에는 먼저, 팔레트(pallet)가 있다. 팔레트는 금속으로 된 평판으로, 그 위에 화물을 적재한 후 net이나 이글루(igloo)를 사용하여 작업된 화물을 고정시킨다. 이렇게 작업된 팔레트를 항공기에 탑재하여 화물실 바닥에 장치된 restraint system을 사용하여 항공기에 고정시킨다.

팔레트의 종류로는 88인치 팔레트(PAP, PAG), 96인치 팔레트(PMC), Half pallet(PLB), 20피트 팔레트(PGE, P7E), 16피트 팔레트(PZA) 등이 있다. 항공운송용 컨테이너는 항공기 화물실에 맞게 제작되어 화물실 스페이스를 최대한 활용할 수 있도록 제작된 단위 탑재용기이다.

주로 알루미늄이나 fiber glass로 만들어지며, 용도에 따라 main deck container와 lower deck container로 구분된다. lower deck용으로는 AKE, RKE, RKN, ALF, AAP, RAP 등이 있고 main deck용으로는 AMA, AMJ, HMA, HMC 등이 있다.

Main Deck Pallet
(Equivalent to IATA Type 2)

External Displacement:
606 cu ft/17.16 cu m
Maximum Gross Weight:
15,000 lb/6,804 kg
Maximum External Dimensions:
(L x W x H) Contoured
125" x 96" x 96"
317cm x 244cm x 244cm

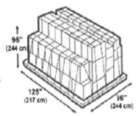

LD-8
(Equivalent to IATA Type 6A)

Internal Capacity:
243 cu ft/6.9 cu m
Maximum Gross Weight:
5,400 lb/2,450 kg
Maximum External Dimensions:
(L x W x H) Contoured
96" x 60" x 64"
228 cm x 152 cm x 152 cm

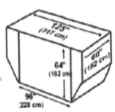

LD-7
(Equivalent to IATA Type 5)

External Displacement:
379.9 cu ft/10 cu m
Maximum Gross Weight:
10,200 lb/4,627 kg
Maximum External Dimensions:
(L x W x H) Contoured
125" x 88" x 63"
317 cm x 223 cm x 160 cm

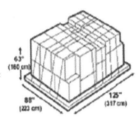

LD-4
(Equivalent to IATA Type 7A)

Internal Capacity:
174 cu ft/5 cu m
Maximum Gross Weight:
5,400 lb/2,450 kg
Maximum External Dimensions:
(L x W x H) Contoured
96" x 60" x 64"
228 cm x 152 cm x 152 cm

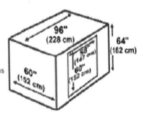

P9A Lower Deck Pallet
(Equivalent to IATA Type 6)

External Displacement:
242 cu ft/6.9 cu m
Maximum Gross Weight:
7,000 lb/3,175 kg
Maximum External Dimensions:
(L x W x H) Contoured
125" x 60" x 63"
317 cm x 152 cm x 160 cm

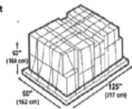

LD-3
(Equivalent to IATA Type 8)

Internal Capacity:
150 cu ft/4 cu m
Maximum Gross Weight:
3,500 lb/1,588 kg
Maximum External Dimensions:
(L x W x H) Contoured
61" x 60" x 64"
154 cm x 152 cm x 152 cm

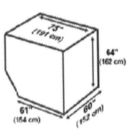

LD-11
(Equivalent to IATA Type 6)

Internal Capacity:
242 cu ft/6.9 cu m
Maximum Gross Weight:
7,000 lbs/3,176 kg
Maximum External Dimensions:
(L x W x H) Contoured
125" x 60" x 64"
317 cm x 162 cm x 162 cm

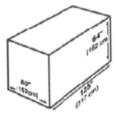

LD-2
(Equivalent to IATA Type 8D)

Internal Capacity:
120 cu ft/3 cu m
Maximum Gross Weight:
2,700 lb/1,225 kg
Maximum External Dimensions:
(L x W x H) Contoured
47" x 60" x 64"
119 cm x 152 cm x 152 cm

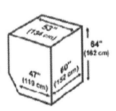

이글루(igloo)는 에스키모인의 눈과 얼음으로 만든 집과 모양이 유사하여 붙여진 이름으로, 유리섬유(fiberglass) 또는 알루미늄 등의 재질로 비행기 동체 모양에 따라 만들어진 항공화물을 넣는 특수한 덮개로서 팔레트와 함께 사용되어 공간을 최대한 활용하도록 고안됐다. 이글루를 이용하여 작업하게 되면 화물의 출입구를 제외하고 미리 네트를 쳐놓았기 때문에 적재 후의 완성된 윤곽에 대하여 신경 쓸 필요가 없고 작업도 대폭 개선되게 된다. 이글루의 종류로는 88″ ×108″와 88″×125″가 있다.

3절

국제복합운송

1. 국제복합운송의 의의와 서비스 내용

국제복합운송이란 수출입화물을 단일 운송계약에 따라 최소한 2개 이상의 이종 운송수단(항공기→트럭)에 의해 송하인의 문전에서 송하인의 문전까지 즉, 소위 "Door to Door"로 국제간을 일관해서 운송하는 것이라고 할 수 있다.

영어로는 주로 Multimodal 혹은 Combined Transport라고 불린다. 좀 더 쉽게 말하자면 수출 시 화물을 단순히 해상운송이나 항공운송으로 보냄으로써 "Port to Port" 구간의 운송서비스만 선사나 항공사로부터 받고 나머지는 수출자가 알아서 또 다른 운송서비스 주체들에게 서비스를 부탁하는 것이 아니라, 한 사람에게 맡겨 자사의 창고에서 화물의 포장부터 시작하여 거래처의 공장 혹은 창고까지 물류의 전구간을 커버하여 운송토록 하는 방식이다.

복합운송이란 용어가 처음 사용된 것은 1929년 워소조약(Warsaw Convention : Convention for the Unification of Certain Rules Relating to International Carriage by Air)부터이지만 통운송(through transport)과 대립되는 개념으로서 실제로 사용되기 시작한 것은 「19949년 국제상업회의소(ICC)의 국제화물복합운송증권」의 초안에서부터 비롯된다. 그 후 복합운송이란 용어를 Combined transport라고 표기하다가 1980년 「UN 국제물품운송약관(United Nations Convention on International Multimodal Transport of Goods)」에서 Multimodal transport로 통일시켰다. 그리고 미국에서는 복합운송을 협동일괄운송 이란 의미로 Intermodal transport라고 부르고 있다. 복합운송의 실체는 1960년대 컨테이너의 등장과 더불어 서서히 부각되었으며 오늘날에는 국제간 화물운송체계상에 있어 일반화된 개념이다.

세계 2차대전 후 각국간의 활발한 상품교역에 힘입어 해상 물동량이 급격히 증가하게 되자 이를 제대로 소화할 수 있는 외항 선복량과 항만운영능력의 문제가 대두되었다. 이 중 부정기화물은 선박의 대형화 및 전용선화 등으로 해결되었으나 주로 잡화에 해당하는 정기선 화물은 하역비 증가분에 대한 해상운임의 인상, 선박 체항시간 장기화로 인한 선박 운항률의 저하, 화물의 안전성 문제, 비효율적인 환적 등 많은 문제점이 발생하게 되었다.

또한, 대량생산 및 소비체제가 보편화함으로써 유통 합리화의 요청이 강력하게 대두하였다. 이와 같은 정기재래선 운영의 문제점과 유통비용 절감의 요청으로 등장한 개념이 Unitization 또는 Unit Load System(화물의 단위화, 규격화)이다.

화물의 단위화는 "화물을 일정한 크기로 규격화하고 포장 외양을 통일시키는 구상"을 뜻하며, 이렇게 함으로써 하역의 기계화, 화물사고의 방지, 연계수송의 신속화 등을 기할 수 있다. 화물의 단위화를 실무에서 실체화시킨 것이 팔레트화 (Palletization) 컨테이너화(Containerization)이며, 1956년 미국에서 국내 연안 수송에 최초로 컨테이너를 이용하면서 컨테이너운송은 시작되었다.

2. 프레이트 포워더

국제복합운송서비스를 해주는 사람 혹은 업체를 우리나라에서는 물류정책기본법상 국제물류주선업자라고 하나, 보통 포워더(Forwarder) 또는 포워딩업체라고 한다.

포워더들은 일반적으로 운송수단을 직접 소유하지 않은 채 운송을 위탁한 고객의 화물을 인수하여 수하인에게 인도할 때까지의 집화, 입출고, 선적, 운송, 보험, 보관, 배달 등의 업무를 주선 또는 수행하거나 복합운송체제하에서 스스로 운송계약의 주체자가 되어 복합운송인으로서 복합운송증권을 발행하여 전구간의 운송책임을 부담하고 있다.

우리나라에 포워딩 제도가 도입된 것은 1970년대 초로 선박대리점들이 외국 포워더의 한국 에이전트 역할을 맡아 포워딩 서비스를 하다가 그 후 선박대리점에서 취급하던 포워딩 업무가 하나둘씩 별도의 독립법인체로 분리되면서 포워딩 서비스가 본격적으로 이루어진 것으로 알려졌다.

'80년대 말만 하더라도 무역업체들이 포워딩에 대한 이해가 많지 않아 이용빈도도 그리 높지 않았는데, 당시 어떤 포워딩업체의 영업담당자가 물류전문지에 기고했던 내용 중 자신이 포워딩 영업을 하면서 가장 슬펐던 것은 어떤 무역업체를 영업차 방문하기 위해 사무실 입구를 들어서니 문 앞에 "잡상인 및 포워더 출입금지"라고 쓴 것을 본 때라고 했던 것이 생각난다. 그러던 국내 포워더 시장이 발전을 거듭하여 당초 LCL 화물을 집하하여 선사에 넘기던 업무에서 확대되어 이젠 FCL 화물의 명실상부한 "국제복합운송" 업무까지도 수행함으로써 전체 수출입 컨테이너물량의 절반 이상을 취급하고 있는 것으로 여겨진다.

이같이 국내에서도 국제복합운송의 이용이 나날이 늘어가는 것은 그만큼 제공하는 기능이 종래의 단순한 해상운송이나 항공운송과 비교하면 강점이 있다는 것인데, 이를 정리해보면 다음과 같다.

가 LCL 화물의 혼재

한 컨테이너를 채우지 못하는 소량화물(LCL Cargo)은 이를 선사에 직접 운송 요청하여도 선사는 불특정다수의 워낙 많은 컨테이너 화물을 취급하므로 그리 환영하지 않는다. 더구나 선사가 직접운송을 맡아준다 하여도 운임이 상대적으로 비쌀 수밖에 없다.

그러나 포워딩업체는 개별화주의 LCL을 혼재(Co-loading)하여 FCL로 만들어 선사에 운송을 요청하므로 규모의 경제효과를 누릴 수 있을 뿐만 아니라 개별화주의 미약한 힘을 결집하여 선사에 대해 더욱 강력한 운임협상력을 가질 수 있게 된다.

물론 선사로 보아서도 여러 소량 화주를 상대하느니 이들을 묶어서 가져오는 포워더와 상대함으로써 그만큼 업무가 단순화될 수 있다. LCL 화물의 혼재 기능이야말로 포워딩 업무의 가장 기본적인 역할 및 태생 배경이 아닐까 한다.

나 무역업체의 물류부서 역할수행

포워딩업체는 정기선사가 개별, 특히 중소 화주에게 제공치 못하는 다양한 서비스, 이른바 "무역업체의 물류부서" 역할을 할 수 있다. 중소 무역업체는 마케팅에 주로 전념하고 운송이나 물류 쪽은 일종의 아웃소싱(outsourcing)의 차원에서 포워더에게 일임할 수 있다는 것이다.

좀 더 자세히 말하면, 우선 포워더는 수출업자 또는 송하인의 요청에 따라 화물의 전 운송구간에 걸쳐 적절한 운송 루트, 운송수단, 그 운송 루트에 적합한 화물의 포장형태 및 목적 국의 각종 운송법규와 무역 관행 등에 대해 전문적인 조언을 해줄 수 있다.

그리고 선하증권(Bill of Lading), 수출신고, 통관서류, 원산지증명서, 보험증권 등의 운송 관련 서류를 포워더가 직접 작성해 주거나 화주가 작성하는 것을 효율적으로 도와줄 수 있다. 그뿐만 아니라 수출입화물의 운송 및 이에 부수되는 서비스를 종합적으로 수행하기 위하여 주요한 항만이나 지점에 사무소를 두고 통관업무를 대행하거나 통관사를 위촉하여 화주를 위한 통관절차를 대행해 준다.

다 복합운송 서비스

단일의 운송수단에 의존하지 않고 최적운송 루트 및 비용을 설정하여 '복합운송'을 통해 운송화물의 신속한 인도를 지향한다. 이를 위해 비록 운송수단을 보유하고 있지는 않지만, 실제 운송인과 똑같이 운송책임을 부담하면서 수출업자 또는 송하인을 대신하여 전 운송구간에 걸쳐 운송수단(예컨대 선박, 항공기, 트럭, 열차 등)에 대해 필요한 스페이스(Space)를 확보하고, 이들 운송수단에 화물을 인도하거나 목적지의 사무소 또는 대리점에 연락하여 화물이동 상태를 점검한다.

참고로 미국신해운업('84 U.S. Shipping Act)에서는 이와 같은 포워더를 NVOCC(None-Vessel Operating Common Carrier) 라고 하여 프레이트 포워더(freight forwarder)와 구분하고 있다.

[국제물류주선업의 등록요건]

구 분	등 록 요 건
자본금 또는 자 산 평 가 액	• 법인의 경우 자본금이 3억원 이상 • 개인의 경우 자산평가액이 6억원 이상
시 설	• 화물집화창고(국제공항이 위치하거나 국제공항에 인접한 특별시, 광역시, 시, 군 지역에 위치한 것으로서 그 바닥면적의 합계가 165제곱미터 이상인 것에 한 한다.) 또는 컨테이너장치장을 소유하거나 이를 사용할 수 있는 계약을 체결하였을 것. 이 경우 국유재산법 또는 항만법에 의하여 화물집화창고나 컨테이너장치장을 국가에 기부하고 무상사용권을 취득한 경우에는 이를 소유한 것으로 본다.
보 증 보 험 가 입	• 1억원 이상의 보증보험에 가입할 것. 다만, 자본금 또는 자산평가액이 10억원 이상인 경우, 컨테이너장치장을 소유하고 있는 경우 또는 은행법 제3조의 규정에 의한 금융기관에서 1억원 이상의 지급보증을 받은 경우에는 그러하지 아니하다.

3. 복합운송증권

가 복합운송 인정 기본요건

복합운송으로 인정받기 위해선 다음 세 가지의 기본요건을 충족시켜야 한다는 것이 일반적이다. 첫째, 운송책임의 단일성(Through Liability)이다.

복합운송인은 자기의 명의와 계산으로 송하인을 상대로 복합운송 계약을 체결한 계약당사자일 뿐만 아니라 전체운송을 계획하고 여러 운송구간을 적절히 연결하고 통괄하여 운송이 원활하게 이루어지도록 조정하고 감독할 지위에 있으므로 전체구간에 걸쳐 화주에 대해 단일책임을 져야 한다.

참고로, 복합운송인에게 복합운송구간에 관한 책임을 집중시킨다고 할 때, 복합 운송인이 부담하는 책임을 어떤 내용으로 결정할 것인가에 관해서는 다음과 같은 세 가지 이론이 있다.

(1) 통일책임론 (Uniform Liability System)

운송물의 멸실, 훼손, 지연손해가 복합운송의 어느 구간에서 발생하였느냐를 가리지 않고, 복합운송인은 하나의 동일한 기준에 따라서 책임을 분담하여야 한다는 이론이다.

(2) 불통일책임론 (Network Liability System)

손해구간이 확인된 경우에는 그 구간의 기존 국내법이나 국제조약을 적용하고, 미확인된 경우에는 그 손해가 운송구간이 가장 긴 해상구간에서 발생한 것으로 추정하여 Hague Rule을 적용한다. 1975년의 「ICC복합운송증권통일규칙」 및 FIATA CT B/L의 이면약관에서 채택하고 있다.

(3) 변형통일책임론 (Modified Uniform Liability System)

원칙적으로 손해발생 구간의 확인 여부와 관계없이 동일한 책임규정을 적용하나 예외적으로 손해발생 구간이 확인되고 그 구간에 적용될 법규의 책임한도액이 UN조약의 책임 한도액보다 높은 경우에는 그 구간법을 적용한다는 이론이다. 1980년 UN국제복합운송조약, 1992년 UNCTAD/ICC 복합운송증권규칙 및 1978년 Hamburg Rules에서 채택하고 있다.

나 복합운송 증권발행과 운임설정

복합운송으로 인정받기 위한 두 번째 조건은 복합운송증권(Combined Transport B/L)의 발행

여부이다. 복합운송이 되기 위해서는 복합운송인이 화주에 대하여 전체운송구간에 대한 유가증권으로서의 복합운송증권이 발행되어야 한다. 마지막으로 복합운송이 되기 위해서는 일관운임(Through Rate)을 설정해야 한다는 것이다.

복합운송인은 그 서비스의 대가로서 운송구간마다 분할된 것이 아닌 전구간에 대한 단일화된 운임을 설정, 화주에게 제시하여야 한다.

다 운송서비스

한편, 포워딩업체는 일반화물 운송서비스 외에 특수화물에 대해 서비스도 하고 있다.

(1) 카고운송

먼저 프로젝트카고, 벌크카고 서비스는 대규모의 생산설비 및 건설기자재가 특정한 공사계획에 따라 일정한 기간 또는 장기간에 걸쳐 운송될 경우 이를 복합운송업체가 토탈서비스하는 것을 말한다. 즉, 원가계산에서부터 참여하여 원자재, 부품 등을 포장에서 시작하여 지정된 인도지점까지 적기에 운송하는 서비스이다. 해외이주화물 운송서비스는 내국인이나 외국인이 일정한 기간에 우리나라 또는 외국에 거주하기 위하여 반입, 반출하는 화물을 Door to Door 서비스하는 것을 뜻하며, 특히 우리나라에서 외국으로 이민하는 사람들의 이삿짐이 대종을 이룬다.

(2) 의류운송

의류운송서비스는 컨테이너 내부에 string 또는 bar를 설치한 특수컨테이너를 이용한 수송형태로써, 의류의 보존상태를 원형대로 유지하는 목적에 이용되며, 컨테이너의 내부시설에 따르는 비용은 화주가 추가로 부담하여야 한다. 현재 전체 취급물량 가운데 이 운송서비스가 차지하는 비중은 미미한 실정이지만 앞으로 우리나라 의류상품의 품질 고급화 전략에 따라 계속 이 서비스에 대한 수요가 증가할 것으로 예상한다.

(3) 전시화물

마지막으로 전시화물서비스는 해외전시를 목적으로 반출입되는 화물을 포장에서부터 Delivery까지, 전시 완료 후 재반출되어 복귀까지의 모든 절차를 복합운송업체가 일괄적으로 수행한다. 구체적 운송서비스 내용으로는 포장, 통관, 국내운송, 선적, 보험, 해체, 장치 등을 들 수 있다.

라 혼재화물

실무에서 포워더들이 '혼재'하는 것은 두 가지 형태가 있는데, 소위 Buyer's Consolidation과 Forwarder's Consolidation이 있다. Buyer's Consolidation이란 한 사람의 포워더가 수입업자 (Buyer)로부터 위탁을 받아 다수의 수출업자(Seller)로부터 화물을 집화하여 컨테이너에 혼재한 후 이를 수입업자에게 운송해 주는 형태이다.

이 경우 포워더는 화주에게 보통 FCR(Forwarder's Cargo Receipt)을 발행한다. Forwarder's Consolidation이란 한 사람의 포워더가 다수 수출업자로부터 화물을 집화, 혼재하여 수입국의 자기 파트너(또는 Agent)를 통해 다수의 수입업자에게 수송해 주는 형태를 말한다.

현재 우리나라 포워더의 대부분이 외국에 파트너를 두고 화물집화 사업을 벌이고 있다. 이때 포워더가 선사에 여러 화주의 컨테이너를 하나로 묶어 제공한 후 선사로부터 받는 서류가 Master B/L이고 포워더는 이를 근거로 개별 화주에게 House B/L을 발행한다.

마 운송서류

컨테이너화의 진전과 확대로 인한 복합운송의 발달로 해상선하증권(Ocean Bill of Lading)의 기능을 보강할 수 있는 새로운 증권이 필요하게 되었다.

(1) 복합운송증권

복합운송증권은 운송인에 의한 계약의 성약을 증명하는 서류로서 화환어음 취결의 부대서류 이며 국제복합운송의 운영에서는 복합운송증권(Combined Transport Bill of Lading)으로 발행되 고 유통된다. 복합운송인은 자신의 운송수단을 소유하고 있지 않아도 전체구간 운송의 책임을 지고 송하인과 계약의 주체로서 행동하며 복합운송증권을 발행한다.

국제복합운송주선업협회연맹(FIATA ; International Federation of Freight Forwarders Association) 은 1970년 복합운송증권 양식을 제정하여 1978년과 1988년에 각각 개정하였고 또다시 1992년 에 개정하여 1994년 3월 1일부터 시행하고 있다.

지금까지 운송주선인(Freight Forwarder)에 의해 발행되어온 FIATA 복합운송증권(FIATA Combined Transport Bill of Lading : FBL)은 국제상공회의소(ICC)가 1973년에 제정한「복합운송 증권에 관한 ICC 통일규칙」을 근거로 한 것이었다. 그 후 ICC 통일규칙은 복합운송의 발달과 비교하여 상당한 정도 시대에 뒤떨어져 있었으므로 ICC는 1992년에 「복합운송증권에 관한 UNCTAD/ICC 규칙」으로 개정, 발전시켰으며 1992년에 개정된 FIATA 복합운송증권(FBL)은 이 것을 근거로 한 것이다. FIATA는 1992년에 복합운송증권의 양식을 변경함과 동시에 이면약관 도 개정하여 시행에 들어갔다.

복합운송증권은 복합운송으로 물품이 인수된 것과 계약상의 조항에 따라 물품을 인도할 것을 약속한 복합운송계약을 증명하는 증권이다. 종래의 선하증권은 해상운송 구간만의 수요에 응한 것이기 때문에 육·해·공이 복합된 운송을 위하여는 부적합한 것이 되어 거래상의 필요로 탄생하게 되었다.

복합운송증권은 선하증권과 마찬가지로 운송인에 의한 계약의 성약을 증명하는 서류로서 무역대금 결제의 부대서류이며, 유통증권의 기능을 보유하고 있다. 또한, 복합운송증권은 선하증권과 마찬가지로 지시식(指示式) 또는 무기명식(無記名式)으로 되어야 하며, 지시식으로 된 때에는 배서(背書)로 양도 가능하다는 점도 동일하다.

복합운송인은 자신의 운송수단을 소유하고 있지 않아도 전체구간 운송의 책임을 지고 송하인과 계약의 주체로서 행동하며 복합운송증권을 발행한다.

(2) 복합운송증권의 특징

① 복합운송인이 전체운송구간을 관리하여 화물의 멸실, 손상에 관한 일괄 책임을 지는 내용을 담고 있다.

② 선하증권과 달리 운송인뿐 아니라 운송주선인에 의해서도 발행될 수 있다.

③ 화물이 본선 적재 전에 복합운송인이 수탁 또는 수취한 상태에서 발행된다.

(3) 복합운송증권의 종류

① Multimodal Transport B/L

② Combined Transport B/L

③ Intermodal Transport B/L

④ Through B/L

⑤ FIATA B/L

⑥ Combined Transport Document(CTD) 등의 다양한 종류가 있다.

그중에서도 FIATA가 1970년 도입한 FIATA B/L이 가장 널리 사용되고 있다.

4. 복합운송 루트

가 Sea & Air 복합운송

여러 가지 국제복합운송의 형태 중 가장 대표적인 것이 Sea & Air 방식일 것이다. 이는 해상운송 비용의 저렴함과 항공운송의 신속함을 결합한 운송형태이다. 즉, 일정구간은 해상운송으로 화물을 어느 지역까지 이동시켜 놓고 거기서 최종 목적지까지는 항공으로 이동시키는 형태이다. Sea & Air 방식의 국제복합운송은 한마디로 말하면 배로 가기엔 인도기일이 너무 길고 항공으로 가기엔 운임이 부담스러울 때 적절히 이용할 수 있을 것이다.

항공화물운송은 직접 항공법의 규제를 받고 있지만, Sea & Air 복합운송은 항공법이 적용되지 않는다. 왜냐하면, Sea & Air 복합운송의 최초 운송은 해상이며, 항공운송의 기점과 종점이 출발지국의 법 시행영역 밖에 있기 때문이다.

포워더에 의한 Sea & Air 복합운송의 경우에도 출발지에서 발행되는 일관 선하증권(Through B/L)의 해상부문과 항공부문을 모두 포함하지만, 항공운송의 기점은 외국공항이므로 출발지국의 항공법이 적용되지 않는다. 다시 말하면 Sea & Air 복합운송은 해운의 저렴성과 항공의 신속성을 결합한 복합운송의 한 형태로써 이용 가능한 운송수단 및 화물의 특성에 따라 차이가 있지만, 일반적으로 전체구간 해상운송과 비교하면 운송시간의 약 3분의 2시간을 단축할 수 있고 전체구간 항공운송에 의할 경우보다 운송비용도 60% 이상 절감할 수 있다고 한다.

우리나라의 Sea & Air 복합운송은 1973년 Air Canada가 북미서안을 환적항으로 유럽행 서비스를 개시하면서 시작되었으며, 국내는 대한항공이 1991년 북미와 유럽으로 수출되는 중국화물을 대상으로 활발히 서비스를 전개하기 시작했고 1994년에는 아시아나항공도 참여하게 되었다.

우리나라의 중국 관련 Sea & Air 복합운송은 중국에서 화물을 집하하여 한중간 정기항로를 통해 부산항 또는 인천항으로 해상운송한 뒤 트럭에 의한 국내 보세운송으로 인천국제공항까지 운송하고, 여기서 항공편으로 북미, 유럽 등의 목적지 공항까지 복합운송하는 형태를 취하고 있다.

중국에서 출발하는 화물은 주로 상해를 기점으로 컨테이너 선박을 이용하여 부산항으로 운송되거나 카페리 선박으로 인천항으로 운송되고, 청도, 대련, 천진, 위해 등으로부터는 카페리를 이용하여 인천항으로 운송되고 있다. 또한, 세계 전역으로부터 항공으로 운송된 화물을 부산이나 인천을 경유하여 중국 지역으로 운송되고 있다.

Sea & Air 복합운송이 활성화된 원인은 중국의 항공화물 운송능력이 부족하기 때문이다. 중국은 아직도 자국선·자국기 위주의 운송정책과 외국항공사에 대한 영업규제로 외국 항공사의 취항확대가 이루어지지 못하고 있다. 또한, 중국은 여러 개의 자국 항공사들이 지역을 분할하여 영업하고 있기에 노선이 다양하지 못하고, 화물은 대부분 여객기의 동체 하부(belly space)에 의해 운송되지만, 중국본토에 취항 중인 여객기가 대부분 용량이 작은 소형항공기(narrow body)로서 화물취급에 제한적이기 때문이다.

중국에서 Sea & Air로 복합운송하는 화물은 컴퓨터 등 하이테크 화물 등을 항공으로 운송하려고 하지만 중국발 화물공급 능력이 부족하여 인천으로 오거나, 원래 해상으로 운송하려고 하지만 동일 선박에 모두 적재하지 못하여 남은 물량(partial shipment)에 대해 납기를 맞추기 위하여 항공을 이용하는 경우가 많다. 그리고 북미지역 등에서 부활절, 성탄절, 추수감사절 등과 같은 성수기에 필요한 물품의 재고가 부족하여 신속한 운송을 하기 위해 이용되고 있다.

중국발 화물이 선박에 의해 보세운송 후 항공편으로 운송되는 과정에는 이선하가신청서, 양해협정서, 기적신고 등의 번잡한 절차가 필요하고, 해상운송은 통상 20일 이상 소요되지만, Sea & Air 복합운송일 경우에는 1주일 이내에 운송되기 때문에 상대적으로 신속한 화물 인도가 가능하다.

나 북미 서안 경유 Sea & Air

극동 항구에서 미국서안(혹은 캐나다의 뱅쿠버항) 까지는 약 8~12일간 해상운송을 하고 양하된 화물은 항공회사가 보세상태로 국제공항까지 트럭으로 운반한다. 이 환적에는 1~2일이 소요된다.

공항에서 항공기에 탑재된 후에는 목적지의 공항까지 수송된다. 수송소요 일수는 극동 최종항부터 13일~17일간이다.

[북미서안 경유 Sea & Air]

출발 지	수송수단	중계지	수송수단	중계지	수송수단	목적지	소요일수
부산 CY/CFS 항공회사지정 Vanning Point	배	북미서안 주요항 ↓ 서안공항	항공	북미동안 ↓ 공항	항공	유럽공항 ↓ 주요 도시	14일

다 러시아 경유 Sea & Air

부산항에서 Aeroflot 항공사가 지정한 CFS에 화물이 반입되고 나서 모스크바를 기점으로써 러시아, 유럽(동구 국가도 포함), 중근동 및 아프리카국 가 등 구소련 항공이 서비스하는 지역의 전체운송구간에 운송되는 형태이다.

[러시아 경유 Sea & Air]

출발지	수송수단	중계지	수송수단	중계지	수송수단	목적지	소요일수
부산	배	Vostochnty ↓ 블라디보스톡	트럭 항공	모스크바 룩셈브르그 베를린	항공 트럭 트럭	유럽, 중동 아프리카 구주 각지	약 14일

라 동남아시아 경유 Sea & Air

Sea & Air 운송 중에서 비교적 최근인 1980년대에 개발된 운송 루트로서, 부산항에서 배로 중계지인 홍콩, 방콕까지 운송되어 거기서 항공기에 실려 유럽공항까지 가서 트럭에 의해 최종 목적지까지 가는 형태이다.

[동남아시아 경유 Sea & Air]

출발지	수송수단	중계지	수송수단	중계지	수송수단	목적지	소요일수
부산 CY/CFS	배	홍콩 방콕 싱가포르	항공	유럽공항	트럭	입구까지	8~10일 14~16일 14~16일

마 Land Bridge 방식

한편, 국제복합운송 루트라고 하면 결국 'Land Bridge'가 그 대표적이라고 할 수 있는데, 이는 해륙복합 일관수송이 실현됨에 따라 해상-육상-해상으로 이어지는 운송구간 중에서 중간구간인 육로운송구간을 말한다. 즉, Land Bridge는 총체적 운송시스템에서의 가장 중요한 진전으로서 대륙을 횡단하는 철도를 가교(bridge)로 하는 Sea-Land-Sea 방식을 통한 복합운송의 한 형태이다.

Land Bridge의 목적은 운송비용의 절감과 전체 소요시간의 감소를 위한 것으로서 이러한 비용 절감의 가능성은 해상운송업자들로 하여금 내륙운송에서 규모의 경제를 추구하기 위해 주요 내륙운송망에 탁월한 접근성을 가진 소수의 항만에 화물량을 집중시키도록 하는 것이다.

이는 특정대륙을 가로질러 화물이 운송되는 방식인데, 미국에서 많이 이용하고 있는 미니랜드브릿지(MLB; Mini Land Bridge), 시베리아 대륙을 횡단하는 Siberian Land Bridge(SLB=TSR)가 대표적이다.

[American Land bridge (ALB)]

출발지	수송수단	중계지	수송수단	중계지	수송수단	목적지	소요일수
극동 주요항	배	오클랜드	철도	갈벨스톤	배	앤트워프 함부르크 로테르담 브레멘 등	35~40일
		로스앤젤레스	철도	뉴올리언즈	배	로테르담	35~40일

[Mini Land Bridge (MLB)]

출발지	수송수단	중계지	수송수단	목적지	소요일수
부산 CY/CFS	배	시애틀, 오클랜드, 로스앤젤레스, 상파울로, 롱비치 등 미서안 제항	철도	미동안 제항 최종지의 철도회사 CY/CFS	15~18일

[Micro Bridge (Interior Point Inter modal: IPI)]

출발지	수송수단	중계지	수송수단	중계지	수송수단	목적지	소요일수
부산	배	시애틀, 오클랜드, 로스앤젤레스, 샌프란시스코, 롱비취 등 미서안 항구	철도 트럭	철도 터미널	트럭	그룹 I (미시시피강 서쪽) 그룹 II (미시시피강 동쪽) 그룹 III (동안에 가까운 도시)	22일

[Canadian Land Bridge (CLB)]

출발지	수송수단	중계지	수송수단	중계지	수송수단	목적지	소요일수
부산	배	벤쿠버 시애틀	철도 철도	St. John 몬트리얼	배	함부르크 로테르담 Le Havre	35일

[Reversed Interior Point Intermodal (RIPI)]

출발지	수송수단	중계지	수송수단	중계지	수송수단	목적지	소요일수
부산	배	뉴욕, 챨스톤, 사반나, 뉴올리언즈 등 미동안 항구	철도 트럭	미국내륙 도시트럭 터미널	트럭	철도역인도 → 수화주트럭터미널 인도 → 수화주	약 24일

[Trans Siberian Road (TSR)]

출발지	수송수단	중계지	수송수단	중계지	수송수단	목적지	소요일수
일본 한국 대만 홍콩 호주 말레이시아 필리핀 중국 싱가포르	배	Vostochny	철도	Auto Brest	트럭	동구, 독일, 베네룩스, 프랑스, 오스트리아, 스위스, 이탈리아, 그리스	30일 ~ 45일
				Luzhaika	철도	핀란드	
				Brest	철도	프랑스, 벨기에, 네덜란드, 폴란드, 독일, 스위스	
				Chop/시애루나	철도	체코, 오스트리아, 독일	
				Chop/자호니	철도	이탈리아, 유고슬라비아, 헝가리, 오스트리아, 스위스	
				Ungeny	철도	루마니아, 불가리아, 유고슬라비아	
				Djulfa,	철도	이란	
				Kushka, Termez	철도	아프가니스탄	
				Tallin,	배	북구, 독일	
				Riga	배	영국, 아일랜드, 베네룩스, 독일, 프랑스, 포르투갈, 스페인	

3장

국제운송 관련 서류와 클레임

1절 국제운송 관련 서류   164

2절 운송클레임   200

1절

국제운송 관련 서류

1. 선하증권(B/L)

선하증권은 소위 실무에서 말하는 필수 네고서류[26]의 하나로서, 운송인이 그 증권에 기재된 화물을 수취하였음을 확인하고 그 화물을 지정된 목적지까지 선적, 운송하여 증권의 정당한 소지인에게 화물을 인도할 것을 약속하는 유가증권이다.

B/L상에 기재된 화물의 권리를 구체화하는 B/L(bill of lading)의 양도는 바로 화물에 대한 권리의 이전을 의미한다. 화물을 처분코자 할 때는 반드시 관련 B/L의 원본을 가지고 있어야 한다.

선하증권은 11세기경 지중해에서 발생한 것으로 알려졌고 현존하는 가장 오래된 선하증권은 이탈리아어로 1397년에 발행된 것이며, 영국에서 현존하는 가장 오래된 선하증권은 1538년에 발행된 것이라고 한다. 16세기 후반부터 원본 3통이 발행되는 관행이 시작되었으며 본격적으로 사용된 것은 19세기 초반 이후 정기항로가 확립되기 시작하면서라고 한다. 현재와 같은 선하증권의 골격이 갖추어진 것은 1855년 영국의 선하증권법(Bill of Lading Act)에서부터 이다.

(1) 선하증권의 기능

선하증권은 세 가지 중요한 기능이 있다.

첫째, 화물의 수취증(Receipt of goods)으로서, 운송인이 그 증권에 표시된 화물을 수령하였음을 인증하는 영수증의 기능이다. 만일 운송인이 해당 화물을 분실하였을 경우 화주는 영수증의 기능을 가진 선하증권을 제시하여, 찾아 달라고 요구할 수 있게 된다.

둘째, 일반적으로 정기선 운송에 있어 선주와 화주간에 별도로 운송계약서를 작성하지 않는 만 발급된 선하증권 자체가 운송계약서의 역할(evidence of contract)을 수행한다. 선하증권은 운송인 일방만이 서명하여 발행된 것이라도 그것이 계약의 증거서류로서의 기능을 갖는다.

---

26) 선하증권, 인보이스, 포장명세서(P/L)을 가리킨다.

셋째, 선하증권은 권리증권(entitled document)이다. 즉, 선하증권을 소유하고 있는 자는 상징적으로 그 증권에 기재된 화물의 소유자로 인정되며 목적지에서 운송인에게 화물인도청구권을 행사할 수 있다.

(2) 선하증권의 법적 성질

선하증권은 다음과 같은 다양한 법적 성질을 가지고 있다.

① 요인증권성

선하증권은 해상운송계약에 의거하여 운송인이 송하인으로부터 화물을 수령하고 난 후 요청이 있을 때 발행하게 된다(상법 제852조). 다시 말하면 선하증권은 선적되었다는 원인행위가 있기 때문에 발급된다는 것이다. 만일 선적도 되지 않은데 먼저 B/L을 발행하거나(선 B/L), 실제 선적된 날짜보다 이전에 선적된 것처럼 발급(back date)하는 것은 모두 선하증권의 요인증권성을 위반한 행위가 된다.

② 요식증권성

선하증권은 상법(제853조)에 의해 기재되어야 할 사항이 법적으로 정해져 있다. 그런데 선하증권은 요식증권이기는 하지만 어음이나 수표 등과 같은 완전유가증권에 비하여는 그 기재사항이 완화되어 있는 편이다. 선하증의 법정기재사항과 임의기재사항에 대해서는 곧 이어 설명키로 한다,.

③ 문언증권성

선하증권은 증권에 의해서 행사하려고 하는 권리의 내용이 증권에 기재된 문언에 의해서만 결정되는 유가증권이다. 상법(제854조)은 또한, 운송인은 선하증권에 기재된대로 운송물을 수령 혹은 선적한 것으로 보고 선하증권에 기재된 바에 따라 운송인으로서 책임을 진다고 명시하고 있다.

④ 제시증권성

증권에 나타난 권리를 행사하에 있어 채무자(발행인)에게 증권을 제시할 것을 요건으로 하는 유가증권이 제시증권이다. 수하인은 무언가 다른 방법에 의해서 자기가 운송물의 정당한 취득권자임을 입증해도 선하증권을 제시하지 않으면 운송물을 수령할 수 없다.

⑤ 상환증권성

증권과 상환하지 않으면 채무의 변제를 할 필요가 없는 증권을 상환증권이라고 한다. 상법(제129조)에서는 화물상환증을 작성한 경우에는 이와 상환하지 않으면 운송물의 인도를 청구할 수 없다고 규정하여 화물상환증과 선하증권의 상환증권성을 인정하고 있다.

⑥ 인도증권성

선하증권은 정당한 소지인에게 증권을 인도하면 그 인도는 증권에 기재한 물건 그 자체를 인도한 것과 같은 효력을 가지게 된다.

⑦ 처분증권성

선하증권이 발생된 이상 거기에 표시된 물건의 법적 처분은 선하증권에 의해서 행하여지지 않으면 안 되고 물건 자체에 의해서 행하여져서는 안 된다는 것이 처분증권성의 의미이다.

⑧ 지시증권성

선하증권은 지정된 사람 또는 그 지정된 사람이 다시 증권상에 지정한 사람을 선하증권에 나타난 권리의 정당한 주체가 되도록 하는 유가증권이다. 지정의 방식은 배서(endorsement)에 의한다. 즉, 지정자인 배서인(endorser)이 피지정자인 피배서인(endorsee)을 지정하고 서명함으로써 선하증권에 유통증권의 효력을 부여하는 것이다.

⑨ 유통증권성

선하증권의 상환성과 인도성에서 본 것처럼 선적운송 중인 운송물은 선하증권의 소지를 이전시켜서 운송물의 양도와 같은 효과를 얻을 수 있다. 따라서 선하증권은 어음, 수표와 같이 유통성을 가진 증권으로 해석되고 있다.

가 선하증권의 종류

(1) 무사고 선하증권(Clean B/L)과 사고(유보)부 선하증권(Foul or Dirty B/L)

본선상에 선적하는 화물의 포장상태나 수량 등과 관련, 일등항해사(Chief Mate)는 선장을 대리하여 선박회사에서 발급한 선적지시서(S/O ; Shipping Order)와 대조하면서 화물을 수취한 다음 그 화물을 선창 내에 적부 시킨다. 이때 화물을 수취한 증거로서 검수원의 검수조서(Tally Sheet)에 의해 본선이 발행하는 수취서를 본선수취증(M/R ; Mate's Receipt)이라고 한다.

무사고 선하증권이란 선하증권의 비고란에 아무런 결함 또는 이상 상태가 기재되어 있지 않으면 발행되는 선하증권을 말하는데, 증권의 앞면에 "Shipped on board in apparent good order and condition"이라고 표시되기도 한다.

반대로 선적 당시 화물의 포장상태나 수량 등에 어떤 결함 또는 이상이 있다는 사실이 일등항해사에 의해 발견될 경우 1항사는 예를 들어, "5 CASES BROKEN(5상자 파손)", "3 PACKAGES SHORT(3상자 부족)"와 같이 표시하여 사고부본선수취증(Foul M/R)을 발급하고, 이에 따라 Foul B/L이 발행되게 된다. 만일 사고부선하증권(Foul B/L)을 은행에 제시하였을 경우 은행은 신용장통일규칙에 의해서 매입을 거절하게 된다. 따라서 수출자는 선적 당시 화물에 대한 이상을 발견하였으면 즉시 이를 대체해야 하고, 재포장이 곤란한 경우에는 선박회사에 파손화물보상장 (L/I ; Letter of Indemnity)을 제공하여 무사고선하증권을 교부받도록 해야 한다.

선박회사는 이 보상장만 있으면 후에 파손화물에 관해 책임이 면제되며 보험회사도 파손화물에 관한 책임을 지지 않으므로 결국 최종 보상책임은 수출자에게 귀착된다. 그런데 현실적으로 컨테이너 화물운송의 경우, FCL 화물은 화주의 공장이나 창고에서 도어작업 후 씰링작업이 이루어지므로 Clean B/L이나 Foul B/L의 의미는 퇴색되었지만, LCL 화물의 경우 송하인의 관리를 벗어나 CFS에서 운송인 혹은 대리인의 관리하에서 콘솔작업이 이루어지므로 여전히 이 문제는 남아 있다고 할 수 있다.

(2) 기명식 선하증권(Straight B/L)과 지시식 선하증권(Order B/L)

기명식 선하증권이란 선하증권에 특정한 수하인이 기재된 선하증권을 말한다. 기명된 수하인이 양도하지 않는 한 다른 사람에게는 하등의 가치가 없다. 이는 주로 신용장 방식을 제외한 송금방식(T/T) 등의 대금결제조건에서 수입지의 은행이 채권을 행사할 필요가 없는 경우에 발행하게 된다.

참고로, 14~15세기 유럽에서는 선주와 화주간의 해상운송계약이란 양측이 다같이 하나의 모험으로 생각하고 선박운항에 필요한 비용과 물건 판매로 생기는 이익은 양쪽이 서로 공동분담하고 공동분배하는 형식을 취하였으므로 요즘으로 말하면 일종의 합작투자인 셈이다. 따라서 초창기에 사용된 선하증권은 화물을 위탁받은 선장이 화물을 목적지까지 일정한 대가를 받고 운송해주겠다는 약속을 하는 영수증에 불과하였으며 그 형식은 현재 사용하고 있는 기명식 선하증권이었다.

지시식 선하증권(Order B/L)이란 선하증권상에 특정한 수취인을 기재하지 않고 단순히 "Order", "To Order", "Order of Shipper" 또는 "Order of ×× Bank" 등으로 기재되어 있는 증권이다. 신용장이 개설된 후 수출지의 네고은행을 통해 환어음 및 선적서류가 개설은행으로 돌아오게 되는데, 만약 선하증권이 Order B/L인데도 선하증권상의 수하인(Consignee)란에 개설은행을 표시하지 않고 수입자의 이름이 표시된다면 수입자는 은행에 수입대금을 갚지 않고 그대로 물건을 찾아가 버릴 수 있는 위험성이 있다. 따라서 신용장 개설은행이 화물에 대한 일차적인 소유권을 행사하고 개설은행이 증권 이면에 백지배서만 하면 이 증권의 소지인(실수입자)이 화물에 대한 소유권을 갖도록 양도할 수 있게 하는 것이 바로 지시식 선하증권이다.

한편, 유가증권인 선하증권의 유동성을 확실하게 보장받기 위해서는 양도가 가능한 지시식 B/L이 가장 무난한 양도방법이므로 대부분의 신용장은 이러한 조건을 요구하고 있다. 그런데 B/L의 Consignee란에 어떻게 기재하였느냐에 따라 배서(Endorsement)하는 방식도 각기 다르다는 점에 유의해야 한다.

① "To (the) order of shipper"로 기재한 경우에는 수출자가 처음으로 배서하고 선적서류 네고 은행이 두 번째로 연서하게 된다.

② "Order" 혹은 "To (the) order"로 기재한 경우에는 ①의 경우와 마찬가지로 배서를 한다. 즉, "To (the) order"는 "To (the) order" 다음에 "of shipper"가 생략된 것으로 해석한다.

③ "To the order of 신용장 개설은행"으로 기재한 경우에는 수하인이 개설은행이므로 개설은행이 처음으로 배서를 하게 된다. 따라서 수출자나 매입은행은 배서를 하지 않는다. 선하증권은 수출자, 매입은행, 개설은행, 수입자의 순으로 넘겨지고 있으므로 배서도 이와 같은 흐름으로 진행된다.

④ "Buyer"로 기재한 경우에는 바이어가 처음이자 마지막으로 배서를 하게 된다. 선하증권은 수출자, 매입은행, 개설은행, 수입자의 순으로 넘겨지고 있으므로 배서도 이와 같은 흐름으로 진행된다.

따라서 ①과 ②의 경우는 네가지 단계를 모두 거쳐 배서가 이루어지게 되며, ③의 경우에는 개설은행과 바이어가 배서를 하게 되며, ④의 경우에는 바이어가 최종적으로 배서하여 물품을 찾게 된다. 참고로 백지배서(Blank Endorsement)란 배서의 의무자가 최초의 양도인과 최종적인 양수인만 표시하고 중간에 거치는 관련자의 배서는 생략하는 형태의 배서방법을 말한다. 따라서 ①과 ②의 경우에는 수출자와 수입자만 배서하게 되며, ③의 경우에는 개설은행과 수입자가 배서를 하게 된다.

(3) 약식(간이) 선하증권 (Short Form B/L)

Short Form B/L은 선하증권으로서의 필요 기재사항을 갖추고 있지만 보통 선하증권(Long Form B/L)의 이면약관이 생략된 것으로서 최근 미국을 위시한 여러 나라에서 널리 사용되고 있다. 이 약식 선하증권에 관하여 어떤 분쟁이 생기면 일반적으로 Long Form B/L상의 화주의 권리와 의무에 따르게 된다. 보통 Short Form B/L에는 이러한 내용을 다음과 같이 표시하고 있다.

> "All the terms of the carrier's regular long form Bill of Lading are incorporated herein with like force and effect as if they were written at length herein. A copy of such Bill of Lading maybe obtained from the carrier, its agent, or the master."

(4) Stale B/L

Stale B/L이란 선하증권의 어떤 형태를 말하는 것이 아니고, 선적 후 정당하다고 인정되는 기간이 경과한 후에 은행에 제시된 선하증권을 말한다. 주로 보세창고도거래(BWT ; Bonded Warehouse Transaction)시 이용되는 형태이다. 신용장통일규칙(제47조에서)은 선하증권 또는 기타 선적서류의 발행일로부터 지급·인수 또는 매입을 위하여 서류를 제시할 때까지의 일정기간을 명시하도록 하고 있다. 이러한 제시기간이 신용장상에 명시되어 있지 않은 경우 선하증권의 발행일로부터 은행측에서 일반적으로 용인하는 허용기간(보통 21일)이 경과한 후 매입은행에 제시되면 은행은 신용장상에 "Stale B/L acceptable"이란 조항이 있는 경우를 제외하고는 수리를 거절한다.

(5) 해양 선하증권 (Ocean or Marine B/L)과 통과(연결) 선하증권(Through B/L)

해양 선하증권이란 부산과 동경 또는 부산과 뉴욕과 같이 국외의 해상운송의 경우에 발행되는 선하증권이다. 통과 선하증권이란 운송화물을 목적지까지 운송할 때 선주가 다른 선박을 이용하는 경우나 육운과 해운을 이용하여 운송될 경우 등 복수의 운송인이 관여하게 되는 상황하에서 최초의 운송업자가 다음 운송구간에 대하여도 연결 책임을 지는 운송증권을 말한다. 이를 통과 선하증권이라 하기도 하고 연결선하증권 또는 전통 선하증권이라고도 한다. 미국에서는 육상운송과 해상운송을 겸한 선하증권을 Overland(Common Point) B/L이라고 부른다.

(6) 제3자 선하증권 (Third Party B/L)

선하증권상에 표시되는 송화인(Shipper)은 일반적으로 신용장의 Beneficiary가 된다. 그런데 수출입 거래의 매매당사자가 아닌 제3자가 송화인이 되는 경우가 있는데, 이를 제3자 선하증권(Third party B/L, Neutral Party B/L)이라고 한다. 주로 중계무역 등에서 이용된다.

(7) 환적 선하증권 (Transshipment B/L)

운송경로의 표시에 있어 도중의 환적을 증권면에 기재한 B/L을 말한다. 다시 말하면 화물을 목적지까지 운송하는 도중에 중계항에서 다른 선박에 환적하여 최종 목적지까지 운송할 때 발행되는 B/L을 환적 선하증권이라고 한다. 보통 B/L의 앞면에 "with transshipment at…" 혹은 "on-carrier…" 등의 문언이 기재된 것을 말한다. 현재의 신용장통일규칙(UCP 500)에 의하면 환적이 신용장조건에 의해 금지되어 있지 않는 한, 전 운송과정이 단일 및 동일 운송서류에 표시되어 있는 경우 화물이 환적되어질 것이라고 표시되어 있는 운송서류는 수리된다.[27] 환적할 경우 각 구간의 운송인은 B/L에 연서하여 수하인 또는 B/L 소지자에 대해 연대책임을 진다. 참고로, 컨테이너 화물 운송시의 피더 서비스(feeder service)는 환적의 개념으로 보지않으므로 환적선하증권을 발행할 필요가 없다.

(8) 집단 선하증권(Master B/L)과 혼재화물 선하증권(House B/L)

---

27) UCP 500의 제23조 c.항 : 환적이 신용장 조건에 의하여 금지되어 있지 않는 한, 은행은 물품이 환적될 것이라고 명시한 선하증권을 수리한다. 다만, 전해상운송은 단일 및 동일한 선하증권에 의하여 커버되어야 한다.

선박회사가 포워더의 혼재화물에 대해 포워더에게 1건으로 발행하는 선하증권을 Groupage B/L 또는 Master B/L이라고 하며, 포워더가 선사로부터 받은 Master B/L을 근거로 LCL화물 건건이 LCL화물 화주에게 개별적으로 발행하는 B/L을 House B/L이라고 한다.

(9) Surrender(ed) B/L

포워더가 화주들에게 House B/L을 발급해주고 자신은 선사로부터 Master B/L을 받게 되나, Original Master B/L 자체를 발급받지 않는 대신 수입국 현지에서도 Original B/L없이 그 포워더의 파트너가 바로 화물을 인출해갈 수 있도록 하는 편의를 제공하기 위해 거래 선사에 요청하는 때도 있는데, 실무에서는 "B/L을 Surrender" 한다는 표현을 사용한다.

이 같은 경우는 포워더가 DHL 등 선하증권의 우송비용을 절감할 수 있고 현지에서 신속한 수입화물 인수가 가능하여서 선호되고 있다. 또한, 수출자도 수입자의 특별한 요청이 있을 경우나 수입자가 수출자의 현지공장 혹은 지사이고 운송거리가 그리 멀지 않은 동남아지역은 선사에 별도로 요청하여 "B/L을 Surrender 해달라고 요청하면 현지에서 Original B/L없이 화물인출이 가능하다. Surrender된 B/L은 전면 하단부에 "SURRENDERED"라는 스탬프가 찍혀 있다.

이는 물론 대금결제조건이 신용장(L/C)방식에서는 발생하지 않고 사전송금(T/T) 방식에서는 종종 발생하고 있다. 즉, 기명식 B/L에서는 사용이 가능하지만 신용장 또는 추심방식에서는 지시식 B/L로 진행되기 때문에 Order B/L에서는 거의 사용이 되지 않는다. 그 이유는 신용장 거래에서는 은행이 일치하는 서류의 제시에 대하여 대금을 지급해야 하므로 수입자(applicant)로부터 신용장 대금에 대한 채권보전 조치를 하지 않은 상태에서 Surrender B/L을 허용해주는 경우 화물의 담보권이 확보되지 않기 때문에 일반적으로 신용장 거래에서는 Surrender가 거의 허용되지 않는 것이다.

현재 국내에서는 대부분의 외국적 선사가 Surrender(ed) B/L에 대해 Surrender Fee로서 건당 2만원 내외를 징수하고 있다. 물론 B/L Surrender를 허용한 선사의 경우 현지 대리점이나 지사에 Surrender 되었다는 내용의 증거서류를 보내주어야 하며, 궁극적으로는 선하증권 원본은 목적지에서 보관하고 있어야 하므로 나중에라도 선사가 이를 보내주게 된다.

✔ Surrender하는 절차

Surrender하는 절차는 다음과 같다.
① 수출업자와 수입업자가 OB/L을 Surrender하기로 합의(수출업자 임의로 해서는 안됨)
② 수출업자는 발급된 OB/L 뒷면에 동 B/L의 사용을 포기한다는 의미로 배서하고 선사에 반납(우리나라에서는 직인과 명판을 찍음), 또는 OB/L 발급전에 수출국 선사에 별도의 Surrender 요청서를 제출함

③ 수출국 선사는 수입국 지점에 Surrender 전문발송(일부 선사의 경우 전문비용 징수)

④ 수출업자는 수입업자에게 Surrender 통지(B/L copy 또는 선사의 Surrender 전문을 팩스로 송부)

⑤ 수입업자는 수입국 선사에서 기명된 Consignee가 본인임을 입증하고 D/O를 발급받음

나 선하증권의 내용

신용장에서는 선적서류를 선하증권부터 차례로 어떠 어떠한 조건을 갖출 것을 명시하고 있다. 즉, 수출자에게 통지된 신용장의 내용을 보면, "Documents required : "란에 선하증권과 관련하여서는 다음과 유사한 내용이 거의 예외없이 들어가 있는데, 이 문구들이 사실상 앞에서 언급한 선하증권의 종류에 대해 구체적으로 언급하고 있는 것이라고 할 수 있다. 물론 수출자는 신용장이 지시하는 선하증권 관련 구비 사항에 대한 내용을 숙지, 그대로 이행하여 정상 대금결제(Clean 네고)를 해야 할 것이다. 그러한 의미에서 이 내용이 뜻하는 바를 조목조목 살펴보면 다음과 같다.

> Full set of clean on board ocean/marine bill of lading made out to order of ×× bank marked freight prepaid, notify △△△ company

(1) Full set of

선하증권은 선사가 발행시 통상 분실을 염려하여 1통 이상을 발행하지만 선사가 발행하는 전 통(우리나라의 경우 3통)을 신용장에서 정하는 기타 구비서류(송장(invoice), 포장명세서, 적하보험증권 등)와 함께 은행에 제출해야만 클린 네고가 가능하다. 특히 중국과의 거래시 중국 수입자들이 선하증권 원본 1부를 은행을 거치지 않고 자신에게 먼저 보낼 것을 요구하는 경우가 있는데, 선하증권은 유가증권인 만큼 신용장 개설은행에 수입대금결제를 하지 않고 바로 화물을 찾아가 버릴 수 있는 위험에 놓이게 되므로 유의할 필요가 있다.

(2) Clean

수출자가 자신의 화물을 선사에 운송의뢰할 때 화물의 외관이나 상태가 양호해야 하는데, 만일 선적된 화물이 사고나 훼손 등이 있음이 발견될 경우 선사는 Foul(Dirty) B/L을 발행하여 자신이 책임없음을 보이려 한다. 따라 "Clean"이란 의미는 Foul(Dirty) B/L이 아니어야 한다는 의미이다. 만일 사고가 난 화물에 대해 Clean B/L을 받고자 할 경우 수출자는 이와 관련하여 도착항에서 선사가 수하인으로부터 손해청구를 받아도 선사는 면책된다는 요지가 명기된 파손화물보상장(L/I ; Letter of Indemnity)을 선사에 제출해야 한다.

(3) On Board

수출자가 운송의뢰한 컨테이너 화물은 CY(ODCY 포함)나 부두내에 들어오면 선사의 관리하에 있게 되지만 수입자로 보아 계약한 물품이 자신에게 보다 확실히 올 수 있다는 확신이 서야 대금지불에 대한 불안감을 덜 가질게 될 것이다. 그러한 측면에서 볼 때 수입자는 화물이 CY나 부두에 들어오는 시점보다는 선적된 후에 대금지불을 하기 위해 선하증권의 내용에 "on board" 되었다는 사실이 언급된 것을 원하게 된다.

앞에서도 설명하였지만 On board B/L이란 선하증권의 제목에 그렇게 있는 것이 아니라 선하증권의 앞면 하단 부분에 선적완료 사실을 "Shipped" 또는 "Shipped on Board"란 표시와 함께 선적일자, 서명 등이 기재되어 있을 뿐이다.

(4) Ocean/Marine Bill Of Lading

물품을 항공운송이나 복합운송이 아닌 해상운송으로 하라는 의미이며, 해상운송을 의뢰하면 당연히 ocean 혹은 marine B/L이 발행된다.

(5) Made out to order of xxx bank, Notify △△△ company

신용장 개설은행이 수입자에게 신용장을 개설하여 주는 것은 일종의 여신행위라고 할 수 있다. 즉, 수입대금을 현금으로 개설은행에 미리 내지 않는 한 보통 수입자는 최소한 수입대금만큼의 담보를 설정한 후 신용장을 개설하게 된다.

수출지의 네고은행은 수출자에게 네고서류를 받고 수출대금을 지불한 후 여타 선적서류를 포함한 선하증권을 일단은 개설은행으로 송부한다. 그러면 개설은행은 유가증권이자 화물의 인출증서인 선하증권 원본을 소지하고 있으면서 수입자가 수입대금을 가져오면 그것을 내어주게 된다. 따라서 이 문구는 화물에 대한 수하인은 일차적으로 수입자가 아니라 개설은행이 되도록 하는 조처이다.

물론 개설은행은 수입자가 수입대금을 지급하면 선하증권 이면에 배서하여 수입자에게 넘김으로써 상호간의 채권/채무를 해결하게 된다. 그러므로 선하증권상에 나타나있는 "notify party" 는 은행이 배서하여 준 화물에 대한 실소유자, 즉 실화주가 된다.

(6) Marked Freight Prepaid

선하증권의 앞면 하단 부분에는 운임이 선지급(prepaid) 되었음을 표시하여 수입자가 수입지에서 화물 인출할 때 선사와의 운임지급 여부에 대해 명확히 하기 위해 이러한 문구를 명시한다. 물론 수출시 CIF 조건의 경우 운임은 선지급이 많으며 FOB 조건인 경우 후불(collect)인 경우가 대부분이다.

다 선하증권의 이면약관 해설

선하증권의 표준규격은 국제해운회의소(ICS ; International Chamber of Shipping)가 1978년에 제정된 'UN Layout Key'에 의거하여 국제표준화기구(ISO)가 정한 A4 용지 크기를 채택한 것이 계기가 되었다.

국제해운회의소는 또, 각종 B/L 양식을 디자인하여 각국의 선주협회 및 선사들에게 사용을 권고함으로써 표준양식의 선하증권 사용을 확산시켰고, 이에 따라 현재 각 선사들이 사용하는 B/L 양식이 거의 대동소이하게 된 것이다.

선하증권에는 상법(해상편)에 의해 기재사항이 반드시 들어가야 하는 것이 있는데, 보통 선하증권의 전면에 표시된다. 이러한 기재사항으로는

(1) 필수기재사항

① 선하증권(Bill of Lading) 및 운송인의 표시

② 선박의 국적, 명칭과 톤수

③ 운송품의 종류, 중량과 용적, 포장의 종류, 개수와 기호

④ 송하인, 수하인의 성명 혹은 상호

⑤ 선적항과 양륙항

⑥ 운송구간 및 운임의 표시

⑦ B/L의 작성지와 작성일자

⑧ 선하증권의 발행부수

⑨ 선하증권 서명권자의 기명날인 등이다.

(2) 임의 기재사항

① 본선 항차번호(Voyage No.)

② 운임 지불지

③ 운임 지불조건

④ 선하증권 번호(B/L No.)

⑤ 컨테이너 번호

⑥ 봉인(Sealing)번호 등은 임의 기재사항이다.

특히 임의 기재사항 중 가장 중요한 것이 선주의 책임면제에 관해 명시하고 있는 각종 면책약관이라고 할 수 있다. 선하증권 통일조약이나 각국의 국내법은 운송인의 면책사항에 대하여 명문으로 규정하고 있으며, 우리나라도 상법 및 약관규제법 등에 이러한 규정을 두고 있다.

면책약관은 보통 선하증권의 이면약관에 명백히 인쇄되어 있는 일반약관(General Clause)과

선하증권의 여백에 기입하거나 고무인, 스탬프 등으로 기입되는 특별약관(Special Clause)으로 구성되어 있다.

이제 선하증권 이면약관의 내용 중 특히 중요하다고 생각되는 선주의 면책약관에 대해 좀 더 자세히 살펴보기로 하자.

(3) 면책약관

선하증권의 이면 약관 중 선주가 항상 면책되는 사항을 통상 "면책약관"이라 하는데, 선박이 불가피한 위험에 직면하여 사고를 당했을 때 선주가 책임을 면하게 된다는 내용을 담고 있다.

예를 들어, 선박회사가 예견하고 방지할 수 없는 해난(perils of the sea[28]) 즉, 폭풍, 좌초, 유빙 등) 및 순수한 자연력에 의한 천재(Act of God 즉, 결빙, 낙뢰 등)에 의한 사고에 대하여 선사는 관습법상 자동으로 면책된다.

천재지변은 모두 사람에 의해 어쩔 수 없는 초자연적인 행위로 발생한 데서 기인하는 것이므로, 안개 속에서의 해난사고는 부분적으로 인위적인 요소(human elements)가 개입되어 발생할 수 있으므로 면책되지 않는다. 한편, 이 같은 자연적 재해 이외에도 전쟁위험[29] 등에 기인한 손해와 제3자의 행위에 기인하는 위험[30]에 대하여도 선사는 책임을 지지 않는다.

한편, 상기와 같은 면책약관은 수출입 시 적하보험에 가입하였다 하여도 보험회사 역시 보상해주지 않으므로 화주는 자신의 의지와 관계없이 고스란히 손해를 보게 된다. 단, 전쟁위험이나 제3자의 행위에 기인하는 위험의 경우 별도의 추가보험료를 내면 보험회사로부터 보상받을 수 있다. 앞에서 언급한 초자연적 상황 혹은 피할 수 없는 상황에 대해 선주는 면책될 뿐만 아니라 다음과 같은 조항에 의해서도 역시 면책되어 화주는 사고가 나더라도 보상받지 못한다.

가) 과실조항 (Negligence clause)

과실에는 항해과실과 상업과실이 있는데, 항해과실이란 선장, 선원, 도선사, 선박회사의 사용인에 의한 선박의 조종 등 일체의 기술상의 행위에 관한 과실을 말한다. 반면에 화물의 선적, 적부, 보관, 하역, 인도 등에 관한 과실에 기인하는 손해는 상업과실이라 부르는데, 이에 대해선 선사는 면책을 주장하지 못하고 손해발생시 화주는 배상받을 수 있다.

---

28) 해상에서 발생하는 손해라도 항해와 관련 없이 발생하는 쥐, 선창 내의 열(Heat), 보일러의 폭발, 화물 적재시 선박의 손상 등은 해상 고유의 위험이 아닌 해상의 위험(Perils on the Sea)로 간주되어 이 경우 선사는 면책되지 않는다.

29) 어뢰, 폭탄 등의 폭발, 나포, 봉쇄 등

30) 검역, 압류 등 규제에 기인하는 손해나 파업, 폭동, 절도 등

나) 잠재하자조항 (Latent Defect Clause)

선박의 감항능력(Seaworthiness)의 담보의무에 대해서는 각국의 법규상 해상운송인에게 상당한 책임을 부과하고 있으나, 복잡한 선체나 기관 및 장비 등에는 기술적 결함이 잠재하여 출항전 상당한 주의의무(due diligence)를 하였음에도 발견할 수 없는 것도 있어 이로 인한 손해에 대해서는 선사의 면책을 인정하고 있다.

다) 이로조항 (Deviation Clause)

항해 중에 인명 및 재산의 구조, 피난 및 기타 상당한 이유가 있는 경우에 예정항로 외의 지역으로의 선박 운항이나 기항에 의해 발생한 손해에 대하여도 선사는 면책된다.

라) 부지조항 (Unknown Clause)

선박회사는 선적시 화물의 내용까지는 검사하지 않으며, B/L에 "외관상 양호한 상태로 선적하고 이것과 유사하게 양호한 상태로 인도한다."고 기재하여 화물의 내용, 중량, 용적, 내용물의 수량, 품질, 종류 및 가격 등에 대하여는 선사가 책임없음을 정하는 조항이다. 이는 특히 수출입화물의 컨테이너화로 인해 그 특성상 컨테이너내에 적입된 화물에 대해 이를 운송할 선박회사가 일일이 그 내용물을 확인할 수 없는 상황에서 나타난 조항이다.

마) 화물 고유의 성질에 의한 하자 (Inherent Defect)

생동물, 갑판적화물, 어패류, 육류, 과실류, 부패성화물, 도자기 등은 화물자체의 성격상 파손, 누손, 부패, 사망 등이 발생할 수 있으므로 이에 대해서도 면책된다. 말(馬)이 심한 폭풍에 놀라 날뛰다가 상처를 입고 죽어서 발생한 클레임의 경우도 화물고유의 성질에 의한 것으로 인정받아 선주가 면책된 판례가 있다.

바) 고가품에 관한 조항

송화인이 선적시에 화물의 종류, 품질, 가격 등을 명시하지 아니하였고, 또한 운임이 종가율에 의하지 않았을 때는 혹 발생할지 모르는 손해에 대하여 선주는 일정 금액(보통 포장단위당 500US$) 이상의 배상책임이 없다.

지금까지 설명한 선하증권 상의 이면약관 중 선주 면책조항의 대부분은 선하증권에 관한 국제적 통일규칙인 1924년 Hague Rule에 근거한 것이다. 그런데 이 Hague Rule이 선주에게 일방적으로 유리한 내용을 많이 담고 있어 꾸준한 개정논의가 진행된 결과, 1968년 Visby Protocol (약칭 Hague-Visby Rule이라고 함)로 보완되었다.

그러나 개정된 Hague-Visby Rule 역시 선주를 과보호한다는 화주 및 화주단체들의 주장에 의해 Hague Rule에서 인정하고 있는 운송인의 항해과실 등 많은 면책사항을 철폐시키고 운송

물품에 대하여 운송인에게 보다 과중한 책임을 규정한 Hamburg Rule이 1978년에 제정되어 1992년 11월부터 시행되고 있다.

그러나 현재 우리나라는 아직 이를 비준치 않아 우리나라의 해상법은 이를 수용치 않고 있으며, 아직까지는 세계 각국의 해상법이나 선박회사의 선하증권이 대부분 Hague Rule이나 Hague Visby Rule을 준거법으로 적용하고 있다.

[해상운송 관련 주요협약 비교]

구분	하터법	헤이그규칙	비즈비규칙	함부르크규칙
정식명칭	Harter Act	Hague Protocol	Protocol to Amend the Int'l Convention for the Unification of Certain Rules Relating to B/L	United nations Convention on the carriage of Goods by Sea
제정일	1892.12.	1921.6.	1968.2.	1978.3.
발효일	1893.2.	1921.9	1977.6	미발효
제안자	(미)오하이오 출신 상원의원 Michael Harter	(영)해사법위원회	ICC선하증권위원회	UNCTAD해사위원회 국제무역법위원회
제정이유	해상운송계약에서 선주들의 횡포에 대항하여 화주측의 권익 옹호	국제적으로 통용될 수 있는 해상운송 관련 통일조약의 필요	헤이그규칙 제정후 40년이 지나는 동안 해상운송의 많은 변화로 인해 새로운 규정제정의 필요성 대두	종래의 B/L통일조약이 선주위주로 되어 있어 화주들의 권익을 반영할 수 있는 법규 필요
주요내용	1.선박측의 일방적 면책금지 2.감항성을 갖춘 선박의 경우에만 선박은 면책됨 3.선박의 감항능력 불충분으로 발생한 사고는 선박측 책임	1.선사의 상법상의 과실에 대한 면책을 선하증권상에 기재하는 것을 금지 2.선장, 선원의 항해상의 과실에 대한 면책인정	전문 17조로 되어 있으며, 내용은 브뤼셀조약의 한부분으로서만 유효	1.화물이 운송인 또는 그 대리인의 보관하에 있는 전기간동안으로 운송인의 책임확대 2.운송인의 면책규정 개정 3.거증책임 4.갑판적화물 및 생동물은 목적화물에 포함됨
특징	1.미국의 국내법, 이후 호주, 뉴질랜드 캐나다 국내법에 영향을 미침. 2.미국의 국내법이므로 범세계적으로 적용안됨	대부분 국가(우리나라 포함)의 국내법에 반영	비즈비규칙 비준 6개국(영,프,덴, 노르,스웨, 스위스)과 의정서 수락국(에콰도르, 레바논, 싱가포르, 시리아)에서 유효	본규칙 작성에 참가한 21개국은 대부분이 개발도상국들이며 헤이그규칙보다 선사책임이 강화됨.

라 선하증권의 기재내용해설

선하증권의 전면은 크게 세 부분으로 나누어진다. 송하인의 이름과 수하인 이름 및 선적항과 양하항 등이 기재되는 상단부와 화물명세가 기재되는 중단부, 그리고 운임명세, 선하증권의 발행지 및 발행자 서명 등이 기재되는 하단부이다.

(1) 상단부 기재사항

먼저 상단부에 기재되는 사항에 대하여 알아보자.

[선하증권 상단부 양식]

① Shipper			⑦ B/L No.	
② Consignee			⑧ Remarks	
③ Notify Party				
④ Vessel ⑤ Voy. No		⑥ Flag		
⑨ Pre-carriage by	⑩ Place of receipt		⑪ Final Destination	
⑫ Port of loading	⑬ Port of Discharge		⑭ Place of Delivery	

① Shipper에는 화물을 보내는 사람, 즉 수출자의 이름과 주소가 들어간다. 송하인 란에는 꼭 수출자뿐만 아니라 선사가 포워더에게 발행하는 Master B/L의 경우는 포워더의 이름이 들어갈 수도 있다. 참고로, 송하인이 신용장의 수익자(beneficiary)와 다른 경우도 있다. 이런 경우에는 오해나 분쟁을 방지하기 위해 신용장이나 매매계약서에 'Third party B/L acceptable'이라고 기재하는 것이 좋다.

② Consignee는 화물을 받는 사람, 즉 수입자가 되는데, 지시식 선하증권(Order B/L)의 경우에는 신용장 개설은행의 이름이 들어간다. 보통 'to order' 또는 'to order of xx. Bank'로 표시된다. 물론 선하증권상의 수하인은 목적지에서 운송인에게 B/L을 제시하고 B/L에 기재된 화물의 인도를 청구할 수 있는 채권자이다.

③ Notify Party는 대개 신용장에 'Notify Accountee'라고 기재되어 있는 신용장 개설의뢰인, 즉 실수입업자 또는 수입업자가 지정하는 대리인이 기재된다.

④ Vessel에는 당해 화물을 운송하는 선박 명이 표시되고,

⑤ Voy. No에는 선박회사가 임의로 정한 항차번호 혹은 일련번호가 기재된다. 대개 1항차는 출발항에서 목적항을 거쳐 출발항에 회항하는 것을 말한다.

⑥ Flag는 해당 선박이 등록된 국가(船籍國)을 표시한다.

⑦ B/L No.는 선사가 정한 선하증권 일련번호를 기재하는데, 보통 알파벳 네 자리와 숫자 8

자리로 구성되어 있다. 선박명을 선하증권에 기재하는 것은 선적된 화물에 대한 권리의 특정성을 부여하기 위한 것이다. 선박의 국적은 국제법상 어떤 문제가 발생할 때 재판관할(jurisdiction) 등의 기준이 된다.

그런데 수취선하증권(Received B/L)의 경우 운송인이 화물을 수취하고 선적하기 전에 발행되므로 통상 선명란에 선적예정 선박명을 기재하고, 그 선명과 함께 'or subsequent vessel'이라고 기재하여 발행된다.

수취선하증권의 경우 특정 선명대신에 'intended vessel name'으로 기재하여도 무방하다. 물론 수취선하증권도 선적이 완료되면 선적완료 표시(On board notation)와 함께 선명이 추가로 표시된다. 선적선하증권(On board B/L)의 경우는 화물이 실제 선적된 후 발행되므로 B/L에 바로 선명이 기재되는 것이다.

⑧ Remarks에는 보통 운송인의 로고, 상호 및 일반 운송조건 등이 인쇄되며 공란에는 타 항목에서 표시되지 못한 기타 정보(원산지, 송장번호 등)가 표시된다. 거의 대부분의 선하증권은 전문(preamble)으로서 화물을 수령 또는 선적하였다는 것과, 선적(수령)시와 같이 화물을 이상없이 양륙항 또는 인도지에서 화물을 인도한다는 취지의 표시를 하는데, "Shipped(혹은 Received) on board in apparent good order and condition by the shipper…"로 시작하여 "To be transported by the ship" 및 "To be delivered at the port of discharge"로 끝을 맺는다.

⑨ Pre-carriage by는 화물의 인수지점에서 본선 선적항까지의 운송을 담당한 운송인을 기재하는데, 거의 표시되지 않는 것이 일반적이다.

⑩ Place of receipt는 송하인으로 부터 운송인이 화물을 수취하는 장소로, 보통 'Shipper's door(특정지역에 위치한 화주의 창고에서 인수한 경우)', 'Busan CY' 혹은 'Busan CFS' 등으로 표시된다. 이 란에 기재되어 있는 곳이 운송인의 의무와 책임이 시작되는 지점이라고 할 수 있다.

⑪ Final Destination은 화물의 최종목적지를 표시하나 선하증권에 운임이 계상되어 있지 않은 경우는 단지 참조사항에 불과하다. 복합운송이 아닌 경우에는 기재되지 않는 경우가 많다.

⑫ Port of loading은 화물을 선적하는 항구명 및 국명이 표시된다(예 : Busan, Korea).

⑬ Port of Discharge는 화물의 양하항 및 국가명이 기재된다. 양륙항은 선적항과 더불어 법정 기재사항이다.

⑭ Place of Delivery는 운송인이 책임지고 화물을 수하인에게 인도하여 주는 장소이다. 따라서 화물을 이 장소에서 인도하면 운송물의 인도의무는 종료하게 된다. 만일 운송물을 'Door delivery'하게 될 경우는 수하인의 창고에서 인도하는 것이므로 문제의 소지를 없애기 위해 B/L에 Door delivery의 도시명 또는 그 지역범위, 예를 들어 LA City 등 그 장소를

명확히 해야 하고, 단순히 Consignee's door라고 표시하면 인도장소가 먼 지역까지 확대될 수도 있다.

(2) 중단부 기재사항

다음으로, 선하증권의 중단부에 기재되는 양식에 대해 알아보자.

[선하증권 중단부 양식]

① Marks & No. ② CNTR No. ③ Seal No.	④ No. & Kinds of P'kgs or CNTRs	⑤ Description of Goods	⑥ Gross Weight ⑦ Measurement

① Marks & No.는 포장명세서(P/L)에 명시된 화인(Shipping Marks) 및 포장번호를 기재한다.

② CNTR No.에는 당해 화물이 적입되는 컨테이너의 고유번호가 기입되고,

③ Seal No.는 컨테이너 봉인번호를 기재한다.

④ No. & Kinds of P'kgs or CNTRs는 운송인이 인수한 화물의 수량을 표기하며, CY 인수조건의 화물인 경우에는 컨테이너의 종류와 수량(예 : 1×40' CNTR)을 표시한다.

여기서 가능하면 포장단위를 컨테이너 뒤에 표시하는 것이 화주로 보아 중요하다. 왜냐하면, 클레임 발생시 운송인의 책임은 포장단위 당인데, 증권상에 낱개 포장단위가 없으면 컨테이너 자체를 한 개의 포장단위로 보아 제대로 보상받을 수 없기 때문이다(근거 : 상법 및 판례 등). 포장단위에는 case, bag, carton 등이 있다. 참고로 화물이 손상 또는 멸실되었을 경우 운송인의 책임한도는 비즈비규칙에 의하면 포장단위당 666.67SDR 또는 kg당 2SDR 가운데 많은 금액, 함부르크규칙은 포장 또는 뭉치당 835SDR 또는 kg당 2.5SDR 중 많은 금액으로 규정하고 있다.

⑤ Description of Goods에는 포장명세서 및 송장에 기재된 상품의 명세를 기재한다. 그런데 운송인은 FCL 화물인 경우 수출자가 도어작업후 씰링작업을 하므로 그 컨테이너 안에 정말로 수출자가 밝힌 명세대로의 화물이 들어 있는지, 개수가 맞는지 알 수가 없다. 따라서 부지조항(Unknown clause)을 집어넣어 혹시 있을 클레임에 대비하게 되는데, "Shipper's load and count"와 "Said to contain" 등이 이에 해당한다. 우리나라의 상법 등에는 이 란에 포장의 종류와 함께 화인(shipping marks)의 기재를 요구하고 있다.

⑥ Gross Weight는 포장의 무게가 포함된 총중량을 표시하며, 포장명세서 및 송장과 일치되지 않을 경우 remark해야 한다.

⑦ Measurement는 화물의 용적톤(보통 CBM)으로 표시한다.

(3) 하단부 기재사항

마지막으로 선하증권의 하단부에 기재되는 사항에 대해 알아보자.

[선하증권 하단부 예시]

① Total No. of P'kgs of Units(in words)					
② Freight & Charges	③ Revenue Tons	④ Rate	⑤ Per	⑥ Prepaid	⑦ Collect
⑧ Freight Prepaid At		⑨ Freight Payable At		⑩ Place of Issue	
⑪ Total Prepaid In		⑫ No. of Original B/L		⑬ Date o Issue	
⑭ Laden On Board The vessel Date By :			⑮ By : xx Shipping Co., LTD.		

① Total No. of P'kgs of Units(in words)는 화물의 수량 또는 컨테이너 개수를 숫자가 아닌 문자로 기재한다. 예를 들어 컨테이너 한 개가 선적되었다면 "SAY ONE(1×20') CONTAINERS ONLY"라고 기재된다.

② Freight & Charges는 운임 및 부대비를 기재하는 란이다. 즉, 화주로서는 해상운임뿐만 아니라 부대비에 해당하는 THC, CAF/BAF, Documentation Fee, CFS charge, Wharfage 등도 기재되어 있는지를 확인해보아야 한다. 왜냐하면 화물사고가 발생하여 적하보험에 의해 보상받을 경우 화물가액에 실손해액도 보상해주므로 이들 운임 및 부대비도 보상받을 수 있기 때문이다.

③ Revenue Tons에는 중량톤(W/T) 혹은 용적톤(M/T) 중 많은 것을 기재한다. 모든 운송인들은 물류요금 청구시 R/T 개념을 적용하기 때문에 별도로 란에 표시를 하여 둔다.

④ Rate에는 톤당 운임(per revenue ton) 단가가 기재된다. 운임 산정시 보통 1톤 이하는 1톤으로 무조건 올림하여 산정한다.

⑤ Per는 LCL 화물인 경우는 용적단위 또는 중량단위로 표시하고 FCL단위인 경우는 컨테이너 단위로 표시한다.

⑥ Prepaid는 화주가 운임을 선불로 지급할 경우에 표시하는 곳이다. CIF조건으로 수출할 경우가 이에 해당한다.

● FOB 조건으로 수출할 경우

⑦ Collect란에 표시한다. 또한 운임의 지불조건은 선하증권 중반부의 Description of Goods 란에 통상 "Freight prepaid", "Freight to Collect"라고 표시되므로 혼동은 되지 않으나간혹 기재되지 않는 경우도 있으므로 구별하여 각각의 난에 기재하는 것이 좋다. 복합운송의 경우는 각 구간마다의 운임을 표시하여 계산하는 것이 복합운송을 명백히 표시하는 방법이다. 따라서 구간표시를 하고 구간운임 계산을 나타내는 것이 좋다.

⑧ Freight Prepaid At에는 운임이 지불되는 장소를 표기한다. 즉, CIF조건으로 수출하는 경우는 운임이 지불되는 장소이다. 예를 들어, 화물이 부산에서 선적운송되고 서울에서 운임이 지불되는 경우는 "Seoul, Korea"라고 기재된다. "Freight Prepaid"의 경우 운임이 지불되지 않으면 B/L 발행자는 특별한 상거래가 없는 한 B/L을 발행교부하지 않는다.

⑨ Freight Payable At에는 FOB 조건으로 수출하는 경우 운임이 수하인 부담인 경우에는 수하인의 운임 지불장소가 기재된다. 운임 및 부대비가 지불되지 않으면 운송인 또는 대리점은 화물인도지시서(D/O)를 발행교부하지 않는다.

⑩ Place of Issue에는 B/L의 발행장소가 표시된다.

⑪ Total Prepaid In에는 선적지 통화기준 선불운임 및 제요금의 합계, 즉 외화표시 운임에 환율을 곱하여 선적지 통화 운임액을 산출하고 여기에 제요금을 합하여(부가세는 제외) 총액을 표시한다.

⑫ No. of Original B/L에는 선하증권 원본 B/L의 발행통수를 기재한다. B/L 원본은 통상 3통을 한 세트로 발행한다. B/L 원본에는 "Original", "Duplicate", "Triplicate" 등의 표시가 있고, 은행과의 거래를 위해 "Negotiable"이란 문구도 표시된다. B/L 원본은 발행 통수에 관계없이 일단 한 통이 회수되면 나머지는 유가증권으로서의 효력을 상실한다(상법 제816조). B/L 사본에는 "Copy Non-negotiable"이라 기재되며 B/L copy는 유가증권으로서의 효력이 없고 단지 참고서류에 불과하다.

⑬ Date o Issue에는 B/L 발급일자를 기재하는데, 통상 선적일자를 기재한다.

⑭ Laden On Board The vessel, Date, By에는 화물의 선적일자가 기재되며 보통 선하증권 발행일자와 일치되며 발행일자가 선적일자보다 늦을 수는 있으나 빠를 경우, 즉 선B/L이 되어 선하증권의 법적 성질 중 '요인성'을 어기는 것이므로 위법이 된다. 일반 발행자가 서명을 한 후에 B/L을 수정할 경우에는 재발급을 하거나 또는 수정(correction) 스탬프를 날인하고 서명해야 한다. 그러나 중량 및 용적 등 상품의 가격에 영향을 미치지 않는 부분에는 스탬프만 날인해도 유효하다.

⑮ By : xx Shipping Co., LTD.란에는 선사의 상호 및 서명자의 이름이 기재된다. 대리점이 선하증권을 발행할 경우에는 xxx as Agents of xxx Carrier라고 표기된다. 은행에 따라 신용장통일규칙(UCP 500) 제25조d항에 의거, 선사의 상호앞에 Acting as a Carrier의 명시를 요구하는 경우도 있다. 참고로, B/L 서명권자들은 보통 선사의 영업관련 부서나 Documentation 관련부서 과장급 이상이며, 이들의 서명 사본은 해양수산부 및 은행에 등록된다. 만약 발행권자가 서명을 한 후 B/L을 수정해야 할 경우에는 재발급을 하든가 아니면 'correction' 도장을 날인한 후 서명해야 한다. 그런데 중량 및 용적 등 화물의 가격에 영향을 미치지 않는 부분에는 correction 도장만 찍어도 유효하다.

(4) 법정 기재사항 누락

지금까지 선하증권의 전면에 기재되는 법정 기재사항과 임의 기재사항의 내용을 살펴보았다. 그러면 이번에는 만일 법정 기재사항이 누락된 선하증권은 어떻게 되는 것인가에 대해 알아본다.

국내 상법이나 관련 국제조약에서는 법정 기재사항 중 어느 것이 더 중요한가에 대한 기준은 명시하고 있지 않다. 따라서 주요 법정 기재사항을 누락하여 B/L이 무효가 된 경우, 유가증권으로서는 무효라고 하더라도 화물의 수취와 선적에 대해 증거력을 가지고 있다고 할 수 있다. 일본의 판례에서는 "기재사항이 누락되었더라도 B/L의 법적 효력은 인정되고 있다.

즉, 상법상의 기재사항이 누락되었더라도 B/L을 무효로 하진 않는다. B/L은 운송에 대한 권리의무를 스스로 만들어 내는 것이 아니라 이미 성립된 운송계약의 이행을 확실하게 하려고 발행한 것으로서 화물을 특정선박에 선적하였음을 증명하고, 그 화물에 대한 운송인과 B/L 소지인 사이의 법률관계를 정한 것에 지나지 않는다.

특히 운송인이 B/L을 발행하고 그 증권의 모든 사항과 조건을 인정하는 한, 운송인명을 기재하지 않은 것만으로 B/L을 무효로 하지 않는다고 해석하여, 기재사항의 누락에 대한 중요한 판례가 되고 있다.

그러므로 동 판례와 같이 B/L에 법정 기재사항을 빠트렸다 하더라도 B/L이라도 통상의 기재사항을 열거한 것으로 본다. 우리 상법에도 그 기재사항이 빠져도 B/L을 무효로 한다는 명시적 규정이 없으며, 운송인이 발행한 B/L에 대해 그 기재사항 및 전반적인 사정을 보아 B/L로 볼 수 있으면 유효한 것으로 해석하는 것이 거래의 안전을 위해 바람직하다.

BILL OF LADING

① Shipper		⑩ B/L No.
	Korea Marine Transport Co., Ltd.	
② Consignee	RECEIVED by the Carrier from the Shipper in apparent good order and conditions unless otherwise indicated herein, the Goods, or the container(s)or package(s) said to contain the cargo herein mentioned, to be carried subject to all the terms and conditions provided for on the face and back of this Bill of Lading by the vessel named herein or any substitute at the Carrier's option and/or other means of transport, from the place of receipt or the port of loading to the port of discharge or the place of delivery shown herein and there to be delivered unto order or assigns.	
③ Notify Party	If required by the Carrier, this Bill of Lading duly endorsed must be surrendered in exchange for the Goods or delivery order. In accepting this Bill of Lading, the Merchant agrees to be bound by all the stipulations, exceptions, terms and conditions on the face and back hereof, whether written, typed, stamped or printed, as fully as if signed by the Merchant, any local custom or privilege to the contrary notwithstanding, and agrees that all agreements or freight engagements for and in connection with carriage of the Goods are superseded by this Bill of Lading.	

④ Pre-carriage by	⑦ Place of Receipt	In witness whereof, the undersigned, on behalf of Korea Marine Transport Co., Ltd. the Master and the owner of the Vessel, has signed the number of Bill(s)of Lading stated under, all of this tenor and date, one of which being accomplished, the others to stand void. (Terms continued on back here of)		
⑤ Ocean Vessel	⑧ Voyage No.	⑪ Flag		⑬ Place of Delivery
⑥ Port of Loading	⑨ Port of Discharge	⑫ Final Destination		

⑭ Container No.	⑮ Seal No. Marks & Nos.	⑯ No.of Containers or Pkgs.	⑰ Description of Goods	⑱ Gross Weight	⑲ Measurement
			NON-NEGOTIABLE		
			NON-NEGOTIABLE		

⑳ Total Number of Containers or Packages (in words)					
㉑ Freight & Charges	㉒ Revenue Tons	㉓ Rate	㉔ Per	㉕ Prepaid	㉖ Collect

㉗ Freight Prepaid at	㉙ Freight Payable at	㉛ Place of Issue
㉘ Total Prepaid in	㉚ No. of Original B/L	㉜ Date of Issue

Laden on Board the Vessel

㉝ Date	**Korea Marine Transport Co., Ltd.**
㉞ By _____	By _____ for Master

2. 해상화물운송장 (Sea Waybill)

가 해상화물운송장의 이해

오늘날 운송기술의 발달로 물품이 운송서류보다 먼저 도착지에 도착하는 경우가 빈번히 발생하고 있다. 즉, 거래당사자가 B/L 사용을 고집할 경우 B/L 때문에 지체되는 동안 물품의 보관 및 보관에 따른 물품의 멸실 및 손실의 위험, 적시에 물품을 판매할 수 없는 위험(market risk) 등이 매수인에게 발생된다. 이 같은 경우에 현행 상관습에서는 B/L 대신에 소위 수입화물 선취보증서(L/G ; Letter of Guarantee)를 이용하고 있으나 L/G 보증에 따른 까다로운 절차와 비용, 그리고 L/G 위조 등으로 L/G 사용에 대한 문제가 제기되는 등 L/G의 법률적 성격으로 많은 문제점이 발생하고 있다.

더구나 은행의 책임으로 L/G의 사용과 B/L의 사용이 보편화하였지만, B/L의 이용에 따른 절차와 비용, 사용 등에 대한 문제가 제기되었다. 더구나 B/L 분실의 위험과 EDI의 급속한 도입은 B/L의 사용을 더디게 하였다. 이러한 문제점을 해결할 수 있도록 물품의 신속한 인도를 위해 유통성 선하증권 대신에 도착지에서 서류의 제시가 필요 없는 비유통성인 서류의 사용이 증가하고 있는데, 이것이 해상화물운송장(Sea Waybill, 이하 SWB)이다.

SWB는 화주가 선하증권을 필요로 하지 않을 때 교부하는 증권이며 보통 1통만 발행한다. 외관상으로 보면 B/L과 거의 차이가 없고 다만 첫머리에 B/L 대신에 Waybill 또는 Sea Waybill로 표시된다. 화환어음의 저당, 매매, 양도 등 유통금지(non-negotiable)의 문언이 부기(附記)되어 있다. 따라서 SWB는 B/L과는 달리 화물수령을 표시한 증거증권이다.

또, SWB는 해상운송에 대하여 발행되는데, 운송계약의 증빙서류이다. 물품에 대한 수령증이라는 점에서 B/L과 공통점을 가지고 있으나 해상화물 운송인에게 제시할 필요가 없다는 점이 다르다. 다시 말해 SWB는 B/L과 달리 물품에 대한 청구권이 없는 서류, 즉 유가증권으로는 인정되지 않는다.

SWB와 항공화물운송장(AWB ; Air Waybill, 이하 AWB)은 동일한 발상에 근거하여 입안된 것이어서 성격은 유사하지만 상이한 점도 많다. 양쪽 모두 비유통증권, 비유가증권으로만 발행된다. 선사나 항공사 모두 도착지에서 화물과 함께 수하인용 원본을 인도할 것을 의무화하고 있을 뿐이며, 수하인이 송하인용으로 발행한 원본을 소지하고 있는지는 문제가 되지 않는다.

신용장이 SWB를 요구하는 경우 은행은 그 명칭에 관계없이 서류를 수리하는 반면, AWB 거래에서는 신용장에 "Air Waybill Acceptable"의 삽입이 반드시 요구된다. 또한, AWB는 국제항공운송에 대한 통일규칙으로서 Warsaw조약이 있어 AWB의 법적 성질, 기재사항, 책임범위, 한도,

수하인, 항공회사의 권리·의무 등이 기재되어 있지만 SWB는 CMI통일규칙이 있으나 계약자유의 원칙에 따라서 당사자간의 합의가 중요하다.

SWB는 B/L과 달리 증권과 상환하여 화물을 인도한다는 취지의 문구는 없지만, B/L과 구별하기 위해 보통 다음과 같은 문구가 추가된다. "This Waybill not to be constructed as B/L nor any other similar document of title referred to the International Convention for the Unification of Certain Rules relating to B/L signed at Brussels on August 25, 1924." SWB에는 운송인이 정당한 수하인이라고 인정할 때 본 운송장이 없이도 화물을 인도할 수 있다고 약정되어 있다.

SWB는 화환어음거래나 기타 B/L의 유통이 필요치 않는 화물, 즉 본지점간 거래, 선불거래, 플랜트 거래와 같이 은행보증으로 별도 보증이 되어 있는 거래, 무상거래, 송금결제가 가능하고 부도가 되더라도 큰 손해를 입지 않는 거래, 전시물품, 소량화물, 이사화물, 후불이지만 결제상 문제가 없는 거래 등에 주로 이용되고 있다.

SWB가 세계 해상운송에 등장한 것은 1977년 1월 영국의 11개 선사들이 영국선주협회(GCBS; The General Council of British Shipping)의 권고로 UK Standard Liner Waybill을 사용하기 시작하면서였다. 우리나라에서는 아직 실무에서 그리 널리 사용되고 있지는 않다.

SWB는 BIMCO(Baltic and International Maritime Conference)에서 제정한 「Liner Waybill」, 영국해운회의소에서 만든 「Sea Waybill」 및 Intertanko에서 만든 「Tankwaybill 81」이 있다. 이 중에서 「Tankwaybill 81」은 원유수송을 위한 부정기선에서 사용되고 있다.

1855년 선하증권법을 대체하는 영국의 1992년 해상화물운송법(Carriage of Goods by Sea Act 1992)은 SWB와 화물인도지시서(D/O)를 선하증권과 동일하게 주요 선적서류로 취급하여 그 성격 및 효력 등을 규정하고 있다. 또, 1993년 신용장통일규칙(UCP 500) 제24조에는 신용장이 SWB를 요구할 경우, 은행이 수리할 수 있는 SWB의 구비조건이 규정되어 있다.

운송도중 전매가 거의 없는 공산품의 경우는 해상운송장도 전혀 문제가 없어 대서양항로에서는 1970년대 중반부터 본격적으로 사용되어 현재는 컨테이너 화물의 약 90%가 SWB에 의해 운송되고 있다고 한다.

일본의 경우, 1990년대 초에 일본선주협회의 조사에 의하면 연간 B/L 발행건수가 약 80만건인데, SWB의 경우는 5%인 약 4만건인 것으로 알려진 바 있다.

나 해상화물운송장의 장점

이러한 해상화물 운송장의 이용상의 장점으로서는

첫째, SWB는 수하인이 물품을 수령할 때 운송인에게 제출할 필요가 없는 서류, 즉 유가증권이 아니기 때문에 화물을 수령하는 수하인의 신원확인만으로 화물을 찾을 수가 있다는 것이다. 그러므로 B/L의 입수가 화물의 도착보다 지연됨으로써 발생하는 물품의 인도지연을 해소할 수 있고, 그 결과 보관료나 이자의 절감이 가능하다는 것이다. 한편, 사기의 예방으로 화물인도 청구 시 제시가 아닌 수하인의 신분확인만으로 이루어지며, 담보적 가치도 없으므로 은행을 통한 금융사기 위험도 감소한다. 따라서 SWB는 악의의 소지자가 수취하여 화물을 수령하는 것은 원칙적으로 불가능하다. 이는 기존의 AWB)의 기능과 같다고 할 수 있다.

둘째, SWB는 유가증권이 아니기 때문에 분실할 경우 B/L과 같은 위험이 존재하지 않는다. 다시 말하면 SWB는 분실의 위험에 대해 대처가 유연하다. B/L을 분실할 경우, 공시최고 후에 법원의 제권판결(除權判決)을 받아야 한다. 그러나 SWB는 이러한 공시절차 없이 실무적인 해결책으로서는 은행연대보증부 보증장으로 해결하는 경우가 많다.

셋째, SWB는 물품 수취에 필요로 하는 서류가 아니기 때문에 송화인은 SWB의 발행을 기다리지 않고 상업송장, 보험증권 등의 서류를 구비한 다음 이것을 수하인에게 송부하고 물품의 통관, 수령의 신속화를 꾀할 수 있으며 SWB의 서식을 표준화함으로써 사무처리의 합리화를 촉진하는 것이 가능하다는 점이다.

바로 이러한 이유로 SWB가 B/L과 대체되어 그 사용이 증가하리라 생각된다. 이에 따라 Incoterms(1990)에서도 물품인도의 증빙서류로 명시적으로 SWB를 수용하였고, 1993년 제5차 개정 신용장통일규칙(UCP500 제24조)에서도 이러한 매매관습을 수용하여 SWB에 대한 별도의 수리규정을 신설했다. 그런데 물론 SWB가 기존의 B/L 사용에 따른 모든 문제를 해결할 수 있는 것은 아니다. SWB는 유통성이 없기 때문에 항해 중에 증권을 매매하여 화물을 전매할 수가 없다.

따라서 운송 중에 전매가 예상되는 화물은 SWB를 사용할 수 없다. 또한, 유통성이 없고 권리증권이 아니어서 담보권을 행사할 수 없어 화환신용장 거래를 하는 은행이 기피한다. 또, Short form인 SWB는 B/L처럼 이면약관이 없기 때문에 운송인에 대한 정의가 없고, 운송인을 특정하는 방법이 없다. 둘째, B/L의 경우에는 법원에서의 판례가 있지만 SWB에 관한 판례가 적어 불리한 해석을 할 우려가 있다. 또, SWB는 Incoterms 중 FCA, CIP 및 CPT 조건하의 무역거래에서 국제복합운송과 관련하여 사용될 때에는 사용이 어렵다. 왜냐하면 SWB는 해상운송만을 전제로 하기 때문이다.

[선하증권과 해상화물운송장의 비교]

구분	선하증권	해상화물운송장
기 능	운송물품에 대한 권리증권	물품 적재사실 통지서
운송계약 증거	가능	가능
물 품 영 수 증	가능	가능
유 가 증 권 성	유가증권이며, 권리증권임	유가증권이 아니며 권리 증권도 아님
권 리 행 사 자	적법한 소지인	수화인
유 통 성	유통 가능함	유통 불가능
수 화 인	변경 가능	변경 불가능
결 제 담 보	매입은행 결제의 물적담보	물적 담보 불가하므로 은행은 무담보 어음 매입
사 용 용 도	일반적 거래	소량·견본거래, 본·지사간거래
U C P 4 0 0	허용	불허
U C P 5 0 0	허용	허용
신 설 동 기	해당 없음	Incoterms 1990 수용 및 운송업계 요청

[해상화물운송장 사례]

Demo Carrier Company Limited
Sea Waybill   **Non-Negotiable**

Shipper	
Forest Products Company Ltd. 9876 Cypress Grove Los Angeles,CA,US 123456	

Booking Number	Sea Waybill Number	Page 1 of 1
CNW-016-0004	501	

Export References:

Consignee (Not to Order)	Forwarding Agent - References - FMC No.
Shipper	

Notify address	Also Notify - Routing and Instructions - Remarks
Notify Party # 1 address 1 (Notify Party # 1) city (Notify Party # 1),DE V3M 3R3	Free Disposal # 1 line 2 line 3

Pre-carriage by	Place of receipt by pre-carrier	Point and Country of Origin of Goods	Type of Move

Vessel	Port of loading
City of New Westminster V-016	Fraser Surrey, British Columbia

Port of discharge	Place of delivery by on-carrier
Brake, Germany	

Marks and numbers	Number and kind of packages, description of goods		Weight	Measurement
	said to Contain			
	Packages	Pieces		FBM
Reference # 1	Douglas Fir Lumber			
Mark # 1	1	111		1,111,000
Reference # 2	Douglas Fir Lumber			
Mark # 2	2	222		2,222,000
Totals:	3	333		3,333,000

ON BOARD "City of New Westminster" March 2, 2002

* Default Clause
* Default FRSUR Load Port
* Default UK/Cont. Discharge
* PACKAGE/PIECES COUNT PER SHIPPER'S TALLY
* Default Lumber

Particulars of goods declared by Merchant

SHIPPED on board in apparent good order and condition, weight, measure, marks, numbers, quality, quantity, contents and value unknown, for carriage to the port of discharge or so near thereunto as the vessel may safely get and lie always afloat, to be delivered there in like good order and condition. In accepting this Bill of Lading the Merchant expressly accepts and agrees to all its stipulations on both pages, whether written, printed, stamped or otherwise incorporated, as fully as if they were all signed by the Merchant.

Freight	Merchant's declaration of value	Freight payable at	Place and date of issue
Prepaid		Vancouver, B.C.	Vancouver, B.C. March 2, 2002
		Number of originals	Signature
	(see Clause 19)	1	

* Applicable only when document used as a through Sea Waybill
ISO REPORT: 008

Demo Carrier (Carrier)

3. 항공화물운송장

가 항공화물운송장의 의의

항공화물운송장(AWB; Air Waybill)은 항공회사가 화물을 항공으로 운송하는 경우에 발행하는 화물수취증으로서 해상운송에서의 선하증권(B/L)에 해당되며, 항공운송장 또는 항공화물수취증이라고도 한다. 미국 및 유럽 등에서는 Consignment Note 혹은 Air Consignment Note라고도 부른다. AWB의 기본적인 성격은 선하증권과 같으나 선하증권이 화물의 수취를 증명하는 동시에 유가증권적인 성격을 가지고 유통이 가능한 반면, 항공운송장은 화물의 수취를 증명하는 영수증에 불과하며 유통이 불가능하다는 등에서 그 차이점을 찾을 수 있다.

국제항공운송에서 발행되는 항공화물운송장은 IATA(International Air Transport Association : 국제항공운송협회)에 의해 양식과 발행방식이 규정되어 있다(IATA Resolution 600). 이 통일안은 全 IATA 회원 항공사가 의무적으로 사용토록 규정하고 있으며 非회원사도 회원사들과 연계운송을 위하여 대부분 IATA 양식을 사용하고 있다. 운송장이 국제적으로 유통성이 보장되는 이유는 IATA가 결의한 모든 규정을 대부분의 정부가 인정하여 공인하고 있기 때문이다. 법률적인 뒷받침으로서는 항공운송에 관한 국제조약인 워소조약(Warsaw Convention)이 있다.

이 조약은 1929년 폴란드의 Warsaw에서 서명된 것으로 '국제항공운송의 규칙통일에 관한 조약'으로 불려진다. 이 조약에 의해 화물운송장의 법률적 성격, 운송인의 책임범위, 배상한도, 송하인, 수하인, 항공회사의 권리와 의무 등이 규정된다. 아울러 화물운송장에는 워소조약과 헤이그의정서(Hague Protocol)에 따라 항공사가 행해야 할 사항을 화물운송장 원본 뒷면에 명백히 규정하고, 그 규정에 따라 위탁받은 화물의 운송에 관한 책임을 지게 되어 있다.

한편, IATA의 비회원사도 IATA 소속 항공사들과 연계운송을 해야 하므로 AWB의 양식은 IATA의 것과 같은 IATA Universal Air Waybill을 사용하고 있다. AWB는 화물과 함께 보내져 화물의 출발지, 경유지, 목적지를 통하여 각 지점에서 적절한 화물취급 및 운임정산 등의 작업이 원활하게 수행되는데에 필요한 사항이 기재되어 있다.

항공화물에 대한 운송계약은 항공화물운송장을 발행한 시점, 즉 화주 또는 그 대리인이 AWB에 서명하거나 항공사 또는 해당 항공사가 인정한 항공화물취급대리점이 AWB에 서명한 순간부터 유효하며 AWB상에 명시된 수하인(Consignee)에게 화물이 인도되는 순간 소멸된다.

AWB는 화물의 항공운송에 있어서 항공운송인의 청구에 따라 송하인이 작성하여 교부하는 것으로, 원칙적으로 송하인이 작성하여 제출해야 하지만 항공사나 항공사의 권한을 위임받은 대리점에 의하여 발행되는 것이 일반적이다. 즉, 대리점은 송화주가 가져온 상업송장 등의 선적서류와 「화물운송화주지시서」에 의해 운송장을 발행한다.

나 항공화물운송장의 기능

AWB의 기능을 좀 더 자세히 살펴보면 다음과 같다.

첫째, AWB는 운송계약서의 역할을 한다. 다시 말하면, AWB는 송하인과 항공운송인 사이에서 항공운송 계약의 성립을 입증하는 증거서류이다.

둘째, AWB는 항공운송인이 송하인으로부터 화물을 수취한 것을 증명하는 화물수령증의 성격을 가지고 있다.

셋째, AWB는 화물과 함께 목적지에 보내져 수하인이 도착화물 및 운임, 요금을 대조하고 검증하는데 사용되는 송하인으로부터의 통지장의 성격을 가지고 있다.

그 외 AWB는 보험계약증서, 운임청구서, 수출입신고서 및 수입통관 자료, 운송인에 대한 송하인의 지시서, 사무정리용 서류 및 수하인에의 화물인도 증서 등의 역할도 수행한다.

선하증권이 통상 원본 3부가 발행되는 것과 달리 AWB는 보통 원본 3장, 부본 6장으로 구성되는 것을 원칙으로 하나, 항공사에 따라 부본을 5장까지 추가할 수 있다. 참고로, 대한항공의 경우 원본 3장, 부본 9장 합계 12장을 발행한다.

Warsaw Convention에 의거하면 항공화물운송장은 송하인이 원본 3통을 작성하여 화물과 함께 교부하여야 된다고 규정하고, 또한 제1의 원본에는 '운송인용'이라고 기재하고 송하인이 서명한다. 제2의 원본에는 '수하인용'이라고 기재하고 송하인 및 운송인이 서명하고 이 원본은 운송인이 화물을 인수한 후에 송하인에게 교부하도록 규정하고 있다.

그러다 실제로는 송하인이 작성하여 교부하는 경우는 많지 않고 항공화물대리점이 항공회사로부터 AWB의 용지를 받아 거기에 필요사항을 기입하고 화물의 인도을 받은 후 항공회사의 대리인으로서 송하인용 원본에 서명하거나 항공회사가 거기에 서명하여 송하인에게 교부한다.

[항공화물운송장과 선하증권의 차이점]

항공화물운송장(AWB)	선하증권(B/L)
유가증권이 아닌 단순한 화물수취증 비유통성(non-negotiable) 기명식 수취식(창고에서 수취하고 발행) 송하인이 작성함이 원칙	유가증권 유통성(negotiable) 지시식(무기명식) 선적식(본선 선적후 발행) 선사가 작성

다 항공화물운송장의 구성

IATA가 정한 표준양식의 AWB의 구성은 다음과 같다.

① Original 1(발행항공사용, 녹색) : 운송인용으로 운임이나 요금 등의 회계처리를 위하여 사용되고 송하인과 운송인과의 운송계약 체결의 증거서류이다.

② Original 2(수하인용, 적색) : 수하인용으로 출발지에서 목적지에 보내 당해 항공화물운송장에 기재된 수하인에게 화물과 함께 인도된다.

③ Original 3(송하인용, 청색) : 출발지에서 항공회사가 송화인으로부터 화물을 수취였다는 것을 증명하는 수취증이고 또한 송하인과 운송인과의 운송계약 체결의 증거서류이다. 그러나 '수하인용' 원본에 기재된 수하인에게 화물을 인도하는 경우에 수하인이 '송하인용' 원본을 소지하고 있는가를 물어보지 않으므로 이 원본은 송화인의 운송품 처분권을 제한하는 효력을 가지고 있을 뿐이다.

④ Copy 4(인도 항공회사 화물인도용, 황색) : 운송인이 도착지에서 수하인과 화물을 상환할 때 수하인이 이 부분에 서명하고 인도 항공회사에 돌려주는 것으로서 화물인도증명서 및 운송계약 이행의 증거서류가 된다.

⑤ Copy 5(도착지 공항용, 백색) : 화물과 함께 도착지 공항에 보내져 세관통관용 기타 업무에 사용된다.

⑥ Copy 6~Copy 8(백색) : 운송에 참가한 항공회사가 운임정산에 사용한다.

⑦ Copy 9(발행대리점용, 백색) : 발행대리점의 보관용으로 사용된다.

⑧ Copy 10~Copy 12(예비용, 백색) : 필요에 따라 사용된다.

[항공화물운송장]

Shipper's Name and Address	Shipper's Account Number	Not negotiable Air Waybill Issued by	**BIZFORMS AIR**
		Copies 1, 2 and 3 of this Air Waybill are originals and have the same validity.	
Consignee's Name and Address	Consignee's Account Number	It is agreed that the goods described herein are accepted in apparent good order and condition	
		(except as noted) for carriage SUBJECT TO THE CONDITIONS OF CONTRACT ON	
		THE REVERSE HEREOF. THE SHIPPER'S ATTENTION IS DRAWN TO THE NOTICE	
Telephone :		CONCERNING CARRIER'S LIMITATION OF LIABILITY. Shipper may increase such limitation	
		of liability by declaring a higher value for carriage and paying a supplemental charge if required.	

Issuing Carrier's Agent Name and City		Accounting Information

Agent's IATA Code	Account No.	

Airport of Departure(Addr. of First Carrier) and Requested Routing						

TO	By First Carrier	Routing and Destination	to	by	to	by	Currency	CHGS Code	WT/VAL PPD COLL	Other PPD COLL	Declared Value for Carriage	Declared Value for Customs

Airport of Destination		Flight/Date For Carrier Use Only	Flight/Date	Amount of Insurance	INSURANCE—If Carrier offers Insurance, and such insurance is requested in accordance with conditions on reverse hereof, indicate amount to be insured in figures in box marked 'amount of Insurance'.

Handling Information

No. of Pieces RCP	Gross Weight	kg lb	Rate Class / Commodity Item No.	Chargeable Weight	Rate / Charge	Total	Nature and Quantity of Goods (incl. Dimensions or Volume)

Prepaid	Weight Charge	Collect	Other Charges
	Valuation Charge		
	Tax		
	Total Other Charges Due Agent		Shipper certifies that the particulars on the face hereof are correct and that insofar as any part of the consignment contains dangerous goods, such part is properly described by name and is in proper condition for carriage by air according to the applicable Dangerous Goods Regulations.
	Total Other Charges Due Carrier		
			Signature of Shipper or his Agent
Total Prepaid		Total Collect	
Currency Conversion Rates	CC Charges In Dest. Currency		Executed on (date) at (place) Signature of Issuing Carrier or its Agent
For Carrier's Use Only at Destination	Charges at Destination	Total Collect Charges	

ORIGINAL 3(FOR SHIPPER)

라 항공화물운송장의 작성요령

(1) AWB 작성의 일반 원칙

☑ 사용문자와 숫자

AWB에 기록되는 문자와 숫자는 라킨문자와 아라비아숫자를 사용한다. 따라서 사용문자는 영어, 불어, 스페인어를 사용하는 것이 원칙이다. 라틴문자 외에 다른 문자를 사용하는 경우 영어를 병기하는 것이 원칙이다.

☑ 타 선적서류와의 내용 일치

항공화물대리점이 AWB를 작성할 경우 화주신고서(Shipper's Letter of Instruction) 및 신용장(L/C), 상업송장 등 다른 선적서류의 내용과 일치하도록 작성해야 한다. 또 해당 화물을 인수한 후 작성하는 것이 원칙이며 수하인, 송하인, 출발지, 도착지 등 운송장상의 필수 기재 사항이 빠짐없이 기재됐는지 확인해야 한다.

☑ 내용 수정 및 보완 시

작성된 AWB의 내용을 수정하거나 추가할 때에는 원본과 사본 전체에 대해 수정 혹은 추가해야 한다.

(2) AWB 주요 기재요령

가) AWB의 상단부 작성요령

① Airline Code Number : IATA 3단위 항공사 번호 코드를 적는 난이다. 사전에 인쇄되어 있지 않은 경우에 기재한다(예: 083).

② Airport of Departure : 출발지 도시나 공항의 3단위 코드를 기재한다(예: SEL).

③ Serial Number : 7자리 일련번호와 체크디지트 숫자 하나를 기재한다(예: 1234567 3).

④ Shipper's name and address : 송하인의 성명, 주소, 연락처 등

⑤ Shipper's account number : 발권 항공사의 사용란으로, AWB 발행 항공사가 임의로 사용한다.

⑥ Consignee's name & Address : 수하인의 성명, 주소, 연락처 등

⑦ Consignee's Account Number : 발권 항공사의 사용란으로 AWB 발행 항공사가 임의로 사용한다.

⑧ Issuing Carriers Agent Name and City : AWB를 발행한 화물대리점의 이름과 도시명을 기재한다.

Shipper's Name and Address ④	shipper's Account Number ⑤	Not negotiable Air Waybill Issued by
		Copies 1, 2 and 3 of this Air Waybill are originals and have the same validity,
Consignee's Name and Address ⑥	Consignee's Account Number ⑦	It is agreed that the goods described herein are successfully accepted in apparent good order and condition(except as noted) for carriage SUBJECT TO THE CONFITIONS OF CONTRACT ON THE REVERSE HEREOF, ALL GOODS MAY BE CARRIED BY ANY OTHER MEANS INCLUDING ROAD OR ANY OTHER CARRIER UNLESS SPECIFIC CONTRARY INSTRUCTIONS ARE GIVEN HEREON BY THE SHIPPER, AND CARRIER AGREES THAT THE SHIPMENT MAY BE CARRIED VIA INTERMEDIATE STOPPING PLACES WHICH THE CARRIER DEEMS APPROPRIATE THE SHIPPERS ATTENTIONS IS DRAWN TO THE NOTICE CONCERNING CARRIERS LIMITATION OF LIABILITY. Shipper may increase such limitation of liabilityy by declaring a higher value for carriage and paying suppremental charge if required.

Issuing Carriers Agent Name and City ⑧	Accounting information ⑨
Agent's IATA Code ⑩ Account No. ⑪	

Airport of Departure(Addr.of First Carrier) and Requested Routing ⑫	Reference Number	Optional Shipping Information

to ⑬	By First Carrier ⑭	Routing and Destination ⑮	to ⑯	by ⑰	to ⑱	by ⑲	Currency ⑳	CHGS Code ㉑	WT/VAL ㉒	Other ㉓	Declared Value for Carriage ㉔	Declared Value for Customs ㉕

Airport of Destination㉖	Requested Fight/Date ㉗	Amount of Insurance㉘	INSURANCE; If carrier offers insurance, and such insurance is requested in accordance with the condition thereof, indicate amount to the insurance in figures in the marked "Amount of Insurance".

⑨ Accounting Information : 회계처리에 관련된 내용을 적는다. 즉, 운송료 지불 방법이 cash, cheque, credit 등 어느 것인지를 기재하고 비동반 수하물일 경우에는 ticket number 와 여정 등을 기재한다. 혹은 상용화주(known shipper)일 경우 "This is a known shipper. certification number"를 기재한다.

⑩ Agent's IATA Code : IATA 대리점일 경우 IATA Code 7단위를 기재한다. (예: 91-3 1234)

⑪ Account No : 발행 항공사에서 임의로 기재한다.

⑫ AIRPORT OF DEPARTURE(ADDRESS OF CARRIER AND REQUESTED ROUTING : 출발지 공항명(CITY CODE 사용 가능)과 요청된 ROUTING을 기재한다.

⑬ to : 목적지 또는 첫 번째 연결 지점 공항의 3단위 city code를 기재한다(예: 런던 히스로 공항 → LHR).

⑭ By first Carrie : 운송에 참여하는 첫 번째 항공사명 또는 2단위 IATA code를 기재한다(예: Korean Air or KE).

⑮ Routing Destination : ⑯번 항목부터 ⑲까지를 통칭하는 제목이다.

⑯ to : 목적지 또는 두 번째 연결 지점 공항의 3단위 city code를 기재한다.

⑰ by : 운송에 참여하는 두 번째 항공사명 또는 2단위 IATA code를 기재한다.

⑱ to : 목적지 또는 세 번째 연결 지점 공항의 3단위 city code를 기재한다.

⑲ by : 운송에 참여하는 세 번째 항공사명 또는 2단위 IATA code를 기재한다.

⑳ Currency : 출발지 국가에서 징수하는 항공운임 기준통화 코드이며 달러는 USD, 한화는 KRW, 엔화는 JPY 등으로 기재된다.

㉑ CHGS Code : AWB가 전송되는 경우에 한해 알파벳 약자 두 글자를 기재한다. (예: All charges Collect → CC, All charges Prepaid by Cash → PP).

㉒ WT/VAL : 화물중량 기준 운임/종가운임이 선불(prepaid)인지 후불(collect)인지 등을 기재한다.

㉓ Other : 기타 요금이 선불(prepaid)인지 후불(collect)인지 등을 기재한다.

㉔ Declared Value for Carriage : 송하인의 운송 신고가액을 기재하며 주로 NVD(None Value Declared)로 기재하거나 공란으로 둘 수도 있다.

㉕ Declared Value for Customs : 송하인의 세관 신고가액을 기재하며 NCV(None Customs Value)로 표시하거나 공란으로 둘 수 있다.

㉖ Airport of Destination : 최종 목적지의 공항이나 도시명을 full name으로 기재한다(예: New York-JFK).

㉗ Requested Flight/Date : 항공사가 기재한다.

㉘ Amount of Insurance : 항공화물 화주보험에 가입하는 경우 보험금액을 명시하고, 보험에 가입하지 않는 경우는 xxx로 표기한다.

나) AWB의 중단부 작성요령

① Handling Information : 화물의 포장 방법과 Notify party의 주소와 성명 및 AWB와 함께 발송되는 서류명, 그리고 운송과 관련한 기타 정보 등을 기재한다.

② No. of Pieces RCP : 특정 요율이 적용되는 화물의 개수를 기재하며, 구간 요율이 결합되는 지점을 표시할 필요가 있을 경우 다음 줄에 3단위 IATA 도시 코드를 쓰고 RCP(Rate Construction Point)라고 표시한다.

③ Gross Weight : 화물의 실제 무게를 소수점 첫째 자리까지 기재한다.

④ KG : 중량단위를 최초 적용된 요율을 기재한 줄에만 표시하되 kg인 경우는 "K", 파운드(lb)인 경우에는 "L"로 표시한다.

⑤ Rate Class : 적용되는 화물의 요율에 따른 코드를 기재한다(예: 최저요금→M(Minimum Rate), 기본요율→N(Normal Rate), 중량할인요금→Q(Quantity over 45kg Rate)).

⑥ Commodity Item no. : SCR(Specific Commodity Rate)일 경우에는 화물의 품목번호를, CCR(Commodity Classification Rate)일 경우에는 Surcharge reduction의 퍼센티지(예: Q150 등), BUC(Bulk Unitization Charge)의 경우에는 ULD Rating Type를 기재한다.

⑦ Chargeable weight : 화물의 중량 혹은 용적 중 높은 운임단가를 적용할 수 있는 항목을 기재한다.

⑧ Rate/Charge : kg당 혹은 lb당 요율을 기입하며 최저운임 적용 시는 최저운임을 기재한다.

⑨ Total: 각 줄마다 요금의 합계를 기재하며 2개 이상의 줄이 기재되는 경우는 각 줄 요금의 합계를 기재한다.

⑩ Nature & Quantity of Goods : 적재 예정 화물의 품목을 기입하며 용적화물일 경우 Dimension을 기재한다. 혼재화물일 경우에는 "CONSOLIDATED AS PER ATTACHED LIST" 라고 기재한다.

[항공화물운송장 중단부]

No. of Pieces RCP ②	Gross Weight ③	KG ④	RATECLASS ⑤ Commodity Item No. ⑥	Chargeable Weight ⑦	Rate ⑧ Charge ⑧	Total ⑨	Nature and Quantity of Goods (Incl. Dimensions or Volume) ⑩

Handing Information ①

다) AWB의 하단부 작성 요령

①+② Weight Charge - prepaid/collect : 중량 혹은 용적요금일 경우 그 요금이 선불인지 후불인지를 표시한다.

③ Other Charge : 중량/용적요금, 종가요금 및 세금 등을 제외한 기타요금을 기재한다. 2단위의 기타요금 코드 뒤에 그 운임/요금이 항공사에 귀속되면 C(Due Carrier)를, 대리점에의 귀속되면 A(Due Agent)를 붙여 사용한다(예: AWA 20.0→AWB 발급비 20달러는 대리점에 귀속).

[주요 기타요금 코드]

코드	기타요금명	코드	기타요금명
AC	Animal Container	PK	Packaging
AW	Air waybill Fee	PU	Pick Up charge
DB	Disbursement Fee	TR	Transit charge
IN	Insurance premium	UN	ULD Handling

④ Valuation Charge - prepaid/collect : 종가요금일 경우 선불 혹은 후불(착지불)란에 기재한다.

⑤ Tax : 세금을 선불 혹은 후불 중 어디에 해당되는지를 표시한다.

⑥ Total Other Charges Due Agent : other charge에 기재된 요금 중 대리점에게 지불해야 할 요금의 합계를 선불 혹은 후불 해당란에 표시한다.

⑦ Total Other Charges Due Carrier : other charge에 기재된 요금 중 항공사에 지불해야 할 요금의 합계를 선불 혹은 후불 해당란에 표시한다.

⑧ Signature of Shipper or his Agent : 송하인 또는 대리인의 서명란이다.

⑨ Total prepaid+⑩ Total collect : 운임, 종가운임, 기타요금 등 제비용 중 선불일 경우 prepaid란에, 후불일 경우 collect란에 기재한다.

⑪ Currency Conversion Rate : 도착지의 통화 코드(예: 미국 → USD)와 환율을 기재한다.

⑫ CC Charges in Dest. Crrency : Total Collect란의 금액을 도착지 통화로 환산한 금액을 표시한다.

⑬ Executed on(Date) : AWB의 발행일자를 연월일 순으로 표시하며, 월은 알파벳으로 정자 혹은 약자(예: OCT, NOV) 일과 연도는 숫자로 표시한다(예: 11 JULY 2015).

⑭ at(Place) : AWB의 발행 장소를 기재한다.

⑮ Signature of Issuing Carrier or its AGENT : AWB를 발행한 항공사 혹은 대리점의 서명이 들어간다.

⑯ For Carrier's use only at Destination : 도착지에서 운임을 징수할 경우 항공사가 기재하는 란이다.

⑰ Charges at destination : 인도 항공사 몫으로 도착지에서 납부해야 할 제반 요금을 도착지의 통화로 표시한다.

⑱ Total Collect Charges : ⑫과 ⑰ 요금의 합계를 기재한다.

[항공화물운송장 하단부]

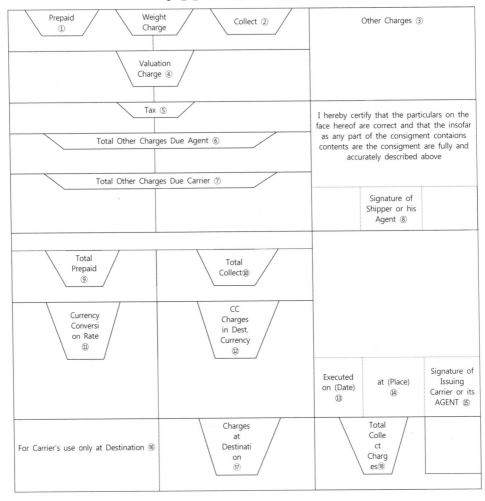

3장 국제운송 관련 서류와 클레임

마 AWB상의 항공사의 책임 범위

다음으로는 항공사의 책임 범위에 대해 알아본다.

첫째, 항공사는 화물의 파손, 분실, 훼손이 항공운송 중에 발송한 경우 이에 관한 책임을 진다. 단, 화물 고유의 결함, 불완전한 포장, 전쟁 등의 불가항력 그리고 정부 당국의 정당한 행위에 의한 손해에 대해서는 면책된다.

둘째, 연착 때문에 발생한 손해는 항공사 또는 그 사용인이 동 손해를 방지하기 위한 조치를 취했거나 취할 수 없는 사정이었음을 입증한 경우에는 그 책임을 부담하지 않는다.

셋째, 항공사의 책임한도액은 파손된 부분에 대해 kg당 17SDR(약 USD 20.00)이다. 단, 운송전에 물품 가액을 신고하고 합당한 요금을 지불했을 때는 신고된 가액을 한도로 배상한다.

항공운송인에 대한 배상청구 및 소송은 몇 가지 경우에 따라 달라진다. 특히, 화물파손이 있을 경우 수하인은 파손을 발견하자마자 늦어도 화물의 수취일로부터 14일 이내에 운송인에 대하여 이의를 제기하여야 한다.

연착의 경우에는 수하인이 화물을 처분할 수 있었던 날로부터 21일 이내에 이의를 제기하여야 하고 소정의 기간내에 이의를 제기하지 않았을 경우 운송인에 대한 소송은 운송인에게 사기(詐欺)가 있을 경우를 제외하고는 수리되지 않는다.

물론 상기에 규정된 클레임 제기기간을 경과하면 수하인은 청구권을 상실하게 되고 운송인의 배상책임은 소멸된다.

2절

운송클레임

1. 운송클레임의 발생원인

가 운송클레임

운송클레임이란 운송인이 운송계약에 의해 화물운송을 이행하면서 그 계약의 일부 또는 모든 불이행으로 말미암아 발생하는 손해에 대해 화주가 운송인에게 청구할 수 있는 권리라고 할 수 있다.

무역운송은 바이어에게 화물이 인도되기까지의 시간이 길고 지리적으로 멀기 때문에 해당 화물이 운송과정상에 사고를 당할 가능성은 상존하고 있다. 이러한 운송클레임은 생기지 않으면 이상적이지만 발생할 경우 당황하거나 감정이 앞서지 않고 이성적으로 차분하게 진행할 필요가 있다.

✔ 클레임 발생 운송구간

수출입화물의 운송과정 중 클레임이 발생할 수 있는 구간은 다음과 같다.
① 보세구역 보관 시
② 국내운송 혹은 국제운송 시
③ 하역 시

✔ 클레임 제기대상

주로 해상운송 구간에서 가장 많이 발생하게 되며, 운송단계별로 서비스 주체가 클레임의 제기대상이 될 수 있다. 종래는 선사가 책임지는 범위가 선 측에서 선 측까지(Tackle to Tackle)로 한정되었으나, 컨테이너 화물 운송의 경우 선사는 보통 CY to CY(LCL 화물은 CFS to CFS)로, 복합운송업자는 Door to Door로 범위가 확대되었는데, 이들 업자의 책임범위는 발급한 B/L에 표시된 운송구간이 된다.

만약, Door to Door 컨테이너 일관운송으로 복합운송업자에게 맡겼을 경우의 화물사고 발생시는 Through B/L을 발행한 복합운송업자가 일단 책임을 지고, 필요시 복합운송업자는 그 사고의 발생이 보관, 하역 혹은 내륙운송 중 어느 구간에서 발생하였는가를 밝혀 당해 서비스 주체에게 클레임을 제기하므로 화주는 손해 사실을 안 경우 해당 포워더로 하여금 일차적인 책임을 지도록 요구해야 한다.

나 운송클레임 발생원인

운송클레임이 발생하는 원인은

첫째, 화물 인수도 과정에서의 사고로 기인할 수 있다.

① 하역 인부의 부주의와 기술적 미숙

② 하역기기의 결함 및 선원의 조작기술 부족 등으로 인해 발생할 수 있다.

둘째, 선창(船艙)시설과 적하(積荷)준비의 불량에 의한 사고로 기인할 수 있다. 즉,

① 통풍 및 환기불비

② 누수

③ 부패, 변질 등의 원인이 이에 해당한다.

셋째, 적재불량에 기인하여 사고가 날 수 있는데,

① 적재장소의 부적당

② 적재중량 초과 등이 이에 해당한다.

넷째, 화물관리의 불량 때문일 수도 있는데

① 냉장 및 가열방법의 불량

② 누전(漏電) 및 화기(火器)단속의 불량이 이에 해당한다.

다섯째, 해난(海難)에 의한 사고가 이에 해당한다.

① 침수 및 누수

② 동요에 의한 전락, 마찰 등으로 인해 화물사고가 일어날 수 있다.

마지막으로, 화물의 본질에 기인하는 사고가 있을 수 있다,

① 이에는 하인(荷印)의 불량, 포장재 및 포장방법의 불량, 부패, 변질

② 자연발화(發火) 등이 해당될 수 있을 것이다.

2. 운송클레임의 제기방법

화물사고에 근거하여 손해를 입힌 사람에게 배상을 청구하는 것이므로 클레임의 제기주체는 원칙으로 그 화물의 소유자이어야 한다.

클레임의 제기절차나 방법을 따로 정하는 법 규정은 없으며, 보통 선하증권 소지인인 수하인이 제기하는 것이 보통이나, 수하인이 지니고 있는 배상청구권을 대위(代位) 받은 보험회사가 클레임을 제기하는 경우도 종종 발생한다. 이때 수하인이 직접 클레임 청구시는 B/L 사본 제시만으로 충분하며, 대리인이 청구시는 위임장을 첨부해야 한다.

수하인 외의 자가 클레임 청구시 보험회사는 보험금을 지급하고 청구권을 대위했다는 취지의 권리이양서(Subrogation Letter)를 첨부한다.

가 클레임 처리절차

클레임 처리의 일반원칙 및 순서를 살펴보면 다음과 같다. 우선 손해발생시 화주는 즉시 그 사실을 선박회사에 통지하는 한편, 적하보험에 가입하였을 경우는 보험회사에도 통지하여야 한다. 이때 손해의 존재는 클레임의 제기자가 우선 증명해야 하며 청구 받은 자도 이를 확인해야 한다.

사고통지(Notice of Loss or Damage)의 제기시기는 원칙적으로 화물을 인수할 때까지이며, 화물인수 시 바로 화물의 滅失이나 손상을 확인하지 않았을 경우, 보통 선하증권 약관에 의해 3일 이내 書面으로 사고통지를 하지 않으면 선사는 B/L에 기재된 바와 같이 화물을 인도한 것으로 간주한다.

만일 3일 후 손해사실을 발견하고 클레임을 제기하려면 화주는 그 화물사고가 운송인의 책임구간에서 발생했다는 것만을 증명하면 된다. 사고통지의 형식은 반드시 書面이어야 하며, 그 서면의 내용에는 당해 화물이 멸실 혹은 손상이 있었다는 것과 그 일반적 성질을 기재하면 충분하다.

사고통지 후 화주는 선사에 정식적으로 본 클레임(Final Claim)을 제기해야 하는데, 신용장 통일규칙(UCP)과 상법은 운송물을 수령한 날로부터 1년 이내에 제기하지 않으면 운송인의 손해배상 책임은 소멸시효에 의해 소멸되는 것으로 보고 있다.

나 클레임 제기서류

클레임 제기 시에 제출해야 할 서류로 다음과 같다.

① B/L 사본

② 선사 소정양식의 손해배상청구서(Claim Letter)

③ 송하인의 서명이 있는 송장(invoice)

④ 포장명세서(Packing List)

⑤ 공인검정기관(surveyor)에 의해 손해의 원인, 정도 등이 기재된 Survey Report

제기된 클레임에 대해 선사가 이를 인정한 후 화주에게 해주는 손해배상금액의 기준에 대해 우리나라의 상법은 도착지의 시장가격으로 규정하고 있으나, 실제로는 CIF가격에 의해 배상되는 것이 보통이다. 만일 선적시에 화주가 선사에 화물의 성질 및 가격을 밝히고 선하증권에 기재한 경우는 선하증권의 조항에 따라 화물의 가격을 한도로 실제 손해액을 배상받을 수 있다.

그러나 대부분의 경우 선하증권에 화물의 가액에 대해 표시가 없으므로 이 경우는 1포장 단위당 클레임 발생시 이 경우 약 500US$(일본의 경우 10만엔)가 배상의 한도이다. 그러므로 클레임에 따라 배상을 받더라도 화주는 거의 손해볼 수밖에 없는데, 여기서 적하보험의 필요성이 나타나게 된다.

[포장단위(package, unit)의 정의(Visby Rule)]

① 컨테이너 화물의 경우 B/L에 포장단위가 명시되었으면 명기된 단위가 이에 해당된다.
(예 : sealed container said to contain 99 bales of leather ⇒ 각 bale이 포장단위, one container said to contain 100 carton ⇒ 각 carton이 포장단위).

② B/L상에 컨테이너만 표시가 있는 경우는 각 컨테이너가 포장단위로 인정된다.
(예 : B/L상에 "1 container said to contain machinery"라고 적혀 있을 경우 ⇒ 컨테이너 속에 350개의 포장단위가 있더라도 이때는 컨테이너가 포장단위).

다 항공운송클레임

항공운송클레임은 항공화물의 파손, 분실, 훼손이 항공운송 중에 발송한 경우 이에 대한 책임을 진다. 단, 화물고유의 결함, 불완전한 포장, 전쟁 등의 불가항력 그리고 정부 당국의 정당한 행위에 의한 손해에 대해서는 면책된다. 또, 연착으로 인해 발생한 손해는 항공사 또는 그 사용인이 동 손해를 방지하기 위한 조치를 취했거나 취할 수 없는 사정이었음을 입증한 경우에는 그 책임을 부담하지 않는다.

항공사의 책임한도액은 파손된 부분에 대해 kg당 17SDR(약 USD 20.00)이다. 단, 운송 전에

물품가액을 신고하고 합당한 요금을 지불했을 때는 신고된 가액을 한도로 배상한다

라 해상운송 클레임

해상운송 클레임은 이론상 먼저 운송인인 선사를 상대로 제기해야 하는데, 선사가 해난증명(海難證明), 기타의 서류에 의해 그 손상의 책임을 지지 않고 클레임을 거부한다면 화주는 그 "거부장"을 첨부하여 보험회사에 손해배상을 청구할 준비를 해야 한다.

만약 손해의 책임자가 누구인지 알 수 없는 경우 선사에 배상을 청구함과 동시에 보험회사에 청구하며, 그 손해가 보험에서 보상되는 것이면 화주는 일단 보험회사로부터 보상을 받고, 나중에 선사 또는 하역업자의 책임으로 판명되었을 경우 보험회사는 선사 또는 하역업자에게 그 손해배상금을 받아 내려고 하게 된다.

만일 선사나 보험회사 모두 화주의 정당한 클레임의 청구에 대해서도 보상을 거부한다면, 상사중재를 이용하거나 그것도 안 되면 법원에 정식으로 재판을 청구해야 할 것이다.

3. 운송클레임 사례

(1) 선사가 선하증권을 받지 않고 화물을 불법으로 인도한 사례

대법원 2004.3.25. 선고 2001다53349 판결[손해배상(기)], [공2004.5.1.(201),683]

✅ 사건 개요

우리나라 수입상이 외국으로부터 펄프를 수입하기 위해서 거래은행에서 기한부신용장을 개설하였는데 수입상은 거래은행, 즉 이 사건의 개설은행에 수입대금결제를 하고 선하증권 원본을 개설은행으로부터 받아야 함에도 불구하고 대금결제를 하지 않았다. 그래서 선하증권 원본이 없는 상황에서 선사에 화물인도를 요구하여 화물을 넘겨받은 후 수입상은 부도가 나서 회사정리 절차를 밟게 되었다.

그리하여 이 사건의 개설은행이 선하증권 원본을 선사에 제시하고 화물인도를 요구하였으나 선사는 이미 화물을 수입상에게 넘겨준 이후이므로 화물인도가 불가능하게 되었다. 결국, 개설은행은 선사가 선하증권을 제시하지 않은 수입상에게 불법으로 화물을 인도하였다는 이유로 선사를 고소하였다.

✅ 사건해설

이 사건에서 선사는 선하증권을 제시하지 않은 수입상에게 화물을 인도함으로써 선하증권을 소지하고 제시한 개설은행의 화물의 소유권을 침해하였으므로 개설은행에게 손해배상을 해주어야 한다.

(2) 선사의 손해배상 책임 제한의 기준이 되는 포장단위에 관련된 사례

> 대법원 2004.7.22. 선고 2002다44267 판결, [공2004.9.1.(209),1428]

✅ 사건 개요

선사가 컴퓨터 26대(각 1개의 카톤박스로 포장됨)를 1팔레트로 하여 24팔레트를 1개 컨테이너에 넣어서 해상운송 중 선사의 취급 부주의로 인하여 침수되어 화주가 손해배상청구를 선사에 하였다. 그 후 화주는 해상보험 계약에 따라 해상보험회사에 손해배상청구를 하여 해상보험회사가 화주에게 손해배상을 해주었다.

그 후 해상보험회사가 선사에 대위청구를 하였는바 선사는 상법 제789조의 2 손해배상 책임 제한의 기준에 의거 1포장 단위당 500달러 한도를 손해배상 한다고 하면서 선하증권상의 포장단위를 팔레트로 보고 24팔레트×500달러를 손해배상 하겠다고 하였다.

이에 대해서 해상보험회사는 포장단위를 카톤박스로 보고 26×24 = 624 카톤박스를 손해배상 청구하였다. 결국, 해상보험회사가 선사를 이 문제로 고소하였다.

✅ 사건해설

법원은 이 사건에서 상법 789조의 2에서 손해배상 책임 제한의 기준이 되는 1 포장단위를 선하증권 또는 기타 운송계약을 증명하는 문서에 기재된 것이라고 하는 상법 789조2 제1항, 제2항에 따라 선하증권에 기재된 팔레트와 카톤박스 중에서 최소의 포장단위인 카톤박스를 기준으로 한다고 판단하였다.

결국, 법원은 이 사건에서 선사가 해상보험회사에 배상해야할 최소금액은 팔레트 숫자가 아닌 카톤박스 숫자에 의한 624×500달러라고 판시하였다.

(3) 선하증권상의 부지약관과 관련한 사례

> 대법원 2001.2.9. 선고 98다49074 판결, [집49(1)민,20;공2001.4.1.(127),591]

✅ 사건 개요

선사가 FCL CARGO로 신문용지를 중국의 수출상으로부터 인수받아서 무고장 선하증권을 발행하고 해상운송을 하였다. 화물이 도착된 후 한국의 수입상은 신문용지가 찍히고 찢어지고 물에 젖은 사실을 발견하고 무고장 선하증권을 발행한 선사가 화물취급을 잘못하였다는 이유로 선사에 손해배상청구를 한 다음 해상보험회사에 보험금을 청구하여 지급받았다.

해상보험회사는 이 사건이 선사의 과실로 인한 것으로 판단하고 선사에 대위청구를 하였다. 이에 대해서 선사는 자신의 과실이 아니라고 하면서 배상을 거절하여 해상보험회사가 선사를 법원에 고소하였다.

✅ 사건해설

이 사건에서 선하증권 상에 SHIPPER'S LOAD AND COUNT라고 하는 선사의 면책조항이 선하증권에 명시되어 있으므로 상법 제814조 제2항에 의거하여 선사가 컨테이너에 수출상이 화물을 적입할 당시에 내용물의 수량과 상태를 확인할 수 없으므로 이런 경우 면책될 뿐만 아니라 선사에 수출상이 양호하게 화물 인도한 후에 선사에 의해서 화물의 손상이 발생하였다고 하는 점을 입증할 책임도 선하증권의 소지인 즉, 이 사건의 수입상에게 있다.

따라서 수입상이 그러한 사실을 입증하지 못하는 한 선사는 손해배상책임을 지지 않는다. 따라서 선사가 손해배상책임이 있다는 것을 전제로 해상보험회사가 수입상 대신 손해배상청구(대위청구)를 한 것은 정당하지 못하다.

4장

수출입 물류요금

수출입 물류 실무에서 많은 무역인이 충분한 지식을 확보하지 않은 채, 서비스를 받고 나서 물류업체가 제시하는 요금청구서를 받으면 자세히 따져보지 않고 청구하는 대로 지급하는 경우가 허다한 것이 현실이다.

또한, 운송과정에서 요금 문제로 운송인과 다툼이 있을 때 실무지식이 부족하여 운송인의 주장에 반박하기도 어렵게 되는 경우도 빈번하다.

물류비의 직접적 절감을 통한 이윤 극대화의 관점에서 볼 때, 특히 물류요금 제도 및 체계와 관련한 메커니즘에 대한 이해가 절실히 요구되고 있다.

그런 의미에서 이 장에서는 해상운임부터 물류요금의 체계와 현황에 대해 알아보자.

1절 국내운송 부문 요금   208

2절 국제운송 부문 요금   219

3절 항만 및 통관 관련 요금   247

1절
국내운송 부문 요금

1. 컨테이너 육상운송료

외국과 달리 수출제품의 주생산지(전체의 약 60%)인 경인 지역과 주 수출항인 부산항 및 광양항과의 원거리로 인해 컨테이너 육송 운임은 우리 수출입기업에 있어 해상운임 못지않게 상당한 물류비 부담이 되고 있다. 나아가 일부 근거리 수출지역의 경우 오히려 국내 운송료가 해상운임보다 더 높은 실정이다. 예를 들어, 현재 서울에서 부산까지 20피트 컨테이너 한 개의 운송료는 거리상 두 배가 넘는 부산에서 일본 고베간의 운임보다 더 높은 편이다.

컨테이너 육상운송요금 제도는 1981년부터 1989년까지는 "독점규제 및 공정거래법"에 따라 경제기획원 등록 요율로 지정되어 1979년부터 한국관세협회와 한국화주협의회간의 합의를 거친 후 10일 이내에 경제기획원에 변경요금을 등록하는 체제이었다. 그 후 1989년 3월 화물자동차운수사업법 시행규칙 개정을 통해 해당 시도지사에의 신고요금으로 전환되었다가 1993년부터 화물차주들의 모임인 「화물공제조합」에 의한 국토교통부 신고요금으로 변경시행 중이다.

화물자동차운수사업법 개정을 위한 입법예고에서 컨테이너 육송료의 신고요금제도를 폐지하고 자율요금으로 전환을 추진한 바 있으나, 화물운송업체의 요청 등으로 신고요금 체제를 계속 유지되고 있다. 현행 컨테이너 육송시장을 보면 물량이 많은 주요 운송구간의 경우 신고된 요금을 상한선으로 하여 그 이하로 시장운임이 형성되어 있는 편이다.

[컨테이너 육송요금 변천 과정]

연도	내용
'74	관세청 고시요금
'78	조달청 고시요금
'81	경제기획원 등록운임
'89	시도지사 신고요금
'93	국토교통부 신고요금

현행 컨테이너 육상운송요율표를 보면, 전국을 150개의 행정구역별로 나누어 놓고 컨테이너 물동량이 많은 9개 지역(부산, 인천, 울산, 마산, 광양 등)을 기점으로 요금을 정하고 있다. 모든 요금은 기본적으로 왕복운임을 적용함을 원칙으로 한다. 이는 운송업체로 보아 컨테이너를 운송한 후 돌아올 때의 빈차 운행이 이루어지는 데 대한 대가를 화주가 지불해야 한다는 논리에서 나온 것이다. 각 기점에서 목적지 행정구역까지를 20피트와 40피트 컨테이너로 나누어 적용하고 있는데, 20피트 요금은 40피트의 90%를 적용하고 있다. 참고로 45피트 컨테이너는 40피트 컨테이너의 112.5%를 적용한다.

또, 각 5개 기점과 경인지역간은 운송업체로 보아 컨테이너 물동량이 많아 공차운행의 부담이 덜하므로 편도운임을 적용하고 있다. 물론 모든 경인지역이 편도운임의 적용대상은 아니고 수입화물의 경우는 선박회사가 의왕ICD에 공컨테이너를 장치할 경우에, 그리고 수출화물은 의왕ICD에 장치된 공컨테이너를 사용했을 경우에 부산지역 CY와 이들 지역간은 편도운임을 적용하고 있다.

참고로, 2012년 현재 부산기점 서울1지역까지의 20피트 컨테이너에 대한 왕복운임은 1,250,000원(VAT 포함)이고 편도운임은 그 절반 수준인 688,800원(VAT포함)이다. 컨테이너 내 적입되는 화물의 중량에 따른 요금의 구분도 있는데, 컨테이너 자체중량을 제외한 내장화물의 중량이 10톤 이하인 경량 컨테이너 2개를 동일장소에서 적재운송(컴바인운송)할 경우 40피트 컨테이너 운임의 108%를 적용하고 있다. 20피트 운임의 경우 내품 중량 10톤 이하인 경량 컨테이너는 그렇지 않은 컨테이너 운임보다 저렴한 편이다.

즉, 부산 CY ↔ 서울지역 DOOR의 경우 562,000원(VAT포함)이며, 부산 CY ↔ 인천지역 DOOR의 경우 20피트 컨테이너 운임은 581,000원을 적용한다. 이때 서울지역에는 수원시, 의왕시, 용인시, 오산시, 평택시, 송탄시, 안성시, 안산시, 군포시, 안양시, 과천시, 성남시, 광명시, 시흥시, 화성시 지역이 포함된다.

컨테이너 운송요금에는 기본요금 외 각종 할증료가 있는데, 냉동냉장 컨테이너(Reefer Container)는 기본요금의 30%를 할증하고, 험로 및 통행에 제한을 받는 지역에 대하여는 해당지역 운임에 30% 이상의 할증률을 가산적용하고 있다. 또한, 위험물이 적재된 컨테이너를 수송할 때에는 해당 지역 운임에 30% 이상의 할증률을 가산하는데, 위험물 및 유독물의 경우 50%, 화약류는 200%, 방사능 물질은 300%의 할증률이 적용된다.

이 같은 할증요금 외에도 현행 컨테이너운송요금에는 각종 부대요금도 명시하고 있다. 화주 도어에 트랙터가 도착한 후 40피트의 경우 3시간, 20피트의 경우 2시간까지는 무료이나, 이를 초과 시는 매 시간당 40,000원을 부담하게 되어 있다. 화주의 공장이나 창고에서 컨테이너 화물의 적입·인출이 정한 시간 내에 이루어지지 않음으로써 트랙터만의 빈차 운행이 반복되는 경우 부과되는 요금인 밥테일 운임(Bob Tail)은 해당 지역 운임의 40피트의 경우 43%, 20피트의 경우 45%를 적용한다. 또, 배차 취소로는 해당지역운임의 75%를 적용한다.

컨테이너 운임을 계산하는 원칙에는 첫째, 부가가치세는 운임표에 포함되어 있지 않으므로 별도로 계산한다는 것, 둘째, 운송화물에 대한 보험료는 반영되어 있지 않다는 것, 셋째, 요율표 상의 부대조항에서 적용되는 모든 운임 및 요금은 천원 미만을 반올림하여 적용한다((단, 부가 가치세는 제외)는 것이다. 한편, 운임표에 표시되지 않은 지역의 운임은 최근거리 상위지역 및 하위지역의 평균운임을 적용하고 도로통행에 제한을 받는 활대품장척물 적재 컨테이너와 TANK 컨테이너 할증운임은 상호협의하여 결정토록 하고 있다.

[컨테이너 운송요율 체계 예시]

(부산CY ↔ 경인지역 Door)　(단위 : 원)

행선지	40FT	20FT	행선지	40FT	20FT
서 울 1	764,000	688,000	용 인 시	750,000	675,000
서 울 2	750,000	675,000	김 포 시	775,000	698,000
과 천 시	750,000	675,000	인천광역시(강화군)	967,000	870,000
안 산 시	750,000	675,000	인천광역시(영종도)	967,000	870,000
시 흥 시	750,000	675,000	고 양 시	876,000	788,000
광 명 시	750,000	675,000	파 주 시	967,000	870,000
안 양 시	747,000	672,000	의정부시	876,000	788,000
군 포 시	747,000	672,000	양 주 시	1,032,000	929,000
의 왕 시	747,000	672,000	동두천시	1,032,000	929,000
부 천 시	775,000	698,000	하 남 시	882,000	794,000
인천광역시	775,000	698,000	화 성 시	747,000	672,000
수 원 시	747,000	672,000	오 산 시	747,000	672,000
성 남 시	750,000	675,000	평 택 시	750,000	675,000
안 성 시	750,000	675,000	포 천 시	1,032,000	929,000
남양주시	882,000	794,000	가 평 군	1,078,000	970,000
구 리 시	882,000	794,000	연 천 군	1,032,000	929,000
이 천 시	882,000	794,000	원 주 시	923,000	831,000
여 주 군	882,000	794,000	철 원 군	1,078,000	970,000
광 주 시	888,000	799,000	춘 천 시	1,172,000	1,055,000
양 평 군	888,000	799,000	홍 천 군	1,047,000	942,000

주) 서울1지역 : 은평구, 마포구, 종로구, 중구, 용산구, 서대문구, 노원구, 도봉구, 강북구, 성북구, 동대문구, 중랑구, 성동구, 광진구,
　서울2지역 : 강서구, 양천구, 영등포구, 동작구, 관악구, 구로구, 금천구, 강남구, 서초구, 송파구, 강동구

2. 일반 화물자동차 운송요금

LCL 화물의 수출시 수출자는 물품생산이 끝나고 선적예약(booking)을 마친 후 화물을 지정된 CY 내에 있는 CFS까지 운송하기 위해 일반 화물트럭을 이용해야 한다. 반대로, LCL 화물을 수입했다면 CFS에서 적출(devanning) 후 통관을 마친 자신의 화물을 공장이나 창고까지 운송하려면 일반 화물트럭이 필요하다.

일반 화물자동차 운송요금은 국토교통부 신고요금이었다가 1997년 10월 자율화되어 업체별로 요금 수준이 상이한 편이다. 그런데 업체별로 요금 수준이 상이하나, 사실상 아직도 과거 사용하던 체계를 거의 답습하는 편이다.

앞에서 설명한 컨테이너 육상운송요금이 행정구역별로 요금을 적용하는 반면에 일반 화물자동차 운송요금은 거리별로 요금을 적용하고 있다.

차량의 크기(2톤 이하, 2.5톤, 3톤~12톤, 12톤 초과 등)별로 10km까지, 20km까지, …, 510km까지, 510km 초과 매 50km까지로 나누어 놓고 있다. 한편, 컨테이너운송료와 달리 차종별로 전세 운임을 갖고 있는데, 이 역시 차량의 크기별로 나누고 1일 8시간 기준운임(예 : 8톤 트럭 98,020원)과 초과 1시간마다 추가 요금을 명시하고 있다.

일반 화물자동차 운송요금 역시 일부 품목의 성격에 따라 할증요율을 적용하고 있는데, 화약류는 200% 이내, 귀중품은 80% 이내, 부패성 물품은 50% 이내의 범위에서 징수토록 하고 있다. 또한, 길이 4.5m 이상, 무게 2톤 이상, 용적 5㎥ 이상의 활대품에 대해 50% 이내의 할증률을 두고 있다.

3. 보세창고 보관료와 하역료

수입된 화물이 부두(컨테이너부두)나 부두 밖(OD) CY에서 통관되지 못할 경우, 혹은 수입화주의 필요에 의해 즉시 통관할 필요가 없을 경우는 일정기간 동안 화물을 보세창고에 보관시키게 되는데, 이때 보세창고에 지불해야 요금에는 보관료와 하역료(입출고료)가 있다.

보세창고 보관료와 하역료는 과거 관세법 및 관세청 특허세칙에 의해 관할지 세관장별 승인요율이었으나 지금은 자율요금으로 변경되어 보세창고 업체가 마음대로 요율을 정해 화주와 협의하여 징수할 수 있게 되어 있다. 그러나 현재 보세창고에서는 제도변경 이전의 요율을 거의 그대로 적용하는 경우도 많은 것으로 알려있다.

현재 부산지역의 경우 물량대비 창고 업체 수가 많은 편이어서 요율표 이하로 요금이 수수되고 있는 것으로 알려졌다.

가 보관료

보세창고 보관료는 보관화물을 크게 선박화물과 항공화물로 나누어 별도로 요율을 징수하고 있다. 즉, 선박으로 수출 혹은 수입되는 화물을 선박화물, 항공기로 수출입되는 화물을 항공화물로 구분하여 별도의 요금수준을 적용하고 있지만 유사한 요율체계를 갖고 있다.

이를 좀 더 자세히 살펴보면 다음과 같다.

우선 모든 화물에 대해 종가율과 종량율을 합산하여 요금을 산출하는 방식을 취한다. 그리고 종가율과 종량율은 각각 기본료와 1일 할증료로 구성되어 있다.

또한, 화물의 보관기간을 5단계로 구분하여 실 보관일수를 해당기간대의 종가, 종량 요금에 적용하고 있다. 약간 체계가 복잡한 것 같지만, 다음 보관요율표를 보면 쉽게 이해되지 않을까 한다.

[영업용 보세창고 보관요율표(선박화물)]

보관일수	종 가 율		종량율(M/T당)	
	기 본 료	1일할증료	기 본 료	1일할증료
1일~7일	0.6/1,000	0.12/1,000	450원	90원
8일~15일	0.7/1,000	0.13/1,000	550원	125원
16일~30일	0.7/1,000	0.14/1,000	600원	135원
31일~60일	0.8/1,000	0.16/1,000	650원	150원
61일~90일	0.9/1,000	0.18/1,000	750원	175원

✅ 보관료 산출 예

요율표를 보면서 실제로 보세창고 보관료를 산출하는 방법을 예를 들어 설명해보기로 한다.

어떤 자동차부품 수입시 보세창고에 35일간 장치하였고 화물 톤수가 중량톤(W/T) 8톤, 용적톤(M/T) 21CBM이며, 종가(감가+관세)가 4,500만원일 경우, 다음과 같은 계산식에 따라 수입화주는 411,900원을 지불해야 한다.

- 종가료: A

  ① 기본료 : 0.8/1,000×4,500(만원) = 36,000(원)
  ② 할증료 : 0.16/1,000×4,500(만원)×35(일) = 252,000(원)

- 종량료: B

  ③ 기본료 : 650(원)×21(톤) = 13,650(원)
  ④ 할증료 : 150(원)×21(톤)×35(일) = 110,250(원)

- 보관료

  A (①+②) + B (③+④) = 411,900(원)

참고로 종가율 계산시 화물의 송장(invoice) 가격이 아닌 감정가격(실거래가격×과세환율)을 보관 요율에 곱하는 것이 아니라, 더 나아가 감정가격에 관세를 더한 금액에 보관 요율을 곱하여 계산한다는 점에 유의해야 한다. 종량율은 항공화물은 kg당, 선박화물은 중량톤 또는 용적톤 중 큰 것(☞ R/T)을 적용한다.

보통 보세창고 보관료는 수출촉진 차원에서 수출화물에 대해서는 산출된 요금의 1/2만 받고 있으며, 요금납부 시 컨테이너 육송료와 마찬가지로 부가가치세는 별도로 지불해야 한다. 보세창고 보관료는 보관품목의 특성에 따라 할증료를 적용하고 있는데, 위험물의 경우는 50%, 자동차류는 100%, 도자기, 시계류 등의 파손품은 산출된 보관료에 50%의 할증률을 부과하고 있다.

🐴 하역료

보세창고에 화물을 보관시키면 보관료 외에 하역료를 납부해야 하는데, 부두 혹은 CY에서 운송되어 온 화물을 차에서 내려 창고에 집어넣는 "하차 입고료"와 나중에 보세창고에서 통관 후 화물을 반출하기 위해 차에 실어 올려서 나가는 "출고 상차료"라는 두 종류의 하역료가 있다.

보세창고 하역료의 요율체계는 1999년 초에 개정된 특허보세구역운영세칙의 관련 조항 폐지 이전까지는 항만하역료를 그대로 준용하도록 하고 있었으며, 현재도 사실상 보세창고 업체들은 이를 그대로 따르고 있다.

그런데 보세창고의 입출고 작업은 작업의 난이도나 항만에서의 기계화를 통한 생산성, 그리고 항만하역 작업원인 항운노조원의 임금수준 등을 상호 비교해 볼 때 항만하역 작업의 요율체계를 그대로 적용하기엔 불합리한 점이 많다고 생각된다. 더구나, 현행 하역 요율 체계가 각종 할증료나 부대 조항 등 화주에게 일방적으로 불리한 편인데, 이를 보세창고에서 그대로 적용함으로써 더욱 무역업체에 부담을 안겨주는 상황이다.

이같이 보세차고 하역료를 항만하역료에 준용하는 가장 큰 이유는 부산이나 인천 등 대부분 지역에서 보세창고의 입고 하역작업은 보세창고 직원이 하지 못하고 항운노조원이 하고 있기 때문이라고 할 수 있다. 현재 항운노조는 항만 내의 하역작업에 대해 노무독점공급을 하고 있을 뿐만 아니라, 노동부로부터 받은 "노무공급허가증"을 받아 부산, 인천 등 일부 항만의 부두 밖 보세창고의 입고작업에 대해서도 독점적 권한을 누리고 있다.

4. 화물입출항료

화물입출항료(wharfage)는 앞에서 설명한 여타 물류요금과 달리 개인 물류업자가 징수하는 요금이 아니고 정부가 징수하는 요금이다.

화물입출항료는 해양수산부가 항만법의 하위법령인 「무역항 등의 항만시설사용 및 사용료에 관한 규정(해양수산부고시 제2016-227호)」에 의해 부두를 거쳐 가는 모든 화물에 징수하는 요금으로서 보통 선사나 하역회사가 화주로부터 받아 해양수산부에 대납하는 경우가 많다.

✅ 항만시설 사용료

화물입출항료는 해양수산부가 징수하는 항만시설사용료 중의 하나이다. 항만시설 사용료에는 선박회사가 부담하는 선박 입출항료, 접안료, 정박료, 계선료가 있고, 화주가 부담해야 하는 화물입출항료, 화물 체화료, 국제여객터미널이용료가 있다.

기타, 항만시설을 일정기간 전용 사용할 때에 부담해야 하는 것들로는 창고 및 야적장 사용료, 건물·부지 등의 사용료, 싸이로 및 냉장창고 등 특수창고의 사용료, 에이프런 사용료, 수역점용료가 있다.

✅ 화물입출항료 납부대상 화물

화물입출항료는 납부대상 화물을 다섯 가지로 구분하고 있다.

- 일반화물의 경우 부산항을 이용할 때 ①수출 시는 화물 톤당 203원, ②수입 시는 341원을 납부해야 한다.
- FCL 컨테이너 화물의 경우 20피트 컨테이너당 ③부산항 이용시 4,429원, ④인천항 이용시 4,200원을 징수하며, ⑤기타 항 이용시는 2,742원을 징수한다. 40피트의 경우는 20피트 요금의 두 배를 징수한다[31].

가 화물입출항료의 적용기준

화물입출항료의 적용기준에는 다음 여섯 가지가 있다.

첫째, 사용료를 이미 납부한 화물을 동일 항만 내에서 선박(부선을 포함한다)에 의하여 운송하는 경우에는 다시 사용료를 징수하지 아니한다.

둘째, 다른 화물을 싣거나 내리기 위하여 출항 전에 선박으로부터 일시 내린 화물을 동일 선박에 다시 실으면 사용료를 징수하지 아니한다.

셋째, 사용료의 최저액은 3,000원으로 한다.

넷째, 화물의 사용료 산정은 중량 또는 용적톤수 중 큰 것을 적용한다. 다만, 송유관을 이용하는 액체화물은 바렐(barrel)로, 컨테이너 화물은 TEU로, 해체용 선박은 LDT(경하배수톤수)를 기준으로 산정한다.

다섯째, 1톤 미만은 1톤으로, 1m³ 미만은 1m³로, 컨테이너 화물의 10ft 미만은 10ft로 본다.

마지막으로, 컨테이너 화물을 제외한 외항화물은 선하증권(B/L)별로 산정한다고 정하고 있다.

[화물입항료 납부를 위한 측정 단위간의 상호 환산기준]

구 분	환 산 기 준
중 량	1,000kg＝2,204.6파운드＝1톤 1Short Ton＝907kg＝2,000파운드＝0.907톤 1Long Ton＝1,016kg＝2,240파운드＝1.016톤
용 적	1m³＝0.883톤＝35.305CUFT＝423.654B/F ('99.12.30)
유 류	1ℓ ＝0.2642Gallon 1Gallon＝3.7854ℓ 1Barrel(42Gallon)＝158.9873ℓ

*자료: 무역항의 항만시설사용 및 사용료에 관한 규정(해양수산부고시 제2012-956호)

---

31) 10피트는 TEU의 1/2, 45피트 컨테이너는 TEU의 2.3배를 적용한다.

나 화물입출항료 할인제도

그런데 화물입항료는 다음 몇 가지의 경우에 대해 요금의 면제 혹은 할인제도가 있는데, 많은 무역업체는 이를 잘 몰라 할인받지 못하는 경우가 있다.

(1) 100% 면제 대상

① 군용화물, 선용품, 여객의 수하물, 내항여객선이 운송하는 화물, 총톤수 300톤 미만의 내항화물선이 운송하는 화물, 연안어선이 운송하는 어물, 화물로 수입되는 2,000LDT(경하배수톤수) 이상의 해체용 선박, 수입 또는 수출되는 공컨테이너

② 환적화물은 해당 선박이 입항할 때에 화물입항료를 징수하며, 동 선박에 적재한 화물을 「해운법」에 따른 같은 운송자격을 가진 선박끼리(내항선과 내항선간 및 외항선과 외항선간을 말한다) 해상 또는 육상을 통하여 환적한 후 출항하는 때에는 그 출항하는 화물에 대한 화물출항료는 면제한다. 다만, 액체 또는 액화상태의 화물로서 육상저장탱크를 이용·보관하였다가 환적 출항하는 경우는 제외한다.

③ 본선트림 방지 및 타 화물을 선적하기 위하여 일시 양하한 후 동일 선박에 재선적한 후 출항하는 화물

④ 광양항에 입출항하는 컨테이너전용외항선이 운송하는 컨테이너 화물

⑤ 울산, 마산신항(1-1단계) 및 동해묵호항에 입출항하는 컨테이너 전용외항선(컨테이너를 수송할 수 있는 구조를 갖춘 선박으로서 매 입출항시마다 20TEU 이상 수송하는 선박을 포함한다)이 운송하는 컨테이너화물물

⑥ 외항컨테이너 환적화물(화물입항료)

⑦ 연안컨테이너 전용선이 운송하는 수출입컨테이너 화물

⑧ 경인항에 입출항하는 외항선 및 내항선이 운송하는 화물

⑨ 우리나라 무역항에 입출항하는 국제카훼리여객선이 운송하는 해상육상 화물자동차 복합운송화물 및 환적화물

(2) 70% 감면대상

연안화물선이 운송하는 화물 및 포항항 및 군산항 입출항하는 컨테이너전용외항선(컨테이너를 수송할 수 있는 구조를 갖춘 선박으로서 매 입출항시마다 20TEU 이상 수송하는 선박을 포함한다)이 운송하는 컨테이너화물

(3) 50% 감면대상

① 2017년 12월 31일까지 마산신항(1-1단계)에 입출항하는 외항선이 운송하는 화물

② 북극항로를 통해 우리나라 무역항에 입출항하는 외항선이 운송하는 화물

③ 2017년 12월 31일까지 울산항에 입출항하는 컨테이너전용외항선(컨테이너를 수송할 수 있는 구조를 갖춘 선박으로서 매 입출항시마다 20TEU 이상 수송하는 선박을 포함한다)이 운송하는 컨테이너화물

(4) 30% 감면대상

① 2017년 12월 31일까지 평택당진·속초·군산·목포·동해묵호·광양항, 대산항을 입출항하는 국제카훼리 여객선이 운송하는 컨테이너화물(한중 항로 제외)

② 2017년 12월 31일까지 선박입출항료의 30%를 감면받는 선박이 운송하는 컨테이너화물. 단, 인천항에 입출항하는 국제카훼리여객선 운송 컨테이너화물은 제외

③ 2017년 12월 31일까지 목포신항 부두에 입출항하는 외항선이 운송하는 화물

[화물입출항료 요율 현황]

구 분			부산항	인천항	기타항
일반화물	외항	입항	341	306	194
		출항	203	192	120
	내항		90	85	54
기계하역처리화물	외항		203	192	120
	내항		51	51	51
컨테이너화물	외항		4,429	4,200	2,742
	내항		1,161	1,161	1,161
송유관 이용화물	외항		111	111	111
	내항		75	75	75
무 연 탄			27	27	27

5. 화물보안료

화물보안료는 항만시설 보안료의 일종이다. 해양수산부의 「항만시설보안료 징수방법 및 징수요율 산정 등에 관한 업무처리요령(해양수산부 고시 제2013-93호)」에 의하여 항만시설소유자가 「국제항해선박 및 항만시설의 보안에 관한 법률 시행규칙 제38조의 별표4 및 통합방위법」등 관련 법령에 따라 해당 항만시설에 경비·검색인력을 확보하고 보안시설·장비를 설치하는데 실제 투입한 비용에 대해 해당 항만시설을 이용하는 국제항해 선박소유자, 여객 및 화주로부터 징수하는 비용을 말한다.

항만시설보안료 징수대상시설은 항만법 제2조 제5호의 계류시설과 국제여객터미널로 한다.

✅ 화물보안료의 수준

화물 보안료의 수준은 다음과 같다.

① 액체화물은 10배럴당 5원(이 경우「무역항의 항만시설사용료에 관한 규정」에 따른 송유관 이용화물은 액체화물로간주)

② 컨테이너 화물(20피트기준)은 TEU당 86원

③ 일반화물은 톤당 4원(이 경우 「무역항의 항만시설사용료에 관한 규정」에 따른 기계화 처리화물 및 무연탄은 일반화물로간주)

④ 단, 환적화물 및 공컨테이너에 대해서는 화물보안료 징수대상에서 제외한다.

그리고 컨테이너 화물 중 10피트 컨테이너는 20피트의 절반, 40피트는 두 배, 45피트는 20피트의 2.3배 요금을 적용한다.

2절

국제운송 부문 요금

1. 해상운임 및 부대비용

가 부정기선운임

해상운임은 이용하는 운송서비스의 형태(정기선 혹은 부정기선)에 따라 운임체계가 상당히 달라진다. 먼저 부정기선은 일반적으로 정기선보다도 더욱 해운 시황에 따라 가변적이어서 운임수준도 안정되어 있지 않은 편이다.

부정기선의 운임 단위는 정기 컨테이너선과 달리 선적되는 화물의 중량 혹은 용적 "톤당 얼마"라는 형식으로 표현된다. 부정기선의 운임종류로는 lump sum freight라고 하여 화물의 개수, 중량 혹은 용적과 관계없이 일 항해(Trip 혹은 Voyage) 혹은 선복(ship's space)을 기준으로 하여 일괄계산하는 운임이 있다. 또한, dead freight는 선적하기로 계약했던 화물량보다 실제 선적량이 적은 경우 용선자(charterer)인 화주가 그 부족분에 대해서도 지불하는 운임이다.

long term contract freight는 현재 POSCO(철광석), 한전(석탄), 한국가스공사(LNG) 등이 이용하는 방식처럼 원료 및 제품을 장기적, 반복적으로 수송하기 위한 장기운송계약(COA ; contract of affreightment) 체결시의 운임이다.

나 정기선 운임

정기선 운송에는 항로별로 일종의 카르텔인 해운동맹이 결성되어 있어 운임요율표(tariff)를 보유하고 있다. 태리프는 운임표시 외에 운임과 관련된 화물취급 규정도 기술하고 있다. 물론 협정 요율인 태리프는 실제 시장에서 움직이는 시장운임(market rate)보다는 높은 편이다.

참고로, 현재 시장에서 평균적으로 해상운임 혹은 항공운임이 어느 정도인지를 확인하여 볼 수 있는 인터넷 사이트가 있다.

한국화주협의회가 운영하는 웹사이트(http://shippersgate.kita.net)는 제휴 포워더업체 직원을 모니터로 활용하여 전세계 180여 개 항로별 해상 및 항공 시장운임 정보를 무료로 제공하고 있다. 그런데 어떤 항로에서는 특정화물에 대해 태리프에 명시하지 않는 경우도 있는데, 이러한 화물을 자유화물(open cargo)라고 부른다. 최근에는 해상운송 구간의 운임뿐만 아니라 door to door 서비스에 대한 수요가 늘어나고 있어 내륙운임까지를 포함한 일관수송 운임율을 설정하는 해운동맹도 있다.

정기선 해상운임의 종류를 지급시기에 따라 구분하면, 선불운임(freight Prepaid)과 후불운임(freight to collect)이 있다. 인코텀즈(Incoterms)상의 무역조건을 보면 CIF, CIP, CPT, DAP, DDP일 경우는 수출자가 선불운임조건이 되며, EXW, FCA, FOB 조건은 수입자가 후불하는 조건이 된다. 후불운임의 경우는 수입자가 운임 및 부대비를 지불치 않으면 선박회사나 선하증권(B/L) 원본을 제시하더라도 포워더는 CY나 보세창고에서 수입품을 찾을 수 있는 권리증인 D/O(Delivery Order : 화물인도지시서)를 발급하여 주지 않는다.

정기 컨테이너선의 경우 FCL cargo는 박스 레이트(box rate)라고 하여 컨테이너 단위 당으로, 즉 TEU, FEU 등에 따라 운임이 산출되고 LCL 화물의 경우 화물 톤당으로 결정된다. 참고로 미국행 화물의 경우 TEU는 FEU 운임의 75%가 적용되고 있다.

여기서 "톤당"이란 화물의 용적톤과 중량톤 둘 중의 어느 하나가 해당한다. 중량톤(W/T ; weight ton)은 화물의 무게를 기준으로 하는데, 국제적으로 사용되고 있는 중량톤에는 세 가지 종류가 있다.

먼저, 우리나라나 일본, 프랑스 등에서 사용되는 톤은 Kilo ton 혹은 Metric ton이라고 하여 1,000kg 혹은 2,204파운드(lbs)가 된다. 한편, 영국의 경우 1톤이 2,240파운드(lbs)로서 이를 kg로 환산하면 1,016.05kg이 되며, 미국의 경우는 1톤이 2,000파운드(lbs)로서 1,000kg에 많이 못 미치는 907.18kg이 된다. 용적톤(M/T ; Measurement Ton)은 화물의 부피를 기준으로 하는 톤수이다.

용적톤의 종류도 여러 가지인데, 우리나라, 유럽 일본 등에서 가장 많이 사용되는 용적톤에는 CBM(cubic meter)이 있는데, 해상운송에서는 1CBM을 1톤으로 적용한다(항공운송에서는 1CBM은 167kg로 환산). CBM은 가로, 세로, 높이가 각각 1m인 1㎥(입방체)이다. 미국의 경우 feet 법을 사용하므로 CBM 대신 cubic feet를 사용하고 있다. 40큐빅 피트를 보통 1톤으로 적용한다.

한편, 모든 화물에 대한 해상운임, 보관료 등 물류요금의 계산시 화물의 산출된 중량 톤수와 용적톤수 중 큰 숫자를 적용하고 있는데, 이를 revenue ton(R/T)라고 한다. 예를 들어, 부산항에서 필리핀 마닐라항까지 LCL 화물을 보낼 것이 있다고 치자. 운임이 톤당 20US$이라고 할 때 그 화물의 중량톤이 5톤이고 용적톤이 3톤이라면 운송업자는 둘 중의 큰 숫자인 5톤에다 20US$를 곱하여 운임을 받으려고 한다는 것이다. 다시 말하면 revenue ton이란 물류업자의 수

익이 더 크게 되는 톤수에 운임 단가를 곱하여 운임을 청구하는 톤수라고 할 수 있다.

"인천공항에서 암스테르담공항까지 kg당 3,000원"하는 식으로 수출항공화물 운임은 원화 (Korean Won) 기준으로 운임을 지급하는 데 반해 컨테이너 해상운임의 경우US\$ 기준으로 지급해야 한다. 이는 선박회사가 우리나라 무역업체만을 상대로 영업하는 것이 아니라 사실상 전 세계 화주를 상대하기 때문이라고 볼 수 있다.

따라서 우리나라에서 해상운임을 지불할 때는 직접 달러화를 사서 낼 필요는 없지만, 환율에 따라 원화로 환산하여 지급해야 한다. 수출시는 선적한 선박이 출항 당일의 전신환 매도율을 적용하고 수입시는 도착한 선박의 입항 당일의 전신환 매도율을 적용한다.

(1) 정기선 운임의 종류

정기선 운임의 종류를 정리해보면 다음과 같다.

① 종가운임(Ad Valorem Freight) : 귀금속 등 고가품의 운송에서 화물의 송장(invoice) 가격을 기초로 이의 일정률을 운임으로 징수하는 운임(Ad Valorem Freight)이다.

② 화물의 용적이나 중량이 일정기준 이하일 경우 이미 설정된 최저운임을 부과하는 최저운임(Minimum rate : 보통 최저 운임의 적용 톤수는 1톤 혹은 1CBM이다)이 있다.

③ 품목별 운임(commodity rate)은 태리프에 유형별로 명시된 품목에 적용되는 운임을 말한다.

④ 등급별 운임(class rate)은 태리프에 화물의 종류, 성질, 형태별로 분류하여 적용하는 운임이다.

⑤ 특별운임(special rate)은 태리프 상의 일반 운임과는 별도로 특정목적을 위해 특정화주에 제공하는 운임이다.

⑥ 경쟁운임(open rate)은 해운동맹에서 결정한 태리프에 의하지 않고 동맹에 가입한 선사가 임의로 결정할 수 있는 운임을 말한다.

⑦ 무차별운임(FAK ; freight all kinds)은 화물의 종류나 내용과는 관계없이 중량과 용적에 따라 동일하게 적용하는 운임이다.

⑧ 통운임(through rate)은 1개 이상의 운송기관에 의해 운송되는 화물에 대해 일괄적으로 적용되는 운임이다.

⑨지역운임(local rate)은 선박회사가 단일 운송업자로서 직접 서비스하는 지역 또는 동등 지역에서 적용하는 운임을 말한다.

⑩ OCP(overland common point)운임은 북미 태평양 연안에서 로키 산맥 동쪽 지역으로 철도, 트럭 등에 환적되어 운송되는 화물에 적용되는 운임이다.

⑪ TVR(time volume rate)은 일정기간 동안 수출입 화주가 제공하는 화물에 대해 그 화물량에 따라 차등적으로 적용되는 운임이다. 화주가 TVR을 이용하고자 할 경우 선박회사에

이를 통보해야 하고, 그럴 때 선사는 기간/물량별 운임을 일정기간은 변경할 수 없다.

⑫ 독자운임(independent action rate)은 1984년에 제정된 미국 신 해운법에 따라 미국항로에 서비스하는 동맹선사들의 운임과 서비스 자율권이 법적인 보장을 받게 됨에 따라 태리프에 수록된 운임율이나 기타 조건 등과 관계없이 독자적인 운임율을 설정, 실시할 수 있도록 하는 운임이다.

(2) 할증료

정기선에 화물 운송을 의뢰하면 화주는 해상운임(ocean freight) 외에 여러 가지의 할증료(surcharge) 뿐만 아니라 필요에 따라 추가운임(additional charges)이나 기타요금(other charge)도 내야 할 경우도 있다.

해상운임은 기본운임으로써 해상운송 서비스 자체에 대한 반대급부로 화주에게 청구하는 것인데, 정기 컨테이너선 해상운임의 인상은 보통 GRI (general rate increase)라고 하여 해운동맹을 중심으로 매년 혹은 일정기간을 두고 단행된다.

그런데 선사나 포워더에게 부킹(booking)하기 전 운임견적을 의뢰할 때는 운송업체가 제시한 "운임"이 ocean freight만인지, 아니면 부대비도 포함된 것인지를 명확히 하는 것이 상호 오해를 불러일으키지 않게 할 수 있다. 특히 포워더를 이용할 경우 어차피 해상운송 외 내륙운송, 통관 심지어는 적하보험까지도 주선하여 주도록 요구하는 경우가 많으므로 견적을 의뢰할 때 이 모든 비용이 포함된 개념인 "All-in"으로 요청하는 것이 좋다.

할증료(surcharge)의 종류에는 유류할증료, 통화할증료, 혼잡할증료, 특별운항할증료 등이 있다. 이를 하나씩 살펴보기로 하자.

가) 유류할증료

유류할증료(BAF ; bunker adjustment factor)는 Fuel surcharge 혹은 EBS(emergency bunker surcharge)라고도 불린다. 선박의 주 연료인 벙커유(油)의 가격상승에 따른 손실을 보전하기 위해 부과하는 요금이다. 할증료의 산출방법으로는 두 가지가 있다.

첫 번째는 통상가격의 연료유로 운항하는 경우의 총 연료비와 인상된 가격으로서의 총 연료비의 차를 선박의 적재능력으로 나누면 1톤당의 차액이 나온다.

둘째는 연료비 상승분을 비율로 산출하여 평균운임으로 나누면 비율에 의한 표시가 가능하다. 현재 BAF는 모든 항로에서 "TEU당, FEU당 얼마"로 정해져 있다.

나) 통화할증료

통화할증료는 화폐 가치 변화에 의한 선박회사의 손실보전을 위해 부과하는데, 앞에서 설명한 바와 같이 해상운임은 보통 US$ 기준으로 선주와 화주간에 운임을 수수하게 된다. 그런데 예를 들어, 1US$ = 1,250원 하던 환율이 예상보다 많이 떨어져 1US$ = 1,000원이 되었다면 선박회사는 달러당 250원의 환차손을 입는 결과를 가지게 된다. 이같이 환차손을 보전받으려고 부과하는 것이 CAF가 된다. 각 나라의 통화가치는 항상 변하기 때문에 CAF는 기본 운임율에 일정한 퍼센티지로서 부과되는 것이 일반적이다. 즉, 기본 운임율이 100US$인 경우 CAF가 +8%이면 총 운임은 108US$가 된다.

이를 다시 예를 들어 정리하고 넘어가 보자. 만약 부산⇒LA까지의 Ocean freight가 2,500US$이고 CAF 10%, BAF 200$라면 총 운임은 2,950$(2,500$+2,500$×0.1+200$)이 된다. BAF나 CAF는 거의 분기에 한 번 변하는 편이며, 선박회사는 물류전문지 등을 통해 시행 전에 공고한다. 선적담당자라면 이들 서차지(surcharge)의 추이를 항상 파악하고 있어야 할 필요가 있다.

따라서 한국화주협의회가 운영하는 웹사이트(http://shippersgate.kita.net)는 이들 서차지의 변경속보를 수시로 올려놓고 있으므로 화협이 제공하는 e-logistics 서비스를 통해 무료로 사무실에서 클릭 한 번으로 원하는 물류요금의 현재 수준과 부대비 변동상황에 대해 확인해볼 수가 있다.

현실적으로 BAF와 CAF가 있으면 유가 하락 및 환율상승에 의한 선사의 수익성 증가에 따라 -BAF와 -CAF의 경우도 발생할 수 있는데, 예를 들어 호주항로의 경우 호주 동남부 및 서북부는 -15.5%, 뉴질랜드는 -4.5%, 파푸아뉴기니는 -19.5%의 -CAF를 적용하는 식이다.

다) 혼잡할증료 (congestion surcharge)

혼잡할증료(congestion surcharge)는 특정항만에서 예기치 않은 선박 혼잡으로 인하여 선박이 체선 되는 경우 체선료를 보전하기 위해 화주들에게 부과하는 할증료이다. 이에는 정액할증과 정율할증의 두 종류가 있다. 그 예로써 미국 서부 항만폐쇄 사태 이후 항만 혼잡을 내세워 정기선사들은 TEU당 500달러의 혼잡할증료 징수를 추진한 바 있다.

다 추가운임 (additional charge)

추가운임(additional charge)은 주로 화주의 요청으로 추가 서비스를 제공해주는 대가로 징수한다. 여기에는 외항추가운임, 선택항 추가운임, 항구변경료, 환적할증료, 초과중량할증료, 장척할증료, 전쟁위험 할증료 등이 있다. 아웃 포트(out port)란 선박회사의 환적 서비스에 이용되거나 선박의 기항이 뜸한 항만을 말한다. 따라서

① 외항추가운임(Out port arbitrary)은 선박이 원래 기항하는 항만(base port) 이외의 지역행 화물에 적용되는 운임이다.

② 선택항 추가운임(Operational surcharge)는 선적할 때에 미리 양하항(discharge port)을 복수로 정하여 놓고 최초 항에 도착 전 양하항을 지정할 경우 선박 내 화물 적부 상의 문제

점 등을 감안하여 추가로 화주에게 부과하는 운임이다.

③ 항만변경료(Diversion charge)는 선적시 지정했던 항만을 선적한 후에 변경할 경우에 추가로 부과하는 운임인데 보통 TEU당 100불에서 200불 정도인 것으로 알려져 있다.

④ 환적할증료(Transshipment charge)는 환적을 요청할 경우 선사가 그로 인한 추가비용을 보전하기 위해 부과하는 운임이다.

⑤ 환적할증료(Transshipment charge)는 단위당 중량이 초과하여 특별한 장비사용 시 발생하는 추가비용 보전을 위한 것이다.

(1) 터미널 화물처리비 (THC)

터미널 화물 처리비(THC ; Terminal Handling Charge)는 수출의 경우 컨테이너 화물이 CY(부두 밖 CY 포함)에 입고된 순간부터 본선의 선측까지, 반대로 수입시는 본선의 선측에서 CY의 게이트를 통과하기까지 화물의 이동에 따르는 비용을 말한다.

1990년 이전에는 동 구간의 요금에 대해서는 선박회사가 해상운임에 포함하여 징수하였으나 1990년에 유럽운임동맹(FEFC ; Far Eastern Freight Conference)이 분리하여 징수하면서 다른 항로에도 확산되어 이제는 거의 모든 항로에서 THC가 부과되고 있다.

현재 유럽항로의 경우, 홍콩에서는 TEU당 약 265달러 FEU당 347달러 수준으로서 아시아에서 가장 높은 THC를 부담하고 있고 중국의 THC 수준이 가장 낮은 편이다(아래 표 참조).

현재 우리나라는 북미수출입항로의 경우 20피트 컨테이너는 10만1천원, 40피트는 13만 7천원, 리퍼 컨테이너(40피트)는 28만 9천원, LCL 화물은 4천3백원을 징수하고 있다. 해상운임의 부대비로서 THC가 생겨난 이후 항공운송에서도 역시 비슷한 개념으로 THC가 생겨났는데, 이는 다음에 설명하기로 한다.

[주요국 THC 현황]

(단위: US$)

국가	DRY		국가	DRY	
	TEU	FEU		TEU	FEU
홍콩	264.7	346.8	필리핀	104	138
싱가포르	87.9	124.8	스리랑카	148	228
태국	59	88.64	호주	90.5	181.1
중국	44.7	67.6	한국	82.9	112.4
인도네시아	150	230	-	-	-

* FEFC 기준, 공식가격이며 선사에 따라 차이가 있음

THC는 도입된 이후 끊임없이 수출입 화주들로부터 불만의 대상이 되고 있는데, 그 주요 이유가

첫째, 선박회사들이 해상운임의 거듭되는 등락으로 안정적인 수입원을 확보하기 어려워지자 처음에는 해상운임에서 분리하여 받는다고 했지만 신설된 후 결국 계속해서 인상을 거듭해오고 있다는 것이다.

둘째, 실제 터미널에서 모든 작업내용은 동일한데도 항로별로 요금 수준이 상이하다는 것은 결국 선박회사들이 이를 받아 일부는 수입으로 취하고 일부만 터미널에 지급하기 때문에 생긴 현상이므로 투명성이 떨어진다는 것이다.

셋째, 원가구성요소를 보면 대부분이 화주가 부담할 이유가 없는 것들이라는 것이다. 이와 관련 아세안하주협의회연합회(FASC; Federation of ASEAN Shippers' Council)는 FEFC가 제시한 THC의 원가구성 요소 26개에 대하여 검토한 결과, 화물과 관련된 비용요소, 선박과 관련된 비용요소 및 기타 스페셜서비스와 관련된 요소의 세 가지로 분류될 수 있으며 대부분 요소가 사실상 화주의 부담대상이 아님을 밝혀내고 해상운임에 포함되어야 함을 밝힌 바 있는데, FASC가 조사한 결과는 다음과 같다.

[화물과 관련된 비용(Cargo-based related costs)]

FEFC Item #	일반 컨테이너에서의 화물과 관련된 비용	FASC 의견
01	공컨테이너 반납	선사의 일반관리비
01	터미널에서의 풀 컨테이너 접수	상동
01	컨테이너 인수 및 인도와 관련된 행정적 업무	상동
02	컨테이너 검사 및 상태보고, 컨테이너기기 인수중 기재완료	상동
03	씰링 검사 및 상태보고, 불완전한 라벨 정정	상동
04	샤시, 바지, 철도화차로부터 컨테이너 상하차	선사의 오퍼레이션 코스트
05/10	야적장 ↔ 선측간 컨테이너 이송	화물비 명목으로 화주가 일부 부담
06/09	야적장에서의 컨테이너 픽업, 적재	선사의 오퍼레이션 코스트
07	샤시, 바지, 철도화차의 터미널 반출입 보고	선사의 일반관리비
08	동맹 요율표에 규정된 시간 내 풀컨테이너의 보관	선사의 오퍼레이션 코스트
11	선측에서 선상으로 컨테이너 이동	하역요금에 이미 반영 (따라서 운임의 일부)
15	화물과 관련된 입항료, 선석사용료 혹은 부두사용료	화주가 항만 당국에 지불

[선박과 관련된 비용(Ship-based related costs)]

FEFC Item #	일반 컨테이너에서의 화물과 관련된 비용	FASC 의견
12	선박 난간에서 선창 내 컨테이너 이동	하역요금에 이미 반영 (따라서 운임의 일부)
13	해치커버 개폐, 화물고정, 해치커버의 선측 ↔ 선상으로의 이동	상동
14	컨테이너 라싱(lashing)	상동
16	컨테이너 터미널 적부계획, 컨테이너의 선박이송 보고 등의 물리적, 행정적 업무	선사의 행정비용
17	하역인부 등에 의한 시간외 작업	선사의 오퍼레이션 코스트

[스페셜서비스와 관련된 비용]
(Cost of Special Services for temperature controlled containers)

FEFC Item #	일반 컨테이너에서의 화물과 관련된 비용	FASC 의견
18	사전 컨테이너 검사	선사의 일반관리비
19	컨테이너 케이블을 발전기에 연결	선사의 오퍼레이션 코스트
20	전기 및 액체질소 공급 등	상동
21	온도조절 모니터링	상동
22	결함있는 기기보고, 기기의 터미널 반출입 통보	선사의 일반관리비
23/24	온도조절 컨테이너 관련 고정비용	선사의 오퍼레이션 코스트
25	기준치 초과 높이 혹은 비표준 컨테이너를 위한 특별한 하역기기 사용	운임에 이미 포함
26	터미널 내 위험물 처리를 위한 추가적인 물리적, 행정적 비용	상동

(2) CFS 작업료 (CFS Charge)

CFS 작업료(CFS Charge)는 컨테이너 한 개의 분량이 못 되는 소량화물(LCL Cargo)을 운송하는 경우 선적지 및 도착지의 CFS에서 화물의 혼적 또는 분류작업을 하게 되는데, 이때 발생하는 비용이다.

CFS Charge에 해당하는 것은 CFS 내에서 화물의 하역료, 검수료, 화물정리비용 등이다. 물론 LCL 화물의 경우 CFS Charge 외에 보관료도 납부해야 하는데, 이때의 보관료는 보세창고 보관 요율을 준용한다.

참고로 보세창고 보관 요율은 관할지 세관장 승인 요율이었으나 자율요금으로 전환되었지만 대부분 창고업체는 여전히 자율화되기 전의 요율표를 준용하고 있다. CFS Charge 역시 THC와 마찬가지로 실제 작업내용은 항로와 관계없이 동일함에도 불구하고 요금 수준이 모든 항로마다 다르다.

[주요 항로별 THC/CFS Charge 현황]

항로	THC			CFS Charge
	FCL		LCL	
	20피트	40피트		
북미	101,000	137,000	43,000	10,165
유럽	102,000	137,000	43,000	5,500
한일	101,000	137,000	6,000	6,000
동남아/한중	101,000	137,000	55,000	6,500
호주	100,000	136,000	55,000	5,500
중동	100,000	136,000	4.5달러	7.5달러
중미(동안)	101,000	137,000	4,200	10,165
중미(서안)	101,000	137,000	4,000	10,165

(3) CAF / BAF

수출항공화물의 운임은 현재 원화기준으로 책정되어 있는데 반해 해상운임은 거의 미 달러화를 기준으로 책정된다. 그리고 화주는 수출시의 경우 그 선박의 출항일, 수입시는 입항 일의 전신환매도율을 운임에 곱하여 선박회사나 포워딩업체에 납부해야 한다.

예를 들어 부산에서 LA까지 20피트 한 개를 운송 의뢰할 경우 해상운임이 2,300달러이고 그 선박의 출항일 당시의 전신환 매도율이 1,230원이라면 납부해야 할 운임은 2,300달러×1,230원이 된다.

통화할증료(CAF ; Currency Adjustment Factor)는 미 달러화의 가치하락에 따른 손실을 보전하기 위해 도입한 할증료이다. 가령, 선사는 1$ = 1,200원을 예상하고 선박 운항 경비를 지출했으나 1$의 가치가 1,000원으로 하락해버리면 달러당 200원의 수입감소를 입게 되므로 그에 대한 보전을 받으려고 도입한 것이다.

선박의 운항코스트 중 유류비가 20~30%를 차지하는 것으로 알려졌다. 유류할증료(BAF ; Bunker Adjustment Factor)는 Bunker 혹은 Fuel Surcharge, FAF(Fuel Adjustment Factor : 북미수입항로)라고도 하며, 호주항로의 경우 EBS(Emergency Bunker Surcharge)라고도 부른다. 이는 선박의 주 연료인 벙커유의 가격상승에 따른 손실을 보전하기 위해 부과하는 요금이다.

예를 들어, 선사는 배럴당 25$를 기준으로 해상운임을 얼마로 책정하고 운임을 받아왔으나 유가가 배럴당 30$로 일정기간 계속 올랐을 경우 선사는 채산성 유지를 위해 BAF를 도입하게 된다. 한편, CAF/BAF가 있으면 반대의 개념인 -CAF나 -BAF도 생겨야 하지 않나 하는 의문을 가질 수 있는데, 실제로 선사들이 -CAF/-BAF를 적용하는 경우는 많지 않은 편이다.

보통 선사들은 CAF나 BAF를 도입하기 전 물류전문지 등에 공고를 통해 화주들에게 알리게 된다. 그러나 화주로서는 변경되는 부대비를 일일이 물류전문지를 통해 확인하기 힘이 들므로 물류전문 인터넷 사이트인 www.shippersgate.kita.net 등에 들어가 "부대비" 현황을 수시로 확인해 볼 필요가 있다.

(4) 서류발급 비용

서류발급 비용(D/F ; Documentation Fee)은 선박 혹은 포워딩업체가 일반관리비 보전을 목적으로 수출시에는 선하증권(B/L)을 발급해 줄 때, 수입시는 화물인도지시서(D/O)를 발급해줄 때 징수하는 비용이다. 따라서 서류발급비를 수출시에는 B/L charge, 수입시에는 D/O charge라고도 부른다.

1992년부터 선박회사들이 징수하기 시작하였으며 당시는 건당 2,700원부터 출발하여 지속적으로 인상되어 발급 건당 9,000원 받던 것을 2018년 현재 대부분 항로에서 건당 수출화물은 40,000원 수입화물은 50 $를 징수하고 있다.

서류발급비 역시 THC의 신설취지와 유사하게 시황에 따라 등락을 반복하는 해상운임과는 달리 운송이나 안정적인 수입을 확보하기 위해 해상운임에서 분리하여 만든 소산물이라고 여겨진다. 우리나라에서 연간 선하증권이 발급되는 횟수가 400만 건이 넘는 것으로 알려져 운송인은 수출시의 B/L charge만으로도 연간 1,000억원 이상의 수입을 올리는 것으로 추정된다.

(5) 지체료와 디머리지 (demurrage)

지체료(遲滯料, Detention Charge)는 화주가 컨테이너 또는 트레일러를 대여받은 후 규정된 시간(Free Time) 내에 반환을 못 할 경우 연체요금으로 운송업체에 지급해야 하는 비용이다. 정기선사들은 보통 4일~10일 기간, 그리고 대기업에는 30~45일의 Free Time을 설정해두고 그 이상을 경과하면 하루당 10$ 정도의 지체료를 징수하는 제도를 두고 있다. 이와 비슷한 요금 중에 디머리지(demurrage)가 있다.

이는 CY에서 일정기간의 Free time(보통 7~10일)을 정해두고 그 기간 내 컨테이너를 목적지로 빼내가지 않는 데 대한 페널티 성격의 요금이다. 한편, 디머리지는 항공운송의 경우 항공사 소유의 ULD(Unit Load Device)를 빌린 후 48시간을 초과하는 경우에 부과하는 요금이란 의미로 통용되며, 부정기선을 이용할 경우 항해용선계약서(voyage charter party)에 규정된 시간 내에 선적이나 양하를 완료하지 못할 경우 용선자(charterer) 혹은 화주가 선주에게 하루에 혹은 화물 톤당 지불해야 하는 금액을 뜻한다.

[Detention Charge 요율표]

(단위 : 원)

화물형태	루트 초과일수	북미 요금 (out/inbound)		루트 초과일수	북유럽 요금 (out/inbound)		호주/뉴질랜드 요금 (out/inbound)		기타항로 요금 (out/inbound)	
Dry	1~4	3$	2,500	1~10	2,500	2,500	10$	2,500	2,500	2,500
	5~	6$	5,000	11~	5,000	5,000	10$	5,000	5,000	5,000
Reefer	1~4	12$	10,000	1~10	10,000	10,000	20$	10,000	10,000	10,000
	5~	24$	20,000	11~	20,000	20,000	20$	20,000	20,000	20,000
Special	1~4	3$	2,500	1~10	2,500	2,500	10$	2,500	2,500	2,500
	5~	6$	5,000	11~	5,000	5,000	10$	5,000	5,000	5,000

*자료 : 한국국제해운대리점협회(시행일시 : 1999.4.1), 현재는 자율요금체제로 이 요율표는 존재하지 않으나 참고용으로 게시함.

(6) 성수기 할증료 (PSS ; Peak Season Surcharge)

수출화물이 특정기간에 집중되어 화주들의 선복 수요를 충족시키기 위해 선박용선료, 기기확보 비용의 성수기 상승분을 보전받기 위해 원래 북미항로에만 적용되던 요금이다. 보통 6월1일부터 9월 말까지를 그 부과기간으로 하나, 어떤 경우 성수기 할증료는 7월부터 11월까지 적용되어 해상운임과 별도로 20피트 컨테이너당 200달러 내외, 40피트 컨테이너당 400달러 내외를 징수한다.

참고로, 운송인들이 운임이나 요금을 변경 적용할 때 적용되는 대상화물의 시점을 어떻게 할 것인지가 실무적으로 상당히 문제가 될 수 있다. 예약된 시점인가, 아니면 입항시점 혹은 출항시점 인지 등등이지만 보통 선박회사들은 그 시점의 CY 입고분부터 적용하고 있다.

(7) 화물취급수수료 (handling charge)

화물취급수수료(handling charge)는 화주가 프레이트 포워드를 이용하였을 때 포워드들에게 해주는 각종 행정서비스에 대한 대가로 청구하는 요금이다. 보통 화주가 운임을 낼 경우는 받지 않으며 FOB 수출, CIF 수입과 같이 주로 화주가 운임을 부담하지 않는 경우 청구하는 편이다.

수출시는 적하목록 제출, B/L 송달, 적하보험 가입대행, 해외파트너와 업무연락 등에 드는 비용 명목으로 청구하며, 수입시는 화물도착통보, 적하목록제출, 해외파트너와의 업무연락 등에 드는 비용으로 비용보전의 이유로 청구한다. 취급수수료(handling charge)는 자율요금이지만 보통 수출입 시 B/L 건당 청구하는 경우가 많다.

2. 항공화물 운임

항공화물 운임은 정기 컨테이너선운임과 마찬가지로 노선별로 협정요율표인 태리프(tariff)를 갖추고 있으며 국제항공운송협회(IATA ; International Air Travel Association)의 운임조정회의(Cargo Tariff Coordinating Conference)에 따라 결정된다.

운임조정회의는 운항원가의 분석에 관여하는 동시에 화물운임, 통화(currency) 규정 및 대리점의 수수료 등을 협의, 결정하는 기구이다. 이렇듯 항공화물 운임은 항공사가 자체적으로 결정할 수 있는 것이 아니라 대개 정부의 개입하에 일정한 방식과 절차를 거쳐 결정된다. 그러나 1970년대 이후 미국, 유럽의 항공산업 규제 완화(Open Sky Policy) 이후 항공사의 자유로운 운임 및 요금의 결정이 점차 세계적인 추세로 바뀌어 가고 있다.

우리나라의 항공화물 운임은 보통 대한항공과 아시아나 2개 국적 항공사가 중심이 되어 인상을 추진하게 되며, IATA에서 결정된 운임을 국토교통부에 신고한 후 발효된다. 일반적으로 각 항공사는 항공운송대리점에 노선별·중량별로 할인율이 명시된 일반가격표를 매월 초 제공하고 있다. 한편, 정기선 해운으로 치면 비동맹선사(outsider)에 해당하는 IATA에 가입하지 않은 항공회사도 IATA의 운임을 적용하는 것이 일반적이다.

가 항공화물 운임산출 일반원칙

현재 우리나라에서 항공화물 운임을 산출하는 일반원칙으로는 다음과 같다.

① 운임, 요금 및 그와 관련된 규정은 항공화물운송장(Air Waybill)의 발행 당일에 유효한 것을 적용한다.

② 항공화물의 요율은 공항에서 공항까지의 운송만을 위하여 설정된 것이며 부수적으로 발생되는 이적, 통관, 집화, 인도, 창고, 보관 혹은 그와 유사한 서비스에 대한 요금은 별도로 계산된다.

③ 항공화물의 요율은 출발지국의 현지통화로 설정되며, 출발지로부터 목적지까지 한 방향으로만 적용된다.

④ 별도로 규정이 설정되어 있는 경우를 제외하고는 운임과 요금은 가장 낮은 것으로 적용하여야 한다.

⑤ 운임은 출발지에서의 중량(Chargeable Weight)에 kg/lb당 적용 요율을 곱하여 산출한다.

⑥ 모든 화물 요율은 kg당 요율로 설정되어 있으나 USA 출발화물의 요율은 lb(파운드)당 및 kg당 요율로 설정되어 있다(단, BUC(Bulk Unitization Charge : 단위탑재용기요금)의 경우 USA 출발화물도 kg당 요율로 설정되어 있다).

⑦ 운임 및 종가요금(Valuation Charge)은 함께 선불이거나 도착지 지불이어야 한다.

⑧ 화물의 실제 운송경로는 운임산출 시 근거로 한 경로와 반드시 일치할 필요는 없다.

⑨ IATA Tariff Co-ordinating Conference에서 결의하는 구간별 요율은 해당 정부의 승인을 얻은 후에야 유효한 것으로 이용할 수 있다.

국제적으로 항공화물 결제통화는 대부분 미국 달러화를 기준으로 하지만 우리나라는 수출화물에 대해 1996년부터 원화로 전환한 후 지금까지 원화로 결제하고 있다.

한편, 태리프에 비하여 항공화물의 "시장운임"이라고 하면 노선별로 물동량 변화 및 항공기 스페이스 등 국제 항공화물 운송시장의 수요와 공급 상황에 따라 항공사가 Tariff에서부터 항공운송대리점 및 화주들에게 일정비율로 할인해 주는 운임을 말한다.

해상운임의 시장운임과 마찬가지로 항공운임의 시장운임도 자주 변경되는 만큼 선적담당자라면 수출입 화주를 위한 종합물류정보 웹사이트인 www.shippersgate.kita.net 등을 통해 운임정보를 수시로 검토해 볼 필요가 있다.

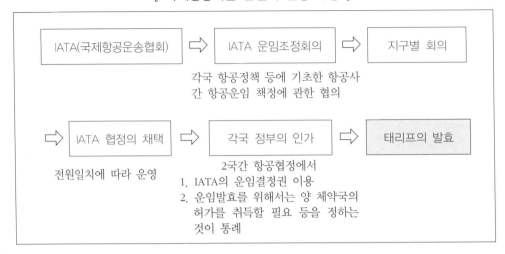

[국제항공화물 운임의 결정 과정]

IATA(국제항공운송협회) ⇨ IATA 운임조정회의 ⇨ 지구별 회의

각국 항공정책 등에 기초한 항공사
간 항공운임 책정에 관한 협의

⇨ IATA 협정의 채택 ⇨ 각국 정부의 인가 ⇨ 태리프의 발효

전원일치에 따라 운영

2국간 항공협정에서
1. IATA의 운임결정권 이용
2. 운임발효를 위해서는 양 체약국의
   허가를 취득할 필요 등을 정하는
   것이 통례

나 항공화물 운임산출 중량결정 방법

항공화물 태리프에는 kg 또는 lb당 요율이 설정되어 있다. 어떤 한 건의 화물에 대한 적용요율을 찾으려면 운임산출 중량을 먼저 결정해야 하는데, 운임산출 중량의 결정방법에는 다음과 같다.

(1) 실제 중량에 의한 방법

화물 중량의 측정은 미국출발을 제외하고는 kg으로 측정되며, kg과 lb 모두 0.1단위까지 정확히 실제 중량이 측정되어야 한다. 이렇게 측정된 실 중량은 항공화물운송장의 실 중량(Actual Gross Weight)란에 기재된다. 또한, 0.5kg 미만의 실 중량은 0.5kg으로 절상하고 0.6kg 이상 1kg 미만의 실 중량은 1kg으로 절상하여 운송장의 운임 산출량 난에 기재된다.

(2) 용적 중량에 의한 방법

용적 계산은 「가로×세로×높이」의 방식으로 계산되나 직육면체 혹은 정육면체가 아닌 경우에는 「최대 가로(greatest length)×최대 세로(greatest width)×최대 높이(greatest height)」로 계산된다. 길이 단위에서 소수점의 처리는 곱셈하기 전에 처리되며 cm, inch 모두 반올림을 한다. 용적을 운임산출 중량으로 계산하는 법은 「가로×세로×높이」÷(6,000 cubic cm 혹은 366인치 혹은 167 큐빅 인치)가 된다.

항공화물 운임의 산출을 위해서는 해상과 마찬가지로 화물의 용적 혹은 중량을 산출하여 산출된 숫자에서 큰 쪽을 택하여 그것을 단위 운임에 곱하는 R/T(Revenue Ton)를 적용하지만, 항공화물의 특성상 거의 모든 요금은 중량을 기준으로 적용된다.

하지만 해상운송에서 1용적 톤(CBM)은 1,000kg으로 환산되는 데 반해, 항공운송에서는 1CBM은 Chargeable weight라고 하여 167kg으로 환산하는 것이 다르다. 이는 항공운임의 단가를 kg당으로 적용하기 때문이다.

다 항공화물 기본운임(GCR)

(1) OAG와 TACT

항공화물 운임에 관한 매뉴얼에는 OAG(Official Airline Guides)와 TACT(The Air Cargo Tariff) 두 가지가 있다. OAG는 현재 세계에서 가장 대표적인 항공편 스케줄 전문 정보 제공을 하는 매뉴얼이며 모든 항공사 및 항공 관련 산업에서 OAG를 이용한다.

현재 OAG가 생산하는 정보 및 매뉴얼은 12가지로서 다양하게 서비스하고 있으며, 그중 화물과 관련된 것으로는 OAG Cargo Guide, OAG Flight Guide, OAG Flight Guide North America의 세 가지가 있다.

OAG Cargo는 항공화물 운송을 위한 화물전용기 혹은 Wide Body A/C의 스케줄 위주로 편집한 책자였으나 최근에는 항공화물 요율도 함께 표기하고 있다. TACT는 항공화물 요율 및 규정에 관한 가장 신뢰할 만한 정보원으로 인정받고 있는 매뉴얼이다.

대부분의 항공사가 가입하고 있으며, 가입 항공사는 개별 항공사의 요율이나 예외 규정을 매뉴얼에 넣어준다. TACT는 한 세트가 세 개의 매뉴얼로 되어 연 3회(2월, 6월, 10월)에 걸쳐 발행되고 있다.

(2) TACT의 구성체계

항공화물의 바이블이라 불리는 TACT에는 수입화물, 환적(T/S)화물 및 수출화물 규정, 그리고 통관절차와 항공화물 운송 구비 서류, 항공화물 운임 및 부대비 등을 포함하고 있다.

TACT Rate에는 북미 기준과 북미 외의 기타 국가에 대하여 명시하고 있으며, TACT Rules에는 general information, transportation charges, Service related charges, Payment of Rates/Charges 등이 포함되어 있다.

[TACT의 구성체계]

항 목	내 용	비 고
TACT Rates	North America	to/from/within USA/Canada
	World wide	all rates except North America
TACT Rules	General information	Tariff 적용/약어/항공사 코드/용어 등
	Acceptance for carriage	접수 책임/화주 서류/화물 접수 요령 등
	Transportation charges	VAL/Min. charge/GCR/SCR/CCR/BUC
	Services/Relates charges	Disbursement/Insurance/CC fee 등
	Payment of Rates/charges	PP 지불/CC 지불/은행 환율 등
	The Air waybill	AWB 작성 요령
	Information by countries	세계 각국의 수출입 규정
	Carriers special regulations	항공사별 특별 규정

*자료 : IATA 내부자료(TACT book)

[TACT Rate 상의 품목 번호 예시]

품목번호	품목 내용
0001 - 0999	생선, 육류, 채소 및 과일 제품
1000 - 1999	생동물, 동물성 식물성 제품
3000 - 3999	금속 및 금속 제품
4000 - 4999	기계류, 자동차 등 전기 제품
6000 - 6999	화학제품 및 관련 제품
9000 - 9999	기타 품목

*자료 : IATA 내부자료(TACT book)

✅ 〈참고〉 항공화물 요율표 읽는 방법

아래 항공화물요율표의 각 항목에 대한 설명은 다음과 같다.

① date/type : 운임의 유효 만기일/BUC type

② note : 특별 규정(TACT rate book section 3. orange page)

③ item : SCR 적용 품목 번호(TACT rate book section 2.4 white page)

④ minimum rate : 최저중량(해당 요율이 적용되는 최소의 중량)

⑤ local currency : 중량(kg)당 요율의 현지 화폐 단위

⑥ SEOUL : 출발지 도시명

⑦ KR : 출발지 도시의 국가명 코드 두 글자(예: 미국 US, 일본 JP)

⑧ SEL : 출발지 도시의 세 글자 코드(예: 브뤼셀 BXL, 도쿄 TKY, 뉴욕 NYC)

⑨ KOREAN WON : 사용 화폐명

⑩ KRW : 화폐 단위의 세 글자 ISO 규격 코드(예: 미화 USD, 위안화 CNY)

⑪ KGS : 중량단위 코드(예: 파운드 LBS)

⑫ TORONTO : 목적지 도시명

⑬ OT : 목적지 도시의 소속 주(예: OT : ONTARIO) 두 글자 코드

⑭ CA : 목적지 도시의 소속 국가 코드 두 글자

⑮ M : minimum charge

⑯ 33900 : M에 해당하는 금액

⑰ N : Normal rate(45kg 미만 요율)

⑱ 15360 : N에 해당하는 금액

⑲ 45 : 45kg 이상 화물에 적용하는 요율

⑳ 0300 : SCR 품목 번호

[항공화물 요율표의 구성]

① date/type	② note ③ item	④ minimum weight	⑤ local currency
⑥ SEOUL ⑦ KR ⑧ SEL ⑨ KOREAN WON ⑩ KRW ⑪ KGS			
⑫ TORONTO	⑬ OT ⑭ CA ⑳ 0300	⑮ M ⑰ N ⑲ 45	⑯ 33900 ⑱ 15360 1650
	0300	100	1370
	0300	250	1270
	0850	1000	1210
	1400	100	1630
	1400	100	1390
		300	1270

[한국발 항공화물 태리프 예시]

(단위 : 원)

지역	M	N	45kg~	100kg~	300kg	500kg~	1,000kg~
LA	57,800	5,670	4,450	4,090	3,920	3,840	3,770
Amsterdam	75,900	11,780	8,840	7,760	7,070	5,930	-
Hong Kong	37,500	4,130	3,120	2,900	2,480	-	-
Shanghai	37,500	4,500	3,380	3,150	2,930	-	-

*자료: TACT 핸드북(2013)

❖ 운송 상황 예 : 서울(인천공항)에서 암스테르담까지 5kg의 화물을 항공운송하는 경우

- 암스테르담까지의 최저운임은 7만 5,900원이다.
- normal rate는 kg당 1만1,980원이므로 5×11,980=5만 9,980원이다.
- 5만 9,980원의 normal rate보다 최저운임인 7만 5,900원을 징수하는 것이 항공사는 더 유리하다.
- 따라서 이 경우의 운임은 최저운임인 7만 5,900원이 된다.

❖ 운송 상황 예 : 서울(인천공항)에서 프랑스 파리까지 garment sample 1개 포장(280kg)의 화물을 항공운송하는 경우

- 먼저 280kg이 적용되는 100kg 단계의 운임을 산출한다.
                    - 7,760×280=217만 2,800원
- 300kg 단계의 운임을 적용하면 (7,070×300=212만 1,000원이 되며, 300kg 단계의 운임이 100kg 단계의 운임보다 더 낮다(217만 2,800원 〈 212만 1,000원)
- 따라서 이 경우 높은 중량 단계의 운임인 212만 1,000원을 적용하게 된다.

라 항공화물 특수운임

(1) 특정 품목 할인요율 (SCR: Specific Commodity Rate)

가) SCR의 의의

특정 품목 할인요율은 특정 구간에 특정 품목이 계속하여 반복하여 운송되는 경우에 일반 품목보다 요율을 낮춤으로써 항공운송 이용을 촉진하는 데 있다. 항공화물의 판매상 중요한 비중을 차지하고 있으며, 육상 및 해상운송과의 경쟁성을 충분히 고려하여 결정된다. 결국, SCR은 시장에 근거한 차별화된 요율이며, 최저 중량이 설정되어 있다.

SCR은 품목분류 요율(CCR)이나 일반화물 요율(GCR)보다 우선으로 적용한다. 다만, 품목분류 요율이나 일반화물 요율을 적용하여 더 낮은 요율이 산출될 때는 낮은 요율의 적용이 가능하며, 품목분류 요율이 일반화물 요율보다 더 높으면 품목분류 요율을 우선하여 적용한다.

SCR은 CORATE라고도 하며 그 요율에 설정된 최저 중량의 제한을 받게 되어있는데, 이는 다량의 제품 운송에 적용하기 위해서다. 예를 들어 서울발 동경착 버섯에 적용되는 SCR0850은 최저 중량이 100kg으로 설정되어 있어 그 이하의 소량에 대해서는 SCR을 적용할 수 없게 되어있

다.

SCR 품목은 'item' 항목에 숫자로 표기되어 있으며 숫자의 품목을 확인하기 위해서는 TACT Manual의 Section 2(descriptions)를 확인해야 한다. SCR이 적용되는 경우 AWB상의 Rate Class 란에 "C"로 표기한다. IATA는 이러한 특정 품목을 항목별로 분류하여 네 자리 숫자로 표기하여 모든 항공사가 적용하도록 통일했는데, 그 분류 내용을 예로 들면 다음 표와 같다.

표에서와 같이 서울발 도쿄착 화물 중 SCR이 적용되는 item 번호를 나열하고(예: 버섯 0850) 해당 품목의 최저 운임단위 중량과 SCR 적용 시의 운임단가를 명시해두고 있다.

[Seoul-Tokyo SCR 요율표]

date/type	note item	minimum weight	local currency
SEOUL KR SEL KOREAN WON KRW KGS			
TOKYO	JP	M	33900
		N	15360
		45	1650
	0300	100	1370
	0300	250	1270
	0300	1000	1210
	0850	100	1630
	1400	100	1390
	1400	300	1270

* 0300 : fish, seafood, 0850 : mushroom, mushroom spawn, 1400 : floral stock, nursery stock, bulbs, flowers, seeds, tubers
* 출처 : IATA, TACT book

나) SCR의 적용 방법

1단계 : 해당 구간의 SCR 설정 여부를 확인한다.

2단계 : SCR이 설정된 경우 품목을 확인한다.

3단계 : 운송 품목이 SCR 설정 품목에 해당되는지 확인하여 설정 품목에 해당하지 않을 경우 유사 품목의 가장 가까운 내용을 선정한다.

4단계 : 해당되는 경우 최저 중량을 확인하고 요율을 설정한다.

5단계 : 높은 중량 단계에서의 낮은 요율 적용 가능 여부를 확인한다.

❖ 운송 상황 예 : 서울(인천공항)에서 일본 도쿄까지 flower 15피스(150kg)를 운송하는 경우

- 서울→도쿄간 SCR 설정 여부를 확인한다.
- flower가 SCR 품목에 해당하는지 품목 번호를 확인한다(flower : 1400).
- 최저 중량 확인 및 요율을 적용한다.
  - 최저 중량 : 100kg, 300kg
- 요율 : item no 1400 min. weight 100(rate 1,390/kg)
- 계산 결과 : 150kg×1,390=20만 8,500원

[항공운송장 작성 예]

No.of Pieces RCP ②	Gross Weight ③	KG④	RATECLASS ⑤ Comm odity Item No.⑥	Chargeable Weight ⑦	Rate⑧ Charge ⑧	Total ⑨	Nature and Quantity of Goods (Incl.Dimensions or Volume) ⑩
1	150.0	K	C 1400	150	1390	w08,500	flower

(2) 품목분류 요율 (CCR: Commodity Classification Rate)

가) CCR의 의의

품목분류 요율은 몇 가지 특정 품목에만 적용되며 특정 지역간, 특정 지역 내에서만 적용되는 예도 있다. Class Rate라고도 부른다. 대개 일반화물 요율(normal rate)의 백분율(%)에 의한 할증 또는 할인에 의해 결정된다.

따라서 Class Rate는 일반화물 요율보다 높게 설정되는 경우와 이보다 낮게 설정되는 두 가지 방식이 있다. Class Rate는 태리프에 공시되어 있지 않으며 TACT Rule §3.7을 통하여 산출된다.

나) Class Rate의 적용품목

Class Rate가 적용되는 품목은 6가지 종류가 있으며 그중 화물로 수송되는 수하물 및 신문, 잡지 등은 기본요율에서 할인된 요율이 적용되고 귀중품 및 생동물, 유해, 유골, 자동차 등은 일반화물 요율에서 할증된 요율을 적용한다. 할증품목은 특별 취급이 요구되는 품목이며 할인

품목은 수송 빈도가 잦은 품목에 적용된다. Class Rate는 별도로 설정된 것이 아니라 운송 구간에 따라 기존 태리프에서 할인해 주거나 할증해 주는 것이 특징이다.

[할인/할증품목 리스트]

할인 품목(R)	할증 품목(S)
• 신문, 잡지, 정기간행물, 책, 카탈로그, • 맹인용 점자책 • 비동반 수하물	• 생동물 • 귀중품 • 유해, 유골 • 자동차

*출처 : IATA 내부자료(TACT book)

- 신문, 잡지 등의 서적류는 미주, 미주·구주간 운송일 때는 해당 구간의 45kg 미만 적용 화물의 75%를 적용하도록 하고, 기타 나머지 운송구간에 대해서는 50% 할인을 해 준다.
- 유해의 경우 구주 지역 내 수송을 제외한 전 구간에 대하여 중량에 관계없이 45kg 미만 요율을 적용한다.
- 비휴대수화물(non-hand carried baggage)의 경우, 개인 의류 및 개인 용품에만 해당되며 전 구간에 대하여 45kg 미만 요율의 50%를 할인해 준다. 이 품목은 여객의 항공권 구간과 운송구간이 일치해야 한다.
- 귀중화물은 45kg당 1,000달러 이상일 경우 해당되며 전 구간에 대해 45kg 미만 요율의 200%까지 할증하여 부과한다. 생동물 수송은 항공사에 문의하면 관련 규정을 상세히 설명들을 수 있다.

다) Class Rate의 적용 규정

- 해당 구간에 SCR 적용 불가 시 Class rate 적용 여부를 검토한다.
- Class Rate=구간 공시요율×적용 백분율
- 항공화물운송장의 Rate Class란에 "S" 또는 "R"을 기입한다.
- CCR의 적용을 받는 간행물의 요율 적용 시 5kg 이상의 화물의 요율은 TACT Rules 3.7.7.1을 따르며, GCR을 적용한 운임이 더 적을 경우에는 GCR을 적용한다.

❖ 운송 상황 예 : 서울(인천공항)에서 캐나다 밴쿠버까지 도서 10피스(500kg)를 운송하는 경우

- 적용 요율을 확인한다.
  - 서울→밴쿠버간 SCR 설정 여부를 확인하여 미설정인 경우 CCR을 적용
  - 적용 요율 : Normal GCR의 50%
- Class Rate : 9,060원×50%=4,530원
  - 500kg 해당 quantity rate=4,160원
- Class Rate가 GCR quantity rate보다 크므로 이 경우 요율 적용 순서에 따라 GCR을 적용한다.
  - 따라서 500kg×4,160원=208만 원

✅ 비동반 수화물 (baggage shipped as cargo) :

화물로 수송되는 수하물을 가리키며 개인 의류 및 들고 다닐 수 있는 악기, 타자기, 운동기구 등을 포함한 개인 용품이다. 그러나 기계류, 기계부품, 화폐, 유가증권, 보석류, 도금된 식기류, 도금 도자기, 모피, 필름, 카메라, 주류, 화장품, 골프, 스키장비 등은 제외된다. 비동반 수하물로 인정받기 위해서는 여객이 소지하고 있는 항공권 상의 여정과 같은 구간을 운송하거나 수하물이 여객의 출발일 이전에 항공사에 인도돼야 하는 등의 전제 조건을 충족해야 한다.

✅ 귀중품 (valuable cargo) :

운송신고 가격이 kg당 1,000달러 이상이거나 금괴, 금화, 화폐, 유가증권, 주식, 우표, 은행 신용카드, 다이아몬드 등이 이에 해당한다. 귀중품은 보통 행선지에 따라 GCR의 200%에서 300%까지의 요금을 적용한다. 최저운임은 적용 가능한 공시 최저운임의 200%를 적용한다.

✅ 유해 (human remains) :

유해가 관(coffin)이나 화장된 상태로 운송될 경우 IATA 지역 내에선 GCR이 적용되나 IATA 지역 외의 경우 각각 GCR의 300%, 200% 요금을 적용한다.

✅ 생동물 (live animals) :

생동물의 요율은 그 종류와 운송 구간에 따라 적용 요율이 다르고 출발지에 따른 예외 규정을 주의해야 한다. SCR이 설정되어 있는 경우 SCR을 우선적으로 적용한다. 최저운임은 구간별, 품목별, 항공사별로 규정을 적용하며 생동물 용기, 사료 등의 무게는 전체 운임 적용 중량에 합산한다.

(3) 단위탑재 용기 운임 (BUC: Bulk Unitization Charge)

팔레트 또는 컨테이너에 적입된 상태로 항공기에 적재되어 수하인에게 인도되는 화물에 적용하는 운임이다(해상운송의 FCL 화물 운임과 유사). 이는 화물의 종류와 관계없이 일정 구간에 한하여 팔레트나 컨테이너당 크기와 개수로 운임이 부과되는 형식이다.

의류가 대표적인 BUC 이용 품목이라고 할 수 있다. 즉, 포장비를 절감하고 다시 다림질을 하지 않아도 되는 이점 때문에 대부분이 hanger container에 수송되면서 컨테이너 운임을 적용받고 있다. 항공기의 탑재 용기는 탑재 용량에 따라 type 1부터 type 9까지 분류되고 각 타입별로 운임이 설정되어 있다.

BUC 단위 운임은 기본운임(pivot charge)과 초과 중량 요율(over pivot charge)로 구성되고, 타입마다 정액 한계 중량(pivot weight)이 설정되어 있다. 즉, 특정 ULD에 적재되어 수송되는 화물은 그 ULD에 설정된 정액 한계 중량 이하의 경우에는 무조건 기본운임이 적용된다.

만약 탑재된 화물의 중량이 정액 한계 중량을 초과하여 적재했을 때는 화물의 중량과 정액 한계 중량의 차액에 kg당 요율로 표시된 초과 중량 요율을 곱한 운임을 기본운임에 가산하여 전체 운임을 구한다.

예제

❖ 서울-뉴욕 구간에 기성복 2,500kg을 타입 2H 컨테이너에 탑재했을 때 먼저 서울-뉴욕간의BUC 태리프를 보면,

- ULD type : 2H
- Pivot weight : 2,436kg
- Pivot charge : 8,781.78USD
- Over pivot charge : 3.81USD/kg
- 8,781.78USD+(2,500kg-2,436kg)×3.81USD=9,025.65USD

※ 이때 만일 화물이 2,300kg이라면 기본중량 2,436kg에 미달하므로 기본운임인 8,781.78USD가 된다.

현재 한국발 BUC 태리프는 미국의 LA, 시카고, 뉴욕 구간에 설정되어 있으며 동 구간의 항공화물 중 대부분이 BUC 태리프에 의해 운임이 적용되고 있다. 이것은 BUC 태리프가 다른 요율보다 약 10~30%까지 낮게 설정되어 있기 때문이며 대량 화물에 대한 서비스 강화 조치의 일환이기도 하다.

가) ULD 사용 일반규정(TACT Rules 3.10.3)

BUC 적용이 불가한 품목으로는 위험품규정(dangerous goods regulations)에 의한 제한품목과

생동물, 귀중화물, 유해 등이 있다. 항공사가 송·수하인에게 ULD 임대 시 48시간 이내는 무료이며 48시간 초과 시 하루에 25달러를 청구한다. 항공사간 임대 시는 5일 이내는 무료이며, 5일 초과 시는 daily charge를 부과한다. 180일 초과 시에는 non-return value로 보상한다.

나) BUC 적용 방법

✓ ULD 적재화물 실중량 확인 방법

- ULD 실중량=ULD actual gross weight−ULD tare weight
- 최저운임 적용 중량(pivot weight)은 ULD type별로 별도 공시하고 최저운임 초과 중량은 초과중량요율(over pivot rate)을 적용한다.

✓ Outside Cargo의 요율 적용

Outside Cargo란 한 건의 화물로서 ULD에 실리지 못한 화물을 가리키며, 별개의 화물로간주하여 해당 화물의 품목에 따른 요율(GCR, CCR 혹은 SCR)을 적용한다.

- 한 건의 화물이 2개 이상의 ULD를 사용할 경우 : 전체 화물의 실중량과 각각의 ULD type별 최저 중량의 합을 비교하여 산출한다.

다) BUC 적용 요령

BUC를 적용할 때에는 일반화물 운임을 계산할 때와 달리 세심한 주의를 기울여야 한다. 자칫 적용 타입의 선정 착오로 인하여 막대한 손해를 보기도 하며, 반대로 사전에 충분한 연구와 계산을 통하여 상당한 수익을 올릴 수도 있다.

(4) 종가운임(Valuation Charge)

가) 종가요금의 의의 및 가격 신고

종가요금이란 화물에 대한 운송인의 책임한도액을 확대하기 위하여 화주가 화물의 가격에 따라 추가적으로 지불하는 운임이다.

항공화물운송장에 화물의 실제가격(declared value for carriage)을 신고하면 화물운송 중 사고가 발생할 경우 손해배상을 받을 수 없는데, 이때 화물가액의 일정 비율로부터 종가요금이 가산되어 결국 종가운임은 손해배상과 직접적인 관련을 가진 요금이라고 할 수 있다.

바르샤바 협약 및 몬트리올 협약에 의하면 탁송수하물 및 화물에 대한 운송인의 배상책임은 kg당 19SDR을 한도로 하지만 송하인이 화물을 운송인에게 인도할 때 인도 시의 가액을 신고하고 초과요금을 지급한 경우에는 그러하지 아니하다고 규정하고 있다.

이처럼 송하인이 화물인도 시 화물가액을 운송인에게 신고하고 종가요금이 지불된 경우에는 화물운송 사고 시 신고가액이 배상한도액이 된다. 반면 송하인이 화물인도 시 별도로 화물 가액을 신고하지 않는 것을 NVD(non-value declared)라고 하며, 가격 신고를 NVD로 했을 경우의 배상액은 kg당 19SDR(special drawing right)을 초과하지 않는다.

운송가격의 신고 범위는 한 건을 구성하는 화물 전체에 대하여 해야 하며, 화물이 출발지에서 운송을 개시한 뒤에는 수정이 불가능하다.

나) 종가요금의 적용 방법

◉ 종가요금의 적용 여부

송하인의 운송신고 가격이 AWB의 gross weight에 기재된 화물의 총 중량으로 나눔으로써 kg당 19SDR을 초과할 경우 종가요금을 적용한다.

◉ 종가요금의 계산 공식

[운송신고가격-(총 중량×19SDR/kg 혹은 총 중량×USD9.07/파운드)]×0.75%

예제

❖ 운송 상황 예 : 서울(인천공항)에서 인도네시아 자카르타까지 전자기기 운송
  - 10피스/50kg
  - 운송신고 가격 : 2,080.00USD

- 운임 계산 : GCR 적용
  - 50kg×5,240원 = 26만 2,000원
- 종가요금 계산
  - kg당 가격 : USD 2080÷50kg=41.60USD(약 4만 7,840원)
  - TACT rate 5.7.1 construction exchange rate(USD1=1,150)
  - 따라서 19SDR(1SDR=1.4050USD)=3만 700원 〈 4만 7,840원이므로 종가운임 부과
  - 종가운임 : [USD2,080-(50kg×30,700)×0.75%]=6,427.88원 → R.O.U 6,430원/kg
  - 따라서 일반화물요율(GCR) 5,240원/kg이 아닌 종가요율 6,430원/kg이 적용되어
  - 32만 1,500원(50×6,430)이 부과된다.

No.of Pieces RCP ②	Gross Weight ③	KG④	RATECLASS ⑤		Chargeable Weight ⑦	Rate⑧ / Charge⑧		Total ⑨	Nature and Quantity of Goods (Incl.Dimensions or Volume) ⑩
				Commodity Item No.⑥					
1 (one)	280.o	K							
				Q	280	kg		2,121,000	garment sample

항공운임은 운송할 화물량이 많을수록 단가를 할인하여 주는 체계(weight break)를 갖추고 있는데, 화물량에 따라 Min, -45kg, 45kg, 100kg, 300kg, 500kg, 1,000kg 등으로 구분된다.

여기서 M은 Minimum Charge라고 하여 화물량과 관계없이 한 건의 화물운송에 적용할 수 있는 가장 적은 운임이다. 즉, 화물의 중량운임이나 부피운임이 최저운임보다 작을 경우 최저운임이 적용된다. N은 Normal Rate라고 하여 45kg 미만의 화물량에 적용되는 운임이다. 다음 태리프의 예에서 보는 바와 같이 운송거리가 길수록 항공화물 운임은 상대적으로 높아지며 물량이 많을수록 할인된다.

미국 LA의 경우 운임적용 화물단위가 모두 적용되는 데 반해, 암스테르담의 경우 500kg 이상까지를 두고 있고, 또 홍콩의 경우 300kg 이상까지만을 운임적용 화물단위로 두고 있다.

마 부대운임

(1) 입체지불 수수료 (Disbursements or Disbursement Amount)

입체지불 수수료란 송하인의 요구에 따라 항공사, 송하인 또는 그 대리인이 선불한 비용을 수하인으로부터 징수하는 금액을 말한다. 항공사는 이러한 서비스에 대한 대가로서 입체지불금에 일정한 요율을 곱하여 산출된 금액을 입체지불 수수료로 징수하고 있다. 이는 운임과 종가요금 이외에 기타요금에 대하여도 착지불로 운송되는 것을 억제하기 위함이다.

입체지불 수수료의 종류에는 항공사가 선불한 비용인 항공화물 화주보험료, 송하인이 선불한 비용인 Trucking Charge(Surface Charge), Pick-up Charge, Handling Charge, AWB작성 수수료, 기타 송하인이 요청한 금액 등이다. 수수료 수준은 입체지불금이 US$ 50 미만일 때는 운송장당 US$ 8, 입체지불금이 US$ 50 이상일 때 입체지불금의 10%에 상당하는 금액이며, 최저 요금은 US$ 20이다.

(2) 착지불 수수료 (Charges Collect Fee)

운송장상에 운임과 종가요금을 수하인이 납부하도록 기재된 화물을 착지불 화물이라 하는데, 이러한 화물에 대하여 운임과 종가요금을 합한 금액에 일정율에 해당하는 금액을 착지불 수수료로 징수하고 있다.

항공사가 착지불 수수료를 징수하는 목적은 운송료를 송하인으로부터 화물 인수 시 징수하지 않고 목적지에서 수하인에게 징수하는 것에 대한 리스크를 방지하기 위함이다. 또한, 운송료를 타국통화로 징수하여 자국으로 송금하는 데 대한 환차손 보전 및 송금업무에 대한 대가, 그리고 착지불 운송의 억제에 있다. 우리나라 도착 착지불수수료의 수준은 운송료(Weight Charge+종가요금)의 2%이며 최저요금은 운송장 당 10US$이다.

(3) THC(Terminal Handling Charge)

수출통관 또는 수입통관되기 위해 항공화물이 항공사가 직영하는 공항 내 보세창고(터미널)에 반입되었을 때 창고가 화주에게 청구하는 화물처리비이다. 1999년 1월 이후 보세창고 보관료 및 작업료가 자유화되면서 신설되었다.

현재 인천국제공항 내에 소재한 창고운영업체인 대한항공, 한국공항, 아시아나공항서비스 등은 조금씩 상이한 요율 수준과 요율체계를 가지고 있는데, 해상화물 THC와 마찬가지로 신설된 후 인상을 거듭하고 있는 상황이다. 수출시는 L/C 건은 14,330원, 무환화물은 건당 9,550원을 징수하고 있다.

수입의 경우는 2009년부터 대한항공의 경우 유환 및 현도화물 THC의 경우 종전 2,000원에서 2,300원으로 인상되었고, 현도화물은 35원에서 41원으로 인상되었다. 또한, 하기 및 현도화물(냉동/냉장/귀중/보온), 유환 4시간 이전 검역물(냉동/냉장/보온), 귀중창고 보관화물, 생동물 등의 특수화물에 대한 THC를 kg당 요금을 75원으로 정해져 있다.

(4) Handling Charge, Pick up charge 및 Documentation Fee

핸들링 챠지는 항공운송대리점이 화주를 위하여 스케줄을 넣어주고, B/L Copy를 전송해주는 등의 명목으로 화주에게 청구하는데 업체마다 상이하지만 보통 화물의 크기에 따라 수출화물은 30달러에서 70달러를, 수입화물은 AWB건당 2만원 이상을 취하고 있다.

픽업 챠지는 화주가 원할 경우 발생하게 되는데, 수출의 경우 운송할 항공화물을 화주가 있는 곳에 가서 받아 공항으로 운송해주거나, 수입의 경우 반대로 공항에서 화주 문전까지 운송해주는 대가이다. 보통 항공운송대리점이 지출한 트럭운송료를 실비로 화주에게 청구한다. 서류발급비는 수출의 경우 AirWaybill fee라고도 부르는데 AWB 건당 수출화물은 3,100원을 징수하고 있다.

(5) 유류할증료(FSC: Fuel Surcharge)

항공 연료의 급격한 상승으로 인한 항공의 운항원가를 보전해 주기 위한 목적으로 세계 대부분 국가에서는 항공유가 할증료를 인정하고 있다. 우리나라의 경우 2003년 3월 이 할증료의 도입을 신고 수리했으며, 그 요율은 싱가포르의 항공유 현물시장가(MOPS: Means of Platt's Singapore)와 연동하여 아래의 표와 같이 차등 적용한다.

유류할증료는 당초 노선의 구분 없이 적용하던 것을 장거리와 단거리로 구분하여 적용하며, 징수 기준도 종전의 8단계에서 17단계로 확대했고(2007. 12. 27, 국토해양부), 2008년에는 국제유가가 예측 기관들의 전망치를 크게 상회하여 140달러에 육박하는 등 고유가 상황이 지속함에 따라 유류할증료 부과 단계를 34단계로 확대하여 시행에 들어갔다(2008.7.16).

[항공화물 부대 요금 현황]

항목	구분	금액	비고
화물취급수수료 (Handling Charge)	수출화물	· 45kg 이하 : 30달러 · 46~100kg : 35달러 · 101~300kg : 40달러 · 301~500kg : 50달러 · 501~1,000kg : 60달러 · 1,000kg 이상 : 70달러	▷근거규정: IATA규정 제4. 7 ▷내역: ①적하목록전송, AMS, 발송통지 ▷내역: ②DOCUMENT 등 제서류 취급(원산지증명 등) ▷내역: ③각종 용역 및 서비스제공(기적 전후)
	수입화물	· 2만원 이상 *AWB	▷근거규정: IATA규정 제4. 7 ▷내역: ①적하목록, AWB분류, 창고배정 ▷내역: ②도착통지, D/O 등 ▷내역: ③수입자에게 화물인도까지 제 용역 제공
Air Waybill 작성수수료	수출화물	· 3,100원 *AWB 건당	▷근거규정: IATA규정 제4. 4 ▷내역: Air Waybill 작성 및 발급
RFC Charge	수출화물	· 40원/kg · Minimum Charg (15,000원/AWB)	▷포장, 포장표기작업, 라벨링작업, 서류작업(위험품 신고, 생동물 신고서 및 서약서 등) ▷상·하차, 화물분류, Stuffing ▷Airport Charge ▷RFC된 화물을 화물터미널까지 운송 ▷동 작업을 수행하기 위해선 일정공간 임대
Pick-Up Service Charge	수출화물	· 육상운임 (화물자동차운송사업자의 운임 적용)	화물운송관련 제 서비스 등
위험품(DG) 취급수수료	수출화물	· From Korea to IATA area 1,2,3 Fee Per Package/Over pack : 11,400원 · Maximum fee per shipment : 258,000원	▷근거규정 : IATA규정 제4.5 ▷내역: 포장상태, 관련서류, 관계국 규정 등의 검사에 대한 수수료
입체지불수수료	수출화물	· 기타구간(TACT Rules 4,5참조) · 입체지불금×10% (최저요금: 25,800원)	▷근거규정: IATA규정 제4.2 ▷내역: 항공운송 이전에 발생된 제요금이 착불지로 돼 있지만 출발지에서 제요금 지불
착지불수수료	수입화물	· (운임+종가요금)×5% *최저수수료 : 12,900원	▷근거규정 : IATA규정 제 2 ▷내역: ①타국 통화료 운임징수에 따른 환차손 보전 ▷내역: ②목적지에 따른 운임받는 것에 대한 리스크 방지
보안할증료 (Security Surcharge)	수출화물	· 130원/kg * 항공사 적용금액	항공화물 보안 검색 등 (X-ray)
유류할증료 (Fuel Surcharge)	수출화물	· 600원/kg *항공사 적용금액	항공유가 인상에 따른 제사항

* 상기 부대요금은 표준요율 기준이며, 업체의 사저에 따라 달리 적용될 수 있음.

3절

항만 및 통관 관련 요금

1. 항만운송료

가 요금제도

정기선에 컨테이너 화물을 운송하는 화주로서는 이러한 각종 항만하역요금 중 THC만 선사에 내면 되므로 단순한 편이지만 부정기선에 벌크화물을 운송 의뢰한 화주는 기타 항만하역요금을 지불해야 한다. 즉, 항만하역료는 컨테이너에 의해 화물 운송되는 것 외의 기타 화물 혹은 포장형태의 하역작업에 대한 요금이다. 현재 항만운송사업법 제10조에 의해 해양수산부 인가요금으로 되어 있다.

항만하역요금이 인가되는 과정을 보면 다음과 같다.

우선, 각 지방항만운송협회가 해당 지방해양항만청에 요금인상을 신청하면 지방청은 이를 접수, 검토한 후 본청(국토교통부)에 이관하고, 본청은 항만하역료 이해관계자회의를 통해 조정안을 마련하여 재정경제부의 최종 인가를 얻어 시행하게 된다.

[항만하역요금 조정절차]

지방항만운송협회	신청 ⇨	해양항만청	조정 ⇨	본청(해양수산부)	인가 ⇨	기획재정부

항만하역료의 요율체계를 살펴보려면 인가된 "하역 요율서"를 보면 잘 알 수 있는데, 동 요율서에는 우선 하역요금을 일반하역요금, 특수하역요금 및 연안하역요금의 세 가지로 나누고 있다.

일반하역요금이란 하역방법이 완전히 기계화되지 못하는 재래 벌크화물의 하역요금이며, 특수하역료는 주로 카페리 자동화물, 자동차 전용선 하역 등 기계화된 하역작업에 대한 요금이다.

연안하역료는 무역이 아닌 연안 해상운송에 수반되는 하역작업에 대한 요금이다.

일반하역료, 특수하역료 및 연안하역료 모두 '기본요금'을 품목별로 명시하고 거기에 '할증요금'을 따로 표시하며, 기타 특별한 서비스에 대해 징수하는 '기타요금'을 두고 있다.

[항만하역료의 구성체계]

하역요금의 구분		구성내용
일반하역요금	기본요금	• 규격화물(4개), 일반포장품(6개), 유태화물(9개), 산화물(6개)
	할증요금	• 품목할증(4종류), 작업할증(12종류)
	기타요금	• 정액요금(12종류), 협정요금(14종류)
특수하역요금	기본요금	• 양곡터미널하역화물, 카페리자동화물 등 7종류
	할증요금	• 위험품할증, 기상 및 강행하역할증 등 9종류
	기타요금	• 산화물포장료, 항만하역근로자퇴직충당금, 청소료 등 5종류
연안하역요금	기본요금	• 일관작업요금, 산화물포장료, 이송료
	할증요금	• 기상및강행하역할증, 야간작업할증, 하계작업할증 등 12종류
	기타요금	• 정액요금(6종류), 협정요금(7종류)

항만하역료 중 일반하역요금의 요율체계를 좀 더 깊이 살펴보면 다음과 같다. 우선 요금의 적용구간을 선내요금, 부선양적(艀船楊積)요금 및 육상요금의 세 부분으로 나누어 두고 있다. 화주가 부정기선의 용선(chartering)시 선주와의 하역료 부담범위를 F.I, F.O, F.I.O[32] 중 어느 것으로 하는가에 따라 달라지지만 보통 선내하역료는 선주가 부담하고, 육상하역료는 화주가 부담한다.

물론 부선양적요금은 실제로 화물을 부선(barge)에 의해 하역하였을 때 납부하는 요금이다. 일반하역료는 또, 총 27개 화물을 유사한 작업 형태별로 네 가지로 나누어 요금을 "톤당 얼마"씩 징수하고 있다.

규격화물에는 팔레트화물, 프레스링/백컨테이너, 컨테이너 및 라쉬(Lash)[33]가 그에 해당한다. 일반 포장품에는 포대물, 상자물, 베일물, 다발화물, 냉동품 및 잡화류가 들어있고, 유태화물에는 차량, 중장비, 석재, 철재품, 원목 등이 해당된다. 마지막으로 산화물에는 철광석, 석탄류, 양곡 등이 포함된다.

항만하역료는 수출입 물류요금 중 가장 많은 종류와 숫자의 할증요율을 가지고 있다. 중량

---

32) F.I : Free In의 약어로서, 해상운송계약에 있어 선적시의 선내하역료(stevedorage)는 화주가 부담하고 양하시의 선내하역료는 선주가 부담하는 조건이다. 그 반대의 경우가 F.O(Free Out)이다. 한편, F.I.O.란 Free In and Out의 약어로서 화물적재 및 양하시에 필요한 선내하역료를 모두 화주가 부담하는 것이다. 그 반대의 경우가 Berth Term(Liner Term)인데, 주로 정기선 이용시의 부담조건이 된다.

33) LASH(Lighter Aboard Ship)에 적재되는 컨테이너로, 현재 우리나라에서는 거의 볼 수 없다. 유럽과 미국 등 대서양항로에서 일부 이용되고 있다.

및 활대품 할증 등 화물의 특성에 따른 「품목할증료」가 4종류, 야간작업 할증료 등 「작업할증료」가 12종류가 있다. 그 중 몇 가지를 소개하면 다음과 같다.

우선 인력으로 80kg~200kg에 해당하는 일반화물을 작업한다면 기본요금 및 기타요금의 30%가 할증요율로 더해진다(중량 및 활대품 할증). 또한, 길이 9m~16m의 화물작업을 하면 장척물 할증이라고 하여 기본요금 및 기타요금의 20% 할증이 붙는다. 갑류(甲類)에 해당하는 위험물을 하역하면 기본요금 및 기타요금에서 100%의 할증요금이 붙는다. 이러한 일반하역료의 요율체계는 항만에서의 하역작업의 기계화 정도를 충분히 반영치 못하고 과거 인력작업 위주의 체계가 계속 유지되고 있는데서 기인한다고 할 수 있다.

[일반하역료(일반포장품) 예시]

(단위 : 원/톤)

품 목 별			선내	부선양적	육 상
포		대 물	5,192	8,375	5,010
상		자 물	4,378	7,965	4,623
베		일 물	3,009	6,315	5,010
다	발 화	물	2,475	5,270	4,061
냉동품, 냉장품, 선어, 생피, 생동물			6,878	10,967	6,645
잡화류(고무, 펄프, 지류, 케이블, 타이어, 드럼류, 판유리, 비철금속 등)			2,644	6,062	3,820

*자료: 2016년도 항만하역요금표

나 요금체계

항만하역료 중 일반하역료에는 기본요금과 할증요금 외에 기타요금이 있다. 기타요금은 또 정액요금과 협정요금으로 나누어진다.

(1) 정액요금

정액요금은 총 12가지의 종류가 있다. 그중 몇 가지를 예를 들면 외항선 선측도 화물 선내하역요금이라고 하여 외항선에 의한 선측도(Berth Term) 화물에 대하여는 선내요금에 50%를 가산한 것을 선내하역 기본요금으로 한다(단, 컨테이너 및 라쉬는 적용제외).

이선작업 요금은 갑(甲) 본선과 을(乙) 본선간의 이선작업(기계력에 의하는 경우)을 하였을 경우에 선내요금의 200%를 적용한다.

또, 직상(하)차 요금은 본선에서 화차 또는 자동차에 직상차하거나 화차 또는 자동차에서 본선에 직선적 할 경우에 적용하고 육상요금의 50%(단, 포대물, 상자물, 냉동품 및 냉장품은 70%)

를 적용하고 있다.

(2) 협정요금

협정요금에는 모두 14가지가 있는데, 화물을 검근(檢斤)하였을 경우에 적용되는 검근료, 하역 작업의 과정 중 특별히 청소할 필요가 있는 경우에 적용되는 청소료, 하역사업자의 책임이 아 닌 사유로 인한 화물이나 파손된 화물을 재하조(再荷造) 또는 재포장할 때 적용되는 재포장료 등이 있다.

(3) 일반하역요금 적용기준

다음으로, 일반하역요금의 적용기준을 살펴보자. 우선, 일반하역 요금적용의 범위로서는 통 상적인 선내하역작업, 부선양적 하역작업, 육상하역작업, 예부선 운송작업 및 부대하역작업을 하였을 경우이다. 다음으로, 하역작업의 범위가 어디까지인가에 대한 정의가 명시되어 있다. 즉, 하역 작업에서 "양하"란 본선 내의 화물을 부선 내 또는 부두 위에 내려놓고 훅크(hook)를 풀기까지 의 작업을 말하며, "적하"란 부선 내 또는 부두 위의 화물에 훅크를 걸어 본선 내에 적재하기까 지의 작업이다.

✅ 부선양 적재작업

부선양 적재작업에 대한 정의도 별도로 명시되어 있다. "부선양작업"이란 물양장(안벽)에 계 류된 부선에 적재된 화물을 양륙하여 운반구 위에 운송 가능한 상태로 적재하기까지의 작업이 며, "부선적작업"은 운반구 위에 적재된 화물을 내려서 물양장(안벽)에 계류된 부선에 운송 가 능한 상태로 적재하기까지의 작업이다.

✅ 육상작업

또, 육상작업에 대한 정의로서, "상차"란 선내작업이 완료된 화물을 운반구 위에 운송 가능한 상태로 적재하기까지의 작업이며, "하차"란 운반구 위에 적재된 화물을 내려서 본선 선측에 적 치, 선내작업이 이루어질 수 있도록 하기까지의 작업을 말한다.

나아가 "출고 상차"란 창고(야적장)에 적치된 화물을 출고(반출)하여 운반구 위에 운송 가능 한 상태로 적재하기까지의 작업이며, "하차 입고"란 운반구 위에 적재된 화물을 내려서 창고(야 적장)에 보관 가능한 상태로 적치하기까지의 작업을 말한다. 일반하역료의 요금체계가 보세창 고 입출고하역료에 그대로 적용되는 만큼 용어의 정의 역시 이를 준용하고 있음을 상기해둘 필 요가 있다.

✅ 컨테이너 하역작업

현행 항만하역요금표에는 컨테이너 전용부두 외의 일반 재래부두에서 컨테이너를 하역 작업할 때 대한 요금 적용기준도 명시되어 있다. 20피트 컨테이너 요금을 기본으로 하여 40피트 컨테이너는 20피트의 180%를 적용한다.

요금의 계산방법에 관한 기준은 우선 톤수 계산은 중량은 1,000kg을 1톤으로 계산하고, 용적은 40Cu/Ft 또는 1.133m³를 1톤으로 계산(포장포함 계산)한다. 다만, 원목 및 목재 등은 480B/F(Board Feet)를 1톤으로 계산한다. 톤수는 중량과 용적 중 많은 것에 의하되(☞ R/T ; Revenue Ton) 산화물은 중량톤으로 계산한다.

✅ 화물량의 최저단위

화물량의 최저단위에 관한 적용기준도 명시되어 있는데. 수출화물은 1 선하증권(B/L)당 화물 총량이 1톤 미만인 것은 1톤으로 계산하고, 수입화물은 1 선하증권(B/L)당 화물 총량이 2톤 미만인 것은 2톤으로 계산한다.

2. 통관 관련 요금

수출입통관 시 발생하는 요금에는 관세와 부가가치세 및 교통세, 교육세 등 관련 내국세 외에 관세청이 징수하는 파출검사수수료, 타소장치허가수수료, 임시개청허가수수료 등이 있는데, 이들 요금은 관세법의 하위법령(행정규칙)인 「세관 수수료 징수사무처리에 관한 고시(관세청 고시 제97-25호)」에 그 근거를 두고 있다.

가 파출검사 수수료

파출검사 수수료란 관세법 제141조(검사장소) 및 동법시행규칙 제40조(검사수수료)에 의해 세관 검사장소가 지정장치장 또는 세관검사장이 아닌 경우 세관에 납부해야 하는 요금이다. 이는 세관원의 시내 출장을 위한 실비(교통비, 숙박비, 식비)의 성격이라 할 수 있다.

기본 수수료는 파출검사를 신청한 수출입 물품 등의 검사를 위하여 검사공무원이 근무지 세관을 출발하여 당해 검사를 필하고 다시 근무지 세관에 돌아올 때까지 소요되는 통상의 시간당 2천원으로 한다.

시간당 2천원의 기본수수료에 세관과 검사장소와의 거리 등을 참작하여 관세청장이 정하는 실비 상당액을 가산한 금액으로 한다. 다만, 수출물품에 대한 검사의 경우에는 그 기본수수료가 면제되고 있다.

그리고 세관에서 검사장소까지의 왕복거리가 1km 미만인 경우, 세관에서 검사장소까지의 왕래에 있어 도보 또는 세관용 자전거를 이용한 경우 및 물품검사를 받고자 하는 자가 자기가 제공하는 교통수단을 이용할 것을 요청하고 세관장이 이를 승인한 경우는 면제된다.

나 임시개청허가 수수료

임시개청허가 수수료란 "세관수수료징수사무처리에 관한 고시" 제2장, 제3-1조에 의해, 화주가 세관의 근무시간 외에 통관을 받고자 할 때 세관에 납부해야 하는 요금이다. 상기 고시에 의하면 "개청시간 외 통관절차에 관한 허가 수수료는 매 수출입 신고건별로 징수하고, 입출항절차에 관한 허가수수료는 선박 (항공기)별로 징수한다.

다만, 동일 화주가 동시에 여러 건의 수출입 신고 물품을 1건으로 임시개청 허가를 신청하는 경우에는 1건으로 계산하여 수수료를 징수"하는 것으로 정하고 있다. 임시개청 수수료에는 기본료와 가산료가 있는데, 기본료는 평일 4,000원, 휴일은 12,000원이며, 수출은 1/4을 적용한다.

가산료는 시간대를 나누어 오전 6시~오후 6시는 시간당 3,000원, 오후 6시~오후 10시는 시간당 4,800원, 오후 10시~오전 6시는 시간당 7,000원으로 정하고 있다.

다 타소장치허가 수수료

수입시 수입신고필증(I/L)을 받기 위해선 세관으로부터 보세구역에의 장치확인을 받아야 한다. 그런데
① 물품이 거대·중량으로 보세구역에 장치하기 곤란한 물품
② 다량의 산물(散物)로서 보세구역에 장치 후 다시 운송하는 것이 불합리하다고 인정하는 물품
③ 부패, 변질의 우려가 있거나
④ 부패, 변질하여 다른 물품을 오손할 우려가 있는 물품과 방진, 방습 등 특수보관이 필요한 물품
⑤ 귀중품, 의약품, 살아있는 동·식물 등으로서 보세구역에 장치하는 것이 곤란하다고 인정하는 물품

등과 같이 화물의 특성상 세관이 지정하는 보세구역에 장치할 수 없을 경우 화주가 별도의 적당한 장소를 확보한 후 이를 세관으로부터 허가받으면 장치가 가능하다.

과거 이를 "타소장치"라고 불렀으나 보세구역외장치로 이름이 바뀌었다. 타소장치허가수수료란 보세화물관리에 관한 고시(관세청고시 제2001-7호)에 의해 보세구역이 아닌 장소에 장치허가(타소장치 허가)를 받고자 할 경우 세관에 납부해야 하는 요금이다.

현재 건당 18,000원의 수수료를 납부해야 한다. 참고로 현재 타소장치 허가를 받으려면 수입업자는 건별로 송장(invoice) 가액만큼의 현금담보(약 120%)를 세관에 설정해두어야 한다.

라 통관 수수료

통관수수료는 관세사가 화주로부터 위임을 받아 통관업무를 수행한 대가로 징수하는 요금인데, 2000년도에 자율화되기 이전에는 수출의 경우는 감가(FOB)의 0.15%로 하고 있으며, 최저 12,000원에서 최고 350,000원까지로 정해져 있었다.

수입의 경우는 감가(CIF)의 0.2%로, 최저 27,000원에서 최고 950,000원까지로 요금이 정해져 있었다. 이제는 자율화되어 관세사업체와 화주간 자율결정 요금체제를 유지하고 있다.

마 수출단계와 물류요금 사례

지금까지 수출입업체가 물류서비스를 이용할 경우에 부담할 수 있는 각종 물류요금의 체계와 현황에 대해 살펴보았다. 그러면 이상의 내용 중에서 수출 한 건을 할 때 부담해야 할 요금의 종류를 수출단계와 예를 들어 함께 살펴보면 다음 그림과 같다.

즉, 인보이스 가격 50,000$ 잡화를 20 트 컨테이너(TEU : 23CBM)에 의해 CIF 조건으로 안산시에서 내륙운송한 후 부산항에서 선적하여 미국 LA항까지 도착하는 데 소요되는 물류비는
  ① 창고보관료(자체 창고가 없을 경우)
  ② 적하보험료
  ③ 컨테이너 내륙운송료
  ④ 해상운임 및 그 부대비인 THC, D/F(서류발급비)
  ⑤ BAF(유가할증료) 및 성수기할증료(PSS)가 있고
  ⑥ 기타 화물입출항료 및 통관수수료(관세사수수료)가 있다.

이를 모두 계산하면 총 3,618,882원이 소요되는 것으로 나타나는데 이 경우 동 제품의 물류비는 수출액 대비 약 7%로 나타난다(3,618,882÷ $ 50,000×1,050).

[수출단계와 물류요금 사례]

수출단계	물류요금	단가/내역	금액(원)	비고
제품생산 및 보관	영업용 창고보관료	15일이내 보관시 119,375×1.1(VAT)	131,312	자율요금으로 창고마다 상이
선박 수배 및 부보	수출적하 보험료	CIF가액×110%×0.082%	20,500	자율요금
내륙운송	내륙운송료	675,000×1.1(VAT)	742,500	국토부 신고요금
ODCY 입고/통관	관세사 수수료	0.15%×INVOICE VALUE(수출시)×1.1	41,250	자율요금 (EDI요금 포함가정)
부산항 도착 및 선적	THC	101,000/TEU	101,000	
	B/L발급비	40,000/건	40,000	
	화물입출항료	4,420/TEU	4,420	해수부 납부

해상운임	$2,000	2,100,000	선사마다 상이
성수기할증료 (PSS)	$300/TEU	315,000	6월~10월
CAF (통화할증료)	-	-	
BAF (유가할증료)	$118	122,900	

합 계	3,618,882	1$ = 1,050

5장

적하보험 실무

1. 해상적하보험   256

2. 무역조건과 해상적하보험 계약자   258

3. 해상위험   260

4. 해상손해   261

5. 해상보험증권과 협회적하약관   262

6. 해상적하보험 조건과 손해보상   263

7. 해상보험회사에 대한 보험금   270

8. 위부와 대위   271

1. 해상적하보험

해상적하보험(Cargo Marine Insurance)이란 해상운송 중에 해상위험으로 말미암아 화물에 대한 손해가 발생할 경우를 대비하여 보험자(보험회사)가 화주로부터 소액의 보험료를 받고 손해 발생시 피보험자(화주)에게 보상해주는 보험이다.

〈해상적하보험의 용어〉

(1) 보험자 (Insurer, Underwriter)

보험계약을 인수하는 자, 즉 위험을 부담하고 손해를 보상함을 업으로 하는 자로서 보험회사를 말한다.

(2) 보험계약자와 피보험자 (Insured, Assured)

보험계약자란 보험계약을 신청하는 자로서, 자기 또는 타인을 위하여 보험계약을 체결하고 보험자에 대해서 보험료를 지급하는 의무를 지니는 자이다. 피보험자란 보험사고 발생시에 보험혜택을 받는 자로, 보험계약자와 피보험계약자는 동일인일 수도 있고 아닐 수도 있다.

(3) 보험료 (Premium)

위험을 담보해 주는 대가로서 보험계약자가 보험자에 대해서 지급하는 금액을 말한다. 보통 100$에 대해서 몇 센트라고 정해지며 이 백분비가 보험료율이다.

> 보험료 = 보험금액×보험료율

(4) 보험금 (Loss, Claim paid)

손해가 발생한 경우 보험자가 피보험자에게 보상금으로 지급하는 금액이다.

(5) 보험의 목적 (subject matter insured)

보험사고가 발생하는 객체(대상물), 즉 화물·선박 등을 말한다.

(6) 담보(to cover)와 보상(to pay)

보험자가 손해발생의 가능성, 즉 위험을 부담하는 일을 담보한다고 하며, 위험의 발생 때문에 생긴 손해를 부담하는 것을 보상이라고 한다.

(7) 위험 (Peril, Risk, Hazard)

위험이란 말은 손해의 원인이 되는 사고, 즉 위험사고 및 보험사고를 뜻하는 때에는 Risk 혹은 Peril이라는 말을 사용한다.

(8) 보험가액 (Insurable Value)

보험가액은 피보험이익의 평가액을 말하며 이는 보험사고 발생에 의해서 피보험자가 입을지 모르는 손해의 최고한도액 또는 부보할 수 있는 보험금액의 한도를 나타낸다. 이러한 보험가액은 항상 변동하지만, 해상보험에서는 변동하지 않는 것으로간주한다. 즉 보험계약을 체결할 때 보험가액을 협정하고 이후 양 당사간에 이것을 불변으로 취급한다(보험가액 불가변의 원칙). 현행의 무역거래에서는 CIF가격에 희망이익 10%를 가산한 것을 보험가액으로 평가한다.

(9) 보험금액 (sum insured)

보험금액이라 함은 보험계약자가 보험 가입한 금액이다. 즉, 보험자가 보상할 금액의 최고한도를 보험계약당사자간에 정한 것을 말한다. 보험금액은 보험가액의 범위 내에서 자유로이 정할 수가 있지만, 그것을 초과할 수는 없다. 통상 보험금액과 보험가액은 상호일치하고 있다. 이 같은 경우를 전부보험(Full Insurance)이라고 한다. 보험금액이 보험가액보단 작은 경우를 일부보험(Under Insurance), 그리고 보험금액이 보험가액을 초과하는 경우를 초과보험(Over Insurance)이라고 한다.

(10) 희망이익 (Imaginary Profit)

매매계약 약정품이 무사히 목적지에 도착하면 수입자가 도착하면 수입자가 도착된 화물을 매각함에 의하여 취득할 수 있다고 기대되는 이윤을 말하는데 보통 송장금액의 10%로 되어 있다.

(11) 피보험이익 (Insurable Interest)

보험보호의 대상이 되는 이익을 말한다. 엄격히 말하면 선박, 화물 등의 보험의 목적물이 멸실 또는 손상됨으로써 경제적 손실을 보게 되는 피보험자의 이해관계이다. 이러한 피보험이익의 존재가 보험계약의 성립조건이 된다.

2. 무역조건과 해상적하보험 계약자

해상적하보험에 수출자와 수입자 중 누가 보험 가입할 것인가, 즉 누가 해상적하보험을 계약할 것인가를 둘러싸고 수출자와 수입자 사이에서 분쟁이 생길 수도 있는데 이에 대해서는 Incoterms(2010)에 따르게 되어있다.

가 수출자가 보험계약자가 되는 경우

(1) CIF (COST, INSURANCE AND FREIGHT)

이 조건으로는 매매가격에 화물의 가격(COST), 해상 적하보험료(INSURANCE), 해상운임(FREIGHT)이 포함되어 있으므로 해상운송계약과 해상적하보험계약을 체결해야 한다. 수출자와 수입자 사이 위험부담의 한계선은 화물이 갑판에 적재되었을 때를 기준으로 하여 통과하면 그 순간부터 위험부담은 수출자로부터 수입자에게로 넘어간다. 그러나 수출자는 수입자를 대신하여 보험에 가입해주는 것이 계약상의 의무이므로 해상보험회사와 해상적하보험계약을 체결해 주는 것이다.

(2) DDP (DELIVERED DUTY PAID)

이 조건에서는 수출자가 도착항에서 화물이 양륙된 후 수입자가 지정하는 지점까지 운송을 해주고 수입지 세관에 관세를 납부하고 수입통관을 완료한 상태에서 수입자에게 화물을 인도하는 시점까지 모든 위험과 비용을 부담해야 한다. 따라서 수출자는 당연히 자신을 위하여 해상보험회사와 해상적하보험계약을 체결해야 한다.

나 수입자가 보험계약자가 되는 경우

(1) FOB (FREE ON BOARD)

이 조건에서는 수출자가 화물이 선적항의 본선 난간을 통과하는 시점까지 모든 위험과 비용을 부담해야 한다. 따라서 그 이후의 해상운송 중의 위험은 수입자의 부담이므로 당연히 수입자가 자신을 위하여 해상보험회사와 해상적하보험계약을 체결해야 한다. 수출자는 자신의 창고로부터 선적항 부두까지의 위험에 대비하여 수입자의 해상적하보험과는 별개로 운송보험에 가입해야 한다.

(2) FCA (FREE CARRIER)

이 조건에서는 수출자는 수입자가 지정한 장소에서 수입자가 지명한 운송인에게 수출자가 화물을 인도하는 시점까지 모든 위험과 비용을 부담한다. 따라서 그 이후의 해상위험은 수입자의 부담이므로 수입자가 해상보험회사와 해상적하보험계약을 체결해야 한다.

만약 컨테이너 운송인 경우 수입자가 지정한 장소가 내륙에 있는 운송터미널인 경우 운송터미널에서 선적항의 부두까지의 위험에 대비하여 수입자는 ITE(INLAND TRANSIT EXTENSION), 즉 내륙운송확장담보조건을 포함하여 해상적하보험에 가입해야 한다.

(3) CFR (COST AND FREIGHT)

이 조건에서는 수출자가 화물의 가격(COST)에 운임(FREIGHT)을 포함한 가격으로 수입자와 매매하는 조건으로서 화물에 대한 위험부담은 선적항의 본선 갑판에 화물이 적재되는 시점부터 수출자에서 수입자에게로 이전된다. 따라서 당연히 수입자는 자신을 위하여 해상보험회사와 해상적하보험계약을 체결해야 한다. 그리고 수출자는 자신의 창고에서 선적항의 부두에서 화물이 선적될 때까지의 위험에 대비하여 수입자의 해상적하보험과는 별개로 운송보험에 가입해야 한다.

(4) EXW (EX WORKS)

이 조건에서는 수출자의 화물보관장소에서 운송을 위하여 화물을 옮기는 순간부터 수입자에게로 위험과 비용부담이 이전되므로 그 시점 이후부터 모든 위험에 대비하여 수입자가 그 자신을 위하여 해상보험회사와 해상적하보험계약을 체결해야 한다. 만약 그 장소가 내륙인 경우는 INLAND TRANSIT EXTENSION(ITE), 즉 내륙운송확장담보조건을 포함하여 해상적하보험에 가입해야 한다.

3. 해상위험

해상위험은 담보하는 위험, 담보하지 않는 위험과 확대된 위험의 세 가지로 분류될 수 있으며, 담보하는 위험이란 약관에 따른 피보험 위험을 뜻하며, 담보하지 않는 위험이란 피보험자의 고의의 불법행위에 의한 손해, 화물/선박의 지연에 의한 손해나 나프탈렌의 자연증발과 같은 일반적인 손해를 말한다. 끝으로, 확대된 위험이란 해상운송 외에도 해상운송과 연결된 내수(內水) 육상의 위험을 말한다.

(1) 해상위험의 시작

협회화물약관 제8조 운송약관에 의하면 해상화물보험은 화물이 보험증권에 명시된 장소에 있는 보관창고 혹은 장치장에서 운송 개시를 위하여 떠날 때부터 위험이 시작된다.

(2) 해상위험의 끝

① 보험증권에 명시한 목적지에서의 화주 혹은 기타 최종창고 또는 보관 장소에 인도될 때

② 보험증권에 명시된 목적지 혹은 그 이전인가를 불문하고 피보험자가 보통 운송과정 이외의 보관이나 할당 혹은 분배를 위하여 사용하고자 선택한 기타의 창고나 혹은 보관소에 인도될 때

③ 최종 하역항에서 하역을 끝낸 후 60일(우리나라에서는 수입의 경우 30일로 적용) 경과할 때 해상화물보험의 위험은 끝난다.

4. 해상손해

가 물적 손해

물적 손해는 물품의 멸실(滅失) 또는 손상(損傷)과 관련하여 발생하는 것으로서 이에는 전손 (全損)과 분손(分損)이 있다.

(1) 전손

전손은 피보험이익 전부의 소멸을 말하며 보험목적물 전부의 멸실 또는 손상에 의해서 발생하는 것으로 이에는 현실전손과 추정전손이 있다. 현실전손이라 함은 보험목적물이 담보위험에 의하여 현실적으로 전멸한 경우 또는 보험목적물 전부의 원질이 변화하여 그 용도를 상실한 경우를 말하며, 보험자는 보험금 전액을 보상한다. 추정전손이라 함은 피보험자가 보험의 목적물을 위부함에 의해서 비로소 보험금 전액을 청구할 수 있는 전손을 말한다(위부는 다음6절 참조).

(2) 분손

분손은 피보험이익 일부가 소멸한 것을 말하는데 단독해손과 공동해손이 있다.

분손 = 해손(Average)

단독해손이라 함은 선박이나 적하가 보통의 해난에 의해서 입은 손해 또는 그 결과로서 발생한 비용에 대하여 그 손해를 입은 자가 단독으로 부담하는 손해를 말한다.

공동해손은 선박 및 적하에 대한 공동의 위험을 피하고자 또는 손해를 경감시키기 위해서 선장이 그 선박 또는 적하 또는 그 양자에 대하여 행한 처분의 결과로 발생한 손해(공동해손희생) 및 비용(공동해손배용)을 이해관계자(선주, 화주 및 운임취득자) 사이에서 각자의 보존가격에 따라서 부담하는 손해(공동해손분담액)를 말한다. 공동해손은 1974년의 요크·앤트워 공동해손 규칙에 의해서 처리되고 있다.

나 비용손해

구조료란 구조계약에 의하지 않고 제3자가 임의로 행하는 구조에 대한 보수를 말한다. 단독비용이라 함은 보험목적물의 안전 또는 보전을 위해서 지출된 비용으로서, 공동해손비용 및 구조료가 아닌 것을 말한다.

이것에는 손해방지비용과 손상화물의 피난항에서의 양륙, 입고, 이전 등의 비용 즉 특별비용을 포함하고 있다. 부수비용이란 손해의 조사 확정 및 증명을 위한 비용으로서 주로 감정인의 비용이다.

5. 해상보험증권과 협회적하약관

(1) 보험증권

보험증권(Insurance Policy)은 보험계약 성립의 증거로 보험자가 피보험자의 청구에 의해서 교부하는 것으로서 계약서도 유가증권도 아니며, 단순히 증거가 되는 증권인데, 보통 배서에 의해서 양도된다. 보험증권은 2통 이상으로 발행된다[34].

보험증명서(Insurance Certificate)는 동종·동질의 물품이 동일 지역에 계속해서 수출될 경우 선적시마다 개별적인 보험에 부보하지 않고 사전에 포괄보험증권(Open Police)을 발급 받고 개별적인 선적이 될 때마다 개개 선적품이 부보되었음을 증명하는 서류이다.

Cover Note는 영국에서 흔히 잘 쓰이는 것으로서 보험브로커(Insurance broker)가 보험계약의 성립을 증명하기 위해서 보험조건이나 보험요율 등을 기재한 일종의 보험승낙서이다.

(2) 협회적하약관

협회적하약관(Institute Cargo Clause)은 런던보험자협회(I.L.U)가 제정한 화물해상보험 관련 약관들의 총칭인데 (A)(B)(C)의 3약관을 기본으로 하고 있다.

19세기 말부터 영국에서는 종래의 Lloyd's S. G. Policy 보험증권 양식을 보완해주고 있는 특별약관들을 묶어서 표준화하고자 하는 운동이 일어나서 1912년 런던보험자협회(I.L.U)가 I.C.C를 제정하였다.

이것은 분손부담보약관(F.P.A), 분손담보약관(W.A) 그리고 전위험담보약관(A.R)을 기본으로 하고 있다. 이러한 I.C.C. 구 약관은 Lloyd's S. G. Policy가 개정됨에 따라 폐기되고, 신 보험약관이 제정되어 1983.4.1부터 신 보험증권과 함께 ICC 신 약관이 전면 실시되고 있다.

신·구 약관 대비표는 아래와 같으며, 신·구 약관 내용은 표와 같이 대체로 상통하다.

---

34) MIA 제22조에 의하면 보험계약은 「해상보험증권에 구현되지 않으면 증거로서 인정되지 않는다」라고 하여 보험증권이 보험계약의 증거가 됨을 밝히고 있다.

[협회적하약관 신·구약관 대비표]	
구 약 관	신 약 관
AR	ICC(A)
WA	ICC(B)
FPA	ICC(C)

그리고 일반적으로 해상보험이라면 해상에서의 사고에만 한정되어 있으나, 신 약관에서는 국제복합운송이 수출국의 내륙으로부터 개시될 때 사용되는 정형거래조건, 이를테면, FAC 조건에서도 사용될 수가 있으므로 꼭 해상에서의 사고만으로 한정하고 있지는 않다.

6. 해상적하보험 조건과 손해보상

가 구약관에 의한 손해보상범위

(1) AR (ALL RISKS)

이 조건은 아래와 같은 면책위험 이외의 모든 위험을 담보위험으로 한다.

① 피보험자의 고의적인 불법행위로 인한 손해

② 화물 고유의 하자 또는 성질에 의한 손해

③ 자연소모 또는 통상의 누손 및 파손

④ 지연으로 인한 손해

⑤ 화물의 포장 불량으로 인한 손해

(2) WA (WITH AVERAGE)

이 조건은 아래의 FPA 조건에서 담보하는 일부 단독해손 이외에 해상 고유의 위험으로 인한 침수손해와 같은 불특정 단독해손과 악천후로 인한 단독해손까지도 담보위험으로 한다.

(3) FPA (FREE FROM PARTICULAR AVERAGE)

일반적으로 단독해손은 담보하지 않고 아래의 특정위험에 따른 일부 단독해손만은 담보해준다.

① 전손 : 현실전손 및 추정전손

② 선적, 환적 또는 하역 작업 중의 포장단위당 전손

③ 선박 또는 부선의 침몰, 좌초, 화재로 인하여 발생한 단독해손

④ 화재 폭발 또는 운송용구의 충돌에 기인 된 단독해손

⑤ 공동해손

⑥ 특별비용

나 신약관에 의한 손해보상 범위

(적하보험조건과 손해보상(협회적하약관 ICC (A)(B)(C)에 의한 손해보상 범위)

(1) ICC (A)

A 조건은 7가지 면책위험을 제외한 모든 위험(this insurance covers all risks)을 담보하는 조건이다. 따라서 A, B, C의 3조건 중에서 가장 담보 범위가 넓다. 그러므로 피보험자 입장에서 볼 때 보험의 혜택을 가장 폭넓게 받을 수 있는 조건이다.

> A조건에서 보험자(보험회사)가 면책되는 7가지 위험은 아래와 같다.
> ① 피보험자의 고의의 불법행위
> ② 피보험목적물의 통상의 누손, 통상의 중량 또는 용적의 부족 또는 자연소모
> ③ 피보험목적물의 포장 또는 준비의 불충분이나 부적합성
> ④ 피보험목적물의 고유의 하자 또는 성질에 의한 손해
> ⑤ 지연으로 인한 손해
> ⑥ 선주들의 파산 또는 금전상의 채무불이행에 의한 손해
> ⑦ 원자핵무기의 사용

위의 7가지 일반면책약관에 의한 면책위험들인데, 이외에도 선박의 불내항 부적합 면책약관, 전쟁위험 면책약관, 동맹파업약관 등의 면책약관들이 있다. 따라서 전쟁이나 동맹파업에 의한 손해발생에 대비하기 위해서는 A조건 이외에도 동맹파업약관(SRCC Clause)과 전쟁약관(War Clause)에 의거하여 추가로 부보해야 한다.

✓ 주의사항

ICC(A)로 부보하더라도 인도, 파키스탄, 아프가니스탄, 네팔 등의 일부국가 들에서는 도난, 발하(화물 중 일부가 없어지는 것), 불착(화물이 일부 또는 전부가 도착하지 않는 것)의 위험, 즉 TPND 위험이 보험회사에 의해서 담보되지 않으므로 이들 국가로부터 CIF 조건으로 수입하는 경우에는 TPND에 대해서 부보하도록 신용장 조건에 명시해 두어야 안전하다.

(2) ICC (B)

B조건은 A조건과는 달리 담보대상이되는 위험을 포괄적으로 표시하지 아니하고 구체적으로 열거하고 있는데 C조건에서의 경우보다도 담보 범위가 넓다.

B조건에 의한 면책위험은 위에 기재된 바 있는 ICC(A) 조건에서의 일반면책위험 7가지에다 "피보험목적 또는 그 일부에 대한 어떤 자의 불법행위에 의한 의도적인 손상 또는 파괴"가 추가 되어 8가지이다. 그리고 불내항부적합면책약관, 동맹파업면책약관 그리고 전위험면책약관에 의 한 면책위험이 추가되는 것은 A조건과 동일하다.

(3) ICC (C)

C조건은 B조건과 마찬가지로 담보대상이 되는 위험을 구체적으로 열거하고 있는데 A, B, C 의 3조건 중에서 그 담보 대상이 되는 위험의 범위가 가장 좁다. 따라서 피보험자로서는 보험 의 혜택을 받을 수 있는 범위가 가장 좁다. C 조건에 의한 면책위험은 B조건에서의 경우와 동 일하다. C조건에 의한 담보위험은 다음 페이지의 표를 참조하기 바란다. 신 약관 ICC(A), (B), (C)에서의 손해보상 범위를 담보위험과 면책위험으로 나누어 설명하면 아래와 같다.

[신 해상보험증권의 담보위험과 면책위험 일람표]

[담보위험]			
다음 위험에 정당하게 기인된 보험의 목적의 멸실 또는 손상	A	B	C
1. 화재 또는 폭발	○	○	○
2. 선박 또는 부선의 좌초, 교사, 침몰 또는 전복	○	○	○
3. 육상운송 용구의 전복 또는 탈선	○	○	○
4. 선박, 부선 또는 운송용구와 물이외의 타 물체와의 충돌 또는 접촉	○	○	○
5. 조난항에서이의 적하의 양하	○	○	○
6. 지진, 분화 또는 낙뢰	○	○	×
7. 공동해손희생	○	○	○
8. 투하	○	○	×
9. 파도에 의한 갑판상의 유실	○		×
10. 선박, 부선, 선창, 운송용구, 컨테이너, 리프트밴 또는 보관소에 해수, 호수 또는 하천수의 유입	○	○	×
11. 선박 또는 부선에 선적 또는 양하작업중 해수면으로 낙하하 여 멸실되거나 추락하여 발생된 포장단위당 전손	○	○	×
12. 상기 이외의 멸실, 손상	○	×	×
13. 공동해손, 구조료(면책위험에 의한 것은 제외)	○	○	○
14. 쌍방과실 충돌	○	○	○

[면책위험]	A	B	C
1. 피보험자의 고의의 위법행위	×	×	×
2. 통상의 누손, 중량, 용적의 통상의 감소, 자연소모	×	×	×
3. 포장 또는 준비의 불완전(위험개시전. 피보험자에 의한 컨테이너의 적입)	×	×	×
4. 보험목적의 고유의 하자	×	×	×
5. 지연	×	×	×
6. 선주, 관리자, 용선자, 운항자의 파산, 재정상의 채무 불이행	×	×	×
7. 어떤 자의 불법행위에 의한 고의적 손상 파괴	○	×	×
8. 원자핵 분열/원자핵 융합 또는 동종의 또는 방사성 물질을 이용한 병기의 사용의 의한 멸실 손상비용	×	×	×
9. 선박, 부선의 불내항성, 선박, 부선 운송용구 컨테이너 등의 부적합	×	×	×

담보(내지 보상)의 범위가 가장 넓은 순서대로 나타내면 아래와 같다.

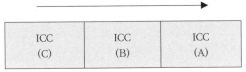

보험료가 비싼 순서도 위와 같다.

다 신·구 약관의 차이점

(1) ICC(A)와 ICC(ALL RISKS)의 차이점

신·구 약관은 담보위험에 관해서는 거의 동일한데 면책위험에 관해서는 서로 다르다. 즉, 구 약관 ALL RISKS에서는 지연이나 보험 목적물의 고유의 하자 또는 성질만을 면책위험으로 규정하고 있다.

그러나 신 약관 ICC(A)에서는 통상의 누손, 포장불충분과 선사의 채무불이행 및 원자력 핵무기의 위험도 면책으로 추가하였다. 그 대신 구 약관에서 해적행위가 면책이었으나 신 약관에서는 담보위험으로 바뀌었다. 결과적으로 신 약관에서의 면책위험은 구 약관에서의 면책위험보다 훨씬 더 확대되었다고 할 수 있다. 이는 곧 담보위험의 범위가 신 약관에서는 구 약관보다 축소되었다는 의미이다.

(2) ICC(B) 조건과 WA 조건의 차이점

WA 조건에 있었던 HEAVY WEATHER(황천)에 의한 누손이란 표현이 ICC(B)에서는 삭제되고 그 대신 해수, 호수, 강물의 유입이라고 구체적으로 명시되었다. WA 조건에 없었던 지진 분화 낙뢰위험을 담보위험으로서 ICC(B)에 명시하였다.

WA 조건에서는 황천에 의한 경우에만 갑판유실도 담보위험이 된다고 하였으나 ICC(B)에서는 꼭 황천에 의하지 않더라도 일반적인 파도에 의한 갑판유실은 담보위험이라고 표현하였다. WA 조건에서는 담보대상을 손해의 형태를 기준으로 표현하였으나 ICC(B)에서는 손해발생의 원인 즉 위험을 기준으로 담보대상을 표현하고 있다.

(3) ICC(C)와 FPA의 차이점

FPA 조건에서는 선적·환적 또는 하역작업 중의 포장단위당 전손이 담보위험으로 되어 있으나 ICC(C)에서는 담보위험이 아니다.

라 부가위험에 의한 담보 조건

적하보험 가입시 ALL Risk 또는 ICC(A) 조건으로 가입하는 경우 일반적으로 부가위험을 추가로 가입할 필요가 없으나 제한적인 위험만을 담보하는 WA, FPA, ICC(B), ICC(C)로 가입할 경우 기본조건에서 담보하는 위험 외의 특정위험에 대해서는 해당하는 부가위험을 추가하고 그에 대한 추가보험료를 부담하여야 한다.

특히 ALL Risk 또는 ICC(A)로 가입하였다 하더라도 화물의 특성 및 성질로 인하여 요율서상 담보되지 아니하는 특별위험에 대해서도 추가로 보험에 가입해야 담보가 가능하다.

(1) 도난, 발하, 불착손 (T.P.N.D ; Theft Pilferage and Nondelivery)

Theft는 도난을, Pilferage는 발하를 뜻하며, Nondelivery는 타항에서 양하 또는 분실을 원인으로 한 포장 전체의 불착을 의미한다. 이를 위험은 Perils Clause상의 Thieves(강도)와는 전혀 다른 위험이다. 제한 보험조건에서 도난불착위험만을 따로 담보받기 위해서는 Institute Theft, Pilferage and Nondelivery Clause(T.P.N.D약관)가 보험증권에 첨부되어 있어야 한다.

(2) 우담수손 (R.F.W.D ; Rain &/or Freshwater Damage)

해수 침손에 대응하는 말로서 비, 눈, 하천, 호수 기타 해수 이외의 물로 젖은 손해를 담보하는 것으로 섬유품, 잡화 등 젖기 쉬운 화물에 추가하여 담보된다.

(3) 갈퀴에 의한 손상 (H/H ; Hook & Hole)

손 갈퀴로 화물이 찍혀서 생기는 손해를 Hook Damage라 하고 이 역시 섬유품, 잡화 등에 추가로 담보된다.

(4) 타 화물과의 접촉위험

기름, 니토, 산 등의 주로 선내의 청소 불충분으로 인한 오손 및 타 화물과의 접촉으로 인한 손해가 이 약관으로 담보된다. 타 화물과의 접촉은 적재의 불량 또는 선박의 심한 동요 등으로 발생한다.

(5) 파손위험

유리, 도자기, 기계류 등 깨지기 쉬운 화물에 추가 담보되는 위험이다.

(6) 곡손위험

접속이나 충격이 심해서 화물의 표면이나 내부가 구부러지는 손해를 말한다. 파손과 더불어 해상 고유의 위험에 의해서 생길 수도 있으나 화물 취급상의 부주의로 생길 수도 있다. 이 경우 전자의 경우는 Perils Clause에 의해서 담보가 되나 후자의 경우는 특약이 없으면 보상을 받지 못한다. 파손 곡손은 누손이나 중량 부족과 더불어 어떠한 수송과정에서도 생기는 통상의 손해를 포함하므로 일정 비율을 면책하는 "Excess(또는 Deductible)"의 조건이 적용된다.

기계류의 부분적인 파손은 곡손인 경우 사용 불능이라는 이유로 전손을 주장하는 것을 피하고자 보통 Institute Replacement Clause(협회기계수리약관)가 첨부되며 이 약관에서는 파손 부분의 수리, 대체 소요되는 금액만을 보상할 것을 규정하고 있다.

(7) 누손, 중량 부족

벌크화물 및 액체화물은 파손으로 용기나 포장이 깨지고 내용품이 새어 나오고 흐트러지게 되는데 이러한 손해가 Perils Clause 이외의 위험으로 발생한 경우에는 특약에 의하지 않고는 담보가 되지 않는다. 파손, 곡손 경우처럼 자연적인 감량, 부족량을 공제하기 위한 Excess 조항이 적용된다.

(8) 한습손, 열손

한습손, 열손은 서로 함께 발생하기 쉬운 것으로 선창내와 선박 외기와 기온 차이 때문에 천장 및 내벽이 응결하는 수분 때문에 화물이 젖거나, 화물 자체의 표면이 땀처럼 수분이 배거나 하는 것을 의미한다.

(9) 혼합위험, 오염위험

혼합은 타 화물 및 잡물의 혼입을 의미한다. 오염은 타 화물과의 접촉으로 발생하는 외견상의 더러움, 흠 및 악취의 흡착을 의미한다. 유류화물의 경우 해수나 담수의 혼입으로 인한 손해도 이에 해당한다. 곡물이 광석류와 혼재되어 혼합되는 예도 있다.

(10) 서식, 충식

곡물, 소맥분, 죽제품 등의 화물이 운송 도중에 쥐나 곤충에 의해서 해를 입는 경우가 있는데 이러한 손해는 통상적으로 담보되지 않으므로 특약에 의한 추가 담보를 필요하다.

(11) 곰팡이손 위험

식료품, 섬유품, 잡화 등은 함유수분 때문에 또는 습도의 증가로 곰팡이 또는 미생물에 의한 피해를 받기 쉽다. 이것은 대부분이 물질 고유의 하자 또는 성질에 의한 손실이지만 특약에 의해서 담보가 된다.

(12) 녹손위험

기계류, 철물 등의 화물이 초장 재료의 건조 불충분으로 내부가 습해져서 Cargo Sweat의 상태가 되어 녹이 스는 경우가 있다. 또는 해수, 담수, 빗물 등으로 녹이 스는 예도 있다. Perils Clause에 의한 위험이 원인이면 및 특약위험에 의한 손해는 담보가 되지만 순전히 습기로 인한 것이면 이 특약이 없이는 담보되지 않는다. 그러나 화물 자체의 포장상태가 녹에 대한 적합한 방지력을 가진 것이라야만 보험의 혜택을 받을 수가 있다.

7. 해상보험회사에 대한 보험금

그 손해가 보험계약상의 보험조건에 따라서 보험회사가 보상책임을 지는 경우에 한하여 보험금이 지급된다. 보험금은 감가율을 산정하여 다음과 같이 계산, 지급된다.

(1) 단독해손인 경우

화물에 대한 손해의 형태가 전손이나 분손인 경우에는 공히 다음과 같은 서류를 구비하여 보험회사에 제출한다.

① 보험금 청구 서한 : 손해의 명세 또는 손해액 계산서를 첨부한다.

② 보험증권 : 원본 또는 부본

③ 선하증권 : 사본, 단, 전손인 경우 원본

④ 상업송장 : 포장중량명세서 - 서명된 사본

⑤ Cargo Boat Note : Tally Sheet : 원본

⑥ 손해검정서 : 원본 또는 부본

⑦ 선박회사 또는 기타 수탁자에 대한 청구서한 사본

⑧ 위에 대한 답장 : 사본

⑨ 제비용을 증빙하는 서류 : 원본

⑩ 해난보고서 : 원본

⑪ 화물매각계산서

⑫ 위부서 : 단, 추정전손의 경우에 한함

⑬ 대위권 양도서 : 보험회사로부터 보험금을 영수함과 이에 따르는 잔존물의 양도는 보험회사 소정서식에 서명함으로써 이루어진다.

특히 추정전손인 경우에는 위의 구비서류에 위부통지서를 보험회사에 추가로 제출해야 한다.

(2) 공동해손인 경우

선박회사(또는 대리점)가 공고한 공동해손 선포 또는 화주 앞으로 개별적으로 송달되는 공동해손 통지서에 의해서 자기의 화물이 공동해손에 관련되었음을 알게 되면 즉시 보험회사에 대하여 다음의 서류를 제출하여야 한다.

① 공동해손 청구서한

② 보험증권 : 원본 또는 부본

③ 선하증권 : 사본

④ 상업송장 : 서명된 사본

⑤ 공동해손 통지서 : 사본

동시에 선박회사에는 다음의 서류를 제출하는데 이를 서류는 보험회사가 하거나 입증하는 것이 통례이므로 이 역시 보험회사에 제시하고 협의하는 것이 좋다.

✅ 공동해손맹약서

이는 화주가 장차 자기 앞으로 할당될 공동해손분담금을 지급할 것과 그 분담금의 산정기초가 될 화물명세 및 가격을 정당히 신고할 것을 약속하는 서류이다.

✅ 화물가액신고서

공동해손에 관련된 화물의 가액을 화주가 운송인에 대하여 신고하는 서식이다. 공동해손 분담금은 가액의 도착가격(손상된 상태로 도착한 화물은 손상가액)에 대하여 부과되는 것이므로 보통은 화물의 CIF 가격을 이에 대용하고 있으며 손상상태로 도착한 화물의 가액도 정상품의 CIF 가액에서 손해율에 따른 손해액을 제공한 금액으로 한다.

8. 위부와 대위

(1) 위부(委付)

위부란 보험의 목적물이 전부 멸실 된 것이 확실하지만 이를 입증하기 곤란하거나, 목적물의 손상을 복구시킬 수는 있으나 복구비용이 목적물의 가격을 웃돌 때, 법률상 이것을 전손으로 간주하고, 피보험자는 그 피보험화물에 대해서 갖고 있던 일체의 권리를 보험자에게 이전해주고 그 대가로 보험금의 전액을 청구할 수 있도록 하는 행위이다.

(2) 대위(代位)

선사의 잘못으로 인하여 손해가 발생한 경우 그 손해가 사전에 보험 가입한 해상보험에 의해서 담보되는 손해라면 보험회사가 화주에게 보험금을 지급하고 화주의 지위를 대신하여 손해가 발생한 피보험이익과 관련하여 선사에 대하여 소유하고 있던 화주의 권리, 즉 손해배상 청구권을 획득하여 화주를 대리하여 선사에 손해배상청구를 하게 된다. 이것을 대위라고 한다.

이와 같은 대위는 화주가 발행한 대위권 양도서에 의하여 그 효력이 발생하며 보험자가 취득한 대위권은 그 보험자가 지급한 보험금 한도 내에서 유효하다.

6장

국제물류 추세와 제3자물류

1절 최근 국제물류의 환경분석　　　　　　　　　　　　　273

2절 SCM의 도입·확산 현황　　　　　　　　　　　　　280

3절 국제물류의 대형화 추세　　　　　　　　　　　　　290

4절 제4차산업혁명 시대와 블록체인기술의 물류분야　294

5절 물류분야의 전략적 제휴와 전문물류업체의 역할　299

6절 제3자물류의 확산　　　　　　　　　　　　　　　302

7절 3PL 추진 방법과 절차　　　　　　　　　　　　　323

1절

최근 국제물류의 환경분석

세계 경제환경의 변화에 따라 주요 기업들의 국제물류관리 전략도 급변하고 있고, 고객들의 고도화된 국제물류 수요에 부응하기 위한 선사, 포워더(freight forwarder) 등을 비롯한 물류업자의 경영전략도 변화되고 있다.

전 세계적으로 고객이 원하는 상품이나 서비스를 적기(適期)에 신속하게 제공하는 국제물류서비스는 수출입기업들의 활동에 필수적인 요소의 하나가 되었다. 즉, 비용 절감은 물론, 재고 감축을 위한 고도화된 국제물류서비스는 경제활동의 세계화와 더불어 기업의 생존을 위한 도구로서, 그리고 경쟁우위를 확보하기 위한 전략의 하나로서 자리 잡아 가고 있다.

1. 국제물류관리의 중요성

– 기업 활동의 세계화에 따른 국제물류관리의 중요성 –

기업 활동의 세계화에 따라 주요 기업들은 국제물류관리에 많은 관심을 기울이고 있다. 국제물류관리는 국경을 초월하여 원재료나 완제품을 최종목적지까지 조달, 공급하는 과정이기 때문에 각 정부의 법규, 규제, 인프라, 관습 등의 제약을 받기 쉽다. 그러나 세계무역 확대와 경제활동의 세계화로 지역간 거리와 시간을 극복할 수 있는 국제물류관리의 중요성은 더욱 커지고 있다.

주요 기업들은 정보시스템과 선진화된 물류관리기법을 동원, 세계적인 조달·생산·판매망을 구축하여 저렴하고 품질이 우수한 원재료, 반제품 또는 완제품을 구매, 생산 혹은 판매하기 위한 국제물류관리시스템을 확립해 나가고 있다. 특히, 세계화된 기업들은 조달, 생산, 판매 활동이 세계적으로 이루어지기 때문에 물류 활동의 범위도 그만큼 확대되고 복잡화, 다양화되는 반면에, 물류 경로의 전반에 대한 기업의 통제 가능성은 감소하게 된다.

세계화된 기업들이 효율적인 국제물류관리시스템을 구축하는 이유는 고도화, 다양화된 고객의 서비스 욕구를 충족시키기 위하여 세계 각 지역에 있는 고객의 선호도에 따라 다품종 소량 생산과 적기공급으로 대응해야 하기 때문이며, 성공적인 국제물류관리는 곧바로 기업의 국제경쟁력과 직결되기 때문이다.

그러나 세계화된 기업들 자신이 범세계적인 국제물류 체제를 구축하기에는 많은 경영자원이 소요되고 세계 지역별로 다른 입지적 특성, 고객 욕구의 상이성 및 다른 물류체계 등의 현실적인 어려움에 부닥치고 있다.

2. 과학적 물류관리기법

– 정보통신기술발전과 과학적 물류관리기법의 등장 –

반도체와 컴퓨터 기술의 발달에 따른 정보통신 기술의 발전은 물류업계에 많은 변화를 가져오고 있다. 개별기업 또는 국가의 물류시스템, 나아가 국제물류 체계의 고도화는 정보시스템의 뒷받침 없이는 불가능하다.

선진국 및 신흥공업국에서는 서비스산업, 지식산업 중심으로 산업구조의 고도화가 추진되면서 정보통신 기술은 필수 불가결한 요소로 부각되고 있으며, 물류산업에서도 물류 관련 주체간 신속하고 정확한 정보교환은 매우 중요한 요소로 되었다.

정보시스템은 전 세계적으로 분산된 다른 기능부서간 혹은 다른 기업간 밀접한 협력관계를 구축하여 고객서비스의 향상과 비용 절감을 가능하게 하였다. 정보통신기술이 정보처리의 고속화, 기억매체의 대용량화, 정보의 멀티미디어화를 통한 지능화, 정보기기의 소형화와 휴대화 등 발전을 거듭하면서, 물류서비스 주체들은 부가가치통신망(VAN), 근거리통신망(LAN)을 통하여 정보의 공유, 정보의 실시간 처리, 일관적인 정보자원의 처리, 정보처리시스템의 비용 절감을 꾀하고 있다.

또한, 컴퓨터와 컴퓨터간 EDI를 통하여 정확하고 신속한 정보교환이 이루어짐으로써 물류 정보처리시간 단축과 데이터의 이중입력이나 실수 등을 최소화하여 물류 효율화를 도모하고 있다.

EC/CALS를 도입하여 통합된 정보시스템에 의해 제조, 연구개발, 구매, 재고 및 판매정보를 동시적으로 유통, 순환되도록 함으로써 과학적이고 효율적인 업무수행과 신속한 정보공유, 비용 절감을 추진하는 것도 활성화되고 있다.

가 CALS (Computer Aided Logistics Support)

CAL의 개념은 새로운 병기의 개발 및 조달과 관련하여 미국 군수산업에서 시작되었다. 1980

년대 초 미국국방부의 한 보고서에 의하면 단 한 대의 M1형 전차에 대한 매뉴얼이 4만 페이지에 달하고, 단 한 척의 빈센트 순양함에 들어가는 서류만 해도 23.5톤에 달하며, 비행기는 매뉴얼 무게가 비행기보다 무거운 실정이었다. 또한, 매뉴얼의 양적인 증대와 동시에 이러한 기술교범의 개선 및 유지비용이 크게 증대하였다.

기술교범 수정시 한 페이지당 1,000달러로 공군에서만 매년 20~30억 달러의 비용이 기술교범 관리비용으로 소요되었으며, 이러한 현상은 육군과 해군도 비슷한 입장이었다. 또한, 국방규격서의 25% 이상이 규격의 부정확과 중복으로 인한 업무처리의 비효율을 초래하고 있다고 발표하였다.

CALS의 등장은 바로 이러한 여러 문제를 일거에 해결하려면 서류에 의한 행정처리 절차의 개선이 급선무라는 인식에 따라 시작된 것으로 방대한 문서를 전자문서로 변환시켜, 공간 및 무게의 절약과 함께 신속한 정보검색을 할 수 있도록 하는 페이퍼리스(paperless) 운동에서 출발한다.

이에 따라 1982년 당시 미 국방장관이던 캐스퍼 와인버거가 막대한 국방예산과 운영유지비를 절약하는 방안을 찾도록 지시한 결과, 1985년 미 국방부 내에 최초로 CALS 전담 부서가 설치되었으며, 민간기업인 미국방위산업연합회(NSIA ; National Security Industrial Association) 안에 CALS산업연구회(CALS/ISG : Industrial Steering Group)를 설치하고, 1988년 9월 이후 개발되는 모든 무기 및 장비에 대해 CALS의 적용을 의무화했다.

CALS의 목적을 한마디로 말한다면 제품의 설계, 획득 및 운용지원 과정에서 발생하는 모든 자료와 정보를 디지털화하여 종이 없는 자동화된 환경을 제공함으로써 업무의 과학적, 효율적 수행과 정확하고 신속한 정보공유 및 유통체계를 통한 운용지원 비용 절감과 시간단축, 그리고 종합적인 품질경영 능력을 향상하는 전략이라고 할 수 있다.

CALS를 통해 서류에 의존하는 기술정보의 생성 및 교환을 디지털 정보로 생성, 교환하는 환경으로 전환하고, 업무처리 절차의 근본적인 재구성을 통해 개별적으로 자동화, 전산화된 체계를 연계·통합시켜 디지털 정보 교환체계를 구축하며, 통합정보 데이터베이스(IDB ; Integrated Database)를 구축하여 관련 기관, 관련 업체간의 정보공유 환경을 실현하여 비용 절감, 시간단축 및 종합적인 품질향상을 얻을 수 있게 된다.

CALS의 가장 중요한 밑거름은 표준화이며, 이것이 네트워크, 데이터베이스 등의 인프라와 업무 프로세스 리엔지니어링을 통한 기업의 통합과 이를 통해 기업간 가상거래, 또는 전자상거래가 실현된다.

한편, 한국전자거래(EC/CALS)협회는 전자상거래(EC ; Electronics Commerce)란 좁은 의미로는 '사람과 사람이 물리적인 매체의 전달을 통해 상품을 사고파는 전통적인 상거래와는 달리 컴퓨터와 네트워크라는 전자적인 매체를 통해 상품을 사고파는 행위'를 말하며, 넓은 의미로는 '기업내,

혹은 기업과 기업간 거래관계의 모든 프로세스를 전자적(electronically)으로 처리하는 것'이라고 정의하고 있다.

전통적인 상거래에서는 기업에서 물건을 생산하면 이를 도매상과 소매상을 거쳐서, 또는 그 이상의 단계를 거쳐서 최종 소비자가 구매할 수 있었으나, 전자상거래에서는 기업이 인터넷이라는 전자적인 매체를 통해 직접 소비자에게 판매할 수 있어, 소비자는 중간이윤을 생략한 저렴한 가격에 물건을 구입할 수 있다. 또한, 기존에는 제한된 지역에 제한된 영업시간에만 물건을 판매할 수 있지만, 전자상거래를 이용하면 365일 24시간 전세계를 대상으로 판매할 수 있다.

나 JIT (Just-in-time)

최근 물류관리에 있어 과거의 주먹구구식을 벗어나 체계적, 과학적 관리를 펼칠 수 있는 많은 기법이 등장하고 있는데, 그 대표적인 것들로 JIT, MRP, QR, ECR 등을 들 수 있다.

JIT(Just-in-time)는 조직이 필요로 하는 원재료, 부품 혹은 완제품을 고객이 원하는 정확한 시간 및 정확한 장소에 정확한 수량을 인도하는 것으로, 과다한 재고를 최소화하고 불필요한 요소를 제거하는 데 목적을 둔 것이다. JIT는 무재고, 무결점, Lead Time의 축소, 빈번한 보충량, 그리고 높은 품질로 특징지을 수 있는 개념이다.

JIT란 결국 판매 시점과 재고보충 시점의 동기화(synchronization)를 의미하며, 이것이 재고 제로를 가능하게 한다. 그러나 현실적으로 이것을 100% 동기화시키는 것은 불가능하여서, 정확하게는 판매 시점과 재고보충 시점을 가능한 한 100%에 가깝게 접근시켜간다는 것이라고 할 수 있다.

판매 시점과 재고보충 시점의 동기화는 정보와 물품 흐름의 리드 타임을 단축하는 것에서 성립한다. 그중에서도 정보와 물품의 흐름은 단지 빠르다는 것뿐만 아니라 정확하여야 하므로 정보시스템, 보충시스템 모두 고도의 시스템이 요구된다. 한편, JIT 생산방식과 기존의 생산방식을 비교하면 아래 표와 같다.

최근 미국기업들은 JIT에서 나아가 JITⅡ를 도입하고 있는데, JITⅡ는 납품회사의 영업업무와 발주회사의 구매업무를 묶어 하나의 가상기업(virtual corporation)으로간주하여 공급연쇄상 기업의 연결구조와 절차를 근본적으로 개선함으로써 기업간 중복업무와 불필요한 활동을 혁신적으로 감소시키고 제거하여 물동량의 흐름을 강력하게 통제한다.

JITⅡ는 수송부문에서 우선으로 적용되었는데, 수송업체의 대리인이 상주하면서 생산상황이나 영업상황을 미리 파악하여 수송업체의 전산시스템을 통하여 스케줄을 결정하는 것이다.

다 MRP (Material Requirement Planning)

MRP(Material Requirement Planning)는 회사의 총 생산공정에 필요한 부품과 원재료의 수요를 예측하는 시스템으로서, 고객이 필요로 하는 최종 상품의 수량이 얼마나 되며, 언제 고객이 원하는지를 결정함으로써 제품의 납기를 맞추고 재고투자를 최소화하는 자재수급계획기법이다.

MRP는 시간대별로 필요한 부품과 원재료를 인수 예정량과 재고수준을 감안하여 계산함으로써 계획된 생산공정과 고객에게 인도할 일정을 고려한 원재료, 부품, 완제품의 이용 가능성을 확보하고, 가능한 한 낮은 수준의 재고를 유지하며, 생산활동, 인도일정, 그리고 구매활동을 계획하는데 초점을 맞추고 있다.

그런데 MRP는 가정(assumption)에 몇 가지 한계가 있는데, 그 예로는 자재구매와 제품생산을 위한 리드 타임을 고정해 둔 것, 필요한 부품이나 원재료가 무한히 존재하는 것, 자재나 노동력 부족과 같은 공급의 불확실성을 고려치 않은 것 등을 들 수 있다.

라 QR (Quick Response)

QR(Quick Response)은 고객과 생산자 사이에 걸쳐 있는 경로 상에 많은 재고를 줄임으로써 신속공급체제를 갖추도록 하는 공급연쇄상의 효율성을 극대화하는 기법이다. 미국 섬유·의류산업에서 경쟁력 제고를 위한 전략의 일환으로 처음 도입된 후 1990년대 전 제조산업에서 새로운 패러다임으로 자리 잡아 가게 되었다.

QR은 EDI, 바코드, POS와 같은 정보기술의 발달에 따라 많은 기업이 추진하고 있으며 주요 요소는 경로 상 회원과 동반관계 구축, 고객만족도 향상, 정보기술의 활용, 불필요한 요소의 제거, 공동이익의 향유 등이다.

이탈리아에 근거를 둔 베네통사는 그들의 제조과정, 창고활동, 판매 및 소매업자들과 고도의 효율적인 QR을 통하여 전세계에 5천만 벌의 의복을 공급하고 있다. 예를 들면 인기 있는 겨울용 슬랙(slack)을 초가을에 팔려고 할 때, 소매의류상은 이탈리아에 있는 베네통의 대형 컴퓨터와 연결된 정보망을 통하여 제품을 주문한다.

그 주문은 색상과 크기의 필요한 범위 안에서 슬랙을 만드는 자동기계로 곧장 입력(入力)되어 원하는 물건은 만들어진다. 그 후 회사는 옷가게의 주소가 적힌 바코드 박스 안에 그 주문품을 넣어서 베네통의 물류센터로 보낸다. 그러면 물류센터는 60개국의 5,000여 상점까지 하루에 230,000종류의 옷을 선적하여 보내는데, 그 물류센터는 3천만불이 투자된 고도의 자동화된 시설을 갖추고 있다. 이러한 과정을 통하여 베네통은 생산 소요시간을 포함하여 4주 이내에 전

세계에 완벽하게 주문량을 선적하는 것이다.

QR의 개념이 공급연쇄 전체에 걸쳐서 채택된다면 공급연쇄상의 모든 당사자가 커다란 이익을 얻을 수 있다.

미국의 소매패션체인 더리미티드(The Limited)사는 수천 개의 체인점에서 판매 시점 데이터를 이용하여 소비자의 선호도를 추적한다. 이것을 바탕으로 주문은 위성통신을 이용하여 전 세계의 공급자에게 전달된다. 상품은 홍콩의 집하센터를 경유하여 보잉747 전세기로 일주일에 네 번 오하이오주 콜럼버스에 있는 더리미티드사의 배송센터로 공수된다.

배송센터에서는 상품에 가격표를 붙이고 재분류하여 트럭과 항공편으로 즉시 소매점으로 배송한다. 주문에서부터 점포 내 진열까지 전체 사이클을 6주 이내에 달성할 수 있다. 이는 재래 시스템으로는 6개월 이상 걸리던 과정이었다.

마 ECR (Efficient Consumer Response)

ECR(Efficient Consumer Response)은 판매업체가 판매 시점에서의 정보를 특정 제조업체와 공유하여 제조업체가 재고상황을 점검, 별도의 주문이 없어도 적절한 시점에 납품하는 형태로서 개별기업의 효율성보다는 경로 전체의 효율성을 추구하기 때문에 고객의 욕구를 충족시키면서도 전체 시스템의 비용감소, 재고감축, 자산투자 감소가 가능하도록 한다.

ECR의 목적은 고객 만족의 극대화와 비용의 최소화를 위하여 공급업자와 유통업자가 파트너십(partnership)을 구축하는 고객 지향적인 시스템이다.

부품 공급업체의 원자재 공급량과 기업의 제품 생산량, 그리고 소비자의 제품 구매량과 기업의 제품 생산량 등은 기업의 의지대로 일치시키기가 매우 어렵다. 이 때문에 판매 활동은 부진한데 상품의 재고가 쌓여 가거나, 상품은 없어서 못 파는데 제품이나 부품 조달이 제대로 되지 않아 기회 손실이 발생하게 되는 경우가 생긴다. 만약 부품 공급과 생산, 판매의 흐름을 연결하여 하나의 기업이 움직이는 것처럼 전체 프로세스를 통합 관리할 경우, 기업의 경쟁력 제고에 커다란 도움을 줄 수 있다.

이러한 측면에서 주목받는 개념이 바로 공급연쇄관리(SCM ; Supply Chain Management)이다.

[기존 생산방식과 JIT 생산방식의 차이점]

주요 요소	기존 생산방식	JIT 생산방식
1. 재고	자산	책임
안전재고	안전재고 확보	안전재고 없음
2. 생산기간	비교적 장기간	단기
준비 기간	비교적 장기	최소화
생산단위의 크기	경제적 주문량	1:1의 관계
3. 원재료, 부품의 대기열	제거	필요
4. 리드 타임	가능한 시간 허용	가능한 단축
5. 품질검사	중요한 부품	모든 생산과정
6. 공급자/고객	적대적 관계	파트너 관계
원재료 등 조달	복수의 공급자	단일의 공급자
종업원	지시 또는 주종관계	종업원의 자발적 참여

*자료 : Coyle, J.J., Bardi, E.J., Langley, C.J. Jr.(1998), "The Management of Business Logistics", West Publishing Company, p.89

예를 들면 셔츠를 만드는 제조업자는 상류(上流) 공급업자는 천을 짜는 방직업자를 거쳐 실을 만드는 방적업체에 이르고 하류(下流) 수급업자는 도매업자를 거쳐 최종 소비자에게 이르는 공급망 일부이다. 이 공급망의 각 조직은 상호 의존적이라고 정의되지만, 역설적이게도 전통적으로 서로 긴밀한 관계를 유지해 온 것은 아니다.

공급망 관리는 수직계열화와는 다르다. 수직계열화는 보통 상류의 공급자와 하류의 고객을 소유하는 것을 의미한다. 이것은 한때 바람직한 전략으로 여겨졌으나 최근에 이르러 점차적으로 기업은 핵심역량에 초점을 맞추어 경쟁력을 배가시키고자 한다.

즉, 차별적 우위를 확보한 분야에 집중하고 그 밖의 것은 아웃소싱을 통해 해결하려고 하는 것이다. 과거 공급망 상의 상류 공급업자나 하류 도매상과 소매상의 관계는 협조적이었다기 보다는 적대적인 것이 보통이었다. 오늘날에는 원가 절감이나 이익의 개선을 위해서 공급망 상의 파트너를 희생시키는 경우가 많다.

이러한 회사는 단순히 상류나 하류로 비용을 이전시킨다고 경쟁력이 향상되는 것이 아니라는 것을 인식하지 못하고 있다. 왜냐하면, 모든 비용은 최종시장으로 이동되어 결국 최종 소비자가 부담하는 가격에 반영되기 때문이다.

SCM에 대한 용어 정의는 다양하다. 전통적인 경로관리에서 보는 시각, 물류(로지스틱스)에서 보는 시각, 정보통신 쪽에서 중점을 두고 바라보는 시각, 기업영업과 연구 분야에서 바라보는 시각 등에 따라 약간씩 차이를 보인다.

2000년 발족한 한국 SCM민·관 합동추진위원회에서는 SCM을 '제조, 물류, 유통업체 등 유통공급망에 참여하는 모든 업체의 협력을 바탕으로 정보기술(Information Technology)을 활용, 재고를 최적화하고 리드 타임을 대폭으로 감축하여, 결과적으로 양질의 서비스를 소비자에게 제공함으로써 소비자 가치를 극대화하기 위한 21세기 기업의 생존 및 발전 전략'으로 정의하고 있다.

　SCM은 공급연쇄상 상호 중복되는 업무나 절차를 축소할 수 있도록 서류를 표준화, 단순화하고 경영자원을 최대한 활용하기 위하여 도입되었다. 공급연쇄상 관련된 모든 거래내용은 정보망을 통하여 즉시 전달, 추적되고 고객으로부터 발생하는 정보도 POS를 통하여 수집되어 경로 내 업체에 제공된다. 경로 내 기업은 SCM을 통하여 정확한 예측이 가능하고 소비자 욕구의 변화에 즉시 대응할 수 있어 물류 효율화를 도모할 수 있다.

　SCM의 궁극적인 목적은 특정분야의 고객서비스 수준을 향상하기 위하여 요구되는 총 자원의 규모를 낮추는 것, 즉 공급자로부터 원재료의 흐름, 공급연쇄상 재고투자의 감소, 공급연쇄를 위한 경쟁우위 확보 등이다.

2. SCM의 도입

　SCM이 주목받은 주요인으로서는 기업의 원가 절감에 대한 요구, 소비자의 서비스에 대한 요구증대, 시간 단축의 필요성 증가, 기업의 세계화 등에서 비롯되었다고 볼 수 있다. 특히 네트워크 조직의 출현으로 경쟁의 수준이 기업간 경쟁이 아니라 네트워크 조직간의 경쟁으로 변화되면서, 물류에서도 경쟁우위를 달성하려면 개별기업의 전략만으로는 한계가 있다고 인식하게 되었다. 이에 따라, 기업들은 SCM 전반에 걸친 비용 효과성의 달성을 꾀함으로써 물류에서 혁신적 개선을 도모하게 되었다고 볼 수 있다.

　이처럼 최근 SCM이 기업경영 활동에서 주목받게 된 이유를 좀 더 자세히 들여다보면 다음과 같다.

　첫째, 부가가치의 60~70%가 제조과정 외부의 공급체인 상에서 발생하는데, 미국의 경우 제조업의 물류비용은 업종에 따라 10~15%에 이른다. 일반적으로 고객이 주문 후 납품까지의 주문 사이클 타임 중에서 순수 제조 소요기간보다 공급체인 상에서 소요하는 시간이 훨씬 길다. 제조업체들이 공장자동화나 컴퓨터 통합생산(CIM) 구축을 위해 막대한 투자를 하고 있으나 고객 만족 효과는 주문처리, 물류관리, 구매조달 등에서 개선의 여지가 더욱 크며 작은 규모의 투자로 개선할 수 있다.

　둘째, 부품과 기자재 공급의 납기 및 품질의 불확실성과 수요 및 주문의 납기, 수량 등의 불확실성을 제조업체 내에서 수동적으로 흡수하여, 생산계획을 편성하고 재고를 관리하여 리드타임을 단축하는 데에는 한계가 있다. 따라서 최근에는 이러한 외부로부터의 변동을 저비용의 정보를 활용하여 감소시키는 적극적인 방안을 마련하게 되었다.

셋째, 일반적으로 Bull whip(소 채찍) 효과라고 알려진 정보전달의 지연 및 왜곡 확대 현상에 의해 공급 체인의 가장 마지막 단계인 소매단계의 고객으로부터의 주문 및 수요 행태의 변동에 관한 정보가 도매상, 지역 유통센터 등의 공급 체인을 거슬러 전달되는 과정에서 지연 및 왜곡이 누적되어 납기지연, 결손품, 과잉재고 등의 문제가 발생한다.

특히, 시장과 제품 정보가 확산하여 경쟁이 격화되고 가격할인 및 판촉 활동 등의 공격적인 마케팅 전략이 구사됨에 따라 고객 및 유통업체들의 행태가 종래보다 더욱 동태적으로 변화하게 되어 불확실성 전파 및 정보 왜곡 효과가 더욱 증폭되고 있다. 따라서 공급체인 상의 정보 공유 및 전달, 상호협력 및 조정이 중요한 과제로 부각되고 있다.

넷째, 생산·부품 조달과 구매·보관, 물류·운송·판매 및 유통 등의 기업활동이 글로벌화 됨에 따라 공급 연쇄상의 리드 타임이 길어지고 불확실해졌다. 또한, 부품조달비용, 인건비, 금융비용, 생산성, 운송 및 물류비용 등의 국가별 지역별 편차, 관세 및 환율과 수출입 관련 법규의 국가별 차이, 지역별 제품사양의 차이 등을 고려해야 하고 물류가 복잡하게 되었다. 이에 따라 글로벌한 공급체인 및 물류의 합리적인 계획 및 관리와 조정 통제가 중요하게 되었다. 어떤 주문을 언제 어디서 어떻게 얼마나 만들고 어떻게 유통, 운송하고 부품 조달을 어떻게 할 것인가에 대한 계획 및 의사결정, 실행 및 추적의 문제가 부각되고 있다.

다섯째, 종래의 표준화된 제품을 대량 생산하여 고객에게 밀어내던 방식에서 탈피하여 고객의 다양한 요구에 맞추어 제조, 납품해야 하는 Mass Customization 이 보편화하고 있다. 특히, 글로벌화에 따라 지역별 국가별 제품사양(전압, 폰트 등)이 더욱 다양하게 되었다. 이러한 Mass Customization 에 따라 로지스틱스 대상품목이 많아지고 재고 및 물류관리가 복잡해지며 주문관리, 생산계획, 정보관리 및 추적관리가 복잡해진다. 동시에 리드 타임이 길어지고 불확실해지며 재고가 증가하고 주문 충족도가 악화되는 등 공급체인의 효율이 급속히 저하되게 되었다. 이에 따라 공급체인관리의 중요성이 주목받게 되었다.

여섯째, 기업간의 경쟁이 치열해짐에 따라 비용 및 납기의 개선이 시급하게 되었다. 특히, 고객 지향, 고객 만족, 시장요구에 대한 적응을 위해 공급 체인의 혁신 요구가 증대되고 있다. 더구나, HP, Digital, Dell, Walmart, 미국 섬유산업, 식료품 업계, 의료제품업계, 자동차업계 등에서의 최근의 공급체인관리 성공 사례들이 공급체인관리 기법의 확산을 촉진하고 있다.

[Global Supply Chain Management의 개념도]

공급업자   공장   물류   도소매업자   고객

의구개발 구매,자개 생산 마케팅 영업,고객지원

✓ 통합
기능간(설계, 제조, 물류, 유통 등)
기업간(공급자, 제조자, 구매자 등)

✓ Chain 상의 3가지 흐름
정보(Information)의 흐름
물(Naterial)의 흐름
자금(Cash)의 흐름

주) 한국전자거래(EC/CALS)협의회 웹사이트(www.kcals.or.kr)

3. SCM의 추진사례

SCM의 개념은 새로운 것이라기보다는 기존 물류관리의 개념과 가치사슬(Value Chain)의 이론을 접목한 것으로 파악할 수 있다. 즉, SCM은 기업의 가치사슬을 기업내부뿐만 아니라 재료나 부품의 공급자로부터 최종소비자까지 넓힘으로써 가치활동의 효율성을 극대화하는 것이다.

SCM에 관한 정량적인 효과의 측정결과는 많지 않으나, Quinn(1997)은 컨설팅회사 Pittiglio Rabin Todd & McGrath와의 조사에서 SCM의 도입에 성공한 기업은 중간 정도의 경쟁업자와 비교하여 SCM 관련 비용이 45% 낮은 것으로 보고하고 있다. 또, MIT의 통합 SCM 프로그램에서는 SCM의 도입으로 재고량 50% 감소, 시간지정 배달률 40% 증가, 사이클 타임의 27% 감소, 재고회전율의 2배 증가, 재고품절률의 1/9 감소, 매상고 17% 증가를 보고하고 있다.

한마디로 인터넷으로 대표되는 정보통신 기술의 발달로 기업들은 효과적인 SCM 전략을 추구할 수 있게 되었다. 기업은 전체적인 공급연계의 효과적인 관리를 위하여 정보기술을 적극 활용하여야 하며, 수요의 예측과 부품의 적시 납기를 위하여 자원공유를 통한 정보화가 필요하게 된 것이다. 이러한 사실과 관련, SCM 도입 및 추진에 대한 몇 개의 기업사례를 살펴볼 필요가 있다.

요 소	전통적인 경로 관계	SCM
재고관리방법	독립적인 노력	경로상 재고의 공동감소
총비용 접근방법	비용의 최소화	전체 경로의 비용 효율화
기간	단기적	장기간
공유 및 감시 정보량	현재 거래의 필요성에 국한	과정의 계획 및 감시에 필요 시
경로상 여러 직급의 협조	경로상 쌍방간 거래/단일계약	경로상 직급, 기업내 직급간 보수 계약
공동계획	거래에 기초	지속적
기업 철학의 적합성	관련성 적음	핵심관계는 최소한 적합
공급자의 폭	경쟁증가로 대규모, 위험확산	협조증가로 소규모
경로리더십	불필요	협조체제에 필요
위험과 보상의 공유 정도	자신의 것에 한정	장기간 구성원간 위험과 보상공유
운영, 정보, 재고 흐름의 속도	보관, 안전재고로 흐름 저해	JIT, QR 등 경로상 원활한 흐름
정보시스템	독립적인 정보시스템	상호 호환적인 시스템

*자료 : Cooper, M.C. and Ellram, Lisa M.(1993), "Characteristics of Supply Chain Management and Implication for Purchasing and Logistics Strategy", The International Journal of Logistics Management, Vol4, No.2, P.16

가 인텔

인텔은 기술혁신의 속도가 빠른 컴퓨터 산업의 중심에 있으므로 자사제품의 적시 적량 공급이 무엇보다도 중요시되었다. 효율적인 공급사슬관리를 위해서, 인텔은 공급업체로 하여금 자사의 제품개발 전략에 맞게 설비 및 부품을 신속히 개발할 수 있도록 했다. 웹을 이용한 엑스트라넷이 그것인데, 엑스트라넷을 통해 공급업체들은 인텔의 기술진들이 신제품 설계에 착수할 때부터 제품설계도와 설계명세서 등을 검토할 수 있었다.

또한, 안정적인 물량공급에 필요한 충분한 공급업체의 확보를 위해서 인터넷을 활용하여, 인텔이 발행하는 공급인증서를 획득하려는 업체들에 자사의 정책과 가이드라인을 제시하였고, 각종 서류 양식을 제공하였다. 또한, 인텔은 재고를 최소화하면서도 안정적인 물량확보를 위해 MRP시스템이나 재고보충 모델을 구축하였다.

이러한 재고관리시스템은 팩스, 인터넷, EDI(전자데이터교환시스템) 등을 통하여 공급업체들에 자동으로 납품시기를 알려준다. 또한, 인텔은 공급자들의 비즈니스 니즈를 무시한 채 자사의 재고 축소 목표만을 무조건 강요하지는 않는다.

공급업체들 역시 재고 부담을 꺼리는 추세이므로 인텔은 공급업체 자체의 재고 및 수요예측을 개선하는 방법을 제공함으로써 공급업체가 부담하는 위험을 줄일 수 있도록 하였다. 궁극적으로 공급업체의 성과향상을 이루어 전체적인 공급 연쇄의 효익을 증대시키고자 한다.

주로 PC 제조업체인 인텔의 고객들은, 라이프 사이클이 짧은 제품을 생산하고 있기 때문에 재고의 진부화와 관련하여 매우 높은 위험을 떠안고 있다. 따라서 이들은 재고 축소와 주문생산 방식을 도모하고 있으며, 이를 위해서 PC 제조업체들은 인텔의 칩 재고, 가격, 선적 일정 등에 대해 정확하고도 상세한 정보가 반드시 필요하다.

이와 같은 제조업체들의 니즈를 수용하기 위해 인텔은 인터넷을 통해 중요한 재고 및 제조 데이터들을 제공하고 있다. 이와 같은 고객의 엑스트라넷은 인텔의 주문 및 운송 데이터베이스와 연결되어 있고 실시간으로 업데이트된다. 이 시스템을 통해 인텔은 얼마나 많은 소비자가 펜티엄 II PC를 구매할 것이고 그들은 이를 위해 얼마를 지불하려는 의사가 있는가 등의 시장정보를 얻을 수 있다.

인터넷을 통해 거의 실시간으로 소비자의 수요를 추적함으로써 인텔은 PC 시장수요에 맞는 생산 계획을 세울 수 있게 되었다. 이상과 같이 인텔은 공급자와 고객들과의 정보 제공을 통한 물류체계의 구축으로 새로운 경쟁우위를 확보해 나가는 것이다.

나 보잉

보잉은 전세계 상용 항공기의 60% 이상을 생산하는 거대기업으로서, 늘어나는 항공산업에 대한 부품 공급과정의 개선이 필요하였다. 보잉 부품의 고객인 항공사들의 경우, 비행기가 운항하지 않을 때, 시간당 5천에서 7천 달러의 비용이 발생한다. 따라서 항공기 정비 작업은 가능한 한 신속하고 효율적으로 진행되어야 한다.

항공기가 어디에 있든지간에, 현장에서 곧바로 부품을 공급받아 정비를 마치는 것이 항공사에는 대단히 중요한 문제다. 보잉의 고객이 부품을 주문하려면 먼저 부품명세서나 CD-Rom 검색을 한 뒤 전화로 부품의 구입가능 여부, 가격 등을 확인한 뒤 구입을 위해 재차 전화나 팩스를 발송하여야 한다. 또는 일부 대형 고객은 값비싼 EDI 시스템을 사용하여 주문한다.

그러나 이러한 주문절차는 부품 번호와 규격의 입력 오류로 인해 많은 처리 지연을 일으켰으며, 보잉의 경우 전화고객센터의 확대를 일으켰다.

이에 대해 보잉은 1996년 PART라는 웹사이트를 개발하여 내부의 부품 재고관리, 주문 처리 데이터베이스와의 접근을 가능케 하였다. 따라서 웹을 통하여 부품정보검색, 가격, 구입가능 여부, 보관창고위치, 대체부품허용 여부, 이전 주문의 수정, 주문처리 상황확인 등을 할 수 있었으며, 이에 대한 고객들의 반응은 대단하였다.

1997년 말 보잉의 항공사 고객(약 700개 회사) 중 반 이상이 웹사이트에 등록하였으며, 주문 건수의 증가와 항공사 고객의 지역적 확대를 가져왔다. 또한, 내부적으로는 늘어나는 주문에 비해 전화고객센터의 확대를 하지 않아도 되는 성과가 생겼다. 결론적으로 고객에 대한 전략적인 자원공유로서 효율적인 SCM을 하게 된 것이다.

다 Dell

델컴퓨터는 기존의 소매유통경로를 통해 판매되는 표준화된 PC 대신, 고객이 주문한 제품을 맞춤식으로 제조하여 직접 판매하는 방식을 채택하여 컴퓨터 업계의 선두기업으로 자리 잡았다. Dell의 SCM 전략의 특징을 살펴보면 직접판매방식, 아웃소싱전략, 인터넷의 적극적 활용 등으로 압축할 수 있다. 기존의 PC 공급방식은 대형 유통조직이나 소매상을 거치는간접 판매방식이었다.

이러한간접판매방식은 그 과정 중에 고객에게 전달되는 리드 타임은 길어지고, 또한 이미 생산된 제품을 소비자가 구매하는 것이기 때문에 고객의 욕구를 만족하게 할 수가 없다. 이러한 단점을 극복하고자 도입된 것이 직접 판매방식이다. 이는 생산자와 고객을 직접 연결함으로써, 고객이 원하는 제품을 생산자가 제조하고, 이를 고객에게 직접 전달함으로써, 공급 리드타임과 고객의 만족도를 다양하게 증대시킬 수 있다.

[Dell 컴퓨터의 SCM 전략]

주) ① 생산관리시스템 : 판매동향이나 부품 재고 등을 토대로 수요예측을 매주 생산계획과 부품구매 계획의 입안 등에 반영하여 과잉 재고를 방지한다.
② 수요예측시스템 : 개별홈페이지에서 수요예측이나 판매동향 생산계획 등을 부품공급회사에 공개
③ 생산관리시스템 등 : 생산계획이나 납기, 가격, 품질, 정보 등을 별도 제공
④ 고객기업 : 개별홈페이지인 프리미어 페이지에서 주문이나 사양변경을 하고, 제품의 배송상황이나 납기 등을 관리 할 수 있다.

라 아사히맥주

아사히맥주는 1997년에 자재의 조달에서 생산, 물류, 판매를 포함한 계획입안을 원하는 「일괄시스템」을 가동, 현재는 사원이 다양한 정보를 「아사히슈퍼Net」이라는 시스템을 통해 조회할 수 있게 되었다.

그 정보의 내용은 매출, 생산계획 등의 정보뿐 아니라 슈퍼와 편의점 등 수천 개의 점포에서 수집된 POS(판매시점정보관리) 자료, 도매점의 재고정보, 영업담당자 등이 수집한 점포의 신선도 정보 등이다. 이러한 정보를 기초로 각 부문이 수집한 3개월 선행의 수요예측 계획을 수립한다. 생산부문은 이 수요예측을 기초로 전국 8개 공장별로 월 생산계획을 작성하고, 한편 물류부문은 수요예측과 생산계획에서 어떤 지역의 공장에서 생산되지 않는 상품을 다른 지역의 공장에서 배송한다는 계획을 작성한다.

자재 부문에서는 생산계획을 기초로 거점마다 자재조달과 배송계획을 입안한다. 3개월 선행의 수요예측에 기초하여 대략적인 자재조달 계획을 자재 제조업체에 전달하는 한편, 각지의 생산거점에서도 할당된 생산계획에 기초하여 자재납품의뢰를 자재 제조업체에 보내게 된다.

정보를 주고받는 것은 아사히맥주가 거래처인 자재 제조업체와 연결된 엑스트라넷을 통해서 실행되고 있다. 자재 제조업체로부터는 매월 엑스트라넷을 경유하여 자재부문에 월말 시점의 재고상황이 전달되기 때문에 자재부문에서는 그 상황을 보면서 추가 조달계획을 수립한다. 자재 제조업체에서는 과잉재고의 발생을 억제하는 효과가 있다.

이런 서플라이체인(supply chain)(supply chain)에 의해 상품의 생산에서 특약점에 배송까지 걸리는 시간은 10일에서 4일로 단축되었다. 그러나 남아있는 과제가 있는데, 그것은 특약점에서 소매점까지 배송하는 데 걸리는 시간이다.

특약점에서는 3일에서 10일까지의 편차가 있는 것이 고민인데, "특약점의 지역성과 거래사정 등이 다르기에 어려우나, 당사의 신선도관리에 대한 자세를 이해하여 협력을 구하려고 한다."라고 특약점에 대해서도 「선도관리활동」을 요구하고 있다.

팸플릿의 배포와 영업담당자의 설명을 통해서 선도관리 효과와 재고삭감 효과를 알리는 것으로, 배송일수를 단축하려고 노력 중이다. 일정한 효과를 올린 특약점에는 표창제도를 신설하는 등 동기부여를 꾀하고도 있다.

[아사히맥주의 SCM 전략]

아사히 Super Net

POS Data · 3개월 수요예측
생산계획 · 생산계획
자재발주 · 배송계획
도매점재고정보
매 출
점포신선도정보

자재조달 ⇔ 생산 ⇔ 판매 ⇔ 물류

배송시간 10일 ⇒ 3일

마 야마하

악기 제조업체로 유명한 야마하는 다양한 사업을 추진하는 회사이다. 야마하는 2000년을 목표로 북미, 구미, 동남아시아 등 10개소 이상의 판매 현지법인과 약 30개소의 생산공장간에 판매, 물류, 재고에 관한 전체 정보를 실시간으로 공유하기 위한 시스템「LOG- ON」을 구축하였다. 범세계적인 수준의 생산계획과 재고, 수송, 판매 계획을 최적화하는 것이 그 목표이다.

그 첫 단계로서 1998년 2월에 대만에 카오슝공장과 미국, 이탈리아, 스페인 등 현지법인과 본사를 네트워크로 접속, 번잡한 선적 수배의간소화부터 시작했고, 선적서류를 온라인으로 교환한다든가, 내용의 변경과 참조 등도 가능하게 되었다.

이전에는 하나의 거래에 183종의 선적서류를 종이로 작성하여, 작성시간과 검토작업이 증가하게 되고, 기재 실수도 많았다. 더욱이, 검색과 누계를 내는 데도 많은 시간이 소요되었다. 현재는 선적자료를 본사의 경리, 판매부문과 해외 거점에서 자유로이 검색할 수 있으며, 누계자료의 작성도 용이하게 되었다.

야마하가 범세계적인 정보공유를 급히 서두른 배경에는 동사의 매출에 점하는 상품의 구성이 크게 변화하였기 때문이다. 원래는 피아노, 바이올린, 전자 악기 등이 주력상품이었다. 최근에는 골프 장갑 등 스포츠용품과 반도체, 통신기기 등 취급상품이 늘어나고 있다.

고수익을 올리는 반도체는 가격과 수요의 변동이 대단히 심하여, 수익에 끼치는 영향이 크기 때문에, 전세계의 생산, 재고와 판매정보를 서플라이체인(supply chain)으로 신속히 파악하여,

수요와 공급의 변화에 대응하는 것이 불가결하게 되었다.

수요와 가격의 급격한 변화가 일어나지 않는 악기사업에서는 인건비와 자재조달비용의 문제로 생산, 판매거점을 해외로 이전하였고, 어느 정도는 예측생산으로 대응이 가능했다. 그것이 반도체 사업의 확대로 정보가 변화하여, 전사를 조금이라도 빨리 서플라이체인(supply chain)으로 대응할 필요가 대두되었다.

1998년 3월에는 본사에 「Logistics 추진 Project」를 발족시켜 해외 현지법인과 본사의 각 부문 담당자가 모여 LOG-ON 시스템으로 공유하는 재고, 생산, 판매 등의 자료 종류와 내용, 납입방법 등 구체적인 사항을 결정하였고, 범세계적인 서플라이체인(supply chain)의 구축은 2000년을 목표로 진행되었다.

3절

국제물류의 대형화 추세

1. 국제물류의 추세

물류서비스는 화물 흐름과 관련하여 발생하는 파생수요(derived demand)로서 고객들 경영활동의 내용과 범위가 변화됨에 따라 국제물류서비스의 제공자나 장비, 시설 등도 크게 변모되고 있다.

선박과 항공기가 대형화되고 있고 그 같은 수송수단이 대형화됨에 따라 항만과 공항도 대형화, 거점화되고 있으며, 하역장비 또한 현대화, 대형화되는 추세를 보인다. 또한, 전 세계적인 정보시스템을 바탕으로 화물추적이나 화물정보도 제공되고 있으며, 주요 물류 시장에서 경쟁이 치열해진 만큼 물류업체간의 전략적 제휴와 인수합병도 확산하고 있다.

정기컨테이너선사들은 컨테이너선의 대형화를 통하여 규모의 경제효과(economies of scale)를 추구하고 있다. 화주들이 더 고도화된 물류서비스뿐만 아니라 저렴한 운임을 선호하기 때문에 컨테이너 선사들은 단위당 수송비를 절감하기 위하여 대형 컨테이너선의 투입을 확대하고 있다.

컨테이너선은 1980년대 초까지 3천TEU급 선박이 보편적이었으나, 1996년 초 Maersk Line이 6천TEU급 Regina Maersk호가 취항했고, 최근 1만 TEU급 컨테이너선이 속속 취항하고 있다.

선박건조상 기술적인 측면에서 8천TEU급, 심지어는 1만5천TEU급 선박도 건조가 가능하다는 주장도 있어 향후 컨테이너선의 대형화는 계속될 전망이다.

항공운송시장은 제트기의 출현으로 급격히 성장하게 되었으며, 신속성과 대형화를 통한 안전성이 크게 제고되었다. 항공운송은 국제간의 무역에서 귀금속 등의 고가품과 신속성과 정시성이 요구되는 반도체, 정밀기기, 광학기기 등의 수송에 널리 이용되고 있으며, 특송화물 운송사업의 확대로 매년 화물량이 급증하고 있다.

이같이 항공화물 수요가 급증함에 따라 항공기도 지속해서 대형화가 이루어져 여객기에 적재되는 화물량도 증가하고 있고, 대형화된 화물전용기의 취항도 늘어나고 있다.

2. 국제물류의 대형화

컨테이너선과 항공기의 대형화에 따라 주요 거점지역의 컨테이너 항만과 공항의 대형화도 추진되고 있다. 규모의 경제효과를 얻기 위한 수송수단의 대형화에 따라 Hub & Spoke 시스템의 구축이 보편화되고 있으며, 거점항만과 공항에는 대형화된 수송수단이 안전하고 신속하게 입출항(이착륙)할 수 있는 시설과 장비가 확충되고 있다. 예를 들면, 컨테이너선의 대형화는 선석 길이(350m 이상)가 길어지고 깊은 수심(15m 이상)이 요구되며, 선폭(40m 이상)이 넓어짐에 따라 갠트리크레인의 작업 길이도 40m 이상의 항만시설과 장비를 갖추도록 요구하고 있다.

항공기의 대형화는 활주로의 길이가 길어지고 다수 항공기가 계류할 수 있는 공간이나 화물 작업을 위한 항공화물 창고가 확보되는 공항을 요구하고 있다. 주요 국가와 공항·항만은 주변의 경쟁 공항·항만과 경쟁에서 유리한 위치를 차지하기 위하여 수송수단의 대형화로 요구되는 다수 컨테이너 항만의 선석과 공항시설을 갖추기 위한 노력을 지속하여 추진하고 있다.

컨테이너항만의 경우 일본의 오사카항, 고베항, 도쿄항, 우리나라의 부산항과 광양항, 대만의 카오슝항, 홍콩항, 싱가포르항은 아시아의 대표적인 거점항만으로서 대형화된 컨테이너선의 신속한 입출항이 가능하고, 주변지역 항만과 연계수송이 가능한 시설과 장비를 확충하고 있다. 공항의 경우 일본의간사이공항, 우리나라의 인천국제공항, 대만의 장개석공항, 홍콩의 첵랍콕공항, 싱가포르의 창이공항이 아시아의 대표적인 거점공항이다.

오늘날의 국제물류 체계는 주요 거점 공항·항만을 중심으로 Hub & Spoke 시스템이 구축되고 있다. 컨테이너선과 항공기의 대형화는 국제물류업체에 비용 절감과 수송시간 단축을 위하여 많은 기항지에 체류하는 것보다는 소수의 거점 공항·항만에 기항하도록 요구하고 있다. 막대한 자본투자가 요구되고 장기간에 걸쳐 투자비가 회수되는 컨테이너선과 항공기는 소수의 거점 공항·항만에만 기항하여 수송수단의 회전율을 높여야 한다.

국제물류업체는 대형화된 컨테이너선과 항공기를 소수의 거점 공항·항만에 기항시키고 거점 공항·항만을 중심으로 다른 주변지역까지 피더(feeder)서비스 또는 내륙수송서비스를 실시하고 있다. 최근 국제물류업체간 전략적 제휴나 인수합병이 확산됨에 따라서 국제물류업체의 그룹이 형성되거나 국제물류업체가 대형화되고 있어 소수의 거점 공항·항만 체제는 향후로도 지속될 전망이다.

수송수단의 대형화, 고객들의 물류서비스 욕구의 고도화, 국제물류 시장의 치열한 경쟁상황은 국제물류업체간 전략적 제휴나 인수합병을 가속했다. 전략적 제휴를 통한 협조·경쟁과 인수합병을 통한 대형화는 대형화된 선박과 항공기의 공간을 채우기 위한 집화경쟁에서의 우위 확보와 고객들의 세계적이고, 신속하며, 저렴한 물류서비스 욕구를 충족시키기 위한 국제물류업체의 필연적인 생존전략의 하나이다.

국제물류업체간 전략적 제휴나 인수합병은 결과적으로 주요 항로에서의 서비스 빈도를 증가시켰고, 세계적으로 서비스 범위를 확대했으며, 신속한 서비스를 제공하는 계기를 마련하였다. 제휴그룹간 선박과 항공기의 공간을 공동으로 이용할 수 있어 주요 컨테이너 항로에서의 서비스 빈도는 대폭 증가하고, 다른 지역에 기반을 둔 국제물류업체와 제휴를 통하여 전 세계적으로 서비스 범위도 확대할 수 있으며, 직항서비스의 개설 등으로 신속한 서비스도 가능해졌다.

한편, 국제물류업체인 컨테이너 선사와 항공사는 Hub & Spoke 시스템이 확산함에 따라 고객에게 안정적이고 효율적인 물류서비스를 제공하기 위하여 주요 거점 공항·항만에 자사의 전용 터미널을 확보하거나 전략적 제휴를 통한 거점의 공동이용을 적극 추진하고 있다. 국제물류업체가 전용 터미널이나 공항의 전용공간 확보에 노력하는 이유는 안정적인 기항 스케줄의 보장을 통하여 고객에게 정시성을 제시할 수 있기 때문이다.

[대형선사들의 글로벌 서비스체제 그룹 현황]

Alliance	소속해운사	점유율
2M	MAERS(덴마크) MSC(스위스) 현대상선(한국)	27.6%
THE Alliance	Hapag-Lloyd(독일) MOL(일본) NYK(일본) 한진해운(한국) Yangming(eoaks) K-line(일본)	26.0%
OCEAN	EVERGREEN(대만) CMA/CGM(프랑스) COSCO(중국) OOCL(홍)	19.5%

[컨테이너선의 대형화 추이]

구분		제1세대	제2세대	제3세대	제4세대	제5세대
시대적 구분		2차대전~1965 국내연안 운송기	1966~1970 국제간 대양 근거리 운송	1971~1983 국제간 대양 원거리 운송	1984~1992 세계일주 항로운송기	1993~ 세계일주 항로 운송기
항로		미국내 연안수송	대서양, 태평양횡단항로	구주/극동/미서안 /구주항로	미주/극동/구주	미주/극동/구주
선박제원	길이(m)	137~192	210~225	260~290	275~305	290~320
	속력(knots)	16	23	17~23	24	25
	선폭(m)	25	29	32	32~41	39.6~47.2
	흘수(m)	9	11.5	12.5	13~14	13~14
	적재량(TEU)	750-1,000	1,500~2,000	2,500~3,000	4,000~4,900	5,000 이상
	갑판선적	1~2단	2단8열~2단10열	3단12열~4단13열	5단14열~5단16열	6단16열
	선창내선적	5~6단	6단7열~6단8열	7단9열~9단10열	9단10열~9단12열	9단14열
	선형	개조선	Full Container	Panamax	Post-Panamax	Post-panamax

*자료 : 허문구, 「알기 쉬운 무역운송실무」, 한국재정경제연구소, 2000.3. p.102

[최근 대형 컨테이너선의 인도 현황]

선사 명	선박 크기	선박 수	조선소	인도 시기
CMA CGM	2만600TEU	3척	한진중공업	2017년 하반기
OOCL	2만1100TEU	6척	삼성중공업	2017년 11월
MOL	2만100TEU	4척	삼성중공업	2017년 8월
에버그린	2만TEU	11척	이마바리조선	2018년

4절

제4차 산업혁명 시대와 블록체인기술의 물류분야

1. 제4차 산업혁명 시대 개요

2016년 1월 20일 스위스 다보스에서 열린 '세계경제포럼(WEF)은 은 '4차 산업혁명의 이해 (Mastering the Fourth Industrial Revolution)'를 주요 의제로 설정했다. 그간 저성장, 불평등, 지속가능성 등 경제 위기 문제를 다루어온 다보스포럼에서 과학 기술 분야가 의제로 꼽힌 것은 포럼 창립 이래 최초였다.

4차 산업혁명이라는 용어는 앞서 독일이 2010년 발표한 '하이테크 전략 2020'의 10대 프로젝트 중 하나인 '인더스트리 4.0(Industry 4.0)'에서 '제조업과 정보통신의 융합'을 뜻하는 의미로 먼저 사용됐다. 이후 WEF에서 제4차 산업혁명을 의제로 설정하면서 전 세계적으로 주요 화두로 등장하게 되었으며, 포럼 이후 세계의 많은 미래학자와 연구기관에서 제4차 산업혁명과 이에 따른 산업·사회 변화를 논의하기 시작했다.

4차 산업혁명의 주창자이자 WEF 회장인 클라우스 슈밥은 자신의 책 〈4차 산업혁명〉에서 4차 산업혁명을 '3차 산업혁명을 기반으로 한 디지털과 바이오산업, 물리학 등 3개 분야의 융합된 기술들이 경제체제와 사회구조를 급격히 변화시키는 기술혁명'으로 정의했다. 그는 "우리는 지금까지 우리가 살아왔고 일하고 있던 삶의 방식을 근본적으로 바꿀 기술 혁명의 직전에 와 있다. 이 변화의 규모와 범위, 복잡성 등은 이전에 인류가 경험했던 것과는 전혀 다를 것이다" 라고 말했다.

이전의 1, 2, 3차 산업혁명은
- 제1차 산업혁명(1760~1840년) : 철도·증기기관의 발명 이후의 기계에 의한 생산
- 제2차 산업혁명(19세기 말~20세기 초) : 전기와 생산 조립라인 등 대량 생산체계 구축
- 제3차 산업혁명 : 반도체와 메인프레임 컴퓨팅(1960년대), PC(1970~1980년대), 인터넷 (1990년대)의 발달을 통한 정보기술 시대로 정리된다.

3차 산업혁명을 기반으로 도래할 4차 산업혁명은 '초연결성(Hyper-Connected)', '초지능화 (Hyper-Intelligent)의 특성을 가지고 있으며, 사물인터넷(IoT), 클라우드, 등 정보통신기술(ICT)

을 통해 인간과 인간, 사물과 사물, 인간과 사물이 상호 연결되고 빅데이터와 인공지능 등으로 보다 지능화된 사회로 변화될 것으로 예측된다.

슈밥은 4차 산업혁명을 이끄는 10개의 선도 기술을 제시했는데, 물리학 기술로는 무인운송수단·3D프린팅·첨단 로봇공학·신소재 등 4개, 디지털 기술로는 사물인터넷·블록체인·공유경제 등 3개, 생물학 기술로는 유전공학·합성생물학·바이오프린팅 등 3개다.

이러한 기술을 기반으로 클라우드 컴퓨팅, 스마트 단말, 빅데이터, 딥러닝, 드론, 자율주행차 등의 산업이 발전하고 있다고 봤다. 사물인터넷(LoT)은 다양한 플랫폼을 기반으로 사물(제품, 서비스, 장소)와 인간을 연결하는 새로운 패러다임을 창출하고 있고,

이러한 환경에서 생성되는 다양한 데이터를 처리하기 위한 클라우드 컴퓨팅 및 빅데이터 산업이 발달한다는 것이다. 또 이에 인공지능(AI)이 더해지며 다양한 서비스제공이 가능해진다는 것이다[35].

[제4차 산업혁명의 개념도]

4차 산업혁명의 핵심은 초지능(superintelligence)과 초연결(hyperconnectivity)이다. 초지능이라는 것은 기계가 인간 이상의 지능을 가지는 것을 말한다. 2016년에 인공지능 알파고와 이세돌 9단과의 바둑대결이 큰 주목을 받았었다. 4차 산업혁명의 시대에는 알파고처럼 인간을 뛰어넘는 지능을 가진 컴퓨터, 로봇이 보편화되고 산업 전반에 영향을 끼칠 것이다. 초연결은 사람, 사물, 공간 등이 서로 연결되어 긴밀하게 상호작용하는 것을 말한다. 초연결 사회에서는 위에서 언급한 초지능을 가진 로봇과 사물들이 IoT(사물인터넷)를 통해 다른 기계와 스스로 소통하고 협력하며 진화할 수 있게 된다.

---

35) 출처 : http://100.daum.net/encyclopedia/view/47XXXXXXX185

물류는 4차 산업혁명의 핵심산업 중 하나이다. 4차 산업혁명이 물류분야와 융합되며 엄청난 변화를 가져올 것이라고 예상되는데, 분야별로 살펴보면 다음과 같다.

(1) 무인 자동차

무인 자동차는 운전자가 조종하지 않아도 외부환경에 스스로 대응할 수 있는 자율주행 자동차를 말한다. 운전자가 없어도 쉬지 않고 스스로 목적지까지 갈 수 있다는 점에서 운송 비용을 절감할 수 있을 뿐더러 인공지능을 통해 신속하게 최적의 판단을 내려 불필요한 주행을 최소화하고 사고율을 줄일 수 있다.

(2) 인공지능

인공지능은 인간의 학습능력과 추론능력, 지각능력, 자연언어의 이해능력 등을 컴퓨터 프로그램으로 실현한 기술을 말한다. 인공지능은 작업자의 의견을 받아들이고 해석하는 능력을 가지고 있다. 물류현장에 인공지능이 투입된다면 이런 능력을 활용해 스스로 개선사항을 파악하고 적절한 업무지시를 내릴 수 있게 된다. 이를 통해 현장의 효율성을 제고할 수 있을 것이다.

(3) 로봇

4차 산업혁명에 접어들며 로봇의 활용은 빠르게 확대되고 있다. 그 중에서도 물류로봇은 가장 큰 성장세를 보이고 있다. 가장 대표적인 물류로봇으로는 키바를 들 수 있는데, 키바는 아마존이 창고자동화를 위해 물류센터에 도입한 로봇이다. 키바는 물류센터에서 상품을 피킹하여 배송데스크로 운반하는 역할을 하고 있다. 아마존은 키바를 도입하여 물류 효율성과 창고 공간 활용도를 높일 수 있었다고 한다. 피킹 외에도 배송, 하역 등 다양한 물류분야에 로봇을 적용하여 물류효율성을 향상시킬 수 있을 것이라고 생각한다.

(4) 빅데이터

빅데이터는 기존의 방법으로 수집, 저장, 분석이 어려운 방대한 양의 정형 및 비정형 데이터들을 말합니다. 빅데이터를 활용하여 고객의 니즈, 운송경로, 교통상황 등을 종합적으로 분석하고 이를 바탕으로 물류플랫폼을 구축할 수 있다. 빅데이터를 통해 운송 최적화를 실현하고 예측의 정확성을 높여 최적의 서비스를 고객에게 제공할 수 있게 되는 것이다. 빅데이터는 이미 물류시장에서 활발히 활용되고 있다.[36]

---

36) 출처 : http://www.hankyung.com/news/app/newsview.php?aid=2016101679031

2. 물류의 블록체인 기술도입

거래 보안이 담보되는 블록체인(block chain)은 '공공거래장부' 또는 '분산형 거래기록시스템'으로 불리며 기존의 금융거래 분야를 넘어 유통, 해운물류 및 글로벌 공급사슬(GSC)의 전자무역이 가능한 기술로 등장하고 있다. 블록체인 기술의 혁신성은 공급사슬의 전 과정에서 제품 이동과 거래내용이 각각의 이동과 거래가 발생할 때마다 분산된 데이터베이스(data base)에 자동으로 기록, 보관하는 방식을 통해 은행, 정부 등 제3의 중앙집권적 기관의 거래 정산작업 없이도 거래를 신속하게 진행할 수 있다는 데 있다.

중앙기관의 확인이 생략되므로 이동과 거래에 걸리는 시간이 대폭 단축되는 것은 물론, 거래 기록은 각각 분산된 개인 또는 기업 컴퓨터상에서 공유되는 원장(shared ledger)에 보관되므로 중앙 데이터베이스가 통째로 해킹당할 염려도 없다.

블록체인은 뛰어난 보안성과 신뢰성을 바탕으로 4차산업 혁명을 선도할 핵심기술로 부상하고 있다. 블록체인 기술은 2008년 사토시 나카모토란 가상 인물에 의해 개발된 암호화된 전자 결제시스템인 비트코인(bitcoin)에서 출발하여 현재 금융거래 및 핀테크 분야에서 기술개발이 활발하고 유통, 물류 등으로 확산 중이다. 블록체인은 분산 데이터베이스 구조체로서 임의 조작, 축 위변조가 불가능하다는 것이 최대 강점이다.

각각의 블록(정보 묶음)이 개별 컴퓨터를 통해 사슬처럼 연결돼 블록체인이라 하며, 각 블록은 헤더와 바디로 구성되어 있다. 헤더는 과거와 현재 블록의 해쉬값(hash), 넌스(nonce) 등을 포함하며, 블록 검색시 데이터베이스가 생성된 날짜 등의 정보를 확인하여 데이터값을 찾도록 되어 있다. 기존의 인터넷 정보는 별도의 암호부여가 필요하지만, 블록체인의 경우 각 블록의 고유 값이 암호로 가능하여 기록이 누적되므로 위변조가 불가능하다.

블록체인은 수많은 개별 컴퓨터를 통해 작동되므로 거래내역을 은행이나 기관에 중앙 집중화할 필요가 없다. 바로 이 때문에 해킹에 노출될 우려가 없는 등 뛰어난 보안성과 신뢰성을 보유하고 있다. 블록체인 기반 솔루션은 위변조 방지, 사기거래 원천봉쇄 등의 장점으로 인해 데이터 교환 횟수를 대폭 줄여 획기적인 비용 절감이 기대된다. 컨테이너 해운 물류 부문의 가치사슬은 생산자에서 최종 소비자에 이르기까지 다양한 형식의 서류, 과도한 P2P 상호작용 및 의사교환 표준의 부재 등 3대 데이터 장벽이 존재하는 것이 현실이다.

블록체인 기술의 장점은 위와 같은 데이터 장벽을 낮추는데 효과적인 것으로 평가되는데, 이를 정리하면

첫째, 투명한 분산원장을 통한 모든 제품의 거래과정을 원산지부터 추적이 가능하다.

둘째, 중간 관리자 및 거래자의 역할감소로 불필요한 거래시간 단축 및 비용이 절감된다.

셋째, 거래의 정확성 및 확인에 대한 검증시간 단축으로 궁극적으로 거래 활성화 촉진에도 기여할 가능성이 있다.

블록체인 기술을 통한 행정절차간소화는 막대한 비용 절감 효과를 가져다 줄 수 있을 것으로 기대된다.

세계 최대의 컨테이너선사인 머스크 그룹은 IBM과 함께 글로벌 무역·물류에 응용가능한 블록체인 기술개발 프로젝트에 착수했다. 2017년내에 천만개에 달하는 컨테이너의 전체 이동경로 추적을 목표로 한 '하이퍼 렛져(hyperledger) 프로젝트'가 그것이다.

이 프로젝트가 완성되면 머스크 그룹은 기존보다 훨씬 더 적은 비용에, 훨씬 더 빠른 속도로 전 세계의 자사 관련 컨테이너 및 화물의 이동 경로에 대한 실시간 추적이 가능해진다.

이같이 블록체인 기술이 컨테이너 해운·항만·물류분야에 적용될 경우 기대효과가 매우 클 것으로 예상한다. 상품 생산자, 포워더, 해상운송인, 부두운영사 및 수화인은 물론 관세청과 항만 당국 등 모든 참여자가 공유된 원장을 사용하므로 가시성 향상에 획기적인 기여하게 될 것이다. 위변조 방지, 사기거래 원천봉쇄 등에 따른 행정비용의 대폭 절감은 물론, 진정한 종이 없는(paperless) 운송거래도 기대된다.

블록체인에 참여하는 각 주체간 상호신뢰가 형성될 경우, 특히 개도국이나 후진국에서의 운송거래 시 빈번히 발생하는 인편에 의한 서류제출 및 검증이 획기적으로 감소할 수 있을 것으로 예상한다. 아직 중소화주, 포워더, 트럭킹 업체들은 여전히 팩스나 전화 등으로 거래가 진행되고 있어 이들을 블록체인의 주체로 참여를 독려해야 하는 문제도 상존하고 있다.

블록체인 도입에 따른 비용 절감 규모는 세계 컨테이너 해운물류 부문 전체로 볼 때 연간 270억 달러에 이를 것으로 IBM은 추정하고 있다. 더 나아가 세계경제포럼은 블록체인의 활성을 기정사실로 받아들이며 2025년까지 전 세계 GDP의 10%인 8조 달러의 거래가 블록체인 내에 저장될 것으로 전망하고 있다.

5절

물류분야의 전략적 제휴와 전문물류업체의 역할

1. 물류분야의 전략적 제휴

주요 화주기업들은 전문물류업체와의 전략적 제휴나 흡수합병을 통하여 고도화된 물류서비스를 받거나 물류서비스를 아웃소싱함으로써 물류비를 절감하고 자신의 경영자원은 핵심역량(core competency)에 집중하여 경쟁우위를 확보하기 위한 전략을 추진하고 있다.

1990년대에 들어와 세계화 및 정보화의 진전으로 기업간, 국가간 경쟁이 격화됨에 따라 미국, 유럽 등 선진국을 중심으로 자국 내 기업 및 금융기관간 전략적 제휴 또는 흡수합병이 많이 증가하고 있다. 국가적 경계를 초월하는 인수, 합병, 전략적 제휴 등이 더욱 일반화됨으로써 이른 바 새로운 유형의 기업인 "무국적 기업(Stateless Corporation)"이 나타나는 것이다.

국경을 초월한 기업간 전략적 제휴 또는 흡수합병은 반도체, 정보통신, 자동차, 항공기, 화학품 등 제조업뿐만 아니라 서비스업인 금융기관, 보험사, 컴퓨터 소프트웨어 그리고 물류산업에도 불어닥쳤다. 국제물류서비스를 제공하는 컨테이너선사와 항공사간 전략적 제휴도 활발하게 이루어졌고, 다른 한편에서는 흡수합병도 동시에 추진되고 있다.

이처럼 전략적 제휴 내지는 인수합병이 확산하는 것은 치열한 경쟁 환경하에서 비용 절감과 규모의 경제효과 향유, 선진국 중심으로 규제 완화의 지속적 추진과 함께 독점에 대한 정부의 우호적 태도 등에 기인한 것으로 해석할 수 있다. 1990년대 들어 각국의 자본자유화 확대, 개도국의 경제개발을 통한 자금 수요의 증대, 선진국의 저금리 지속에 따른 국제유동성 공급증가 등에 힘입어 국제자본 이동이 확대되고 있다는 점도 외국기업과 인수합병이 확대되는 이유 중의 하나이다.

확산하는 세계화 기업들의 전략적 제휴와 인수합병의 특징은 경쟁시장에서의 시장지배력 확대에 초점을 맞추고 있다는 점이다. 기업들은 단독으로 전 세계적인 네트워크를 구축하고 경쟁력을 강화하기 위하여 모든 경영자원을 투입하기보다는 전략적 제휴를 통하여 시장지배력을 확보하고 경쟁우위를 확보하려 한다.

또한, 합병을 추진하는 대부분 기업은 합병을 통하여 업계의 상위를 차지하거나 일정한 시장
지배력 확보에 실패하는 경우 그 산업에서 퇴출되거나 시장지배력을 확보한 기업을 인수·합병
하는 경향을 나타내고 있다. 전략적 제휴나 인수·합병은 과잉예산 삭감, 종업원 수와 支社의 감
축을 위하여 국내기업간 이루어지기도 하나, 국제기업간 전략적 제휴나 인수·합병도 상당히 보
편화하고 있다.

2. 전문물류업체의 역할

한편, 1980년대에는 기업내 물류기능간 통합관리를 강조한 통합물류관리(Integrated logistics
management)가 중요시되었으나, 1990년대에 들어 미국에서 전문물류업체가 출현하여 급속히
성장하고 있다. 전문물류업체란 화주가 스스로 행하던 로지스틱스 업무의 일부 또는 전부를 위
탁받아 수행하는 者인데, 수송, 보관, 하역, 정보시스템 등 SCM 상의 모든 물류서비스를 제공한
다.

세계화된 기업은 막대한 자본과 경영자원이 필요한 국제물류관리의 전부 또는 일부를 전문
물류업체와 전략적 제휴를 통하여 아웃소싱함으로써 물류관리의 효율성 증대와 경쟁력의 강화
를 도모하고 있다. 따라서 전문물류업체에 대한 수요는 지속하여 증가할 것으로 기대되며, 전
문물류업체의 궁극적인 목표는 비용 절감과 서비스 효율화 그리고 세계적인 네트워크를 구축하
는 데 있다.

[전문물류업체의 개념도]

세계경제는 제조업 중심의 하드웨어적 산업사회에서 지식, 기술 및 정보중심의 소프트웨어적
지식·정보사회로 변화되고 있다. 생산에서는 지식이라는 요소가 노동, 자본, 원자재보다 중요
한 비중을 차지하게 되며, 지식창출과 활용에 대한 의존도가 높아지고 생산, 고용, 투자, 수출
등에서 지식기반 산업의 비중이 급속히 증대되고 있다.

이 같은 지식기반 산업의 확산과 함께 정보화 사회의 도래는 생산활동과 소비생활에서 근본

적인 변화를 초래하고 있다. 인터넷을 기반으로 하는 전자상거래의 발달에 따라 정보망을 통해 실질 공급자와 구매자가 직접 연결됨에 따라 기업과 소비자간에 완충 역할과 조정기능을 담당했던 도소매업체 및 무역중개상들의 역할이 축소되고 있다. 이에 따라 제조기업들이 처리해야 하는 물류 경로는 공간적·질적으로 확대되고 서비스 영역도 구매자의 책상 위까지 확장되고 있다. 무역거래조건도 항만 및 공항에서 인도되는 CIF와 FOB조건 보다는 구매자가 쉽게 화물을 받을 수 있는 관세지급 반입인도조건(DDP ; Delivered Duty Paid)이 선호되고 있다.

국제 컨테이너 물동량의 지속적 증가, 국제 특송화물 및 국내 택배 화물의 급증세는 이 같은 수요변화를 반영한다. 또한, 거래가 광속(光速)으로 체결됨에 따라 물류 효율화에 대한 요구는 더욱 절실해지고 있다. 한편, 해운 및 항만기업들의 전자상거래 참여는 자사 홈페이지 구축에서 시작하여 전문 정보망 제공, 나아가 물류전문 포털사이트 개설, 전자상거래를 통한 전문물류 서비스제공 등으로 발전되는 추세이다.

이에 따라 국제적으로는 국제교역 및 물류 공공정보 통신망 구축과 인터넷 기술을 활용한 사이버 거래시장(e-marketplace) 환경 조성이 활발히 진행되고 있으며, 세계 주요 컨테이너 선사들은 화물추적, 운항스케줄, 운임율, 운송예약, B/L업무, 통관업무 등에 있어서 인터넷에 의한 사이버화를 실현하고 있다. 따라서 무역업체, 해운·물류기업이 지식·정보화 사회에서 정보통신 기술에 의한 새로운 거래환경에 기민하게 적응하지 못하면 글로벌한 SCM 구축, 전문물류서비스제공 등에서 경쟁력이 약화하며, 기업생존에도 위협을 받을 수밖에 없는 상황이다.

[세계 주요 컨테이너 선사의 분야별 인터넷 활용현황]

구분	화물추적	운항일정	운임율	운송예약	B/L업무	통관업무
Maersk-Sealand	○	○	○	○	○	
Evergreen	○	○	○	○	○	
APL	○	○	○	○	○	○
NYK	○	○			○	○
현대상선	○			○		
Yangming	○	○	○		○	
OOCL	○	○	○	○		
K-Line	○	○	○	○		
MOL	○	○	○	○	○	
한진해운	○	○		○	○	

*자료 : 한국해양수산개발원, 전게서, p.9

6절

제3자물류의 확산

1. 제3자물류의 의의

제3자물류(3PL ; Third-party Logistics)는 1988년 미국물류관리협의회(CLM ; Council of Logistics Management)가 화주를 대상으로 실시한 설문조사에서 최초로 사용된 이후 관련 업계에 급속히 확산하였다. 먼저 제3자물류에 대한 CLM의 정의를 살펴보면, 제3자(third-party)란 물류채널 내의 다른 주체와 일시적이거나 장기적인 관계를 가지고 있는 대행자 혹은 매개자를 의미하며, 제3자물류란 화주와 단일 혹은 복수의 제3자간에 일정기간 일정비용으로 일정서비스를 상호합의하에 수행하는 과정이라고 밝히고 있다.

제3자물류가 가장 일반화되어 있는 미국의 경우, SCM이 도입되기 이전에는 제3자물류라 할 경우, 화주와 실제 운송업자 사이에서 게재하는 사업자를 총칭한 것이었으나, 프레이트 포워더를 중심으로 이들 사업자가 SCM을 간판으로 한 물류서비스를 제공하게 됨에 따라 제3자물류의 개념이 바뀌기 시작하였다. 실제 운송업자도 프레이트 포워더와 경쟁하기 위해 SCM에 참여하기 시작하여 현재는 제3자물류라 할 경우, SCM에 있어서 로지스틱스 기능을 담당하는 사업자라는 의미가 강해지고 있다.

일본의 경우, '97년 4월 각의(閣議) 결정에 따라 발표한 「總合物流施策大綱」에서 제3자물류를 "화주에 대하여 물류개혁을 제안하고 포괄적으로 물류 업무를 수탁하는 업무"라고 그 정의를 내리면서 규제 완화를 통한 경쟁적 환경을 바탕으로 다양화, 고도화하고 있는 물류수요에 대응한 업태·서비스로서 3PL을 육성해야 한다고 밝히고 있다.

일본의 三和總合研究所(1998)는 제3자물류의 정의에 대해, 고객으로부터 운송업무를 개별적으로 하청받는 것에 그치지 않고 조달에서부터 배송까지 고객의 전 물류 업무를 포괄적으로 맡아 기업의 경영전략상 최적이 되도록 물류시스템을 설계하여 그 물류 업무를 자사 혹은 타사의 물류설비를 이용하여 실제로 수행하는 사업이라고 하고 있다.

즉, 제3자물류는 어떤 식으로 포장하여 그것을 어떻게 창고에 보관하고 어떤 수송기관을 이용하여 어느 수송경로를 통해 어떤 타이밍으로 배송하는 것이 좋은 가에 대해 고객의 제품 흐름 전체가 최적이 되도록 설계한다. 또, 설계한 물류 업무에 대하여 어느 정도의 인원체제로 임하는 것이 좋은가를 제안하기 때문에 제3자물류는 고객의 조직개혁까지 포함하는 것으로 점차 확산되고 있다.

대한상공회의소는 1999년 8월, "제3자물류업체의 경영실태조사" 결과를 발표하면서 그 정의를 화주기업이 고객서비스 향상, 물류비 절감 등 물류 활동을 효율화할 수 있도록 공급체인(supply chain)상의 기능 전체 혹은 일부를 대행·수행하는 업종으로 정의하고 있다.

또, 대한상의는 동 보고서에서 제3자물류가 기존의 물류 아웃소싱과 다른 점은 화주기업과 물류기업간의 관계가 거래기반 관계에서 전략적 제휴 관계로 전환되고, 이에 따라 서비스 내용에서도 운송, 보관 등 부분적 물류기능을 대행·제공하는 정도를 넘어서 효율적인 물류 전략·계획의 제안, 통합물류서비스의 제공 등 보다 긴밀한 관계에서나 가능한 서비스까지 제공된다는 특징이 있다고 밝혔다.

정종석(1998)은 "자사물류 ⇒ 물류 자회사 ⇒ 제3자물류"라는 단순한 절차로 제3자물류의 발전 과정을 설명하고 있는 경우가 많은데, 실제 이행과정은 이보다 복잡한 구조를 보일 것으로 추측된다고 하면서, 제3자물류는 서비스의 깊이 측면에서 볼 때 물류 활동의 "운영·실행(1PL) ⇒ 관리·통제(2PL) ⇒ 계획·전략(3PL)"으로 발전하는 과정을 거치고, 서비스의 폭 측면에서는 "기능별 서비스(1PL) ⇒ 기능간 연계·통합서비스(2PL) ⇒ 기업간 연계·통합서비스(3PL)"의 발전과정을 거친다고 할 수 있다고 밝히고 있다.

제3자물류에 대해 많은 논문을 발표하고 있는 미국의 Lieb, Randall, 그리고 호주의 Dapiran, Sohal 등 대부분 학자는 제3자물류가 전통적으로 기업의 한 조직 내에서 수행하여 오던 물류 기능을 전체 물류과정 혹은 그 과정 중의 일부 물류 활동을 제3자에 의해 수행토록 하는 것으로 보고 있다.

한편, 이상과 같은 정의들을 바탕으로 제3자물류의 사용자(user)인 화주기업의 입장에서 생각하면 제3자물류(3PL)란 자사에서 전적으로 물류 업무를 처리하여 오던 단계(1자물류 : 1PL)에서 분사 화를 통해 물류 자회사에 의해 서비스를 받던 단계(2PL)를 벗어나 화주기업 본연의 핵심역량을 강화할 수 있도록 공급 연쇄(supply chain)상 아웃소싱의 대상이 될 수 있는 물류 부문을 물류업체와 계약을 체결하여 위탁함으로써 자사 내 물류 부문의 리스터럭쳐링(restructuring)이 이루어져 기존의 담당조직이 축소될 수 있거나 보유하고 있던 일부 혹은 전부 사내물류 관련 하드웨어가 처분 가능한 정도의 물류서비스라고 할 수 있을 것이다.

물론, 이러한 정의하의 제3자물류 서비스 주체는 화주와 전통적인 거래기반 관계에서 전략적 제휴 관계로 전환하여야 하고, 이에 따라 서비스 내용에서도 운송, 보관 등 부분적 물류 기능을 대행·제공하는 정도를 넘어서 효율적인 물류 전략·계획의 제안, 통합물류서비스의 제공 및 컨설팅 등 보다 긴밀한 관계에서나 가능한 서비스까지 제공한다는 전제를 가지게 된다.

전문물류업은 1980년대 미국에서 활성화되었으나 최초로 전문물류업체가 활동하기 시작한 곳은 영국이다. 영국은 규제 완화의 선두주자로서 1968년 트럭운송업의 규제를 철폐하기 시작하였고, 1970년에 면허제에 의한 양적 진입규제와 운임규제가 철폐되었다.

운송시장의 규제 완화로 운임경쟁이 치열해져 화주는 낮은 운임을 향유할 수 있었으나 수송업체간의 경쟁은 더욱 치열해져 운임 이외의 이익을 창출할 수 있는 새로운 사업으로 전문물류업이 탄생하게 된 것이다.

영국의 화주기업도 비용 절감을 위하여 전문물류업체로부터 아웃소싱하기 시작하여 창고업무를 중심으로 전문물류업이 발전하기 시작하였다. 이처럼 미국과 유럽에서 전문물류업이 활성화된 배경은 1980년대 수송부문의 규제 완화, 경제활동의 세계화, 고도화된 물류 전략의 추진, 급속한 기술발전과 물류업체의 전문화 등을 들 수 있다.

[제3자물류에 대한 정의]

발표자(연도)	정의	비고(출처)
미국물류관리협의회 (1988)	화주와 단일 혹은 복수의 제3자간에 일정 기간 동안 일정비용으로 일정서비스를 상호합의하에 수행하는 과정	3PL에 대한 설문조사서
Jon Africk/A.T. Kearney(1996)	단일 물류서비스 공급자가 계약에 기초하여 복합적인 물류서비스를 제공하는 것	Making contract logistics work pp.58~60/Transportation and Distribution, January ed.
La Londe, Cooper(1989)	로지스틱스 경로상 다른 당사자와 단기적 또는 장기적인 관계를 구축하는 로지스틱스 경로내의 대리중개자	Partnerships in Providing Customer Service : A Third party Perspective, pp.6~9
Lieb, Millen, Wassenhove (1993)	전통적으로 기업의 한 조직 내에서 수행하여 오던 물류기능을 전체 물류과정 혹은 그 과정 중의 일부 물류 활동을 제3자에 의해 수행토록 하는 것	Third party logistics services : a comparison of experienced American and European manufacturers pp.35~44/Int'l Journal of Physical Distribution and Logistics Management(Vol 23 No.6)
대한상공회의소 (1999)	화주기업이 고객서비스 향상, 물류비 절감 등 물류 활동을 효율화할 수 있도록 공급체인(supply chain)상의 기능 전체 혹은 일부를 대행·수행하는 업종	「제3자물류업체의 경영실태조사」 p.4
일본 총합물류 시책대강 (1996)	화주에 대하여 물류개혁을 제안하고 포괄적으로 물류 업무를 수탁하는 업무	寺前秀一, "經濟構造改革と物流", 「日通總合研究所」'97, pp.63-65
일본삼화총합연구소 (1998)	조달에서부터 배송까지 고객의 전물류 업무를 포괄적으로 맡아 기업의 경영전략상 최적이 되도록 물류시스템을 설계하여 그 물류 업무를 자사 혹은 타사의 물류설비를 이용하여 실제로 수행하는 사업	上野裕子, "物流を変えるサ-トパ-ティロジスティクス", 三和總合研究所, 1998.9.4. pp.1~2 (http://sanmic.sric. co.jp/)
Sink, Langley, Gibson(1996)	화주기업에 의해 제공되거나 관리되는 것이 바람직하지 않은 기능을 수행하기 위해 재고에 대한 소유권을 행사하지 않으면서 외부인에 의해 제공되는 복합적인 유통활동	Buyer observations of the US third party logistics market p.5/ International Journal of Physical Distribution & Logistics Management, Vol 26 Issue 33

2. 제3자물류 업자의 유형과 특징

앞에서는 미국과 유럽에서 전문물류업이 활성화된 배경은 1980년대 수송부문의 규제 완화, 경제활동의 세계화, 고도화된 물류 전략의 추진, 급속한 기술발전과 물류업체의 전문화 등을 들었는데, 이를 좀 더 자세히 살펴보면 다음과 같다.

첫째, 1970년대 후반부터 미국의 물류업계에 불어닥친 항공서비스의 규제 완화, 그리고 1980년대에 철도와 트럭수송의 규제 완화로부터 복합운송이 비약적으로 확대되었고, 1984년 신 해운법의 제정으로 진입규제의 대폭 완화와 운임신고의 폐지 등으로 물류업체가 참여할 기회가 대폭 확대됐다. 규제 완화 이전에는 수송수단간 규제 때문에 종합적인 물류서비스의 제공이 곤란했으나 규제 완화로 주간수송, 진입조건 등의 규제가 철폐되어 물류서비스개선을 위하여 가장 효율적인 수송수단의 선택과 운행을 할 수 있게 됐다.

화주기업도 급속한 기술발달과 치열한 경쟁 환경하에서 경영 효율화를 위하여 물류 업무를 외부의 전문업체에 위탁함으로써 기업의 부담을 줄이고 생산과 판매 등 핵심 경영 활동에 집중하여 재고의 압축, 물류비 절감, 수송시간의 단축을 실현할 수 있게 됐고, 이것은 수송부문의 향상은 물론, 최적의 물류 합리화를 도모하게 되었다.

둘째, 경제활동의 세계화로 기업들의 활동 범위가 전 세계적으로 확대되고 해외로부터 글로벌소싱이 확대되면서 이들로부터 특화된 물류서비스의 욕구가 증대되고 있다. 경제활동의 글로벌화로 공급 연쇄가 복잡하게 되고 국제물류 체제에서 수·배송을 포함한 물류관리의 효율적인 운영이 요구되고 있으나, 자사물류체계만으로는 효율적으로 국제물류 활동을 수행하기 곤란하기 때문이다.

셋째, 고도화된 물류 전략을 추진하는 화주기업들이 증가하면서 아웃소싱 또는 전문물류업 시장이 확대되고 있다. 화주기업들은 시간과 비용을 절감하면서 고객의 요구를 충족시키기 위해 적시공급(JIT)체제가 확산됨에 따라 재고관리와 물류기능 통제는 생산과 유통 활동에서 더욱 중요시 되었다. 다시 말하면 JIT 환경에서의 운영상 복잡성과 비용 때문에 많은 기업은 핵심역량을 제외한 기업내부의 인적, 물적 자원을 적절히 외부의 자원으로 대체하는 것이 유리함을 인식하게 된 것이다.

넷째, 정보통신 기술 등 급속한 기술발전과 물류업체의 전문화를 들 수 있다. 컴퓨터, 인터넷 등 정보통신 기술은 급속히 변화되고 있으며, 화주기업 스스로 추진하기에는 기술개발에 장기간이 소요되며 많은 투자비가 소요되는 대신, 투자위험 또한 높기에 기업내부적으로 개발, 시행하기보다는 전문업체의 기술을 활용하기가 쉽고 위험부담도 적다. 반대로 제3자의 그것들을 활용할 경우 화주기업은 고정비를 변동비화시켜 기업 운영에 더욱 유연성을 가질 수 있게 되는 것이다.

오늘날 물류업체는 정보시스템의 뒷받침 없이는 신속하고 정확한 화물추적이나 고객서비스를 제공할 수 없으므로 정보시스템의 중요성은 어느 요소보다도 강조되고 있다. 한편, 전문물류업체들은 기술발전이나 시장 상황에 적합한 수·배송 시스템을 구축할 수 있고 특히, 중소규모의 기업일수록 기술 분야에서 전문지식과 지원해야 하는 경우가 많아 전문물류업체의 활용에 관심을 두는 경우가 많다.

3PL 사업자의 특징은 다음 세 가지로 요약될 수 있다.

첫째, 3PL 사업자는 고객의 물류 업무 전체를 위탁받아 전체의 최적화를 지향한다. 그 이유는 하나의 섹션(Section)에서 물류 효율화를 도모하여도 나머지 섹션(Section)에서 업무가 증대하여서는 전사적으로는 의미가 없다는 것으로, 한 개 섹션(Section)에 의한 비용 절감에는 한계가 있기 때문이다. 실제로 전체 최적화를 도모하기 위해 3PL 사업자는 고객의 제품판매고 예측과 생산계획이라는 기업전략을 파악한다.

그에 따라 포장방법, 수송기관의 선택, 수송경로·타이밍의 선택, 창고입지, 재고감축 등에서부터 인재의 적정배치까지 검토, 제안하여 원재료의 조달에서부터 배송까지의 전 과정에 걸쳐 물류의 효율화와 비용 절감을 지향한다.

둘째, 3PL 사업자는 고객과 이해관계를 같이 한다는 점이다. 고객의 물류 업무의 효율화와 비용 절감을 도모하는 것은 물론 고객에게는 이익이 된다. 한편, 3PL 사업자도 그것에 의해 자신의 이익을 얻게 된다.

셋째, 3PL 사업자와 고객은 물류비용 절감을 함께 도모하고 거기서 생겨난 이익을 함께 나누어 가지는 관계이다. 즉, 함께 성장하는 대등한 파트너십(partnership)을 형성하고 있다. 종래의 물류업자는 고객에 대하여 하청업자 같은 관계로서 고객에 있어 물류업자는 운임교섭의 상대일뿐만 아니라 물류 사업자와의 접촉도 각 사업소의 현장이 담당하고 있는 경우가 대부분이었다.

그러나 3PL 사업자는 생산계획 등 경영에 걸쳐 광범위한 정보를 고객과 공유하여 인원 배치 등의 조직체제를 개혁하는 것까지도 하고 있으므로, 그 제안의 실행에는 고객인 최고경영자의 협력이 필요한 경우가 많다. 따라서 3PL 사업자가 접촉하는 상대는 최고경영자이며, 이러한 점에서도 고객과 대등한 관계에 서게 되는 것이다.

물류분야에서 아웃소싱의 가장 긴 역사를 보유하는 것은 창고분야이며, 그 이후 Richardson(1992)은 마케팅, 포장, 운송, 그리고 수출입업무를 그 대상에 포함했다. 3PL 사업자는 또한 조립, 품질관리(quality control)와 같은 고부가가치 서비스제공도 급격히 늘리고 있다. Lieb and Randall(1996)은 많은 3PL 사업자들이 물류정보시스템, 콘솔리데이션, 창고관리, 운송업자 선택, 운임협상, 제품반품 처리, 주문처리, 부품공급, 공급자 선택, 그리고 구매관리까지도 시행하고 있다고 주장했다.

3PL의 대표적인 유형으로는 Asset형과 Non-asset형이 있다. Asset형이 트럭, 창고 등의 자산을 보유하는 형태임에 비하여, Non-asset형은 이들 자산을 보유하고 있지 않은 유형이다. 그러나 각종 자산을 리스하여 이용하든가 자산만을 보유하기도 하여서 엄격히 구분하기는 어렵다. 또, Asset형은 자사의 자산에만 한정하지 않고 타사의 자산을 이용하는 때도 많다. 자사의 자산가동률에 얽매이면 3PL로서 SCM의 전체 최적을 이룩하기가 어렵기 때문이다.

Asset형의 장점은 성수기에도 확실하게 이용할 수 있고 트럭이나 창고 등의 자산도 고객 중심으로 전적으로 상업화할 수 있다는 점을 들 수 있다. 또, 자산의 이용방법이나 실무 면에도 정통하고, 개선 효과를 올리기 쉽다는 것과 중간업자가 개재하지 않기 때문에 개선 효과가 직접 화주에게 환원된다는 것 등을 들 수 있다. 그러나 이용 가능성을 높이기 위해 특정 고객 전용을 하는 경우에는 이용률에서 자가용과 별다른 차이가 없어지는 문제점이 있다.

한편, Non-asset형의 경우에는 자산을 보유하지 않는 만큼 자사 자산을 이용하는 것에 한정하지 않고 더욱 유연한 서비스를 제공할 수 있다. 자사 자산이 유휴화하는 문제도 생기지 않기 때문에 비용의 절감을 포함하여 대담한 물류 효율화를 제안할 수 있다. 그 반면 Non-asset형의 경우, 신뢰성이 의문시되는 경향도 있다.

타사의 서비스를 이용하여 운송하거나 창고를 빌리게 되나, 충분한 관리·감독 능력이 있느냐 또는 성수기에도 확실하게 이용할 수 있느냐는 점이 불안하다. 또한, 프로젝트가 실패하거나 도산한 경우, 자산이 적은 만큼 배상 책임을 완수할 수 있느냐는 문제도 있다.

미국에서는 Asset형과 Non-asset형의 사업자 중에서 대형 사업자는 전자가 많다. 금후는 대형 Asset형 사업자가 Non-asset형 사업자를 사들여 확대를 도모하고 소규모의 Asset형 사업자는 모회사의 전속 물류 회사로서 존속하여 나갈 것으로 보인다. 화주가 3PL 서비스를 이용하는 방법에는 공개입찰, 세일즈에 의한 경우 등이 있다.

공개입찰인 경우에는 화주기업이 제시하는 정보를 바탕으로 3PL 사업자가 제안서를 제출하여 경쟁하는 경우가 많다. 계약형태에 대해서는 수송기자재·창고시설의 리스(lease)가 포함되는 경우는 리스 기간을 고려하여 3년 이상으로 하는 경우가 많다.

계약방식은 실비에 수수료를 더하는 경우가 많고, 그 외에도 취급단가에 의한 transaction방식, 비용 절감의 목표를 정하는 방식, 게인쉐어링(Gain Sharing) 방식 등이 있다.

3. 제3자물류 서비스 도입시 기대효과

화주기업이 외주 시에 누리게 되는 이점이 과연 무엇인가에 관한 연구는 비교적 많이 이루어져 왔으며 상당 부분 공통된 시각을 갖고 있다. 따라서 여기에서는 대표적인 몇 가지에 대해서만 언급하고자 한다.

먼저, Randall(1994)은 외주로 인한 효과로 다음과 같은 것 등을 들고 있다.

① 운송비용의 절감

② 자재관리 및 보관비용의 절감

③ 재고수준의 감소

④ 고객 요구에 대한 응답시간의 단축

⑤ 유통채널에 대한 통제의 향상

또한, 1995년에 Lieb과 함께 수행한 미국 500대 제조업체들의 제3자물류 서비스 이용에 관한 실태조사 연구(Lieb and Randall, 1996)에서는 외주가 가져다주는 가장 큰 효과가 비용의 절감(38%)이라는 것을 확인하였다.

이외에도 다음과 같은 것 등을 들고 있다.

① 전문성의 향상 및 시장에 대한 전문지식의 습득

② 운영효율의 향상

③ 기업 내부의 핵심업무에 더욱 충실 가능

④ 유연성의 향상

이를 정리하여 보면, 비용의 절감이 외주를 결정짓는 가장 중요한 요인이며, 화주기업은 물류 기능을 아웃소싱함으로써 자체적으로 물류 관련 자산을 보유하는 데 드는 비용 절감을 기대할 수 있을 뿐만 아니라, 전문성을 갖는 대규모 업체가 누리는 규모의 경제효과를 공유하게 된다는 것이다.

[제3자물류 서비스 이용으로 인한 편익]

내용	비율(%)
• 비용의 절감	38
• 전문성의 향상 및 시장에 대한 전문지식의 습득	24
• 운영효율의 향	11
• 고객서비스의 개선	9
• 핵심 비즈니스에 집중가능	7
• 유연성 증대	5

*자료 : Lieb and Randall(1996), p.314

Lieb and Randall(1996)은 또, 제3자물류 서비스 이용시 기업의 노동력에도 상당한 영향을 미치게 되는데, 제3자물류를 이용하고 있는 업체 중 58%가 상시 물류담당자를 감축한 것으로 나타났으며, 그중 33%가 20% 이상의 인력감축을 이루었다고 밝혔다. 그리고 감축된 인원 중 63%는 회사 내의 다른 부서로 재배치될 수 있었으며, 나머지는 3PL 업체로 전직하든가 고용계약을 해지했던 것으로 나타났다.

[3PL 서비스 이용으로 인한 상시 물류 담당자의 감축 현황]

감축된 종업원 비율	1995년 조사(%)	1994년 조사(%)	1991년 조사(%)
0~20%	67	56	78
21~40%	30	28	19
41~80%	3	4	-
81~90%	-	12	3

*자료 : Lieb and Randall(1996), p.325

Damme & Amstel(1996)은 외주의 장점을 로지스틱스서비스를 제공하는 공급자 측면, 생산자 측면, 그리고 유통업자의 측면에서 각각 파악하여 다음과 같이 설명하고 있다.

첫째로, 서비스 공급자 측면에서는 규모의 경제를 이용한 효율성의 증대, 제품 포트폴리오를 구성함으로써 제품간 수요변동의 완화, 서비스의 질과 유연성의 향상에 따른 고객서비스의 향상 등의 효과를 누릴 수 있다.

둘째로, 생산자 측면에서는 물적 흐름에 필요한 자본재 투입의 감소, 제품의 저장위치를 보다 유연하게 선정, 잉여 자원을 고부가가치사업에 투자, 물류비용의 할당이 용이, 그리고 물류관리비용이 명확히 드러남에 따른 새로운 전략의 수립 등이 가능하게 된다.

셋째로, 유통업자 측면에서는 유통을 담당할 별도의 직원을 선발하여 교육하는 등의 번거로운 업무를 더는 반복하지 않아도 되며, 운수업 면허나 운전시간 관련 규제를 받지 않아도 되고, 그리고 자신의 업무영역에 더 집중할 수 있다는 장점을 누리게 된다.

Sink and Langley(1997)가 제3자물류 서비스를 이용하고 있는 75개 기업경영자를 대상으로 조사한 결과에 따르면, 외주의 가장 큰 문제점으로서 외주물류 기능에 대한 통제력 저하(35.2%), 물류 활동을 위한 시간과 노력이 감소하지 않음(33.8%), 실질적인 비용 절감이 안됨(25.4%) 등을 들고 있다.

Lieb and Randall(1996)은 외주로 인한 가장 일반적인 우려 사항에 대한 1991년도와 1994년도의 조사결과에서는

① 변화에 대한 거부감

② 제3자물류 도입을 받아들이기 위한 새로운 시스템을 회사 내에 도입시의 교육문제

③ 외주회사와 화주기업간의 문화적 차이

④ 회사간의 컴퓨터 및 정보시스템 통합문제

⑤ 명확한 실적기준의 부재

⑥ 내부적 기대치 설정을 위한 의사소통문제 및 급변하는 소비자의 니즈에 대한 외주기업의 신속한 대응 가능성 등을 들었었다.

그리고 1995년도 실시한 조사결과에서는 외주로 인한 가장 일반적인 우려 사항 세 가지로,

① 로지스틱스 활동에 대한 직접적인 통제권을 상실할 가능성

② 외부의 물류기업에 의해 제공되는 서비스 수준의 불확실성

③ 그리고 제3의 물류공급자가 소비했다고 말하는 물류비용의 진위성

여부 파악의 어려움을 들고 있다. 그리고 이 세 가지 외

- 자사내의 관련 업무 담당자들의 직업 안전성
- 기업내부정보의 외부누출 가능성
- 제3자물류업체의 전문성에 대한 검증 여부
- 로지스틱스전문회사가 소유한 전문지식 수준에 대한 평가 곤란

그리고 새로운 협조 관계를 구축함에 따라 발생하는 근본적인 애로사항 등을 들었다.

Damme & Amstel(1996)도 유사한 연구를 진행하여 로지스틱스 활동을 외주함에 따른 부정적인 요인으로써

- 고객과의 직접적인 접촉의 제한에 따른 고객 불만 사항의 즉각적인 대처 불가,
- 처리속도와 배달의 신뢰성 저하,
- 로지스틱스 부문에 대한 통제의 상실, 기업내부정보의 외부누출,

그리고 로지스틱스 활동을 외주함에 따라 자사 내에 관련 전문지식을 축적할 수 없다는 점을 지적하였다.

Ackerman(1996)은 결국 아웃소싱이 실패하게 되는 원인은 일반적으로

- 아웃소싱에 대한 불명확한 목표설정
- 비현실적인 기대치 설정
- 아웃소싱에 참여하는 기업관리자들의 태업(sabotage)

그리고 당사자간 계약상의 결함 때문이라고 주장했다.

화주기업이 3PL을 적극적으로 활용하려면 다음 세 가지의 과제가 해결되어야 한다. 우선 첫째로 물류를 경쟁력 강화의 원천으로 인식할 필요가 있다. 물류 효율화와 물류비용의 삭감에 의해 기업의 시장경쟁력은 강화되는 것을 인식하여 전략 분야로서 대응을 도모하는 것이 중요하다.

둘째로 사내에서의 물류관리의 위치를 설정할 필요가 있다.

셋째로 사내물류 부문 직원의 재배치 문제이다.

3PL 사업자에게 물류 업무를 아웃소싱하면 많은 경우, 화주기업으로서는 인재의 감원·이동이 발생한다. 이것은 미국에서도 중요한 문제점의 하나로 인식되고 있고, 실무측면서 물류시스템의 근본적 개혁에 저항하는 이유가 되고 있다.

그러나 화주기업이 물류 부문 직원을 물류 업무를 수행하는 인재로서 3PL 사업자가 그대로 활용하는 경우도 많아지고 있다. 금후로는 화주기업에서도 발상의 전환을 통해 사내 인재의 더욱 유효한 활용방안으로서 3PL을 인식하는 것도 중요할 것이다. 게다가 3PL 사업자·화주기업 쌍방간의 원활한 정보교환을 통해 최적의 물류시스템을 구축하는 것도 대단히 중요하다.

또한, 3PL 사업자도 수탁받은 업무에 관한 정보를 화주기업에 제공하는 것도 중요하다. 미국에서는 3PL 사업자에게 지불하는 형태의 하나로서 소비한 비용에 이윤을 더한 요금을 책정하는 방법도 점차 늘어가고 있는데, 이 경우 3PL 사업자는 그 장부를 화주기업에 공개하고 있다.

4. 외국의 제3자물류 시장 현황

미국에 있어 3PL의 탄생과 성장에는 규제 완화와 가장 큰 관련이 있다. 미국의 운수업은 1970년대까지는 각 수송 상태마다 엄격한 행정관리하에 있었다. 그러나 1980년대에 트럭운송업자 및 철도사업의 진입규제가 완화되고 그 후, 1994년부터는 주간 트럭수송에서 컨트랙트 (contract : 특정 고객과의 장기계약) 이외에 대하여서도 자유 운임이 도입되었다. 더욱이 1995년 1월에는 주 내 수송도 자유 운임이 되고 이것에 의해 트럭운송사업에서 대부분의 규제가 철폐되었다. 그리고 국내 항공수송에 대해서도 "Open Sky" 정책하에 진입 및 운임규제가 철폐되었다.

이 같은 규제 완화의 결과, 신규진입이 활발하여 사업자 수가 대폭 증가하였다. 트럭운송사업의 경우 1980년에는 17,700사(社) 이었으나 1993년에는 약 54,600개로, 3배 이상이나 증가하였다. 그 결과, 시장경쟁이 격화하여 운임수입은 저하하였다. 그러자 물류 사업자는 생존을 위해 새로운 운임수입원으로서 3PL로의 진출을 도모하게 되었다.

다시 말하면 미국에서 3PL이 발달한 것은 화주가 물류 부문을 경시하여서가 아니라 그 반대로, 양질의 물류서비스제공을 기업전략의 무기로 고려했기 때문이며, 이러한 관점에서 화주기업이 3PL 업자와 계약을 체결하는 데에는 6개월에서 1년이나 걸린 것으로 보인다.

한편, 1980년대에는 미국경제가 악화되어 있었기 때문에 각 기업에서는 본업 회귀에 의해 경쟁력을 강화하려는 움직임이 강하게 나오고 있었다. 사업 다각화 정책을 바꾸어 자사(自社)의 본업에 전념하기 시작하여 간접부문인 물류 업무의 효율화와 비용의 절감이 큰 과제가 되었다. 이 같은 배경하에 전문적 기능과 노하우를 갖춘 3PL 사업자에 대한 물류 업무의 아웃소싱이 1990년대에 들어 더욱 활발하게 된 것이다. 1997년의 경우, 주요시장(자동차, 화학, 컴퓨터, 의약품, 의료기기)에 있어 3PL의 이용률은 73%에 이르렀고 16%의 기업이 장래에 3PL을 이용할 것을 검토한 것으로 조사된 바 있다.

Sheffi(1990)는 미국에서 화주기업이 제3자물류 서비스에 관심을 가지게 된 이유로서, 핵심 비즈니스에의 집중 필요성, 더욱 나은 수송방법(예 : 콘솔리데이션) 강구, 비용 절감과 서비스개선, 기술적 전문성 개발 및 많은 기업의 영역을 넘어선 것들의 컴퓨터에 의한 시스템화, 보다 전문적이고 우수한 장비를 갖춘 물류서비스에 대한 수요증대 등을 들고 있다.

미국에서는 업종구분에서 3PL이라는 사업 구분은 없으며, 사업자가 제공하는 서비스에 따르는 사업규제를 받는다. 즉, 운송을 이용하는 경우에는 프레이트 포워더, 운송연계에는 운송브로커로서의 자격이 필요하다. 이들은 모두 연방운수성에 등록하게 되어 있으며, 진입조건으로서는 적격성, 의지, 능력, 보증금, 보험의 부보 등이며, 프레이트 포워더는 운송책임을 지기 때문에 배상책임보험의 요건이 엄격하다. 그러나 실질적인 경제적 규제는 매우 탄력적이기 때문에 3PL의 자유로운 진입이 가능한 상태이다.

1995년 현재 미국의 물류시장 규모는 일본의 2배에 달하는 4,600억 달러이며, 그 중 제3자물류 시장규모는 1991년 60억 달러에서 1995년 200억 달러 1997년 342억 달러 1998년 396억 달러로 매년 20% 정도의 높은 성장률을 기록하고 있고, 2000년에는 500억 달러에 육박한 것으로 추정된다.

1995년 현재 미국에는 1천여 개의 제3자물류업체가 활동 중인데, 사업 모체는 창고업체, 운송업체, 주선업체, 제조·유통업체의 물류 자회사, 금융업계(지불대행) 등 매우 다양한 것으로 파악되고 있다. 업체별 매출 규모는 1997년 말 현재 Ryder Integrated Logistics가 연간매출액 18억 달러로 수위를 달리고 있고, 1억 달러 이상의 매출을 올리는 업체만 해도 34개사에 이를 정도이다.

서비스 부문별로는 1998년도에 제3자물류 시장에서 가장 빠른 성장을 한 부문은 운송관리(transportation management)와 전용계약 운송(dedicated contract carriage)으로 각각 21%, 20%의 성장을 기록하였고, 부가가치 창고관리는 11%, 국제물류는 10% 각각 성장한 것으로 나타났다.

미국에서의 3PL분야 중 창고 및 배송사업이 전체의 약 25%를 차지하고 있으며, 연평균 20~25%씩 급격히 증가하고 있다. 미국에서 창고 및 배송사업이 이처럼 3PL 시장에서 가장 급격히 발전하는 것은 고유의 업무에서 벗어나 화물 콘솔리데이션, 재고관리, 바코딩, 라벨링 등을 처리해주고 있기 때문이며, 그 외에도 "반품처리, 수리, 제품교체, 반품물품폐기, 인터넷주문 상품배달, 컴퓨터조립" 까지도 담당하고 있다.

Lieb and Randall이 포춘지 선정 500대 제조업체를 대상으로 1991년부터 매년 조사한 결과를 보면 운송, 창고관리, 혼재, 물류정보시스템, 차량운영 및 관리 등이 주로 제3자물류의 서비스 대상이 되고 있으며, 제3자물류 이용 기업은 1991년 37%에서 꾸준히 증가하여 1997년 65%에 달하는 것으로 나타났다. 또한, 테네시대학 로지스틱스센터의 조사결과(1998년)에 의하면 운송, 요금청구 및 대납, 창고관리, 크로스 도킹(cross docking) 등이 주요 서비스 품목으로 나타났는데, 이 중 크로스 도킹(cross docking)은 1996년 22%에서 1998년 31%로 가장 빠른 속도로 성장한 것으로 나타났다.

한편, Dapiran, Lieb, Millen, Sohal(1996)과 Bhatnagar, Sohal, Millen(1999)은 유사한 방법론을 적용하여 각각 호주와 싱가포르 화주기업의 제3자물류 현황을 조사한 바 있다. 호주(조사기간 : 1995년 5월~6월)와 싱가포르(조사기간 : 1998년 1월)의 3PL 이용률은 약 60%로서 비슷한 수치를 보이고 있다. 그런데 복수의 3PL 업체를 이용하는 비중은 호주기업(67%)이 싱가포르기업(60.3%)보다 더 높은 수치를 보여주고 있다.

3PL 이용 결정권자의 경우 호주는 기업(최고경영자) 차원에서 이루어지는 비율이 가장 높음에 비해 싱가포르는 개별부서 단위에서 이루어지는 비율이 더 높은 것으로 나타난 것이 이채롭다. 또 3PL 이용부문의 경우, 호주는 국내물류에만 이용하는 비중이 전체의 65%를 차지하는 데 비해, 싱가포르의 경우는 약 24%에 불과한 것으로 나타났는데, 이는 양 국가의 수출입에 대한 경제의존 형태와 관련이 있는 것으로 추정된다.

호주의 경우 3PL 이용 효과가 가장 큰 부분은 비용감소, 전문성 제고 및 자본비 감소의 순으로 답하고 있고, 싱가포르의 경우 "비용감소, 고객만족, 내부물류시스템개선"의 순이라고 답하고 있다. 3PL을 이용하고 있는 업체들의 고객만족도는 호주기업(88%)이 싱가포르기업(80%)보다 더 높은 편이며, 3PL의 향후 이용계획도 역시 호주기업(84%)이 싱가포르기업(71%)보다 높은 편으로 나타났다.

[호주와 싱가포르 화주기업의 3PL 이용현황]

(단위 : %)

구분		Australia	Singapore
설문대상(개수)		500대 기업 최고경영자(127)	싱가포르 등록 기업체(1,000)
응답업체(개수)		84	126
3PL 이용률		60.7	60.3
1개 이상 3PL업체 이용률		67	60.3
3PL 이용 결정권자	corporate level	38	32.9
	local level	33	39.5
	individual level	29	26.3
3PL 이용부문	국내물류	65	23.7
	국제물류	35	17.1
	혼용		59.2
3PL 이용효과(크기순)		비용감소, 전문성 제고, 자본비 감소	비용감소, 고객만족, 내부 물류시스템 개선
3PL 이용 만족도 (만족 혹은 대단히 만족)		88	80
3PL 향후 이용계획 (일정 혹은 상당수준)		84	71.1

유럽의 제3자물류 서비스 시장환경의 변화에 대한 미국 CLM(1993)의 연구결과에 따르면, 유럽기업들은 제3자물류에 점차 높은 관심을 두고 있으며, 이와 함께 자사물류의 비중을 감축하고 있다. 유럽통합에 따른 시장규모의 증가와 수송네트워크의 개선을 바탕으로 기업들의 유럽지역 물류센터의 설치가 증가하고 있으며, 이 중 25% 정도가 외주에 의해 추진되어 물류서비스가 근본적으로 변화되고 있다.

물류서비스의 아웃소싱이 새로운 개념은 아니지만, 유럽에서의 두 가지 큰 변화는 서비스의 통합화(integration)와 개별 이용자의 요구에 따른 서비스의 맞춤화(tailoring) 현상을 들 수 있다.

화물운송 부문의 규제 완화와 이용자의 서비스 요구의 변화가 이러한 변화를 주도하고 있다.

Peters, Lieb and Randall(1998)은 1996년 미국에서 실시한 동일한 조사를 영국과 유럽의 기업을 대상으로 실시한 바 있다. 1996년의 조사결과 유럽국가의 경우 제3자물류 서비스를 이용하고 있다고 응답한 업체가 76%로, 미국의 60%에 비해 상대적으로 높게 나타났다.

현재 3PL 서비스를 이용하지 않는다고 응답한 업체의 24% 정도가 향후 이러한 서비스의 이용을 고려하고 있는 것으로 나타났다. 3PL 서비스를 이용하고 있지 않은 업체는 그 주된 이유로 물류 활동을 직접 통제하기 위해서, 자사물류 수행시와 3PL서비스 이용시의 비용을 일대일로 직접 비교하기가 곤란하기 때문에, 운영시스템의 규모와 복잡성으로 인해 자체운영이 요구되기 때문에, 자사물류 인력에 대해 만족하기 때문인 것 등을 드는 것으로 나타났다.

또한, 제3자물류 서비스의 활용이 점차 국제화되는 경향을 보여주고 있는 것으로 나타났는데, 응답 업체의 57%가 국제 및 국내 물류에 3PL 서비스를 이용하고 있으며, 이에 더해 9%는 국내 자사물류의 연장선상에서 유럽지역의 물류에 3PL 서비스를 이용하는 것으로 나타났다.

기업이 외주(外注)하는 3PL 서비스의 분야를 살펴보면, 혼재(60%), 창고관리(52%), 차량 관리/운영(52%), 반품관리(44%), 운송업체 선정(43%), 재라벨링/재포장(39%), 물류정보서비스(30%)의 순으로 나타나, 미국과는 다소 차별화된 이용 패턴을 보여주고 있다.

[제3자물류 서비스 활용 분야]

구분	미국(1995)	유럽(1996)
• 창고관리	36%	52%
• 혼재 (Shipment consolidation)	33%	60%
• 운송업체 선정	33%	43%
• 물류정보시스템	29%	30%
• 차량 관리/운영	22%	52%
• 요율 협상 (Rate negotiation)	22%	19%
• 반품관리	11%	44%
• 제품 조립/설치	11%	23%
• 주문충족(Order fulfillment)	9%	24%
• 부품관리(customer spare parts)	7%	12%
• 주문처리	6%	13%
• 재고보충(Inventory replenishment)	6%	15%
• 재라벨링/재포장		39%
• 제품테스트		9%
• 기타		9%

*자료 : Lieb and Randall(1996) ; Peters, Lieb and Randall(1998)

기업 전체 물류비용 중 3PL 업체에 지불된 비용의 비중을 살펴보면, 조사기업의 51%가 40% 이상이라고 응답하였으며, 80% 이상이라고 응답한 업체도 22%나 되어, 미국기업에 비해 3PL 서비스 활용의 범위와 규모가 상대적으로 매우 높다는 것을 보여주고 있다.

[기업 전체물류비용 중 제3자물류업체에 지급한 비용의 비중]

비용 비중	미국(1995)	유럽(1996)
0~20	87%	27%
21~40	10%	24%
41~60	-	14%
61~80	4%	15%
81~100	-	22%

*자료 : Lieb and Randall(1996) ; Peters, Lieb and Randall(1998)

한편, 미국 CLM(1993)의 연구자료에 따르면, EU 12개국 기업의 자사물류 대 3PL의 비중이 평균 35%：65%에 이르는 것으로 추정하고 있다. 동 조사결과에 따르면, 제3자물류 서비스를 이용하고 있는 업체들은 여러 가지 편익을 경험하고 있는 것으로 나타났으며, 물류비용 절감(56%), 유연성의 향상(55%), 운영효율성의 개선(53%), 핵심사업에 대한 집중력 강화(51%), 고객서비스의 개선(49%) 등의 순으로 나타났다.

또한, 3PL의 이용을 통해 기업들이 자사물류인력을 크게 절감시킨 것으로 나타났는데, 조사업체의 66%가 이러한 서비스의 이용을 통해 자사물류인력을 절감시킨 것으로 응답하였으며, 이 중 53%는 20% 이상의 자사물류인력을 절감시킨 것으로 응답하고 있다.

일본에서는 종래물류는 생산·판매 이후의 처리단계로 인식되어, 조달에서부터 판매까지의 전 과정에 걸쳐 물류의 효율화를 추구하는 사례는 많지 않았다. 그러나 최근 들어 운송업자, 창고업자 등의 물류업자와 종합상사, 유통업자 등 물류업 이외의 기업이 3PL 시장에 참가하고 있다.

1999년에 공표된 통산산업성의 3PL 실태조사 결과에 의하면 일본의 3PL 시장은 2,121억엔으로 파악되고 있으며, 이는 일본 물류업계의 매출액 20조엔의 1%에 불과한 수준이다. 일본에서는 3PL 사업자가 미국과 달리 3개의 자원(컨설팅 능력, 정보시스템기술 및 네트워크)이 아직 충분히 확립되지 않고 물류 EDI 표준의 보급률이 낮은 편이다.

일본의 3PL 시장이 활성화되지 못한 것은 화주기업 측의 요인도 크다. 즉, 물류를 기업의 경영 전체에 결부시켜 전략적인 발상으로 받아들여지지 않고 또한, 물류 업무 전반을 일괄하여 물류 사업자에게 위탁하면 자사의 물류를 통제할 수 없을 것이란 우려가 크다.

일본에서 제3자물류업이 물류산업에서 차지하는 비중이 미국 등 구미 국가의 수준과 같이 5~6%로 증가 된다고 가정하면 시장규모는 장차 1~1.2조엔 정도가 될 것이다. 이처럼 일본에서는 제3자물류가 아직 전략적 제휴단계까지 도달하지 못하고 있으나, 물류개혁의 의지가 강하고 물류업체간의 경쟁도 심화되면서 제3자물류업으로 발전하고 있는 업체들이 나타나고 있다.

일본에서 제3자물류업으로 발전하고 있는 업체는 물류 자회사, 도매상, 기존의 물류업자 등이며, 제3자물류 발전의 가장 큰 걸림돌은 우리나라의 경우와 마찬가지로 화주들이 정보를 공개하지 않는다는 것이다.

일본 통산산업성이 1997년 12월, 799개 제조업 및 도매업체를 대상으로 실시한 조사결과에 따르면 일본 화주기업이 물류 부문의 우선적인 아웃소싱 대상으로간주하고 있는 분야로는 수·배송, 하역, 보관의 순이며, 물류 정보처리, 재고관리 분야는 아웃소싱보다는 자사에서 직접 처리하는 것을 선호하는 것으로 나타났다. 이는 1995년의 동일조사 결과와 비교하면 제조업의 경우 수·배송, 하역의 분야에서 아웃소싱하는 비율이 증가하였고, 재고관리, 물류 정보처리, 포장 분야는 자사에서 행하는 기업의 수가 증가한 편이다.

5. 수출입기업의 제3자물류 서비스의 필요성

한국 수출입기업에서 제3자물류 서비스 도입이 활발히 이루어지지 않으면 안 되는 이유는 다음 네 가지로 요약될 수 있다.

첫째, 수출입기업들은 1990년대에 들어와 국제경쟁력 강화를 위한 하나로 수출입물류비 절감을 위해 꾸준히 노력해왔다. 물류비 절감을 위한 방편으로써 자사물류관리를 합리화하고 물류 자회사를 설치하는 등 노력해오고 있으나 뚜렷한 성과를 거두지 못하고 있다. 즉, 지난 4~5년 동안 제조업체·유통업체가 건립·운영하는 자가 물류센터가 급증하여 최근 그 개수가 영업용 창고(양곡 창고 제외)의 두 배를 훨씬 넘어선 것으로 파악되고 있다.

대한상공회의소(1997)의 조사에 따르면 우리나라 기업들은 아직 외부의 공동물류센터 이용보다는 개별기업 차원의 자가 물류센터를 이용한 물류 업무의 수행을 더 선호하고 있다. 또한, 제조업체·유통업체가 운행하는 자가용 화물 차량이 전체 운송물량의 약 78.7%를 담당하고 있고, 차량 대수도 91.8%에 이를 정도로 자가용에 대한 편중구조가 매우 심한 상태이다.

이처럼 자가 물류에 너무 치중한 결과, 물류시설 확충, 물류 자동화·정보화, 물류 전문인력 충원 등에 대한 고정투자비 부담이 많이 증가하였다. 자가 물류는 경기변동과 수요 계절성에 의한 물량의 불안정, 기업 구조조정에 따른 물류 경로의 변화 등에 효율적으로 대처하기 어렵다는 구조적 한계가 있다. 결국, 물류 부문에 대한 과도한 투자비는 적정수준의 물량을 확보하지 못하면 투자비 회수가 어려워질 뿐만 아니라 오히려 고 물류비 구조개선에 걸림돌이 될 수 있다는 것이다.

한편, IMF 체제 이후 구조조정 과정에서 많이 등장하게 된 물류 자회사의 경우, 물류비의 정확한 집계와 이에 따른 물류비 절감요소의 파악, 전문인력의 양성, 경제적인 투자 결정 등 이점이 있지만, 태생적 제약 때문인 구조적인 문제점도 다소 안게 되었다. 즉, 모기업의 물류 효율화를 추진할수록 그만큼 물류 자회사의 수입은 감소하는 이율배반적 상황에 직면하므로 궁극적으로 모기업의 물류 효율화에 소극적인 자세를 보이게 되는 것이다.

둘째, 수출입업체로서는 자기가 취급하고 있는 각종 화물의 도착지까지의 운송 루트에 대한 최적화 방안을 연구할 시간적 여유가 없었으나 제3자물류를 이용할 경우 비싼 급료를 지급하면서 자기기업내에 전문직원을 둘 필요가 없이 최적의 도움을 받을 수 있고, 동시에 자기 대신으로 기민한 교섭을 각종 물류업자와 벌이는 데 활용할 수도 있다.

또한, 수출입업체 스스로 국제물류의 제반 업무를 수행해야 할 때는 육상, 항만, 해상 등의 각 부분의 정보를 많지 않은 정보 루트로부터 입수하여 한쪽으로 포장, 보관, 하역에 관한 정보와 결합해 가까스로 수출입 상품의 물류비용을 파악하는 데 반하여, 제3자물류를 이용하는 경우 수출입업체 자신의 활동을 최소화시키면서도 일관 운송서비스를 받아들이기 위한 당해 상품의 운임 부담력 또는 수급의 완급에 따라 최적 수송시스템의 선택을 할 수 있다는 것이다.

셋째, 수출입화물의 경박단소화, 고부가가치화가 진행되면서 고객들의 민감한 수요에 탄력적으로 대응할 수 있도록 수출입기업들의 물류서비스에 대한 수요도 고급화·다양화되는 방향으로 변화하고 있다는 것이다. 또한, 무한경쟁시대를 맞아 업체간의 경쟁이 더욱 치열해지면서 제품에 대한 기술개발 및 해외마케팅 등 본연의 핵심역량에 더욱 집중하고 가능한 한 물류 부문에 대해서는 아웃소싱을 하는 것이 경쟁력을 강화하는 방안으로 인식되고 있다.

넷째, B2B, B2C 등 인터넷 전자상거래의 활성화로 바야흐로 고객발굴, 제품확인, 계약, 대금결제 등 대부분의 무역거래가 사이버상에서 이루어지고 판매자와 구매자 사이에 계약물품의 이동은 오프라인에서 이루어질 수밖에 없는 가운데, 이전보다 더욱 안정적 물류공급원이 필요하게 되었다. 즉, 즉시·적시 납기를 가능하게 하는 전문물류업체에 대한 수요가 갈수록 커질 수밖에 없는 상황이 되고 있다.

특히, 국제간의 물품 이동 경우, 자국뿐만 아니라, 거래 상대국의 통관제도, 항만 사정, 내륙운송문제 등 물류관리의 대상과 범위가 국내물류보다 훨씬 넓고 복잡한 만큼, 전문물류업체와의 제휴 필요성이 점점 더 부각되고 있다.

'90년대 후반에 들어와 국내물류산업은 해상운송업, 항만운송업, 항만용역업, 철도소화물취급업 등 주요 업종의 진입규제가 폐지됨에 따라 자유로운 시장진입이 가능해지고 있다. 특히, 화물자동차운송업은 등록업종과 면허업종으로 구분하여 운영돼 오던 것을 1999년 7월부터 면허제를 폐지하고 일정한 기준만 충족하면 등록할 수 있게 됨으로써 누구나 사업을 할 수 있게 되었다. 또 최근 규제개혁위원회의 결정에 따라 차량 대수에 관한 현행 등록조건(일반화물 : 25대 이상)이 대폭 축소(1대 이상)되어 2000년 이후에는 실질적인 시장개방이 이루어졌다.

최근 외국기업의 국내진출, 기업경영의 세계화 등이 확대되고 있는 상황에서, 그동안 산업의 특성상 외국기업의 국내진출이 어려울 것이라고 예상되던 물류산업도 1996년 물류시장 개방 이후 포워딩업체를 중심으로 한 외국물류기업의 진출이 꾸준히 증가하였고, 최근에는 이미 진출한 포워딩업체를 중심으로 외국물류업체의 국내 제3자물류 시장 진출이 확대되고 있다. 한편, IMF 관리체제 이후 기업구조조정이 확대되면서 제조업체의 물류 부문을 분리·독립시킨 물류자회사도 계속 늘어나고 있다.

최근 국내물류에서 가장 뚜렷한 변화 중의 하나는 수송, 창고·보관 등 기능별 물류서비스를 제공하던 전통적인 물류시장이 이들 서비스를 하나로 묶어 통합서비스를 제공하는 제3자물류 시장으로 전환될 가능성이 점차 커지고 있다는 것이다. 이 같은 변화를 가능하게 한 주요 원인은 내부적으로 물류산업에 대한 규제개혁에 따른 경쟁촉진과 함께 외부적으로는 물류서비스에 대한 수요기업의 요구사항 변화이다.

미국은 규제개혁이 제3자물류 시장의 형성을 유도하는 결정적인 계기가 되었음을 보여주는 구체적인 사례이다. 미국에서는 항공(1978년), 철도(1980년), 도로운송(1980년) 등에 대한 규제개혁이 이루어진 이후 3PL 시장이 본격적으로 형성되기 시작하였다. 실제로 미국의 30대 3PL 업체 중 대다수가 1980년대 중반 이후 3PL 사업자로 전환하였거나 새로 창업한 업체들이다.

일본은 규제개혁(1990년)이 이루어진 이후인 1990년대 중반부터 제3자물류 시장이 본격적으로 형성되는 중이다.

향후 물류산업은 3PL 업체가 많이 늘어나면서 운송업체, 창고업체 등의 전통적인 물류업체를 압도해 나갈 것으로 예상한다. 기존 물류업체가 3PL 업체로 변신하는 경우도 있겠지만, 이보다는 물류 자회사, 공동물류업체, 도매·배송업체 등 최근 제조·유통업체에서 분리·독립한 물류업체들이 제3자물류 시장을 선도해 나갈 가능성이 높다. 그리고 기존의 물류업체와 신생 물류업체간의 치열한 경쟁 속에서 인수합병(M&A), 전략적 제휴 등을 통한 물류업체의 대형화·전문화 등 물류산업의 구조조정이 한층 가속화될 전망이다.

1990년대 미국 3PL 시장의 고도성장은 1980년 이후 경쟁구조의 심화로 새로운 사업영역을 모색하던 물류기업의 사업전략과 고객지향적 경영의 확산으로 핵심역량이 아닌 사업부문을 가능한 한 아웃소싱으로 해결하려는 물류 수요기업(제조업·유통업)의 이해관계가 시기적으로 맞아떨어졌기 때문에 가능했던 것이다.

그러나 국내에서는 지난 1990년 초반부터 제조·유통기업들이 물류 효율화의 중요성을 인식하고 적극 투자에 나섰으나 기존 물류산업이 이들 수요산업의 요구를 충족시킬 수 있는 능력을 사실상 갖추고 있지 못했기 때문에 이들 화주기업은 자가 물류체제를 도입·확충하는 데 주력한 것이 사실이다.

6. 물류 아웃소싱의 사례

한국무역협회는 2008년 7월 한 달간 회원사 1,000개사를 대상으로 물류 아웃소싱 실태에 관하여 설문조사를 한 바 있다. 동 조사결과, 25.7%의 무역업체들이 1년 이상의 계약 기간을 정하여 전문물류업체들을 통해 사내물류 부문의 일부 혹은 전부에 대해 아웃소싱을 하는 것으로 나타난 바 있다. 이는 아직 미국이나 유럽에 비하면 우리나라에 있어 물류 아웃소싱이 도입단계에 있음을 의미한다.

무역협회의 동 조사결과, 현재 3PL을 활용치 않고 있는 업체 중 40%가 "제3자물류 자체에 대한 지식과 정보 부족" 때문이라고 밝히고 있어, 이에 대한 무역업체 최고경영자들의 적극적인 관심이 필요함이 나타났다. 또한, 동 조사에서는 국내운송, 국제운송, 창고보관, 재고관리, 하역 등 9개 물류분야 중 우리나라 무역업체들은 재화의 이동범위가 가장 넓고 비용부담 역시 가장 큰 국제운송 분야에 대한 아웃소싱의 필요성을 가장 많이 느끼고 있는 것으로 밝혀졌다.

이러한 현상은 향후 물류를 아웃소싱할 경우 그 우선적 대상으로서 가장 많은 응답업체가 국제운송분야를 지적한 것과 밀접한 관련을 맺고 있는 것으로 보인다. 그런데 현재 국내에서 활동하는 3PL 업체는 내수물류분야에 치중하고 있고, 무역업체들의 수요가 큰 국제운송부문을 맡을 수 있는 업체는 일부 외국계 업체 외에 많지 않은 것이 현실이라 하겠다.

그런데 우리 수출입기업에서 제3자물류 서비스 도입이 활발히 이루어지지 않으면 안 되는 이유는 무엇인가? 그 해답은 다음 세 가지로 요약될 수 있을 것이다.

첫째, 우리 기업들은 현재 자가 물류에 너무 치중한 결과, 물류시설 확충, 물류 자동화·정보화, 물류 전문인력 충원 등에 대한 고정투자비 부담이 많이 증가하고 있다는 것이다.

둘째, 수출입화물의 경박단소화(輕薄短小化), 고부가가치화가 진행되면서 고객들의 민감한 수요에 탄력적으로 대응할 수 있도록 수출입기업들의 물류서비스에 대한 수요도 고급화·다양화되는 방향으로 변화하고 있다는 것이다.

셋째, B2B, B2C 등 인터넷 전자상거래의 활성화로 대부분의 무역거래가 사이버상에서 이루어지고 판매자와 구매자 사이에 계약 물품의 이동은 오프라인에서 이루어질 수밖에 없는 가운데, 이전보다 더욱 안정적 물류공급원이 필요하게 되었다. 즉, 즉시·적시 납기를 가능하게 하는 전문물류업체에 대한 수요가 갈수록 커질 수밖에 없는 상황이 되고 있다.

우리나라가 동북아 물류기지로 정착되기 위해선 전문물류업체의 육성이 필수적인 만큼, 국내에서도 제3자물류의 활성화가 당면과제로 떠오르고 있다. 미국이나 유럽의 경우로 보아 화주기업들이 물류 아웃소싱이 대세가 된 것은 모든 종류의 물류산업에의 진·출입이 사실상 자유화되어 화주에게 제공할 수 있는 서비스의 유연성이 생긴 것이 큰 계기가 되었기 때문이라고 할 수 있다. 따라서 우리도 물류업자가 모든 종류의 물류산업에 자유롭게 진·출입할 수 있도록 관련 규제가 완화되어야 하고, 아직도 제조업에 비해 불리한 법률을 적용받으면서 세제상의 혜택도 부족한 물류업을 제도적으로 육성해야 한다.

우리나라는 물류강국인 네덜란드에 비해 인구는 약 3배, GDP 규모는 약 2배에 달함에도 물류분야 연구인력은 1/10, 물류컨설팅 업체 수는 90% 수준에 불과한 편으로 알려졌다. 전문물류업체 육성을 위해서는 물류분야 R&D 강화를 통한 노하우 확대가 이루어져야 하는 만큼 물류 연구기관 및 물류 컨설팅회사 육성을 위한 정부의 전폭적인 지원도 따라야 한다.

따라서 물류시장의 경쟁을 제한할 가능성이 있는 기업간 인수합병(M&A)은 엄격히 규제하되, 물류산업의 발전에 기여할 수 있는 물류기업간의 인수합병을 적극적으로 유도하여 전문물류업체의 대형화·통합화를 촉진하는 것도 중요한 과제이다. 이를 위해 인수합병 과정에서 발생하는 양도소득세 등의 관련 세제 부담(인수기업 측)이 인수 협상의 걸림돌로 작용하지 않도록 이에 대한 세제 지원방안이 마련되어야 할 것이다. 마지막으로, 전문물류업체간의 정보교환 및 노하우 공유, 그리고 필요시 상호간의 시설 및 기자재의 공유를 위해 3PL 업체간의 협의체도 조속히 구성하는 것이 바람직하다고 하겠다.

(1) 노산텔레콤사

캐나다의 대형 통신기기 생산업체인 노산텔레콤사는 1992년 창고관리, 물류서비스 부문을 미국의 전문물류업체인 라이더(Ryder)사로부터 아웃소싱하였다. 라이더사는 노산텔레콤사의 도이발공장(퀘벡주)에서 생산된 제품을 국내 다른 노산텔레콤사의 물류·유통거점과 최종소비자에게 운송서비스를 제공하고 있다. 또한, 라이더사는 재고관리업무는 물론, 노산텔레콤사의 공장에서 생산된 부품을 라이더사의 창고에 일시보관하거나 다른 지역의 노산텔레콤사의 공장이 필요한 부품을 운송하는 업무를 대행하고 있다.

또한, 노산텔레콤사는 물류 부문을 아웃소싱함으로써 전문 물류기업의 고도 물류기능을 최대한 활용하고, 자금을 핵심역량인 통신기기의 제조와 서비스 부문에 투입할 수 있었다. 라이더사와 노산텔레콤사는 연 1회의 모임으로 장래계획에 관한 정보를 공유, 상호 역할을 명확하게 설정하고 업무의 효율화를 추진하고 있다.

(2) 팟사바사

팟사바사는 ZF(후리드리히스하펜)의 자회사로서 건설기계와 상용차부문의 차축과 기어를 제조하고 있으며, 운송회사인 헤링사로부터 물류 업무를 아웃소싱하고 있다. 1990년대 초 동유럽의 개방으로 시장이 확대되면서 팟사바사의 생산체제도 변화되고 물류체제도 탄력성이 요구되자 1992년부터 물류 전반의 아웃소싱을 적극 활용하게 되었다.

팟사바사에 부품과 자재를 납품하는 약 150개 이상의 납품업체는 우선 전문물류업체인 헤링사에게 부품과 자재를 인도하게 된다. 납품업체로부터 부품과 자재를 인수한 전문물류업체는 컴퓨터 시스템(SP/R3)간 전용선을 통하여 팟사바사와 직접 접속, 인수한 부품 및 자재의 종류와 수량을 등록하게 된다. 수시 점검용으로 추출된 부품과 자재는 팟사바사에 운송되어 검사를 받게 되며, 검사에 합격한 부품과 자재는 헤링사의 정온창고에 보관된다.

팟사바사는 매일 다음날에 필요한 부품 및 자재의 종류와 수량을 긴급도에 따라 분류하여 헤링사에 발주하며, 헤링사는 이를 각 공장으로 배송함과 동시에 그 기록을 컴퓨터에 입력시켜 재고관리를 한다. 1995년부터는 헤링사는 팟사바사의 공장 내에 24인의 인원을 파견하여 부품 및 자재의 준비와 제품의 포장 일부를 담당하고 있다.

(3) 한국피앤지

1989년 5월 서통피앤지로 출발한 한국피앤지(주)는 1993년 1월부터 현재의 상호로 변경한 뒤, 그 해 10월에는 쌍용제지를 인수해 종업원 1천4백명을 거느린 대기업이 되었다. 천안과 조치원 공장을 비롯하여 안양, 의정부, 부산에 자가 물류센터를 보유하고 있고, 대구와 광주에서는 레스코의 배송센터를 이용하고 있다. 전체 창고면적은 1만1천여 평, 적재능력 93만 상자, 하루 배송능력 7만 상자에 이른다.

피앤지는 물류합리화의 일환으로 대구, 광주지역의 제3자물류를 이용한 공동배송을 추진하여 물류공동화를 이루게 되었다. 기본적인 업무 흐름으로는 첫째 무재고 운영시스템, 둘째 당일 재고 확인 후 입고처리, 이후 당일 거래처 배송, 셋째 천안물류센터에서 거래명세표 인수와 동시에 제품배송으로 집약된다.

이 같은 공동 운송으로 피앤지는 무재고 운영에 의한 일반관리비 절감과 소량 다빈도 주문처의 위탁 및 공동배송으로 물류비 절감 및 물류서비스의 향상을 꾀할 수 있게 되었다.

7절

3PL 추진 방법과 절차

우리나라에서 3PL은 성공적으로 추진되고 있는 것일까? 현시점에서 3PL은 활성화되고 시장이 확대되고 있는 것만은 사실이다. 그러나 실제 성공적으로 추진되고 정착되고 있는가에 대하여는 그렇지 않다는 의견도 제법 많다고 본다. 3PL 사업자의 수나 사업제안 능력, 운영능력도 많이 향상되어 큰 효과를 거두었다는 사례도 있지만 별로 효과를 못 얻었다는 사례도 있다. 3PL이라는 용어와 시스템이 도입되어 정착되었는지도 꽤 되었지만, 3PL을 추진하고 정착시키기 위해서는 아직도 많은 과제가 남아있다.

화주기업은 3PL을 추진하면서 목적과 사명을 분명히 하고 3PL 기본에 따라 성공적으로 추진하여야 한다. 따라서 화주기업 입장에서 3PL을 본격적으로 추진함에 따른 고려사항, 업체 선정기준, 추진 프로세스, 구체적인 방법과 절차 등에 대하여 알아보기로 한다.

1. 3PL 추진시 고려사항

가 Logistics의 중요성 재확인

화주기업 입장에서 물류가 핵심역량이 아니라고는 하지만 중요성 자체가 변하는 것은 아니다. 물류 업무를 아웃소싱화 해놓고 '어떻게 되겠지'라고 생각하고 대응하면 매우 위험하다. 사내에서 물류위상이 떨어져 사원의 의식저하, 사기저하가 되고 인재육성 부족으로 이어져 결국은 화주기업의 물류역량(Logistics Capability)이 급격히 저하될 위험성도 있다.

외부에 위탁하는 3PL 추진은 물류의 중요성을 낮추고 물류역량을 약화시키는 것이 절대 아니다. 오히려 사내의 약점을 강화하고 물류 효율을 높이는 경영혁신 차원의 3PL 추진이다.

3PL을 활용한 물류능력 강화와 효율화의 성과는 3PL 사업자와 화주기업이 각각의 물류역량을 모으고 파트너십(partnership)을 구축하여 상호 협력함으로써 나타난다. 따라서 화주기업은 Logistics의 중요성을 새롭게 인식하고 3PL을 추진해야 한다.

화주기업은 경영전략상 물류의 역할을 분명히 하는 물류 비전(Vision) 구축능력, 부문간 혹은 기업간 물류와 관련한 정보를 교환하고 이해하는 커뮤니케이션 능력, 업무프로세스의 개선 및 개혁을 지속해서 추진해가는 프로세스 디자인 능력, 프로세스 관리를 통하여 투자 효과를 최대화시키는 투자 적정화 능력, 물류 혁신을 추진하는 인재를 확보하고 육성하는 리더 개발능력을 꾸준히 확보하고 혁신해야 한다.

나 기존 물류자원(資源)과 관계

화주기업 입장에서 물류를 아웃소싱하여 3PL을 추진하면서 기존의 물류자원을 어떻게 처리하는 것이 좋은지가 중요과제로 대두된다. 외부의 새로운 3PL 사업자를 이용하게 되면, 자사물류이던, 2자물류인 계열사나 자회사이던 기존 자원을 어떻게 조치할 것인가 하는 점이다. 그중에서 가장 어렵고 중요한 과제 중 하나는 기존 인력의 조치와 대우문제다.

이어서 기존 정보시스템의 활용과 재구축 문제도 어려운 핵심 과제다. 그 외 기존 물류자산 즉 부동산, 물류센터, 장비, 설비, 차량 관계 등의 조치를 어떻게 하는 것이 좋은지, 이해관계가 상충한다. 해결책과 방법은 다양하고 여러 가지가 있다. 경험자, 전문가의 조언과 당시 처한 상황에 따라 조치하는 것이 최선책이다.

다 공동물류시스템과 표준화

3PL 사업자는 화주기업의 요구에 맞춘 물류서비스를 제공하는 경우가 많다. 개별기업의 요구에 맞은 시스템을 구축하여 대응하는 것이다. 이러면 개별기업 입장에서 보면 효율적일 수 있으나 과연 국가와 업계 전체입장에 맞은 효율적인 시스템인가를 고려해야 한다.

물류는 공급자, 생산자, 유통업자, 물류업자 등 여러 단계에서 교환되고 연결된다. 이때 개별기업 입장도 중요하지만, 미래를 보고 표준화된 어떤 공동시스템을 구축하지 않으면 안 된다. 관계자간의 운송, 보관, 하역효율 향상, 환경 물류를 고려한 친환경 물류, 공동화·통합화를 통해 규모화를 실현할 수 있는 물류시스템을 말한다. 화주기업과 3PL 기업은 SCM 전체를 보고 표준화된 공통의 물류시스템을 개발 구축하여 확장성 및 유연성에 대응해야 한다.

라 글로벌물류와 3PL

최근 경제의 글로벌화에 따라 공급과 수요를 연결하는 유통물류도 글로벌물류, 글로벌 3PL을 고려해야만 한다. 화주기업 입장에서 글로벌로 거래를 하다 보니 유통단계와 채널이 복잡해지고 범위도 매우 넓어졌다. 기업활동에 따른 구매, 자재, 생산, 판매가 글로벌화 되어 하나의 물류회사나 3PL 사업자로 이를 해결한다는 것은 어렵게 되어 있다. 따라서 국가별 상황을 잘 알고 최적 물류시스템을 제공할 수 있는 3PL 사업자를 고려하는 것이 바람직하다.

화주기업은 가능한 글로벌 전체를 해결하고 네트워크 할 수 있는 지역별·분야별·기능별 3PL 사업자를 고려하여 대응해야 한다. 이때 3PL 사업자들을 종합적으로 관리하고 대행하는 3PL 사업자가 필요하다. 이때 필요에 따라 여러 3PL 사업자를 통합하고 활용하는 4자물류(4PL: Fourth Party Logistics) 혹은 LLP(Lead Logistics Provider)가 등장하여 이러한 업종을 해결하게 되는 것이다.

4PL 이나 LLP에 대하여는 논란의 여지가 있지만, 기본적으로 '복잡해지고 다양해진 화주기업의 물류를 종합적으로 처리하기 위하여 2개 이상의 3PL 기업 혹은 관련 사업자가 필요에 따라 통합하고 연계하여 효율적으로 운영하는 시스템'으로 이해하면 되겠다. 이와 같은 운영시스템은 확대될 여지가 충분히 있다. 글로벌화에 따른 다양한 3PL을 고려하고 활용해야 하겠다.

마 3PL 활용시 고려사항

화주기업이 물류를 혁신하는데 3PL을 선택하여 활용하는 것이 매력적이긴 하지만 그렇다고 만능해결사는 아니다. 3PL을 이용함으로써 비용 절감과 물류 효율화로 성공한 사례가 있는가 하면 비용이 저렴하다는 이유만으로 3PL 사업자를 선정함으로써 결과적으로 고객서비스 수준을 악화시켜 실패한 사례도 있다. 경영이란 종합적인 것으로 어느 한 분야만 잘된다고 되는 것이 아니다. 모든 분야가 조화롭게 추진될 때 시너지가 증대되는 것이다. 최근에는 직접적인 경영요소도 중요하지만, 환경관리, 안전관리, 개인정보관리, 기업이미지관리 등 직간접적인 경영요소가 중요하다. 따라서 3PL도 이러한 면을 중요시하고 고려하여 추진해야 한다.

3PL 추진은 간단하게 3PL 사업자에게 위탁하면 해결될 문제도 아니고 단순한 아웃소싱의 연장이라는 인식으로 실패한 사례도 있다. 3PL 추진은 간단하지 않다. 우수한 3PL 사업자에게 위탁했더라도 반드시 성과를 얻을 것이라고 한정 지을 수도 없다. 성공과 실패는 3PL 사업자만의 탓이 아니다. 화주기업의 물류에 대한 명확한 방침과 전략 속에 그 전략을 실행하기 위한 의지, 수단과 방법이 중요하다. 그리고 3PL 기업과 협조와 신뢰 관계가 절대적이다.

3PL은 기본적으로 전략이며 경영혁신 그 자체이다. 따라서 상황에 따라 과제도 항상 변화한다. 그 변화에 유연하고 신속하게 대응하는 것이 중요하다.

2. 3PL기업 선정 기본방향

가 3PL기업 선정 방향

3PL을 추진하기 위하여 장기간 파트너가 될 3PL기업 선정은 매우 중요하다. 좋은 3PL 기업을 선정하기 위한 기본방향은 다음과 같다.

① 화주기업과 3PL 제공 업체간 공동의 역할과 임무를 명확히 구분한다.

② 화주기업은 내부평가를 명확히 하여 3PL 실시 단계에서의 시행착오를 최소화한다.

③ 3PL 도입은 '총비용 절감', '신속한 실행', '실행과정에서의 위험요소 제거'의 개념을 바탕으로 기업의 핵심역량 강화에 역점을 둔다.

④ 화주기업과 3PL 제공업체는 WIN-WIN의 개념과 동반자 관계를 기본으로 한다.

⑤ 3PL의 성공적 실행 요소인 소통을 강화하기 위해 "이해관계자 관리"의 중요성을 인식한다.

⑥ 물류서비스수준협약(SLA: Service Level Agreement)의 중요성을 인식하고 객관적이고 세부적인 기준을 만든다.

⑦ 3PL 도입을 단순한 비용 절감의 관점에서보다는 기업경쟁력 강화를 위한 혁신의 관점으로 접근하여 다른 혁신기법과 연계하여 실시한다.

⑧ 3PL의 대상업무와 범위를 기존의 업무를 바탕으로 접근하지 말고 BPR(Business Process Reengineering)의 관점에서 설정한다.

⑨ 3PL 제공업체의 선정과 평가를 위해 실무적이고 구체적인 방안을 제시한다.

⑩ 3PL 실행 결과에 대한 성과측정 및 평가는 화주와 3PL 제공업체 모두 공감하는 시스템을 구축한다.

나 3PL기업 선정 검토사항

3PL 기업을 선정할 때는 먼저 회사의 요구사항을 명확히 제시해야 하며 평가 기준을 정하여 데이터에 의한 객관적 평가가 이루어지도록 노력하여야 한다. 가능하다면 물류 전문가의 조언을 받아 업체를 선정하는 것도 좋은 방법이다.

3PL기업 선정에 따른 다음의 체크리스트를 참조한다.

① 자사물류 비전과의 적합성은 있는가.

② 자사의 상품특성, 고객특성, 시장 및 영업특성, 물류특성을 잘 이해하고 물류 비전(Vision)에 맞추어 협조할 수 있는가.

③ 물류 운영능력을 파악하고 있는가.

④ 물류관리능력, 물류센터와 차량운영능력, 유사산업 내에서의 경험 등을 갖추고 있는가.

⑤ 전문업체가 제공하는 서비스품질 수준과 고객만족도는 높은 편인가.

⑥ 총물류비 수준이 경쟁적이며, 자사의 기대 수준과 일치하는가.

⑦ 물류 전문인력, 물류정보시스템 수준은 어느 정도인가.

⑧ 물류시설, 물류입지, 물류선진화 어느 정도인가.

⑨ 유연성과 미래 가능성은 어느 정도인가.

⑩ 시장환경의 변화, 고객서비스 욕구(Needs)의 변화에 탄력적으로 대응할 수 있는가.

⑪ 장기적으로 동반성장 발전할 수 있는가.

⑫ 재무구조의 건전성과 수익성, 기업 신용도 등 계속기업으로 성장 가능한가.

3. 3PL기업 선정기준

3PL기업 선정요인은 화주기업 측면에서는 3PL기업 선정을 위한 평가 기준이 되고, 물류업자 측에서는 고객 요구에 맞는 3PL 서비스를 제공하기 위해 필수적으로 갖추어야 할 기능이라고 할 수 있다.

3PL기업 선정기준은 3PL 서비스를 이용하려는 기업이 추구하려는 목적에 따라 달라지기 때문에 비용 절감에서 ISO 인증에 이르기까지 다양한 선정기준을 연구자별로 제시하고 있다.

3PL기업 선정에 관련한 연구들은 크게 선정기준의 중요도를 도출한 연구와 업종 및 규모에 따른 3PL 선정기준의 차이를 규명한 연구들로 구분된다.

3PL 기업의 선정에서 중요도에 관한 연구들을 살펴보면 다음과 같다.

① Randall(1994)[37]: 제공서비스 수준과 소요비용

② McGinnis, Kochunny, Ackerman(1995)[38]: 정시배송, 재무상태, 창조적 경영, 계약의 이행과 충족능력, 비용, 최고경영자의 능력, 돌발 사태에 대한 대응력, 물류서비스제공자의 이행 및 품질요건의 충족

③ Damme과 Amstel(1996)[39]: 물류서비스의 품질수준

---

37) H. L. Randall(1994), "Contract Logistics: Is Outsourcing Right for you", In the logistics handbook; J.F. Robeson and W.C. Capacino(eds), The Free Press, p.508-516

38) Michael A. McGinnis, C.M. Kochunny, & Kenneth B. Ackerman(1995), "Third Party Logistics Choice", The International Journal of Logistics management, Vol.6(2), p.96

39) D. A. Van Damme, and M. J. P. Van Amstel(1996), "Outsourcing Logistics Management

④ Boyson(1999)[40]: 재무적 안정성과 고객서비스 능력, 서비스 가격

⑤ Dapirian(1996)[41]: 가격과 서비스, 노하우, 기업평판, 토털서비스제공능력, IT

이처럼 1990년대 연구들을 보면 대부분의 연구에서 비용 측면의 항목과 서비스 측면의 항목들을 강조하고 있으며, 최근의 발표된 Capgemini(2005)[42], 일본국토교통성(2004)[43], 한국무역협회(2008)[44]의 조사보고서에서는 공통으로 화주기업이 3PL 기업의 선정에서 비용항목이 가장 중요한 것으로 조사되었다.

3PL 기업의 선정에서 중요도에 관한 연구들을 살펴보면 다음과 같다.

① Hirakubo, Kublin(1998)[45]은 전자부품과 산업용 기기산업을 대상으로 한 연구에서, 제품의 유형과 상관없이 가격이 가장 중요한 선정기준이라고 하였음.

② Choi, Hartley(1996)[46]는 자동차 제조업체에서의 3PL 선정기준을 다루었는데, 요인분석을 통해 재무, 일관성, 관계, 유연성, 기술적 능력, 고객서비스, 신뢰성, 가격을 제시하였음.

③ Pearson, Ellarm(1995)[47]는 전자산업에서 중소기업과 대기업의 3PL 선정기준의 상대적 중요도를 연구하였는데, 기업의 규모에 따라 공급자 선정기준의 서열 차이는 존재하지 않았으며, 오히려 산업특징과 경쟁 환경에 의해 선정기준이 결정된다는 것을 증명하였음.

④ 윤상현(2004)[48]은 식품·음료업종, 섬유·의류업종, 기계·금속업종을 대상으로 업종별 3PL 선정기준에 차이가 있는지 조사하였는데, 모든 업종에서 비용 절감의 상대적 중요도가 높았으며, 그 외 정보시스템, 서비스 능력의 요인들은 업종별로 중요도에 차이가 있는 것으로 나타났음.

연구자별로 제시한 3PL기업 선정기준들은 크게 기업이미지, 비용, 사업경험, 서비스 운영역

Activities", The International Journal of Logistics Management, Vol.7, pp.85-100

40) Sander Boyson, Thomas Corsi, Martin Dresner, & Elliot Rabinovich(1999), "Managing effective Third Party Logistics Relationships : What does it take?", Journal of Business Logistics, Vol.20(1), p.85

41) P. Dapiran, R. C. Lieb, M. Millen, & A. Sohal(1996), "Third Party Logistics service usage by large Austrian firm", International Journal of physical distribution & Logistics Management, vol.26(10), p.36-45

42) Capgemini, Geogia Tech, SAP, DHL(2005), 2005 Third Party Logistics-Results and Findings of the 10th Annual Study

43) 日本國土交通省(2004), 日本における3PL Businessの育成に關する調査

44) 한국무역협회 국제물류지원단(2008), 수출입 기업의 제3자물류 활용실태 파악을 위한 설문조사 결과

45) Hirakubo, Kublin(1998), "The relative importance of supplier selection criteria: The case of Electronic components procurement in Japan", International Journal of Purchasing and Material management, pp.19-24

46) Tomas Y.Choi and janet L. hartley(1996), "An exploration of supplier practices across the supply chain", Journal of Operation Management, Vol.14, pp.333-343

47) Pearson and Ellram, L.M(1995), "Supplier Selection and evaluation in small versus large electronics firms", Journal of small business management, Oct, pp.53-59

48) 윤상현(2004), 업종에 따른 제3자물류업체 선정을 위한 의사결정, 경북대학교 박사학위논문

량, 서비스품질, 재무적 안정성, 파트너십(partnership) 측면의 8개 항목으로 구분할 수 있다. 연구자별로 공통으로 제시하고 있는 항목은 비용측면의 요인과 서비스품질수준 요인으로 나눌 수 있다.

상기의 연구보고서를 검토한 결과, 3PL기업 선정을 위해 제시된 항목들을 종합하면 〈표〉와 같다.

[화주기업 3PL 사업자 선정기준]

구 분		Moginnis	Damme	Boyson	Dapirian	Capgemini	한국무역협회	일본국토교통성
1 기업 이미지	최고경영자능력	○						
	일반적 평판			○	○			
2. 비용	낮은 비용	○		○	○	○	○	○
3 수행경험	아웃소싱 경험					○		
	동종산업의 수행경험				○			
	거래 고객수							
	업체 실적 및 노하우						○	○
4 서비스 운영역량	지속적 개선능력 여부			○				○
	제안능력/물류관리기법							○
	물류네트워크		○					○
	정보시스템							
	물류정보시스템			○	○			○
	기술능력			○				
	국제적 사업영역			○				○
	인적자원정책			○				
	서비스 범위 및 제공능력				○			○
	품질관리시스템 구축여부		○					
5 서비스 품질	정시배송	○						
	계약의 이행과 충족	○						
	돌발사태에 대한 대응력	○						
	서비스 품질요건 충족	○						
	서비스 품질수준		○	○		○	○	○
	제품의 배달 신뢰도		○					
	유연성		○					
	이용 편의성					○	○	○
6 재무적 안정성	재무상태	○	○	○			○	○
	총매출액			○				
7 파트너십 (partnership)	조직문화/철학의 일치성			○			○	
	원활한 의사소통		○					
	장기간 관계유지 여부							○

*자료: 한국3PL협회, 3PL 기업 성장 및 해외 진출방안 연구(2007년)

4. 3PL 추진 절차와 방법

3PL 추진 방법과 프로세스는 크게 3단계로 구분할 수 있으며, 각각의 단계마다 세부 단계로 나눌 수 있다. 3PL 추진과정은 다음 그림과 같다.

[3PL 추진 프로세스]

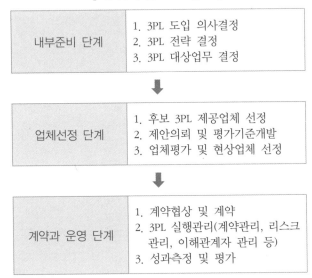

가 내부준비 단계

(1) 3PL 도입 의사결정

3PL을 도입하기 전에 기업의 내부환경분석과 외부환경분석을 통해 3PL 도입 여부에 관해 의사결정을 한다.

내부환경 분석은 자사물류에 대한 현상파악과 수준을 명확히 하는 것이 중요하며, 이는 실행 후 평가 시에 중요한 역할을 한다. 따라서 가능하면 정량화, 비용화 및 현 수준에 대한 지표 등이 분명해야 한다. 예를 들면, 물동량, 인원, 금액, 생산성, 빈도, 지표 등이다.

외부환경 분석은 경제상황, 경쟁사 등 자사의 기업경영에 영향을 주는 외부요인들에 대한 분석이 필요하다. 그 결과 3PL을 도입하는 것으로 의사결정이 내려지면, 3PL에 대한 도입이유, 배경, 목적, 영역, 범위, 일정 등을 분명히 해야 한다.

[3PL 의사결정을 위한 요소]

3PL 의사결정요소	1. 내부자원 활용도 및 효율성(인원, 생산성, 물동량, 비용 등) 2. 유·무형자산 활용도(물류자산, 지적재산권, 특허 등) 3. 조직활성도 4. 고객만족기여도(품질, 납기, 가격 등) 5. 재무관리 6. 비용대비 효과(Cost-Benefit 분석) 7. 제약요인 및 공헌도 8. 경제상황 9. 물류환경 10. 경쟁업체

(2) 3PL 전략 결정

3PL 도입을 결정한 후 전략에 관해 결정해야 한다.

① 3PL의 범위는 어디까지인가?

② 대상은 어디로 할 것인가?

③ 어느 기간 동안 실행할 것인가?

④ 제공업체는 몇 곳으로 할 것인가를 결정해야 한다.

[3PL 전략 결정내용]

3PL 전략 내용	① 3PL 범위 ② 3PL 대상 ③ 3PL 기간 ④ 3PL 참여업체 수

(3) 3PL 대상 업무선정

3PL 전략에서 결정된 3PL 대상에 대한 구체적인 업무를 선정한다. 즉, 조직의 전략적 목표를 확인하고, 각 물류시스템 관련 업무에 대한 3PL 가능성을 분석하여 대상업무를 선정한다.

[3PL 대상업무 선정 절차]

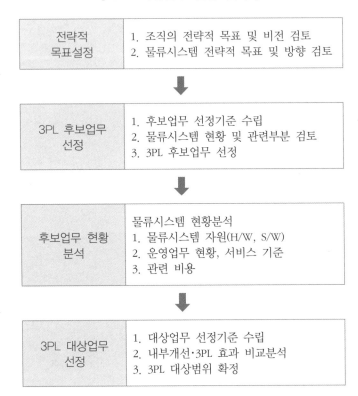

나 업체 선정단계

(1) 3PL 후보 업체선정

3PL을 제공할 후보 업체를 먼저 선정할 필요가 있다. 주의할 것은 많은 수의 3PL 제공업체를 대상으로 입찰제안과 이에 대한 평가는 비효율적이며, 시간 낭비가 심하므로 3~4곳의 후보 업체를 사전에 선정하고 이에 대한 평가를 집중적으로 하는 것이 여러 측면에서 효율적이다.

후보 업체를 선정하기 위해서는 3PL 관련 기관이나, 인터넷, 여러 매체를 통해 3PL 업체의 현황을 파악하고 이들 업체에 대해 정보를 수집하여 분석 후 후보 업체로 선정한다.

업체 선정시 필요한 기본정보는 다음과 같다.

[3PL 사업자 선정시 필요한 기본정보]

후보 업체선정을 위한 필요한 기본정보	• 회사 규모 • 경영 및 재무실적(신용도 등) • 물류 능력(S/W, H/W) • 화주와 관련 산업에 대한 제공서비스 실적 및 내용 • 현장방문 • 고객 평판

(2) 제안의뢰 및 평가 기준개발

3PL 후보 업체를 사전에 선정하고 제안의뢰를 하기 위해서는 몇 가지 방법을 생각할 수 있다. 우선 가장 많이 사용하는 방법으로는 제안요청서(RFP)를 준비하여 공개적으로 제안요청 설명회를 개최하는 것이다. 제안의뢰에 대한 설명에는 반드시 제안요청서를 제시하고 이를 기준으로 제안서를 제출할 것을 요청한다.

이 단계에서 중요한 것은 화주 입장에서 제안요청서를 어떻게 구성하는가? 이며, 이는 곧 업체평가와도 직결된다.

✅ 제안요청서 (RFP: Request For Proposal)

제안요청서는 서비스제공업체들이 3PL 제안서를 작성하기 위한 기반이 되는 것으로 아웃소싱을 하고자 하는 물류서비스에 대한 상세한 현황 및 요구하는 서비스 수준을 명확하게 요청하기 위하여 작성하는 문서로 사전에 선정된 3~4개 업체에 배부한다.

제안요청서에는 포괄적인 제안 요청에 대한 정보를 포함하여야 만 우수한 제안서를 접수할 수 있다. 아래 〈표〉는 일반적인 내용만을 수록하였고 뒷장, 부록에 수록된 제안요청서에 포함될 내용은 전체적인 것으로 이를 참고하여 자사의 실정에 맞게 제안요청서를 작성 준비하면 된다.

[3PL 제안요청서에 포함될 일반적인 내용]

항목	내용
1. 표지설명서	• 제목, 일자, 회사명, 연락처, 목차 등 • 고객의 의향을 약술하는 일반적인 내용의 표지 • 서비스제공업체에 요구되는 규정들을 언급
2. 제안요청서 형식	• 표지에 이 문서가 다루고자 하는 범위를 제시하며, 일반적인 보안규정을 포함 • 배포된 제안요청서 숫자와 배포처 표시
3. 목적 및 개요	• 화주가 3PL을 하고자하는 기능과 목표 및 목적(비용 절감, 핵심역량 강화, 고객서비스 증대 등)을 기술
4. 제안서 제출기한	• 제안서의 제출 마감일을 기술
5. 제출형태	• 서비스제공업체의 제안서 제출형태를 기술(제안서 부수, CD 제출유무 등)
6. 제안서 형식	• 제안서 작성 시 형식을 기술
7. 고객연락처	• 제안요청서 작성업체의 연락처 기술
8. 의사소통	• FAX, 전화, e-Mail 등 화주와 의사소통 방식 기술
9. 설명응답	• 질문사항과 설명요구에 대한 처리방식 명시
10. 서비스제공업체 프리젠테이션	• 서비스제공업체가 화주에게 제안서에 대한 프리젠테이션에 대한 사항 규정(방법, 장소, 시간, 참석대상자 및 인원 등)
11. 보안	• 화주의 정보에 대한 보안은 매우 중요하며, 상세히 기술 • 필요시 제안요청서 배포 전에 보안각서에 서명 요구
12. 제안요청서 형식	• 화주는 제안서 데이터의 소유권을 가지고 있으며, 요구 시 서비스제공업체는 모든 화주데이터를 반환해야 함을 명시 할 수 있음 • 제안서의 소유 및 제안서 내의 자료를 사용할 수 있는 권리를 요구할 수 있음
13. 제안서 범위	• 제안서는 가능한 이해하기 쉬우며 최선의 조건으로 입찰하도록 구체적인 제안 범위를 명시
14. 복수 서비스제공업체 제안서	• 서비스제공업체가 파트너를 선정하거나, 서비스의 일부를 외주계획하고 있다면, 이를 세부적으로 명시해야 함
15. 일정계획	• 제안서 프로세스 중 주요 일정에 대해 기술
16. 제안확인	• 모든 제안 사항들은 일정기간 동안 검토됨을 명시
17. 미구속 권리	• 화주가 어떤 서비스제공업체와도 협정을 체결할 의무가 없음을 명시
18. 타업체와 협상권리	• 화주는 어떤 타 업체와도 협상할 수 있다는 조항을 명시
19. 비용·경비	• 서비스제공업체는 계약체결 이전까지 발생하는 비용 및 경비에 대해 지불할 의무가 있다.

(3) 제안서 작성 협조

3PL 제공업체를 선정하기 위해 제안의뢰를 하고 나면 3PL 회사에서 제안서를 작성하게 된다. 이때 좋은 제안서를 작성하여 객관적인 평가를 통해 좋은 파트너를 선정하게 됨은 화주기업 입장에서도 중요한 목표가 된다.

좋은 업체를 개발하기 위해서는 제대로 화주기업을 알고 제대로 진단하여 올바른 제안서를 작성하고 제시하여야 한다. 그런데 3PL 기업 입장에서는 물류관리기술은 높지만, 화주기업의 고유기술은 부족한 것이 사실이다. 따라서 좋은 제안서를 작성하여 좋은 파트너를 선정하기 위한 화주기업의 제안서 작성 시 협조는 매우 중요하다.

화주기업은 좋은 제안서 작성을 위해 3PL 기업의 제안 작성에 따른 현황 자료제공, 현장방문 설명 등 제안서 작성에 따른 충실한 자료제공과 협조가 중요하다. 아울러 3PL 기업은 화주기업은 적극적으로 필요한 자료요청 등을 하여 경쟁사보다 좋은 제안으로 영업 수주하여 사업 성공을 기해야 한다.

(4) 평가기준 개발

3PL 제공업체를 선정하기 위한 평가모델의 개발은 매우 중요하다. 후보 업체 중 어느 업체가 성공적으로 화주기업의 3PL을 수행할 수 있는지를 객관적으로 판단해야 한다. 이때 고려해야 할 요소들은 다음과 같다.

[3PL 사업자 선정시 고려해야 할 요소]

3PL 사업자 선정 고려요소	1. 서비스품질 2. 비용 3. 서비스 불이행 응대 4. 설비와 자원의 가용성 5. 정보시스템 접근성 6. 서비스 변경 정도	7. 정교한 운영기술 8. 운영 규모 9. 서비스제공 폭 10. 서비스 경험 11. 평판 12. 기업문화

위의 요소를 고려하여 평가기준표를 개발해야 한다. 3PL 업체선정 평가기준표(예)를 아래 표에 나타냈다. 이는 어디까지나 기준 예시로 직접 사용 시는 이를 참고로 자사에 맞게 재설계 준비하여 사용하는 것이 바람직하다.

(5) 업체평가 및 협상업체선정

업체평가의 기본은 제안요청서를 기초로 얼마나 충실히 제안서를 작성했는가 와 그 내용에 대한 평가 그리고 현장실사를 통한 확인을 거치게 된다. 그 후 가장 높은 점수를 획득한 업체를 협상 업체로 선정하고 이후 계약단계를 진행한다.

✅ 제안설명회 개최

제안요청서에 따라 제안서를 기한 내에 제출한 업체를 대상으로 제안설명회를 개최한다. 제안설명회는 업체선정의 중요한 기회로 화주기업 입장에서는 업체선정을 위한 평가 결정의 핵심 구성원이 참석하여 객관적이며 공정한 평가가 이루어져야 한다. 간혹 바쁘다는 핑계로 담당자만 참석하기도 하고 몇 개 3PL 대상업체 제안설명 시 참석평가자가 달라 공정한 평가가 이루어지지 않은 예도 있다. 자사물류 업무를 수행할 파트너 선정은 매우 중요한 업무로 비중 있게 다루어야 한다.

전문적인 식견과 기술을 가진 경영진이 참석하여 전문적인 평가 선정이 이루어 질 수 있도록 제안설명회에 임하여야 한다.

✅ 업체평가

3PL 업체선정 평가기준표에 따라서 업체들에 대해 객관적인 평가를 한다.

① 평가기준표

평가위원들은 평가를 시행하기 전에 평가기준에 대해 정확히 이해해야 한다. 즉, 평가항목, 평가요소에 대해 충분히 검토하고 이해해야 한다. 이에 대한 설명은 아래 표를 참고로 한다.

② 평가방법

1. 평가위원 구성은 내·외부 전문가로 구성한다.
2. 평가기준표의 평가요소를 기준으로 평가항목별로 배점에 따라 평가
3. 평가항목별로 절대평가
4. 평가위원에 의한 평가는 '경영상태' 항목을 제외하고 평가
5. '경영상태'는 신용평가전문기관의 신용도를 근거로 회계부서가 평가
6. 평가등급별 가중치는 A(100%), B(80%), C(60%), D(40%), E(20%), F(0%)로 구분하며, 평가기준표에 표시함으로써 평가완료
7. 평점 = (평가항목에 따른 배점) × 등급별 가중치
    예) 관리부문-비용산정의 평가결과 'B'등급을 획득한다면
    평점 = 20(기본배점) × 0.8(B등급 가중치) = 16

✅ 현장실사

현장실사는 제안서와 제안발표의 내용을 실제로 현장에서 확인하는 것으로 현장실사계획을 수립하여 진행한다. 물류 업무는 다른 업무보다 현장에서 이루어지는 비중이 높으므로 현장실사의 중요성을 인식하고 반드시 현장실사를 통한 평가가 이루어지는 것이 바람직하다.

✅ 업체선정

제안평가와 현장실사를 거쳐 최종적으로 3PL 제공업체를 선정한다. 업체선정 단계까지 오면서 많은 협의와 현장 확인이 이루어지면서 많은 부문을 이해하고 조정하게 된다.

다 계약과 운영 단계

계약 및 운영 단계에서는 평가결과 선정된 3PL 제공업체와 계약 협상 및 계약을 수행한다. 또한, 화주가 요구하는 서비스 수준을 제공할 수 있고 또한 이를 실행하는가를 파악하고 성과를 측정하며, 계약 기간 중 변경되는 계약사항에 대한 변화관리를 수행하고, 계약갱신을 결정하는 단계이다.

(1) 계약과 협상

3PL 제공업체와 최종 계약을 위해 서로의 요구에 대한 협상 단계이다. 이 단계에서는 계약시 포함될 내용과 물류서비스수준협약에 대하여 협의한다. 계약이란 상호 이해관계가 상충(相衝)하는 경우로 신뢰를 하고 서로 경영목표를 달성하기 위한 대의적인 견지에서 넓고 크게 보면서 협의하고 약정을 해야 한다. 특히 일이 잘 안 됐을 경우를 위한 약정이므로 초기에 가능하면 최악의 경우를 예상하여 구체적이며 현실적으로 분명히 하는 것이 좋다.

가) 계약 내용

계약시 포함될 내용을 다음 [표]에 예시한다.

[3PL 계약시 포함 내용의 예]

구 분	포 함 내 용	
서비스 규정	• 작업범위 • 업무수행 기준 • 정책 및 절차에 대한 위임과 준수	• 필요한 교육 • 업무수행능력 평가 프로세스
지 급 구 조	• 가격결정 및 송장발급 • 서비스 수행에 대한 인센티브 • 다양한 지급 대안 제시 • 이슈 및 논쟁에 대한 해결방법	• 자산매각 또는 리스 • 계약종료 조건 • 계약기간
법 적 규 제	• 업무에 대한 제한 규정 (경쟁자, 현장의 다른 업무활동 또는 외주) • 지적재산권	• 의무·권리 사항에 대한 조건부 제한요소 • 기밀유지에 대한 의무

나) 서비스수준협약 (SLA)

서비스수준협약(SLA: Service Level Agreement)은 물류 아웃소싱서비스 범위를 정의하고, 아웃소싱서비스의 업무, 목표, 아웃소싱 해당 부서 및 서비스수준협약에 명시되는 조건별 책임 부서 등이 기술된 증빙서류이다. 즉 서비스수준 협약은 화주기업과 3PL 제공업체간의 업무분장을 명확히 기술한 규정집이다.

✔ 서비스수준협약의 필요성

서비스수준협약의 필요성을 요약하면 다음과 같다.

1. 제공서비스의 명확한 정의
2. 서비스 구조, 범위 및 수준에 대한 상호 이해
3. 계약자 상호간 책임과 의무의 명확화
4. 서비스 내용, 절차를 세분화하여 분쟁 발생을 사전에 방지
5. 지적재산권, 특허 등 경제적 가치를 지닌 지적 창작물에 대한 권리 명시
6. 계약자 상호간 WIN-WIN과 지속 발전 관계를 위한 기본적인 증거
7. 성과평가기준설정 및 평가실시
8. 상호의사소통 도구
9. 업무매뉴얼

서비스수준협약에 포함될 내용은 다음과 같다.

[3PL 서비스수준협약(SLA) 내용]

1. 물류 아웃소싱 목표, 범위, 전략	6. 문제해결관리
2. 서비스수준협약의 수정 절차	7. 우선순위 선정 및 중요도 결정
3. 물류시스템의 요약	8. 서비스 수준 위약금
4. 성과측정지표(KPI)	9. 서비스 수준 성과 보고서
5. 보안관리	

* KPI(Key Performance Indicator=성과측정지표)

✅ 서비스수준협약 작성절차

서비스수준협약 작성을 위한 절차는 다음과 같다.

[3PL 서비스수준협약(SLA) 절차]

단계	제목	내용
1단계	서비스 정의	• 3PL 대상 서비스 정의 • 고객 정의 • 고객서비스 요구의 문서화 • 성과지표(KPI)설정
2단계	서비스 도출	• 대상 서비스의 조정과 설정 • 물류시스템 운영상황 파악
3단계	서비스 협정	• 서비스 규정과 보고에 대한 역할과 책임 결정 • 서비스수준협약의 단계적 절차 정의
4단계	서비스 성과	• 서비스수준협약에 따른 서비스제공 • 제공서비스에 대한 KPI와 성과측정지표의 데이터 수집, 분석
5단계	서비스 보고	• 제공서비스에 대한 상세한 성과 보고서 준비 • 성과측정지표와 비교하여 현 수준과 문제점 분석
6단계	서비스 통제	• 서비스 성과를 검토하고 문제점 인식 및 해결 방안수립 • 고객으로부터 추가로 발생하는 서비스 요구에 따라 서비스수준협약 수정 및 보완

✅ 서비스수준협약 작성사례

[3PL 서비스수준협약(SLA) 목차사례]

용어정리	별첨 자료
1. 목적 2. 서비스 내용 및 범위 3. 조건 4. 성과측정 및 평가 5. 서비스제공 내역 및 구조 6. 서비스 확장성 7. Emergency 대응 8. 보안 9. 고객지원 10. 장애 및 Risk 관리 11. 위약금 12. 서비스 향상 및 개선 13. 서비스 보고 및 처리 14. 계약의 변경 15. 서비스 계약의 해지 16. 분쟁의 해결	1. 물류인프라 및 관련 s/w 목록 2. 각 당사자의 업무내역 3. 대금산정 및 지급방법 4. 물류시스템 구성도 5. Emergency 대응 방안 6. 보안 절차 및 지침 7. 고객지원지침 8. 장애처리지침 9. 위약금 10. 서비스 수준 보고서 11. 서비스 수준 측정 요약표

성과지표명	재고 정확도	관련 프로세스	창고

정 의	3PL이 관리하는 창고의 실물재고와 전산재고와의 일치 비율		
필요성 및 기대효과	재고관리의 정확도 향상을 통한 Planning Visibility 확보		

산출방법	공식	$\dfrac{\text{SUM(재고일치수량)}}{\text{SUM(재고조사대상수량)}} \times 100$	산출주기	월
			평가주기	월

	상세정의	1. 당월 재고조사 대상 수량: 당월 실사를 통하여 실제 3PL의 창고에서 관리하고 있는 제품 코드별 수량 2. 당월 재고량 일치 수량: 당월 실사 결과와 3PL WMS상의 전산재고상 제품 코드별 수량과의 일치 수량 3. 3PL Report(편차 및 오류내역)를 통해 정보 수집

편차(%)	오류내역
1	×××

	대상	1. 3PL Report를 통하여 Weekly 결과만 송부받음 2. E-mail로 송부받음 3. Monthly 시스템간의 재고량을 조사하며 년 2회 전수 재고조사 시에는 SAP Q'TY 대비 실제 재고량으로 적용

(2) 3PL 실행관리

실행관리는 3PL 실행을 하면서 계약에 대한 준수 여부를 관리하고, 리스크와 이해관계자에 대한 관리는 포함한다.

가) 계약관리

계약관리는 기본적으로 계약서와 서비스수준협약에 대한 준수 여부를 관리한다.

나) 위험관리

3PL 도입으로 화주기업은 내외부의 각종 위험으로부터 영향을 받게 된다. 즉, 내부적으로는 회사 내에서의 조직 및 업무분장 변경 등의 고려가 필요하고, 외부적으로는 화주기업이 속한 산업에서의 시장변동, 공적규제의 변경, 물류기술혁신의 위험, 공급업체의 변경 등에 따른 대응이 필요하다.

위험관리는 위험을 파악하는 것부터 시작한다. 3PL이 진행됨에 따라 위험은 변하게 되며 수준이 높아지거나 낮아지게 된다. 따라서 위험은 일회성이 아니라 체계적으로 유지 및 관리되어야 할 대상이다.

다) 위험의 등록

위험의 효율적 관리는 위험을 등록하는 것부터 시작되며, 이것이 위험관리시스템의 핵심이다. 위험등록의 주요기능은 다음과 같다.

[3PL 위험등록의 주요기능]

3PL 위험등록의 주요기능	1. 3PL 리스크와 잠재영향 확인의 용이성 2. 리스크의 효율적 관리 및 검토에 필요한 주요 정보 제공 3. 통합 리스크 관리정보 제공 및 리스크 평가의 수월성 4. 리스크 관리 활동의 기록 및 모니터링 기반 제공

라) 위험의 분류

위험의 분류는 일반적으로 다음과 같이 구분할 수 있다.

[3PL 리스크 분류]

영 역	내 용
1. 복잡성	3PL은 다양한 조직, 구성 요소나 시스템들이 함께 참여하기를 요구할 수 있다. 이 복잡성은 3PL을 이해하고 관리하기 어렵게 한다.
2. 이해관계자	3PL에 관심을 갖고 있는 사람이나 조직이 예상치 못한 어려움을 줄 수 있다.
3. 효율성	선택한 전략과 방안이 3PL목표에 더 이상 도움을 주지 못하거나 효율성이 떨어지는 시점으로 변하게 할 수 있다.
4. 적용기술	적용된 기술(IT포함) 또는 물류기법이 입증되지 않은 것이거나, 신뢰할 수 없거나 적합하지 않을 수도 있다.
5. 서비스 능력	서비스제공업체의 3PL 구현 능력이 충분하다는 확신이 바뀔 수 있다.
6. 자 원	서비스제공업체의 3PL 구현 자원은 적정한 수와 적합한 기술 또는 관리 기법으로 모두 통합되어야 한다.
7. 경 험	서비스제공업체의 3PL 구현과 고객 자원에 대한 경험은 3PL의 효율과 3PL의 결과인 해결책에 상당한 영향을 준다.
8. 안전성	물류 작업과 관련하여 직원과 고객 안전성에 대한 가정이 바뀔 수도 있다.
9. 보안성	보안에 대한 요구사항이나 기준은 변할 수 있고, 서비스제공 업체는 보안에 관한 기준을 충족시키지 못할 수도 있다.
10. 관 리	서비스제공업체와 3PL관리에 어려움이 발생되거나 예상할 수 있다.
11. 계약분쟁	잘못 작성된 계약서, 부칙과 서비스 계약서는 법적 분쟁이나 소송을 불러일으킬 수 있다.
12. 프로젝트관리	프로젝트팀의 통제 밖에 있는 프로젝트 계획이나 이벤트의 결합은 3PL의 전반적인 진행에 영향을 줄 수 있다.
13. 비용 및 지급	비용 및 자금에 대한 부담은 품질을 저하시키고, 전체 프로젝트 계획의 구성 요소와 3PL 서비스 구성요소들을 제거할 수 있다.

마) 위험관리의 일정 및 요약

미리 정의된 관리 양식을 사용하여 일 단위로 검토를 편리하게 하고, 위험관리일정과 위험요약보고서를 활용한다.

바) 이해관계자 관리

이해관계자는 3PL 과정 또는 결과에 직접 또는 간접적인 관심이 있거나, 관심이 있다고 믿는 사람이나 단체를 말한다. 이해관계자를 잘 관리하거나 고려하지 않으면 3PL 실행을 심각하게 지연 또는 변형시킬 수 있으며, 그들은 충분한 능력, 영향 그리고 권한을 갖고 있다.

크고 복잡한 3PL을 수행하는 큰 조직에서는 이해관계자로부터 야기되는 혼란의 가능성은 의외로 크게 나타날 수 있다. 적극적인 반대자와 다른 기대결과를 원하는 소극적 반대자를 구분하여 설득하고, 그들의 관점과 활동을 이해하기 위해 3PL 프로세스에 동참시키는 것이 필요하다. 결국, 이해관계자를 관리하는 목적은 3PL 추진 관리자가 모든 부문의 기대를 충분히 이해하고 관심이 있다는 것을 확신시키기 위한 것이다.

3PL 실행과정에서 대표적인 이해관계자는 다음과 같다.

[3PL 이해관계자 구분과 내용]

구 분	내 용
1. 업무 동료	• 3PL 프로젝트에는 직접 관계치는 않으나, 결과에 대하여 기득권을 가진 동료 - 이행이나 자금관리 책임이 있는 동료
2. 최종사용자	• 3PL을 고려하고 있는 물류 부문의 최종사용자를 반드시 파악하고 참여시켜야 한다. - 워크샵이나 정기적 회의 등을 통한 비공식적 의견을 취합 관리하여야 한다.
3. 권한 있는 단체 및 의사결정권자	• 3PL 프로젝트 관리자는 의사결정권자들과 회의체의 성격과 운영 등에 대해서도 사전 파악하여야 한다.
4. 직원과 노조	• 3PL을 시행함에 따른 인적자원과 관련된 문제로 인하여 미래에 대한 불확실성에 기인한 민감한 반응으로 충격적 과민증상을 보여 작업능률과 생산성 저하를 가져올 수 있다. - 프로젝트 관리자는 직원조직의 구성과 조직문화를 잘 이해하여야 한다.
5. 내부전문가	• 내부전문가와 숙련자들의 의견을 잘 활용하며 일부는 팀의 인원으로 참여하게 한다. - 내부전문가 참여는 신중하게 하여야 한다. 인원이 많으면 회의의 효율성이 떨어지고 불필요한 내부 장애물이 될 수 있다.
6. 기존의 협력업체	• 기존의 협력업체등은 3PL 조정으로 인한 업체 교체의 가능성 때문에 불안과 불만이 팽배해 있으므로 지속적인 접촉을 통한 의견 교환이 필요하다. - 기존 업체와의 관계설정은 신규 공급업체와의 협의를 통한 해결이 필요
7. 외부 단체	• 관공서, 노동단체, 지역 경제단체, 주민 등 다양한 이익 계층들을 추진 단계에서 반드시 고려하여야 한다.

(3) 성과측정 및 평가

계약서상에 명시된 성과에 대한 성과평가 절차를 수립하고, 성과항목별 측정을 통한 평가로서 성과관리를 수행한다. 이에 대한 개념을 다음 그림에 나타냈다.

[성과측정 및 평가관리 개념]

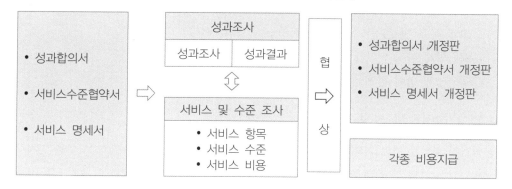

---

5. 협상추진 세부사항

이해관계자의 협상추진은 매우 중요하면서도 서로의 이해관계가 상충(相衝)되기 때문에 어려운 요소가 많다. 3PL 추진에 따른 절차와 방법에 대하여 지금까지 비교적 자세하게 단계적으로 기술하였다. 이번에는 3PL 사업자 선정의 일반적인 절차와 내용에 따라 입찰. 협상. 계약업무 중심의 일반적인 세부사항에 대하여 다른 각도에서 설명하기로 한다. 본 내용은 미국의 "아웃소싱 닷컴(www.outsourcing.com)"에서 인용 활용하였다.

가 입찰 (제안서 제출)

(1) 입찰 준비 절차

① 입찰 설명서(RFP) 준비

② 참여 공급업체(3PL) 선정

③ 회의 일정, 형식 및 내용 준비

④ 회의 실시 : 입찰 설명서의 전달 및 토의, 참여자의 의견수렴 및 질의응답, 접근법의 상세화 및 이해와 목표의 확신

⑤ 부가적인 입철 설명서 준비(필요시)

(2) 입찰 설명서 준비

입찰 설명서(RFP)는 거래에 일관된 메시지를 전달하고, 오해를 최소화하며, 고객 및 공급업체 조직 내에서 대화에도 도움을 주는 매우 유용한 도구로서, 최소한 다음과 같은 내용이 있어야 한다.

　① 입찰 준비 절차 : 회의 일정
　② 고객 목표 및 측정 기준 : 포괄적인 요구사항 개요
　③ 공급업체 자질 : 평가 기준
　④ 공급업체 참여 한계 : 조달 프로세스 및 일정

(3) 입찰 참여업체 선정

비공식적인 회의는 결코 거래에 어떤 유리한 입장도 제공하지 않을 것이라는 사실을 인지시켜야 하며, 이는 향후 고객의 입장에서 생각하고 해결책을 제시하는데 영향을 미치도록 하는 것에 그 목적이 있다.

기존업체의 서비스는 새로운 아웃소싱 계약의 시작 혹은 그 이후에까지 필요하기 때문에 기존업체와의 관계를 신중하고 조심스럽게 하여야 한다. 아울러 입찰에는 기존 신규 관계없이 객관적으로 참여토록 하여야 한다.

나　계약 협상

(1) 협상팀

협상팀은 협상 주제에 대한 적절한 경험과 지식이 있는 사람들로 구성되어야 한다. 팀원은 협상 주제에 대하여 지속적이고 뚜렷하게 집중할 수 있어야 하며, 전체적인 절차에서 일관된 맥락을 유지해야 한다. 팀은 아웃소싱의 전체적인 개요와 다양한 구성요인, 상호 관련성과 기본원칙을 견지해야 한다.

(2) 협상 팀원의 역할

협상팀의 구성은 상근 요원과 비상근 요원으로 구성된다.

① 협상 리더

리더는 협상의 방향을 지시하고, 대표자 혹은 대변인으로서 공급업체 협상팀과 협상을 지휘한다. 리더는 협상의 진행과정을 보고하고, 협상의 원칙, 정책, 방향 등을 결정한다. 가장 중요한 것은 협상에 관련된 충분한 권한이 부여되어야 한다는 것이다.

② 협상관리자

협상관리자는 협상의 진행순서, 합의된 정책, 모니터링, 회의록과 같은 관리의 책임을 진다.

③ 거래전문가

제안된 계약서에 대하여 조언을 제공한다.

④ 법률전문가

경우에 따라 협상문제를 먼저 합의에 도달시킨 후 법률적인 타당성을 검토하기도 하나 반드시 협상팀에 참가하여야 하며, 일반적으로 법률전문가의 도움은 협상의 마지막 단계에서 특히 필요로 한다.

⑤ 업무전문가

서비스 요구사항의 특수 분야에 대한 업무전문가의 참여도 원활한 협상의 진행을 위해서 필요하다.

다 협상 절차

(1) 준비 고려사항

① 회의일정 및 환경
② 개회사 및 회의진행 방법
③ 필요한 문서 및 자료준비
④ 상대방의 의사결정자 및 참여자
⑤ 초안 및 수정된 계약서
⑥ 핵심사항이 반영되었는지를 확인
⑦ 팀원이 핵심사항을 잘 숙지하고 있는지를 확인
⑧ 논쟁의 여지가 있는 영역을 파악하여 대안수립
⑨ 활용할 적절한 그림이나 통계 확인
⑩ 주요 문제에 대한 협상준비 및 걸림돌 대응
⑪ 협상팀의 권한 밖의 일에 대한 처리방안
⑫ 양보할 수 없는 사항 확인
⑬ 이해관계자 관리 목록의 검토

(2) 계약서 초안

계약서 초안의 문서화에 대한 통제권은 협상에서 엄청난 우월적 지위를 제공한다. 첫 번째

계약서 초안이 작성한 측에 유리한 면이 많으므로 사전에 좋은 초안을 작성하는 것이 좋다.

(3) 협상의 시행

준비된 일정과 과제에 따라 효율적으로 협상을 진행한다.

라 협상의 일반사항

① 의사결정자

상대편의 의사 결정자가 협상에 참여하는 경우, 그만한 권한을 가지는 사람이 협상에 참석하는 것이 좋다.

② 이의 및 불만 처리

이의나 불만에 대한 처리 방법은 논리적인 설득과 설명으로 대응해야 한다.

③ 침묵

침묵과 미소는 불리한 국면을 탈출하기 위해서 상대편을 당황하게 하거나 부담을 주려는 의도도 있으므로 협상의 리더는 침묵을 지켜야 하는 경우와 깨어야 할 경우를 적절히 판단하여 대응해야 한다.

④ 첩보와 정보

숙련된 협상 팀원들은 협상과 관련된 첩보 즉 검증 안 된 사소한 것과 관련된 정보를 수집하고 정리하여 협상 리더에게 알려준다.

⑤ 보디랭귀지

태도, 표정 및 예절을 통해서 상대편은 말로 하는 것보다 더 중요한 정보를 획득한다. 그러므로 협상 팀원들은 협상 교육을 통해서 이러한 것에 대하여 충분히 이해하고 주의하게 해야 한다.

⑥ 숫자

협상은 추상적인 말이나 감정보다 정확한 자료나 데이터, 숫자로 하여야 한다. 따라서 비용, 데이터에 대하여는 철저히 확인해야 한다.

마 계약관리

(1) 계약의 일반원칙

① 수준1 : 고객과 적극적인 접촉

변하는 고객의 요구사항을 이해하고 대응하는 메커니즘

    1. 숙달된 대인 관계 기능

    2. 적절한 기술 인지 및 기술적 기능

    3. 내부 계획 및 관리 메커니즘에 대한 전문가 수준의 이해

    4. 성공의 척도는 사용자의 만족도라는 확신

② 수준2 : 고객 요구사항의 대체 전환

요구사항을 분명히 하고 어려운 것은 상호 협의하여 대체 전환

③ 수준3 : 성과모니터링

운영성과를 모니터링하여 상호교환 Win-Win

④ 수준4 : 전략적 목표의 설정

목표를 분명히 하고 전략적 목표설정

(2) 계약관리의 핵심

    ① 서비스 수준(SLA)의 설정

    ② 계약에 기초한 자원관리

    ③ 계약된 자원의 최대 활용

    ④ 가장 유리한 방식의 자원 구매

    ⑤ 누적된 기회상실의 효과에 대한 계산과 보고

    ⑥ 운영에 따른 SLA (Service Level Agreement)의 보완 변경

    ⑦ 성과보고 및 단계적 보고와 신뢰

    ⑧ 수정조치 및 완료에 따른 모니터링 및 진척 상황 보고

    ⑨ 진행 상황에 대한 모니터링 및 정기. 수시 보고

    ⑩ 목표 및 실행대비 결과보고 조치

    ⑪ 회의록 및 진행과정의 기록관리

(3) 계약관리 이슈

    ① 타당성 평가

    ② 재무기능 및 계획

    ③ 고객 및 공급업자와의 커뮤니케이션

    ④ 보안 및 서비스 품질관리

바 계약 이행

계약의 이행준수는 계약체결 후 가장 중심적인 활동이다. 이 시기에 양 당사자의 계약실행과 태도는 고객과 공급업체 사이의 지속적인 관계를 위해 조화를 이루게 할 것이다.

(1) 계약 전 이행

계약 전 이행 활동들은 당사자들 사이에서 계약 문서가 마무리되기 전에 수행되어야 할 것들로서, 기밀준수와 같이 이행 전 상호준비하고 존중되어야 할 기본 상거래 사항이다. 가급적이면 계약이 최종적으로 마무리되기 전까지는 협상 지위를 손상할 수 있는 모든 일을 수행하지 않고 남겨두는 것이 좋다.

(2) 계약 후 이행

계약 후 이행은 계약이 마무리되고 체결되었지만, 계약이 사용될 수 있는 수준으로 개시되기 전에 이루어지는 이행 활동을 가리키는 것으로 다음의 요인들에 의해 영향을 받는다.

① 운영상 편의 사항
② 변화를 위한 적절한 시기
③ 상담할 필요가 있는 인력문제
④ 제3자와의 추가계약

(3) 계약의 수행과정

일단 협정이 되고 나면, 이행은 공급업체 중심이 된다. 대부분의 고객 참여는 공급업체의 작업에 대한 대응일 것이다. 이런 이유로 공급업체의 이행 계획과 수행과정은 투명하고 가시성(Visibility)이 확보되어야 한다.

협정된 이행프로그램은 중요한 경영성과와 직결된다. 따라서 상호신뢰 속에 철저히 준수되어야 한다. 실행에 따른 문제점과 보완사항은 수시로 협의하고 방안을 마련하여 상호 존중 속에 보완 실천되어야 한다.

7장

물류 관련 영어와 통신문 및 용어

1절 주의해야 할 명사·동사·형용사·부사   350

2절 물류통신문 작성 실무   367

3절 클레임과 결제 관련 물류영어   377

4절 혼동하기 쉬운 물류 용어   383

1절
주의해야 할 명사·동사·형용사·부사

여러 산업 분야에서 특유의 영어가 사용되고 있어 '영어' 앞에 그 이름을 붙여 무역영어, 관광영어 등으로 분화되어 있는데, 기본적으로는 보통의 영어와 다른 바는 없다. 따라서 물류영어라고 하면 해운, 항만, 항공 등 각종 물류 업무 수행과정 중에 접하게 되는 관련 영어라고 할 수 있다. 영어가 "말하기, 읽기, 쓰기, 듣기"의 통합이듯이 물류영어를 숙달하기 위해선 동일한 학습 과정을 거쳐야 할 것이다.

국제물류 업무 자체가 외국과의 커뮤니케이션이 절대적이고 선하증권, 송장(invoice), 포장명세서 등 거의 모든 물류서류 역시 영문으로 된 것들이 대부분이므로 물류영어 능력향상은 그만큼 물류 업무를 효율적으로 진행할 수 있게 해줄 것이다. 여기서는 물류영어를 마스터할 수 있는 기본단계로서, 물류 영문법의 요점을 복습하고, 물류 관련 문제의 영문통신문 및 주요 물류용어의 활용 예를 들어 설명해보자 한다. 영문법이라고 하면 학생 시절이나 수험생 때를 떠올리게 되지만 올바른 물류영어를 구사하기 위해선 영문법부터 재점검해 볼 필요가 있다.

1. 주의해야 할 명사

명사에는 보통명사, 고유명사, 집합명사, 추상명사 등이 있는데, 실무에서 특히 문제가 되는 것은 어떤 명사가 가산명사인지, 불 가산 명사인지, 또한 같은 명사라도 단수인가 복수인가에 따라 의미가 달라지는 경우도 있다. 실무에서 자주 나오는 명사 중에는 특히 사용 시 주의해야 하는 다음의 단어들이 있다.

(1) advice

조언이나 권고의 의미로는 항상 단수형을 사용한다. 그런데 '많은 조언'이라고 할 때엔 many pieces of advice 혹은 a lot of(= lots of) advice로 표현해야 한다.

예 상당히 유익한 많은 조언에 감사드립니다.

Thank you for giving us many pieces of very helpful advice. (○)

Thank you for giving us many helpful advice. (×)

그런데 물류업계에서는 '통지'의 의미로 advice를 자주 사용한다. 이 경우는 추상명사가 아닌 보통명사로서 가산명사로 취급된다. 〈예〉 shipping advice ⇒ 송하인으로부터 수하인에 대한 선적통지서이며, 선적권고는 아니다. 참고로 shipping order는 수하인으로부터 송하인에게의 선적지시서이다.

(2) cargo

화물의 의미로서는 사용빈도가 가장 높은 단어인데, 복수형으로는 cargo와 cargoes 모두가 사용된다.

예 이 화물은 부서지기 쉬우므로 취급에 주의를 요하십시오.

Please handle these cargo(= cargoes) carefully because they break easily. (○)

(3) damage

'손해' 혹은 '손상'의 의미로서는 항상 단수형이다. '손해' 혹은 '손상'이 많이 발생하여도 복수형으로는 사용하지 않지만 실제로는 잘못 사용되는 경우가 많다. 예를 들어, 많은 손해 혹은 손상을 many damages라고 사용하는 식이다.

예 항해 중의 황천(荒天)으로 화물이 큰 손해를 입었다.

A boisterous weather during voyage caused heavy damage to the cargo. (○)

A boisterous weather during voyage caused heavy damages to the cargo. (×)

한편, 복수형의 damages는 '손해액'이나 '손해배상금액'의 의미로 사용된다.

예 당사는 해당 화물의 손실에 대한 배상금액을 지불키로 결정하였다.

We have decided to pay the damages for the loss on the cargo. (○)

(4) dollar

한마디로 달러라고 하여도 여러 가지 의미가 있을 수 있다. 정확성을 높이기 위해 어느 나라의 달러인지를 명시하는 것이 좋다. 예를 들면, US dollar, Canadian dollar, Hong Kong dollar 등과 같은 표시인데, dollars와 같이 복수형으로 사용될 때도 있음에 주의할 필요가 있다. 물론 US$, Can.$, HK$ 등과 같이 약어도 가능하다. 그런데 일본 엔은 항상 단수형으로 사용함에 유의할 필요가 있다.

(5) equipment

집합적으로 '설비', '시설', '기기' 등의 의미로 표현하는 경우는 단수형이다. 예를 들어, 하역설비는 cargo handling equipment, 항만시설은 port equipment, 수송기기는 transportation equipment가 된다.

> 예 당사는 최신형의 다양한 하역기기를 갖추고 있다.
>
> We have various cargo handling equipment of the newest type. (○)
>
> We have various cargo handling equipments of the newest type. (×)

(6) export

통상 단수형으로는 '수출'의 의미로 사용되는 경우가 많은데, 복수형으로는 '수출품'을 의미한다. 그런데 수출화물과 수출품을 exported cargo, exported goods, cargo for export, goods for export 등이라고도 표현할 수 있다.

> 예 이 항만에서는 수출화물이 수입화물의 약 3배가 된다.
>
> At this port exports are about three times as large as imports. (○)

(7) following

'다음의 것'과 '이후에 기술하는 것'의 의미로서는 통상 정관사 the에 이어 사용하여 the following이라고 쓴다. 그리고 복수의 의미에서도 단수형을 사용하는 이른바 단복동형(單複同形)이다.

> 예 하기(下記)는 어제 회의에서 교환된 의견들이다.
>
> The following are the views exchanged at the meeting yesterday. (○)
>
> The followings are the views exchanged at the meeting yesterday. (×)

참고로 the following을 단수로 생각하여 동사를 is로 써도 무방하며, 복수형인 imports는 '수입화물', '수입품'을 의미한다.

(8) furniture

총칭으로 '가구'와 '비품'이라고 하는 경우, 단수형이다. 가구 중 하나를 지칭하는 때에는 a piece of furniture의 형태로 사용한다.

> 예 이 혼적 컨테이너에는 가구가 두 개 이상 적입될 수 없다.
>
> No more than two pieces of furniture can be additionally stuffed into consolidated container. (○)
>
> No more than two furnitures can be additionally stuffed into consolidated container. (×)

(9) goods

'화물'의 의미로 사용되는 것에는 commodity, goods, merchandise 등이 있는데, 적은 것에는 article이나 item이 많이 쓰인다. 그중에서 특히 잘 사용되는 것이 cargo와 goods인데, 후자는 '상품'의 의미로 사용되는 경우가 많다. 또 여기서 주의해야 할 것은 merchandise는 집합명사로서 셀 수 없으므로 항상 단수형이 된다. 반대로 goods는 항상 복수형으로 사용되며 '이 화물'을 this good이라고는 하지 않는다. 물론 this goods는 영문법상으로 보면 올바른 것은 아니다.

例 그 화물은 되도록 빨리 항공화물로 보내주시오.

Please airfreight the goods as soon as possible. (○)

Please airfreight the good as soon as possible. (×)

例 당사는 다양한 상품을 보관하고 있는데, 위험물은 취급하고 있지 않다.

We warehouse a variety of merchandise but we don't handle hazardous goods. (○)

We warehouse a variety of merchandises but we don't handle hazardous good. (×)

(10) information

정보화 사회를 반영하여 우리 주변에는 지나칠 정도로 정보가 범람하고 있다. 여기서, '많은 정보'를 영어로 many informations라고 하진 않는다. 이 단어는 특히 단수형으로 사용되고, 복수의 의미를 표현코자 할 때에는 many pieces of, lots of, much 등을 사용한다.

例 항공화물 컨테이너에 대해 많은 정보를 제공해주어 고맙습니다.

Thank you for many pieces of information about air cargo container. (○)

Thank you for many informations about air cargo container. (×)

(11) instruction

보통 '지도', '지시', '요청' 등의 의미로 단복동형인데, 특히 복수형의 instructions는 shipping instruction(s), packing instructions(s) '구체적인 지시'의 의미로 사용된다.

(12) literature

비즈니스 업계에서는 '문학'이 아닌 '인쇄물'의 의미로 사용되는데, 역시 단수형으로 쓰인다. 회사안내나 제품의 설명서 등의 의미로 literature가 주로 사용된다.

例 We are enclosing three copes of our company literature on our business activities in Australia. (○)

We are enclosing three copes of our company literatures on our business activities in Australia. (×)

machinery, equipment와 똑같이 '기계류의 총칭으로 사용될 경우 항상 단수형을 취한다.

예 금번 당사는 많은 건설기계류를 선적했다.

We shipped much construction machinery this time. (○)

We shipped much construction machineries this time. (×)

(13) personnel

다음에 나오는 staff과 유사한 명사인데 '조직을 구성하는 사람 중의 한 집단'을 의미하는 집합명사이므로 a personnel 혹은 personnels라고 말하지는 않는다. 더욱이 이에 호응하는 동사는 '하나로써 뭉친 단위'로 생각하는 경우에는 단수형을 사용하고, '개인의 군집'이라고 생각하는 경우에는 복수형이 사용된다. 따라서 인사부는 Personnel Department (Division)라고 하게 된다.

예 당사의 디배닝 담당자에 따르면 그 화물은 배닝시점에 이미 손상을 입은 것으로 보인다.

Our devanning personnel have found that the goods were already damaged. (○)

Our devanning personnels have found that the goods were already damaged. (×)

(14) staff

앞의 personnel과 같은 '사람의 집단'을 지칭하는 집합명사로서, 그 중의 한 사람 한 사람은 a staffer 혹은 a staff member라고 한다.

예 우리 직원 세 명은 다음 달에 귀사를 방문할 예정인데, 그들을 잘 부탁하겠습니다.

Our three staff members visit your office next month, and we would very much appreciate it if you would receive them. (○)

Our three staffs visit your office next month, and we would very much appreciate it if you would receive them. (×)

2. 주의해야 할 동사

동사는 엄밀히 말하면 약 70개의 패턴이 있는데, 가장 중요한 것 중의 하나가 자동사와 타동사의 구별이다. 예를 들면, decide the plan의 decide는 직접 목적어인 the plan을 취하므로 타동사이며, decide on the plan의 decide는 자동사이다. 즉, 자동사이기 때문에 목적어인 the plan의 앞에 전치사 on이 필요한 것이다.

이같이 때때로 decide는 자동사와 타동사의 기능을 모두 가지고 있다. 그러나 많은 경우는 같은 의미이지만, arrive는 자동사이고, reach는 타동사로 쓰이듯이 확실히 구분되는 편이다. 그러면 실무에서 잘 쓰이는 주요 동사의 의미, 용법, 기능 등을 간단히 복습하여 보기로 한다.

(1) accept

오더 등을 '수락한다.'라는 의미로 accept가 많이 쓰이고 간단하게 무언가를 '받는다.'라는 의미로는 receive가 많이 사용된다. 그런데 She accepted a proposal for marriage from him but she did not receive it의 경우에는 반대로 사용되고 있음에도 눈여겨볼 필요가 있다.

예 귀사의 오퍼를 기쁘게 받아들이겠습니다.

We are very pleased to accept your offer. (○)

We are very pleased to receive your offer. (×)

(2) advise

앞에서 말한 명사 중에서 '통지'의 의미로 advice의 동사형인 advise가 되는데, 물류업계에서는 inform과 같이 빈번히 사용된다. 이 동사는 「advise+사람+of 사물」의 형태로 사용하므로 전치사 of를 잊지 말아야 한다. 또한, 명사인 advice와 철자상 혼동이 되지 않도록 주의해야 한다.

예 그 선박의 부산항 도착 예정시간을 팩스로 다시 알려주시기 바랍니다.

Please advise us return fax of the ship's ETA (at) Busan. (○)

Please advise us return fax the ship's ETA (at) Busan. (×)

(3) amend

신용장이나 선하증권을 '수정하는' 경우, revise, correct, modify 등의 유사한 말들이 있지만 통상 amend를 사용한다.

예 선하증권의 내용을 7월 25일까지 수정하여 주시기 바랍니다.

We would be grateful if you would amend the B/L by July 25. (○)

We would be grateful if you would correct the B/L by July 25. (×)

(4) apologize

'어떤 것에 대해 사람에게 사과한다'는 영어로 apologize to a person for something의 형태를 사용하는데, apologize는 자동사이므로 to가 필요하다. 잘 잊어버리므로 주의할 필요가 있다.

예 선적지연에 대해 심심한 유감을 표합니다.

We deeply apologize to you for delayed shipment. (○)

We deeply apologize you for delayed shipment. (×)

(5) approach

'어디 어디에 접근한다.'라는 의미로 approach가 사용되는데, 이 경우 우리말로는 조사 '에'에 해당하는 approach 'to'가 사용될 것 같지만, approach는 타동사로서 to를 동반하지 않는다는 점에 유의할 필요가 있다.

예 A사의 수출화물을 수송하기 위해 조속히 동사에 접근하여야 한다.

We have to approach A Company immediately so that we can transport their exports. (○)

We have to approach to A Company immediately so that we can transport their exports. (×)

(6) arrive

'도착'한다는 의미의 동사로서 타동사의 reach와 자동사인 arrive가 사용된다. arrive at과 arrive in의 전치사를 잊지 않아야 한다.

예 항공기는 예정보다 5시간 연착하여 도착했다.

The airplane arrived at the airport 5 hours behind the schedule. (○)

The airplane arrived the airport 5 hours behind the schedule. (×)

(7) borne

bear의 과거분사에는 born과 borne의 두 가지가 있는데, '~을 부담한다.'라고 하는 경우는 borne을 사용한다.

예 모든 통관비용은 A사가 부담할 것이다.

All the customs clearance charges will be borne by A Company. (○)

All the customs clearance charges will be born by A Company. (×)

(8) contact

'~와 접촉/연락하다.'란 말을 할 때의 '~와'란 의미를 생각하여 contact with라고 하는 경우가 상당히 많은데, contact는 타동사이므로 전치사 with가 필요 없다.

> 예 대만향 화물에 대해서는 Mr. 김과 접촉(연락)하시기 바랍니다.
>
> Please contact Mr. Kim about Taiwan-bound shipments. (○)
>
> Please contact with Mr. Kim about Taiwan-bound shipments. (×)

(9) demand

상대방에게 무엇을 요구하든가 의뢰하는 경우 요구 혹은 의뢰받는 측의 입장의 강약에 따라 사용하는 동사는 다르다. 원칙적으로 '당연한 권리로서' 무엇을 요구하는 경우는 demand를, 그렇지 않은 경우는 통상 request를 사용한다.

> 예 포장료를 4월 1일 자로 7% 인상해 줄 것을 요청합니다.
>
> We request that the packing charge be raised by seven percent, with effect on April 1. (○)
>
> We request you to raise the packing charge We by seven percent, with effect on April 1. (○)
>
> We demand that the packing charge be raised by seven percent, with effect on April 1. (×)

또, demand a person to do something이라고 하는 용법은 없다. 예를 들어, The customs officer demands the captain to show him the declaration outward of vessel issued at the previous port of call.은 잘못된 문장이다. 올바른 문장이 되려면 The customs officer demands the captain (should) show him the declaration outward of vessel issued at the previous port of call.로 해야 한다.

(10) depart

'떠난다'라는 의미로는 leave, sail도 사용하는데, 자동사와 타동사의 구별이 필요하다. leave는 타동사이고 depart와 sail은 자동사이므로 전치사 from이 필요하다.

> 예 본선은 내일 아침 6시에 출항한다.
>
> The vessel departs from the port at 6 o'clock tomorrow morning. (○)
>
> The vessel sails from the port at 6 o'clock tomorrow morning. (○)
>
> The vessel leaves the port at 6 o'clock tomorrow morning. (○)
>
> The vessel departs the port at 6 o'clock tomorrow morning. (×)
>
> The vessel sails the port at 6 o'clock tomorrow morning. (×)
>
> The vessel leaves from the port at 6 o'clock tomorrow morning. (×)

(11) discuss

우리 말로 '~에 대해 토의하다'의 '~에 대해'란 의미로 discuss about이라고 쓰는 경우가 많지만, discuss는 타동사이므로 전치사 about을 붙이는 것은 잘못된 것이다.

　예 현안인 정기선 대리점 업무 제휴에 대해 논의하기 위해 8월 초에 귀사를 방문코자 합니다.

　　I am intending to visit your office early in August to discuss the pending liner agency agreement with you. (○)

　　I am intending to visit your office early in August to discuss about the pending liner agency agreement with you. (×)

(12) enclose

'~에 ~를 동봉한다'고 하는 우리 말의 '~에' 해당하는 말이라고 하여 enclose here… with…로 쓰는 것은 잘못된 표현이며 enclose로 충분하다. 즉, enclose 자체가 send herewith이므로 send herewith herewith가 되는 중복표현(redundancy)이 된다.

　예 2003년 7월분 청구서의 사본을 동봉합니다.

　　We are enclosing a copy of the invoice for July of 2003. (○)

　　We are enclosing herewith a copy of the invoice for July of 2003. (×)

(13) (as) follows

'은 아래와 같다.'라고 하는 표현은 영어에서 자주 사용되는 말이다. 영어에서는 통상 as follows의 형태를 사용하는데, 여기서 주의해야 할 것은 주어에 해당하는 '~'이 단수라면 「~ is as follows」, 복수라면 「~ are as follows」와 같이 be 동사의 형태는 당연히 변화된다. 그런데 주어가 단수라고 해서 as follow라고 해선 안 되며 as follows가 맞는 표현이다.

　예 견적에 대한 명세는 다음과 같다.

　　The details of our estimate are as follows. (○)

　　The details of our estimate are as follow. (×)

한편, as follows 바로 뒤에 그 내용이 계속 되는 경우에는 마침표(.)가 아닌 쉼표(,) 혹은 세미콜론(;)을 사용해야 한다.

(14) forget(to, ing)

동사에 따라서는 그 뒤에 to가 오거나 ing형이 와도 의미가 거의 변화하지 않는 것도 있고 뉘앙스가 조금 다른 경우도 있다. I like to drive와 I like driving은 거의 동일한 의미지만 to와 ing는 전혀 다른 의미를 만들어 내기도 한다. 예를 들어 forget이 그 중의 하나인데, Please don't forget to inform us of the shipping schedule은 앞으로 알릴 것을 잊지 말라는 것이며, Please don't forget informing us of the shipping schedule은 알렸던 것을 잊지 말라는 말이 된다. 실제로는 이러한 말들이 혼동되어 사용되는 경우가 많이 있어 어떤 의미로 해석될지는 전후 문맥을 통해 확인해야 한다.

또한, forget의 반대 의미인 remember에서도 비슷한 의미의 차이가 있는데 다음과 같은 경우이다.

I remembered to send you the shipping documents(선적서류를 보내야 할 것을 기억했다.) I remember sending(or having sent) you the shipping documents(선적서류를 보냈던 것을 기억한다.)

그런데 동사의 뒤에 to나 ing가 붙어 그 의미가 완전히 달라지는 경우도 있음에 유의해야 한다. 예를 들어, Please stop discussing this matter는 본 건에 대해 더 이상 논의를 하지 말란 얘기지만, Please stop to discuss this matter는 이 문제를 논의해보기 위해 멈추어 서란 얘기가 된다.

(15) hope

기대, 희망 등 미묘한 의미상의 차이가 있는데, hope 이외에 wish, expect, would, like, want 등도 사용된다. 예를 들어, trust는 강한 희망을 나타내는데, hope는 그보다 약하고, wish는 실현이 곤란한 희망을 표현할 때 사용한다. '자사의 제품과 서비스에 자신이 있는 고객에게 큰 만족을 줄 자신이 있다'고 할 경우 We trust our service will meet your full satisfaction처럼 hope가 아닌 trust라고 하여 강력한 의미를 부여하는 편이 더 나을 것이다. 특히 잘 사용하는 표현인 hope라는 동사는 hope a person to do something의 형식으로는 사용되지 않는다. 즉, hope+사람+to라고 하는 구문은 사용되지 않는다.

예 당사가 처해있는 입장을 이해하여 주시기 바랍니다.

We hope that you will understand a trying position we are placed in. (○)

We hope you to understand a trying position we are placed in. (×)

(16) reply

reply는 자동사이므로 목적어 앞에 전치사 to가 필요하다.

예 7월 8일부 A사의 레터에 대한 회신을 지금 당장 해야 합니다.

You should reply to the letter of July 8 from A Company right now. (○)

You should reply the letter of July 8 from A Company right now. (×)

(17) suggest

보통 우리 말로 '~하면 어떻습니까?', '~하는 편이 좋습니다.'라고 하는 조언과 제안을 하는 경우에 suggest가 사용된다. 그런데 suggest를 잘못 사용하는 경우도 많이 있다. 보통 We suggest that you ~와 같은 구분이 되는데 that 절에서 사용되는 동사는 가정법 현재로서 동사의 원형을 취하므로 주어가 3인칭 단수 현재라도 s를 붙이지 않는다. 또, 자주 범하는 오류인데, We suggest you to~로는 사용하지 않는다. suggest는 앞에서 설명한 demand와 동일한 어법을 사용하는데 다음의 예문에서 올바른 형태를 확인해 본다.

예 그가 A사와 거래하실 것을 제안합니다.

We suggest that he do(or should do) business with A Company. (○)

We suggest that he does business with A Company. (×)

We suggest him to do business with A Company. (×)

3. 주의해야 할 형용사

말을 잘하기 위해서는 적어적소(適語適所)가 필요하고 형용사와 명사의 조화도 필요하다. 예를 들어 black snow라고 하는 말의 조합은 이상하고, 만일 사용한다고 해도 특수한 상황에서만 사용될 수 있을 것이다. 비즈니스 사회에서도 We are sorry for making such a mistake라고 하며, It is sorry to make such mistake라고 하진 않는다. 형용사의 비교급은 He is taller than I이거나 Korea is smaller than China 등의 형태가 된다. 여기서는 물류영어에서 자주 사용하는 형용사 중에서 주의해야 할 점에 대해 정리해본다.

(1) another(an+other)와 other

another는 '또 하나의 다른 것'이라는 의미인데, 그 뒤에는 통상 단수형의 명사가 온다. 한편, other의 뒤에는 단수형과 복수형 형용사 모두가 가능하다.

예 다른 다섯 개 공컨테이너를 부산항으로 보내주시기 바랍니다.

Please send the other five empty containers to Busan Port. (○)

Please send another five empty containers to Busan Port. (×)

또한, 「수사(數詞)+복수형의 명사」를 하나로 묶어 복수로 보지 않고 아래의 예와 같이 그 앞에 another를 두는 경우도 있다. Another three weeks is long enough to get the cargo ready for shipment.

(2) bi-weekly, bi-monthly

bi는 bicycle의 bi와 같이 '두 개의'란 뜻인데, bi-weekly는 1주일에 2회 혹은 2주간에 1회란 의미가 되고, bi-monthly는 한 달에 두 번 혹은 두 달에 한 번의 의미가 된다. 따라서 문맥에 따라 해석을 해야 한다.

> 예 당사는 유럽 쪽의 주2회 정기선 편 서비스를 제공합니다.
>
> We offer you twice-a-week liner service to Europe. (○)
>
> We offer you bi-weekly liner service to Europe. (×)

즉, 화주로 보아 bi-weekly를 '2주에 한 번'으로 해석하면 이용할 수 있는 선박 편수가 적다는 것으로 해석될 수 있으므로 의미를 확실히 전달할 수 있는 표현을 사용해야 한다.

(3) convenient

회담의 장소와 일시를 결정할 때 서로의 입장을 조정해야 하는데, 어떤 시간과 장소가 좋은가를 물을 때 convenient를 사용하는데, 이때 문장에서 사람이 주어인 경우 예를 들면 If you are convenient라고는 사용하지 않는다.

> 예 귀하가 괜찮으시다면 다음 월요일 오후 2시까지 우리 사무실로 와주시겠습니까?
>
> Could you please come to our office at 2 p.m. next Monday if it is convenient to you. (○)
>
> Could you please come to our office at 2 p.m. next Monday if you are convenient. (×)

(4) complete, perfect, correct, right, wrong

형용사에는 '보다~하다'고 하는 비교급이 있는데, 위의 형용사는 특별한 경우를 제외하고 비교급의 형태를 사용하지 않는다. 그런데 사전에는 more complete, more perfect, more correct, more right, righter, more wrong, wronger 등도 실려있긴 하다. 우리말로도 보다 정확한, 보다 완전한 등등의 말을 사용한다. 그러나 실제로는 이러한 형용사의 비교급이 사용되는 경우는 거의 없다. 즉, 우리말의 '보다'란 말을 기계적으로 영어로 표현하여 more~라고 표현하는 것은 주의해야 한다.

(5) high와 low

실무에서는 견적, 요금, 가격 등이 높다든가 낮다든가 하는 표현이 잘 사용된다. 이와 관련한 형용사로서 상기이외에 expensive, inexpensive, dear, cheap, costly 등이 있는데, 잘못 사용되고 있는 경우가 있다.

예를 들어 「A사의 일관수송요금은 B사 보다 높다」는 표현의 경우, The through rate offered by A Company is higher than that offered by B Company는 정확한 표현이지만, The through rate offered by A Company is more expensive than that offered by B Company는 틀린 표현이다.

또, 이 차의 가치는 높다/낮다의 올바른 표현 예는 다음과 같다. 참고로, 이러한 예로부터 각 형용사의 사용법을 기억해야 할 것이다. The car is expensive. The car is inexpensive. The car is dear. The car is cheap. The car is high in price = The price of this car is high. The car is low in price = The price of this car is low.

(6) interesting과 interested

상대방의 오퍼 등에 흥미와 관심이 있거나 혹은 없는 것을 상대에게 알리는 경우, interesting과 interested를 사용하는데, 양쪽은 가끔 혼동되기도 한다. 전자는 '사물이나 사건이 사람에게 흥미를 주는' 것이란 의미인데, 후자는 거꾸로 사람이 사물이나 사건에 대해 흥미가 있는'것이란 말이 된다.

> 예 귀사의 제안에는 큰 흥미가 있습니다.
> We are very interested in your proposal. (○)
> We are very interesting in your proposal. (×)
> Your proposal is very interesting to us. (○)
> Your proposal is very interested to us. (×)

(7) pleased와 pleasant

이 두 개의 형용사도 자주 잘못 사용되는 것 중의 하나이다. 전자는 「사람이 즐거운」이라고 하는 의미이고, 「사물이나 사건이 즐거운 상태」라고 할 때 사용된다.

> 예 화물이 손상된 상태로 도착하여 기분이 좋지 않습니다.
> We are displeased that the cargo reached you in a damaged condition. (○)
> We are unpleasant that the cargo reached you in a damaged condition. (×)

(8) pending과 outstanding

'미해결의', '현안의', '미정의' 등의 의미로 pending이 잘 사용되는데, 이것을 '아직 지불치 않은'의 의미로 사용하는 것은 무리가 있다.

> 예 미지급금을 금주말까지 필히 지불하여 주시기 바랍니다.
> Please be sure to pay the outstanding amount by the end of this week. (○)
> Please be sure to pay the pending amount by the end of this week. (×)

(9) regretful과 regrettable

이 두 형용사 모두 잘 혼동된다. regretful은 「사람이 사물이나 사건에 대해 남아있는 유감」이며, regrettable은 「사물이나 사건이 사람을 유감스럽게 만든다는」 의미로 사용된다.

예 귀사는 당사와의 계약을 이행하지 않은데 대해 심히 유감으로 생각합니다.

We are very regretful that you have failed to fulfil the contract with us. (○)

We are very regrettable that you have failed to fulfil the contract with us. (×)

It is very regrettable that you have failed to fulfil the contract with us. (○)

It is very regretful that you have failed to fulfil the contract with us. (×)

(10) superior와 inferior

형용사의 비교급은 반드시 ~er과 more, 혹은 less와 같은 표현으로 한정되는 것은 아니다. 앞의 두 단어는 major, minor, prior, senior, junior 등과 같고, 비교급을 표시할 때 than이 아니라 전치사 to가 사용된다.

예 이 선박은 저 선박보다 성능이 좋다.

This vessel is superior to that one. (○)

This vessel is superior than that one. (×)

상기 이외에도 형용사의 사용에 관한 문제점이 있는데, 그에 대해서는 뒤에 다시 언급코자 한다.

4. 주의해야 할 부사

부사는 말할 필요도 없이 형용사, 동사 그리고 문장 전체를 수식한다. 부사와 부사구에 있어 문제가 되는 것은 특히 동사를 수식하는 경우 그 위치에 의해 문장의 의미가 달라지는 것이다. 부사와 부사구는 원칙적으로 가능한 한 수식하는 어구의 가까이에 두도록 한다. 작의로 해석할 수 있도록 하는 문장은 상대방을 당황스럽게 하는 것이므로 그로 인해 회신을 늦게 받는 원인이 되기도 한다.

가 위치에 따라 의미가 달라지는 경우

(1) only

We handled only six containers ≒ We handled six containers only는 우리는 겨우 여섯 개의 컨테이너만을 취급했다는 것을 강조하는 표현임에 반해, Only we handled six containers는 6개의 컨테이너를 취급한 것은 우리뿐이라는 강조의 의미를 담고 있는 것이다. 한편, We only handled six containers는 우리는 단지 여섯 컨테이너를 처리했다는 사실 자체를 표현하는 의미가 되고 그 외의 일과는 무관하다는 의미가 있다.

(2) urgently

We request you urgently to ship the cargo의 경우 urgently가 ask와 ship의 어떤 쪽을 수식하는 가에 따라 '선적이 긴급한 상황'과 '긴급선적 의뢰'의 두 가지 의미가 된다. 이를 다시 써보면 We request urgently that you ship the cargo. 혹은 We request that you ship the cargo urgently 로 쓰면 오해의 여지는 생기지 않을 것이다.

(3) 부사구의 예

Please tell me whom to meet right now의 경우를 생각해보자. 이 부사구 right now는 두 개의 동사 tell과 meet의 어느 것을 수식하고 있는지에 따라 '누구에게 말할 것인가를 지금 말해주시오'란 말과 '지금 누구에게 말할 것인가를 말해주시오'란 의미가 된다.

(4) 형용사구인지 부사구인지 확실치 않은 예

May I try in the dress in the show window?의 경우 이해하기 쉽게 in the show window를 동사 try에 걸리게 하면 부사구라고 생각하게 되고, 주어 I를 수식한다면 특히 여성(남성의 경우에도 그렇긴 하지만)에는 문제가 되는 말이 된다. 왜냐하면 '쇼 윈도우에서 이 드레스를 입어보아도 괜찮습니까?'하는 의미이라면 사람이 많이 다니는 쇼 윈도우 앞에서 옷을 입어봐도 좋냐는 의미가 될 수도 있기 때문이다.

나 틀리기 쉬운 부사

(1) biweekly

형용사와 동형이다. '1주일에 2회'와 '2주일에 한 번'의 두 가지 의미가 있다. 혼란을 피하려면 전자에는 twice a week, semiweekly 등을 사용하고, 후자에는 every second week, fortnightly 등을 사용하는 것이 좋다. 그런데 bimonthly는 마찬가지 경우이지만 biannually는 '2년에 한 번'의 의미는 없다.

(2) direct와 directly

We will contact you direct.와 같이 direct는 부사에도 사용된다. directly도 사용가능하며 '조금 후에 바로'란 뜻도 내포하고 있다.

(3) largely

형용사의 large(큰)에 ly가 붙은 형태이므로 largely를 '크게' 혹은 '광대하게'의 의미로 오용하지 않도록 주의해야 한다. largely는 '주로' 혹은 '대부분'이란 뜻이다.
　예 불완전한 포장은 미숙한 임시직원을 고용한 것이 주 원인입니다.
　　　Incomplete packing is due largely to unskilled part-time packers. (○)
이같이 「형용사+ly = 부사」의 경우, 그 부사가 원래 형용사의 의미에서 벗어나는 때가 종종 있는데, bare → barely, hard → hardly, near → nearly, present → presently, scarce → scarcely, short → shortly 등이 그 예이다.

(4) recently

우리 말의 '최근 ~이다'고 하여 현재시제의 동사를 사용하는 경우가 많은데, 엄밀히 말하면 과거형이나 현재완료형을 사용하는 것이 더욱 정확하다.
　예 Recently there has been a decline in export cargo. (○)
　　　Recently there is a decline in export cargo. (×)

(5) sometime과 sometimes

sometime은 언젠가, 혹은 어떤 시간이란 뜻임에 비해 sometimes는 때때로란 뜻이 된다.

(6) very와 much

원칙적으로 very는 형용사를, much는 동사를 수식하는 것으로 기억하면 된다. (예) We are very happy. I would much appreciate it if you … 그런데 동사의 원형의 어미에 ~ing와 ~ed가 붙어 형용사화한 다음과 같은 단어는 강조할 때 그 앞에 very를 사용함에 유의해야 한다. absorbing, confusing, interesting, pleasing, puzzling, accustomed, annoyed, concerned, contended, delighted, disappointed, distressed, dissatisfied, drunk, frightened, pleased, satisfied, surprised.

2절

물류통신문 작성 실무

1. 물류통신문 작성개요

국제물류 업무의 원활한 수행을 위해서는 뜻을 충분히 표현할 수 있는 영문을 작성하는 것이 중요하다. 국제물류 업무라고 하여도 그 범위가 넓고 각각의 분야에서 요구되는 영어의 내용과 정도가 다양하다. 예를 들면,

① 자사의 PR

② 해외에서의 파트너 구하기

③ 업무계약

④ 합병사업,

⑤ 해외물류 현황 조사

⑥ 해상보험

⑦ 클레임 처리

⑧ 수출입화물의 실무적인 취급, 즉 견적, 부킹, 통관

⑨ 창고에의 반출입, 보관, 포장, 하역

⑩ 물류가공, 수송, 인도, 선적 및 양하, 화물추적, 결제

등이 이에 해당한다. 따라서 이러한 제반 업무에 필요한 각종 서류의 작성, 점검 등을 위한 올바른 영문 작성법이 필요하다.

여기서는 앞의 모든 분야 중에서 '수출입화물의 운송 실무'와 관련된 영어에 관해서 설명한다. 즉, 각각의 실무단계에서의 실제 사례를 들어 영어통신문의 작성해본다.

이해를 돕기 쉽게 원칙적으로 간단하고 쉬운 것에서 출발하여 복잡하고 어려운 것까지 다루어 본다. 필요에 따라서는 각 문장의 뒤에 어법상의 주의점을 명시하여 두기로 한다. 참고로, 이해를 돕기 쉽도록, 설명에서는 우리말의 밑줄 친 부분이 영어의 해당하는 표현에도 밑줄이 되어있다.

2. 견적 관련 영문작성

우선 견적과 관련한 어구와 표현을 소개해보고자 한다. 이것들은 그 자체로서 사용될 수 있을 뿐만 아니라 응용해서도 사용할 수 있으므로 특히 초급수준의 영어를 구사하는 사람이라면 꼭 익혀서 항상 사용할 수 있도록 하는 것이 좋다.

견적과 관련된 어구에는 명사로서 estimate, quotation이 있고 동사로서는 estimate, quote, make(= form) an estimate가 있다. estimate와 quotation에 잘 사용되는 형용사로는 competitive (경쟁력 있는), low(저렴한), revised(수정한), rough(대략의), total(총액의), written(서면의) 등이 있다. 관련 표현으로는 다음의 것들이 있다.

(1) 견적 관련 표현

① to base an estimate on~ (~에 근거하여 견적한다 = to make an estimate based on~)

② to make(= form) an estimate of ~ (~의 견적을 하다)

③ to fax an estimate (견적서를 팩스로 보내다)

④ to revise an estimate (견적을 수정하다)

⑤ to quote you freight rates on the cargo (귀사에 화물운임에 대한 견적을 한다)

⑥ to quote on a CIF basis (CIF 기준으로 견적한다)

⑦ to quote on a US dollar basis (미 달러화 기준으로 견적한다)

⑧ to quote for(= on) the following goods (하기 화물에 대하여 견적을 한다)

⑨ to quote you as below (귀사에 대해 하기와 같이 견적한다)

⑩ to quote you for the following (하기에 대해 귀사에 견적을 한다)

⑪ to quote(you) CIF (CIF조건으로 견적한다)

참고로, 관련 표현 중에서 an estimate의 대신에 quotation을 사용해도 무방하다. 다음으로는 이러한 어구들을 가지고 실제 작문 예를 알아본다.

(2) 작문 예

① 견적은 하기와 같습니다.

　　Our(= The) estimate is(= runs) as follows :

② CFS Charge는 4,500원입니다.

　　CFS charge amounts to 4,500 Won.

③ 하기는 송하주의 부담인 내륙운송료입니다.

　　The following is haulage(= drage) to be paid by the shipper.

④ 화물재조작료는 실비입니다.

Cargo reconditioning is charged at cost.

⑤ 할증요금은 가본요금의 20%가 됩니다.

Extra(= additional) charge(= surcharge) is 20 percent of the basic rate.

⑥ 당사의 일관수송요금에는 하기의 요금이 포함되지 않습니다.

The following charge is not included in our through rate.

⑦ 당사의 견적은 Ex Works 베이스입니다.

Our quotation(= estimated charge) is made on an Ex Works basis.

⑧ 귀사 견적의 계산기초는 무엇입니까?

What are your quotations calculated on?

⑨ 위험물에 대해서는 기본요금의 30%가 됩니다.

Thirty percent of the basic rate will be charged for dangerous(= hazardous) goods(= cargo).

⑩ 하기의 화물의 door-to-door 서비스의 견적을 7월말까지로 보내주시기 바랍니다.

Would you please quote us the door-to-door service for the following cargo by July 31.

⑪ 트럭에서 하역하는 요금에 대해서는 별도 협의할 예정이다.

Truck unloading charge will be discussed separately.

⑫ 귀국의 도로 수송상 컨테이너내에 들어갈 수 있는 화물 총 무게를 설명하여 주시기 바랍니다.

Please explain to us the gross weight limit for loaded container transport by road in your country.

　　　※ 참고로 explain은 자동사이므로 목적어 us 앞에서 전치사 to가 필요하다.

⑬ 귀사의 7월 15일자 견적서 중 Net Cost가 무슨 뜻인지 모르겠습니다. 팩스로 다시 알려주시기 바랍니다.

We can not understand the meaning of 'net cost' in your estimate of July 15. Could you please let us know its content by return fax?

⑭ 요청하신 바와 같이 다음과 같이 견적합니다. 금번 선적건을 당사에 맡겨주실 것을 간곡히 당부드립니다.

As requested, we are pleased to quote you as follows. We sincerely ask you to let us handle your shipment.

⑮ 귀사의 견적은 A사의 것보다도 3% 정도 높은 편이어서 A사를 이용하기로 결정했습니다.

Your estimate is about 3% higher than that offered by A Company, so we have decided to use A Company.

※ 참고로, 가치와 견적이 '높은'은 의미로 expensive와 dear라고 하는 것은 잘못된 것이며 high가 타당하다. 반대로 '저렴한'의 의미는 inexpensive와 cheap 등이 아니라 low라고 한다. that은 estimate의 대명사로서 원래는 than that(= the estimate) which was offered by A Company가 되어 밑줄부분이 생략되어 있는 것이다.

⑯ 부산항과 서울간의 공컨테이너와 풀 컨테이너의 육상요금에 대해 다음과 같이 견적하였습니다.

As follows are our estimated charges for transporting full and empty containers between Busan Port and Seoul.

⑰ 하기 견적요금은 2003년 7월 15일까지 유효합니다. 따라서 그사이에 큰 폭의 환율변동이 있으면 통화 할증료를 도입할지도 모릅니다.

The above estimated charges are valid(= hold good) until July 15, 2003 inclusive. In case of a violent(= sharp, great, wild) fluctuation in exchange during the term of validity, however they may be revised or Currency Adjustment Factor(CAF) may be applied.

3. 수출 관련 영문작성

실무영어 통신문은 특히 화물의 수출입에 관련한 것이 많은데, 선적관계에서는 선복의 부킹, 수출통관, 배닝(vanning), 컨테이너의 수배, 선적, 선적통지, 선적서류 등 광범위한 통신문이 있다.

① 선적지시서가 아직 도착하지 않았습니다.

The shipping instructions have not reached us yet.

② 이 로트의 수출통관은 내일 예정입니다.

This lot will clear customs for export tomorrow.

③ 이 선적화물은 3개의 로트로 구성되어 있습니다.

This shipment consists of three lots.

※ 참고로, shipment에는 복수의 의미가 들어 있어 이 경우는 선적화물 중의 하나가 된다.

④ 귀사로부터 온 팩스내용에 따라 선적을 하게 됩니다.

We make(= effect) shipment in accordance with your fax.

⑤ 선적일정은 다음과 같이 변경되었습니다.

The shipping schedule has been changed as follows.

⑥ 되도록 빨리 사전 도착 통지를 곧 보내겠습니다.

We are going to send you arrival notice in advance as soon as possible.

⑦ 오늘은 20피트 컨테이너 10개와 40피트 컨테이너 20개를 배닝할 예정입니다.

We will van 10 TEUs and 20 FEUs today.

⑧ 메이커로부터 도착이 지연되어서 남은 분량은 이틀 후에 적입할 것입니다.

The goods were delayed(= late) in reaching us from the maker, so we stuff(= load, pack) the rest(= balance) into containers the day after tomorrow.

⑨ 본선의 로테르담 ETA를 알려주시기 바랍니다.

Please let us know the vessel's ETA (at) Rotterdam. 혹은 Please let us know when the vessel will arrive at Rotterdam.

※ 참고로, ETA는 Estimated Time of Arrival의 약어인데, 도착예정 일시이다. 반대로 출항예정 일시는 ETD(Estimated Time of Departure)이다.

⑩ 본선의 출항이 예정보다 2일 늦어질 것 같습니다.

The vessel's departure is likely to be <u>two days behind schedule</u>.

⑪ 이 화물은 싱가포르에서 <u>환적될</u> 예정이다.

This cargo is to <u>be transshipped</u> at Singapore.

⑫ 금회에 한 해 이 화물의 <u>인도장소가</u> LA CFS에서 롱비치 CFS로 변경되었사오니 주의하시기 바랍니다.

The <u>place of delivery</u> of this cargo is changed, only this time, from Los Angeles CFS to Long beach CFS. Please be careful.

⑬ 본선은 동경항에서 기항하지 않으므로 이 화물은 요코하마로 <u>육상 보세운송</u>될 것입니다.

The vessel does not call at Tokyo (Port), so the cargo will be <u>forwarded in bond by land</u> to Yokohama.

> ※ 참고로, 실무에서는 OLT(overland transportation)을 보세운송이라는 의미로 사용하기도 한다. 또, ○○항이라고 말할 때 Port를 생략해도 무방하다. 북미향의 혼재화물 선적업무라면 우리 서비스를 이용하시기 바랍니다. When it comes to shipment of consolidated cargo for North America, please use our service.

⑭ 당사의 국제복합일관운송서비스에 <u>언제든 문의하여 주시기 바랍니다</u>.

Please <u>feel free to(= don't hesitate to) contact us</u> for our international multimodal freight forwarding service.

⑮ 다음 배로 나갈 화물의 배닝은 <u>40피트 공컨테이너 10개</u>가 필요하므로 8월 20일까지 우리에게 도착할 수 있도록 조처하여 주시기 바랍니다.

We need <u>10 empty 40-foot containers</u> for vanning the shipment by the next ship, so please arrange to forward them they can reach us by August 20.

⑯ <u>서류가 다 갖추어지지 않았기</u> 때문에 오늘은 두 개 로트의 수출통관이 되지 않습니다. 따라서 9월 3일 부산항 출항 예정의 본선에는 선적될 수 없게 되었습니다.

Two lots failed to clear customs for export today because <u>the documents were not in order</u>. A a result, it has become impossible to load the lots on to the vessel leaving Busan on September.

⑰ 선적은 10월 초순 예정이지만 당해 화물의 제조가 늦어지기 때문에 <u>신용장의 유효기한을</u> 10월 31일까지로 연장하여 주시기 바랍니다.

Production of the goods (which were) scheduled to be shipped during the first 10 days of October is delayed, so please extend <u>the validity of the letter of credit(L/C)</u> until

October 31 inclusive.

⑱ 공장의 노동쟁의 때문에 제품생산이 지연되었고 더욱이 항만파업으로 인해 <u>약정된</u> <u>기한</u> <u>내에</u> 선적이 극히 어려울 것 같습니다.

A labor dispute at the factory delayed the production of the goods and, still worse, a waterfront strike has made it extremely difficult to ship them by <u>the date agreed on</u>.

⑲ 퍼스널 컴퓨터 부품 10 케이스는 귀사의 지시대로 금일 대항항공으로 발송하였습니다. 파리공항 도착예정은 18일 오전 9시입니다.

According to your instructions, <u>we have aired(= shipped)</u> today 10 cases of personal computer parts <u>by KAL</u>, which is scheduled to arrive at Paris Airport at 9 a.m. on 18th.

⑳ 당해 화물을 선적한 컨테이너선 오션 스타는 오늘 부산항을 출항하였습니다. <u>방콕 도착예</u> <u>정일은 8월 20일입니다.</u>

The container ship 'Ocean Star', on which the cargo ws shipped, left Busan today. Its <u>ETA (at) Bankok is August 20</u>.

㉑ 그 화물을 <u>20피트 컨테이너 3개에 적입하라고 지시</u>하였으나 화물의 규격을 재확인해본바, 그렇게 하는 것은 불가능함이 나타났습니다.

You <u>instructed us to stuff the cargo into three 20-foot containers</u> but our re-confirmation of its dimensions has proved that it is impossible to do so.

㉒ 9월 30일 부산항 출항예정인 오션글로리호에 40피트 컨테이너 8개를 예약했습니다. 그런데 본선은 <u>엔진에 문제가 생겨</u> 예정보다 며칠 늦어질 것 같습니다.

We have booked space for eight 40-foot containers on 'Ocean Glory' leaving Busan on September 30 but the vessel will be a few days behind schedule because of its <u>engine trouble</u>.

㉓ <u>ABC 선박회사의 선박에 선적할 것을 지시</u>했으나 동사의 선박으로는 2월 중에 부산항으로부터 목적항으로 가는 선박이 없어 대신에 DEF선박회사의 선박을 대신하여 이용해야 할 것 같습니다.

You told(= <u>instructed) us to ship the cargo by a vessel of ABC Line</u>. However, none of its vessel is scheduled to leave Busan for your port within February, so it has become necessary to use a ship of DEF Line instead.

㉔ <u>르하브르항의 하기 명세의 LCL 잡화가 이쪽 항에서 물량초과 되었는데</u>, 송하인은 다음 선박까지 기다리겠다고 말하고 있습니다. 한가지 아이디어로서 그것을 인천항에서 컨테이너에 적입하여 그것을 인천항까지 운송한 후 추가 배닝작업을 하는 것이 어떤지 회신하

여 주시기 바랍니다.

The under-mentioned <u>LCL general cargo for Le havre is left as overflow cargo here</u>. The shippers say they can not wait until the next available ship. One idea is to stuff the cargo in the container here and forward it to Inchon Port for additional (cargo) vanning. Please give us your instructions by return.

㉕ 부산항을 오늘 출항하는 오션 빅토리호에 적재된 다음의 화물에 대한 선적서류를 보냅니다. 멜버른 도착예정일자는 11월 10일입니다. 귀사 소재지의 수하인은 11월 15일까지 화물인도를 받고 싶어하므로 <u>사전에 적기인도가 되도록 준비하여 주십시오.</u>

We are pleased to send you the shipping documents covering the following cargo loaded aboard 'Ocean Victory' which left Busan today. Its ETA Melbourne is November 10. The consignee in your place wants to take delivery of the cargo by November 15, so <u>please</u> <u>arrange for punctual delivery well in advance</u>.

㉖ 우리로부터 받은 <u>관련 서류를 정정하여 주십시오.</u>

The B/L for the following cargo was wrongly numbered YKRT31025068, This should read YKRT310250608. <u>Please correct the related documents</u> (which) you have received from us.

4. 수입 관련 영문작성

수입은 보통 수출의 역순이 되는데, 물류영어 통신문에서도 수출의 경우와 똑같이 정형적인 것이 많은데, 익혀두면 영문레터나 팩스 작성이 유용하게 사용할 수 있을 것이다.

① 도착통지는 아직 오지 않았습니다. 빨리 팩스로 보내주시기 바랍니다.

The arrival notice has not reached us yet. Please fax it to us at once.

② 선적스케줄을 회신팩스로 알려주시기 바랍니다.

Please inform us of the shipping schedule by return fax.

③ 도착통지를 방금 받았습니다.

We have just received the arrival notice.

④ 선적화물의 명세를 되도록 만들어지는 대로 조속히 알려주시기 바랍니다.

Please give us details of the shipment as soon as they are available.

⑤ 그 화물은 외견상 양호한 상태에서 도착하였습니다.

The cargo reached here in apparent good order and condition.

⑥ 당사를 귀사의 항공화물 대리점으로 지정하여 주시기 바랍니다.

Please appoint us as your air cargo agent.

⑦ 관세는 누가 부담합니까?

Who is going to pay the customs duty?

⑧ D/O의 제시 없이는 화물의 인도를 할 수 없습니다.

We can not make delivery of the cargo without your presentation of the delivery order.

⑨ 선적서류를 접수하였으나 B/L 사본이 분실되었습니다. 내일의 통관에 필요하므로 조속히 팩스로 송부 바랍니다.

We have received the shipping documents but the B/L copy is missing. We need it for the import customs clearance tomorrow, so please fax us a copy urgently.

⑩ 식물검역 검사 때문에 귀사의 화물의 한국 내 딜리버리가 오늘은 거의 불가능할 것 같습니다.

It will be almost impossible to deliver your cargo today because it must undergo a plant quarantine inspection.

⑪ 이 화물의 손해는 귀지에 있어 배닝이 불완전한 것 때문으로 보입니다.

It seems that the cargo was damaged by improper packing at your end.

⑫ 배닝후의 쇼어링을 확실히 하여 주십시오.

Please be sure to shore the cargo after vanning.

⑬ 훈증이 필요한 화물과 그렇지 않은 화물을 동일 컨테이너에 적입하지 마시기 바랍니다.

Please don't co-load fumigation cargo and non-fumigation cargo in the same container.

⑭ 귀사의 선적서류상의 실수에 의해 당사는 많은 불편을 겪었습니다.

We have been much inconvenienced by errors in your shipping documents.

⑮ 보세창고에의 반입은 당사의 위험과 비용으로 처리합니다.

We handle the goods into the bonded warehouse at out own risk and expense.

⑯ 본선은 8월 18일 부산항에 도착하였으나 수하인이 귀지의 송하인으로부터 아직 서류를 받지 못하였습니다.

The vessel reached Busan Port on August 18 but the consignee here has not yet received the shipping documents from the shipper at your end.

⑰ 선적서류를 접수하였으나 B/L 사본이 분실되었습니다. 내일의 통관에 필요하므로 조속히 팩스로 송부 바랍니다.

We have received the shipping documents but the B/L copy is missing. We need it for the import customs clearance tomorrow, so please fax us a copy urgently.

⑱ 식물방역 검사 때문에 귀사의 화물의 한국 내 딜리버리가 오늘은 거의 불가능할 것 같습니다.

It will be almost impossible to deliver your cargo today because it must undergo a plant quarantine inspection.

⑲ 이 화물의 손해는 귀지에 배닝이 불완전한 것 때문으로 보입니다.

It seems that the cargo was damaged by improper packing at our end.

⑳ 배닝 후의 쇼어링을 확실히 하여 주십시오.

Please be sure to shore the cargo after vanning.

㉑ 목적항이 부산항이 맞는지 확인 바랍니다. 앞으로 별도 지시가 없는 한 부산항으로 선적 바랍니다.

Please see to it that the destination be Busan. Unless otherwise instructed by us, would you please ship the cargo to Busan from now.

㉒ 이 화물은 북경에서 딜리버리되는 것입니까? 만일 그렇다면 천진에서 북경까지의 내륙운송비용은 누가 부담하는 것인지 알려주시기 바랍니다.

Is the cargo to be delivered in Beijing? If so, who is to pay the inland transportation cost from Tianjin to Beijing? We await your reply.

㉓ 가능하다면 최소 선적 10일 전까지 선명과 ETD를 팩스로 알려주시면 대단히 고맙겠습니다.

We would greatly appreciate it if you would inform us by fax of the name of the carrying vessel and ETD, if possible, at least 10 days before shipment.

3절

클레임과 결제 관련 물류영어

1. 화물추적 관련 영문

재래선과 비교하여 컨테이너선은 화물의 손상과 수량부족 등의 사례는 상당히 적어졌지만 완전히 없어진 것은 아니다. 한편, 항공화물에서도 컨테이너화에 따라 이 같은 사례는 대폭 감소하였으나 완전히 사라진 것은 아니다. 화물의 불착, 손상, 지연, 오도(誤渡) 등에 대한 클레임은 다음에 설명하기로 하고 여기서는 도착한 화물의 수량부족에 초점을 맞추어 항공화물의 사례도 포함한 화물추적 관련 영문을 작성하여 보기로 한다.

① 상기 화물은 이곳에서 15케이스 양륙부족이 되었습니다. 귀사의 창고 혹은 다른 곳에 남아 있는지 확인하여 주시기 바랍니다.

The above cargo was 15 cases short-landed here. Could you please check it if they are in your shed or anywhere else?

② Auckland향의 하기 항공화물의 라벨이 Oakland로 잘못 붙여져 귀지로 실려간 것 같습니다. 그곳에 있는지 즉시 확인 바랍니다.

The following air freight for Auckland was wrongly labeled Oakland and seems to have been carried to your place. Please check right now if the cargo is in your place.

③ 이곳에서 15상자가 과잉양륙된 것이 있는데, 이것들이 귀지의 부족분에 해당하는 것 같습니다.

We have 15 over-landed cases here, which seem to be the short-landed cargo in your place.

④ 혼적된 컨테이너 속에 항공운송된 의료용기의 화물추적을 하여 달라고 3월 12일에 요청한 바 있습니다. 찾았는지 회신하여 주시기 바랍니다.

We asked you on March 12 to trace the missing medical instruments air-freighted in a consolidated container. Have you found them? Please give us some reply.

⑤ 잃어버린 화물을 추적하기 위해 최선을 다하고 있습니다. 좀 더 시간을 주시기 바랍니다.

We have been doing our best to trace the missing cargo. Please give us some more time.

2. 클레임 관련 예문

클레임의 대상에는 여러 가지가 있는데, 특히 물류업자에 관계되는 것에는 화물의 품질, 수량, 인수 등과 관련한 것들이 있다. complain과 클레임은 다르지만 여기서는 이 두 가지를 다 포함하여 '클레임'으로 부르기로 한다. 물류업자 스스로 최후까지 클레임을 해결하는 경우는 거의 없으나 어느 정도 클레임과 관련한 문서를 받기도 하고, 보내기도 한다. 이하의 클레임에 관한 예문에는 정형적인 것들을간단히 소개해본다. 특히 배닝, 디배닝, 포장, 딜리버리, 선적 등 화물의 취급 실무에 대해서 물류업자간의 커뮤니케이션에 필요한 표현들을 알아본다.

① 하기 화물에 손상이 발견되었음을 통보하는 바입니다.

We inform you that the under-mentioned cargo has been found (to be) damaged.

※ 참고로 이런 표현 대신에 "Notice is hereby given that…"과 같은 고어체 형식의 문구도 종종 보게 된다.

② 당사는 조속히 손상의 자세한 내용이 확인되는 대로 귀사에 클레임을 청구할 권리를 가집니다.

We reserve the right to file a claim with you for the damage as soon as the details (of the damage) are ascertained.

③ 서면으로 이 통지를 접수하였음을 알려주시기 바랍니다.

Please acknowledge (the or your) receipt of this notice in writing.

④ 2,000달러의 손해배상을 제기합니다.

We hereby file a claim for 2,000 USD.

⑤ 8월 25일부의 클레임 통지를 접수하였습니다. 추가적인 조사를 위해 다음의 서류들을 보내주시기 바랍니다.

We acknowledge receipt of your claim notice of August 25. Please send us the following documents for further investigation.

⑥ 상기 화물에 대해서 16개의 카톤이 젖어있다는 손상보고가 있었습니다.

We have received the following report about damage of '16 cartons wet' for the above-mentioned goods.

⑦ 상기 화물에 대해서 하기와 같은 수량부족의 보고가 있었습니다.

We have received the following report about shortage of the above-mentioned cargo.

⑧ 화물을 조사해본 결과, 품질이 견본과 다르다는 것을 발견했습니다.

On examining the goods, we found that they were different in quality from the sample.

⑨ 컨테이너를 디배닝한 결과 제초기 다섯 유니트가 부족한 것을 발견하였습니다.

On devanning(= opening, unstuffing) the container, we found that the mowers were short by five units.

⑩ 화물의 대부분이 심각한 손상상태로 도착하였음을 알려 드립니다.

We inform you that most of the goods reached here in a badly damaged condition.

⑪ 화물의 도착지연에 따라 상당한 불편을 겪고 있습니다.

We have been much inconvenienced by (the) late arrival of the cargo.

⑫ 컨테이너내에 화물의 쇼어링이 불충분하여 컨테이너로부터 물건을 빼내는데 상당히 애를 먹었습니다.

Insufficient shoring of the cargo in the container made it extremely difficult for us to take the cargo out of the container.

⑬ 이 같은 성격의 문제가 재발하지 않도록 화물의 쇼어링에 좀 더 주의를 하여 주시기 바랍니다.

We ask you to pay more attention to the cargo shoring so that trouble of this nature will not happen again.

⑭ 식물검역에 해당하는 화물과 일반화물을 동일한 컨테이너에 혼적하지 않도록 확실히 하여 주시기 바랍니다. 식물검역 또한 일반 화물의 인도를 지연시키게 됩니다.

Please be sure not to co-load "plant quarantine cargo" and general cargo(= non = plant quarantine cargo) in the same container. Plant quarantine inspection delays also (the) delivery of general cargo.

⑮ 해당 화물은 CY/CY 화물로 송하인 화물을 컨테이너내에 집어넣고 씰링하여 CY로 입고하였습니다. 컨테이너는 선적되어 목적항에서 양하되어 수하인에게 인도되었으며 씰은 인도될 때까지 내내 손대지 않은 상태이었습니다. 이것이 바로 우리가 내용물의 부족에 대해 전혀 책임이 없다는 이유입니다.

The shipment(cargo) was CY/CY cargo : the shipper packed(= stuffed) the cargo into the container, sealed it and carried it into the CY, and the container was loaded on board the vessel, (and was) dischargd at the port of destination, and (was) delivered to the consignee, with the seal (kept) intact all the way to the place of delivery. That is why we are never held responsible for the shortage of the contents.

⑯ 따라서 우리는 귀사의 클레임을 수락할만한 위치에 있지 않습니다.

Therefore, we regret we are not in a position to accept this claim of yours.

⑰ 따라서 우리는 귀사가 보상을 받을 수 있도록 귀사의 보험업자와 교섭할 것을 제안합니다.

Accordingly, we suggest that you take up this matter with your underwriter for compensation.

⑱ 본선은 한국으로의 항해 도중에 황천을 만나, 선장은 부산항에 있는 영사관에 해난보고서를 제출하였습니다.

The master of the vessel, which had encountered a boisterous weather on the way to Korea, filed the marine note of protest with consulate in Kobe.

⑲ 당 B/L이면 약관 제10조에는 '화물의 멸실 혹은 손상의 통지는 화물이 인도된 7연속일 이내에 해야 한다.'고 되어 있습니다. 그런데 귀사의 편지는 명시된 인도일로부터 18일이나 늦게 접수되었습니다.

Article 10 in the back clause of the B/L stipulates that "Notice of loss or damage to the cargo must be given within seven consecutive days after the cargo is delivered". On the other hand, your letter is found (to be) dated 18 days after the stipulated date of delivery.

⑳ 선적서류(송장(invoice), 포장명세서, 선하증권 등)에서 수량, 용적, 마크 등이 일치하지 않은 때가 종종 있습니다. 특히 통관 및 요금징수에서 문제가 발생하므로 앞으로는 더욱 주의하여 주시기 바랍니다.

We sometimes find discrepancies in cargo's weight, volume, mark etc. among shipping documents(Invoice, Packing List, Bill of Lading, etc.) from you. These give rise to trouble with customs clearance and collection of charges, in particular. Therefore, we would like to ask you to be fully careful from now.

3. 결제 관련 물류영어

결제업무는 국제물류실무 담당자의 직접적인 업무는 아닐지 모르지만, 송금 및 대금수수, 지불독촉 등 결제에 관한 상식적인 지식이 필요하다. 여기서는 전문적인 경리업무 관련이 아니라 정형적인간단한 문장의 예를 예시해보고자 한다.

① 당사로의 송금은 전부 하기의 은행계좌로 입금하여 주시기 바랍니다.

  Please make all remittance to our bank account as follows.

② 귀사의 거래은행은 어디입니까?

  What is your bank?

③ 송금할 수 있도록 귀사의 은행계좌 번호를 알려주시기 바랍니다.

  Could you please let us know the number of your bank account for remittance from us.

④ 앞으로 송금은 반드시 송금수표로 하여 주시기 바랍니다.

  Please be sure to remit by telegraphic transfer after this.

⑤ 귀사의 청구서(DL-94071) 중에서 2,000달러는 당사와 무관합니다. 청구서를 재발행하여 주십시오.

  The amount of 2,000 USD in your debit note(DL-94071) has nothing to do with us. Would you please issue a corrected one?

⑥ 우리 직원의 실수로 문제를 일으킨 데 대해 미안합니다. 정정된 청구서를 발송하며 지급에 감사드립니다.

  We are sorry that a clerical mistake on our part has caused you trouble. We are enclosing a corrected debit note and would appreciate your payment.

⑦ 2003년 7월 31일 현재의 귀사와 당사의 잔액차이는 다음과 같습니다.

  As follows is the balance between you and us as of July 31, 2003.

⑧ 10월까지의 계정내용을 보면 65,000달러가 귀사가 받을 돈입니다. 하루 혹은 이틀 내로 송금할 것입니다.

  Accounts up to October 31 show that an amount of USD 65,000 stands in your favor. We will make remittance in a day or two.

⑨ 금일 50,000달러를 서울은행 무역센터지점의 귀사 계좌로 전신송금하였습니다.

  We have today transferred telegraphically (an amount of) USD 50,000 into your account with Trade Center Branch of Seoul Bank.

⑩ 신속한 지불에 감사합니다. 요청하신 대로 영수증을 보냅니다.

Thank you for your prompt payment. As requested, we are sending you the receipt.

당사의 결산은 3월 31일이므로 하기 금액을 늦어도 4월 말까지 지불하여 주시기 바랍니다.

We settle (annual) accounts on March 31, so we would appreciate your paying the following amount by April 30 at (the) latest.

⑪ 하기 금액은 3개월 이상이나 연체되어 있습니다.

The following amount is more than three months overdue.

8월분 지급분에 대해 잊어버렸습니까? 10월 20일까지 지불한다면 당분간 기다려 보겠습니다. 이미 지불하였다면 감사합니다.

Have you forgotten your payment for August? If you pay by October 20, we will wait for a while. If you have already paid, please accept our thanks.

⑫ 우리는 더는 기다릴 수 없습니다. 10월 31일 전에 지불하지 않으면 우리의 의지와 관계없이 법적인 조처를 할 수밖에 없습니다.

We can no longer wait. If you don't pay before October 31, we will be forced to take some legal action much against our will.

4절

혼동하기 쉬운 물류 용어

1. 영문 물류 용어의 우리말과 비교

　외국의 물류업자 혹은 거래처와 정확한 의사소통을 하기 위해서는 정확한 영어단어와 적확한 표현을 사용해야 한다. 그런데 기본적인 물류용어의 해석이 국가에 따라 혹은 회사에 따라 달라 오해를 불러올 수도 있다. 여기서는 실무에서 자주 사용되는 혼동되기 쉬운 물류용어를 우리말과 비교하는 식으로 검토해 보고자 한다.

(1) Through Rate

　'통운임'으로써 컨테이너에 의한 복합 일관수송으로 복합운송인이 설정한 전구간에 대한 운임이다. 항공화물의 경우는 출발지 공항에서부터 도착지 공항까지의 운임이 된다. 미국 신해운법에서는 through rate에 대해 다음과 같은 정의를 내리고 있다. Through rate means the single amount charged by as common carrier in connection with through transportation (continuous transportation between point of origin and point of destination between a United States point or port and a foreign point or port).

(2) Freight

　영어의 freight에는 여러 의미가 있는데, 상황에 따라 정확히 사용할 필요가 있다. 우선 명사로서는 화물운송은 transportation, carriage, 운송화물은 cargo, 운임은 freight rate, freight charge, 화물열차는 freight train(주로 미국에서 사용)이 된다. 동사로서는 화물을 선적한다는 의미로서 freight a ship with cargo, '운송하다.'라는 transport, '용선하다.'라는 charter가 된다.

(3) Pack, Packing, Package

　pack은 명사로 하여 포장, 화물, 포장법 등의 의미로 쓰이고 동사로서는 포장하다. 형용사로서는 '운반용의', '포장에 적합한'의 의미로 사용된다. packing은 명사로서 포장, 포장용품, 포장재료(packing material)의 의미로, package는 명사로서 소포, 포장물, 포장, 포장비, 포장재료, 용기 등의 의미이며, 동사로서는 포장하다, 형용사로서 '일괄의(예 : package tour)'란 뜻으로 사용된다.

(4) Shipment

선적, 출하, 수송화물, 선적량 등의 의미로 사용된다. 영어의 shipment는 명사형만으로 사용되나 다음과 같이 혼동하기 쉽게 복수의 의미가 있다. 특히 미국에서는 국내의 화물의 출하시에도 사용된다. 항공화물의 경우에도 자주 사용된다. 따라서 영어를 읽는 경우 shipment의 의미를 정확히 파악할 필요가 있다.

(5) 항만운송업

harbor transportation(혹은 transport)이라는 말이 자주 사용되지만, port cargo handling and transport, sea freight handling & transport, seaborne freight handling & transport, port transportation, sea freight forwarding 등으로도 표현된다. 이 중에서 freight를 cargo로, transport를 transportation으로 대체하여 사용하기도 한다.

(6) 종합물류업

comprehensive logistics, all-round logistics, comprehensive freight services, integrated freight services, general freight services, comprehensive freight system, general warehousing and transport services 등의 표현이 가능하다. 한편, logistics란 말 자체가 종합물류(업)의 의미를 보유하고 있기도 하다.

(7) 컨테이너에의 적입/인출

통상 실무적으로 vanning, devanning이라고 하는데 이러한 단어는 최신 사전에도 아직 올라있지 않다. van의 동사로서 차에 싣는다는 의미에서 나아가 컨테이너에 싣는다는 의미로 발전한 것이다. 미국에서는 stuffing/unstuffing, loading/unloading, packing/unpacking 등으로 표현되고, 영국에서는 stuffing/unstuffing, loading/unloading, vanning/devanning 등의 형태로 주로 사용된다.

(8) 수(운)송

철도 수송의 경우 미국에서는 rail freight, rail transport(= railing), transport by rail, rail forwarding, rail, rail freight, 영국에서는 rail freight, railage, railing 등으로 쓰인다.

창고 내 수송의 경우 미국에서는 staging, re-stack, conveyance, transfer cargo within warehouse, shift, re-handling, re-stack, re-locate, move, stock transfer, in-house transfer, rotating stock, warehouse movement, terminal transfer, moving, preparing, shuttling, warehouse transport. 영국에서는 carrying, shed relocation, re-positioning, cargo shifting in warehouse, shifting 등으로 불린다.

근거리 수송의 경우 미국에서는 draying, delivery, cartage, trucking, carrying, transport, transportation, forwarding, haul, shuttling, short haul, local haul, send it over, local drayage, local delivery, local transport, 영국에서는 cartage, delivery, trucking, draying, transport, transportation, forwarding, carrying, haulage, inland haulage, inland delivery라고 한다.

한편, 장거리 수송의 경우 미국에서는 trucking, haul, transportation, transport, shipping, delivery, freighting, long haul, line haul, interstate transport, intrastate transport, inland freight truckage라고 하며, 영국에서는 haulage, transportation, trucking, cartage, delivery, draying, transport, forwarding, carrying, inland haulage, inland delivery라고 한다.

2. 주요 물류 관련 어구

(1) B/L

● B/L 관련 타동사

발행하다 issue, 작성하다 make out = prepare, 정정하다 amend, 회수하다 collect, 발송하다 send = despatch, 제출하다 submit = present = produce = render, 입수하다 get = obtain, 보관하다 keep, 양도(유통)하다 negotiate, 무효로 하다 nullify, 재발행하다 reissue = issue again, 이서하다 endorse, 서명하다 sign

● B/L 관련 명사

발행 issue = issuance, 제출(인도) surrender = presentation = submittal, 입수 receipt, 서명 signing = signature, 이서 = endorsement, 작성 preparation = making out

(2) Claim

● claim 관련 타동사

받다 accept = admit = allow = entertain = grant = honor = meet, 거부하다 dismiss = reject = repudiate, 조정하다 adjust, 거부하다 avoid, 청구권을 확보하다 establish, 상실하다 forfeit, 주장하다 maintain, 철회하다 withdraw = relinquish, 해결하다 settle

> 작문 예 | 그 화물에 대한 클레임이 발생하였다.

A claim arose(= took place) over the cargo.

● claim 관련 명사

해결 settlement, 조정 adjustment, 제기 submission, 상실 forfeiture, 거절 rejection = dismissal = repudiation

(3) Damage

● damage 관련 형용사

실제의 actual, 숨겨진 concealed, 상당한 considerable = dire = enormous = extensive = great = heavy = much = serious = severe = tremendous, 복구불능의 irreparable,

경미한 little = negligible = nominal = slight = trifling

✅ damage 관련 타동사

손해정도를 평가하다 assess = estimate, 손해를 입히다 cause~to = inflict ~on, 손해배상금을 요구하다 demand, 손해배상금을 받다 obtain = recover

(4) Delivery

✅ delivery 관련 타동사

약정하다 appoint = promise, 완료하다 complete, 실행하다 effect = fulfil = make, 예상하다 expect, 받다 get = receive = take, 보증하다 guarantee, 착수하다 take up, 서두르다 hasten

(5) Freight

✅ freight 관련 타동사

선복을 신청하다 apply for freight space, 중량톤 운임을 청구하다 charge freight on the basis of the weight ton, 운임을 조회하다 enquire fright rates, 견적내다 quote, 확보하다 secure

(6) Shipment

✅ shipment 관련 형용사

실제의 acutal, 지연된 deferred, 분할의 installment, 부분적인 part = partial, 정기적인 regular, 주정요일의 weekly fixed day, 최초의 initial, 조기의 early, 최후의 final, 조속한 prompt

✅ shipment 관련 명사

통지 advice, 비용 cost, 연기 extension, 장소 place, 조건 terms, 방법 mode

✅ shipment 관련 타동사

약정하다 appoint = engage = promise, 수배하다 arrange, 의뢰하다 ask, request, 시작하다 begin = commence = start, 취소하다 cancel, 인도하다 deliver, 지연하다 delay, 이행하다 effect, 양륙하다 discharge, 서두르다 hasten = hurry, 재촉하다 press, 거절하다 reject = refuse, 분할하다 split

8장

물류 관련 국제기구와 국제조약

1. 물류 관련 국제기구   389

2. 국제해사기구   398

3. 컨테이너 관련 국제조약   402

1. 물류 관련 국제기구

가 선급협회

최근의 해운사를 돌이켜보면 타이타닉호에서부터 엑손발데스호까지 대형 해난사고가 발생한 후에야 해상안전의 중요성 등을 인식한 후 관련 법규를 제정하고 규제를 위한 조직을 갖추는 식이었다고도 할 수 있다. 그에 따라 선박의 디자인, 유지관리 기준, 선원비, 운항기준, 조세, 공해방지 기준 및 담합행위 등이 해상운송과 관련한 규제의 대상이 되고 있다. 여기서는 해운경제에 영향을 미치고 있는 각종 국제적인 규제수단 및 조직에 대해 알아보고자 하며, 우선 선급협회(Classification Society)에서부터 알아보자.

보험회사들은 선박보험에 들고자 하는 선박이 보험을 받아 줄 만한 충분한 가치가 있는가에 관한 고민을 하게 된다. 그에 따라 18세기 중엽에 보험업자들은 첫 번째 선급협회를 조직하였고, 이제는 해운규제의 핵심수단으로 자리 잡게 되었다.

세계 최초의 선급협회인 로이드선급협회(Lloyds Register of Shipping)는 1700년대 초 있었던 로이드 커피숍(Lloyd Coffee House)으로까지 그 기원이 거슬러 올라간다. 자본가인 에드워드 로이드(Edward Lloyd)가 고객서비스 차원에서 선박보험을 인수하는데 참고가 될 수 있도록 관련 정보지를 돌린 것이 그 시작이라고 한다. 그런 다음에는 1764년에 런던보험자위원회와 보험중개인들이 첫 번째 정식 선급정보를 발간했다고 한다.

이 선급정보는 선박의 품질에 따라 런던보험자위원회가 지정한 검사인(surveyor)에 의해 부여된 등급으로 나누어 기재하였다. 이 선급정보는 '그린 북(green book)'이라고 불렸는데, 약 15,000척의 선박정보를 담아 보험회사들이 독점 사용토록 하였다. 이후 1798년까지 템즈강 주변에서 건조된 선박에 후한 점수를 주게 되자 1799년에는 이에 반발한 라이벌 선주들에 의해 새로운 등급제도가 도입되어 소위 '레드북(red book)'이라고 하는 New Register Book of Shipping을 발간하게 되었다.

이후 1834년에는 모든 종류의 해운업에 적용 가능한 선급등록제도를 만들었는데, 그 이름은 Lloyds Register of British & Foreign Shipping이었다. 19세기에 또 다른 선급협회가 나타났는데, 미국선급협회(ABS ; American Bureau of shipping)는 1860년대에 세워진 미국쉽마스터협회(American Ship Masters Association)에서 출발하였다.

ABS 역시 로이드선급협회와 같이 비영리법인이며, 조선소, 선주, 보험회사 등 해운 관련 업계의 인사들로 이사회를 구성하였다. 한편, 로이드선급협회의 조직은 해운 및 관련 업계 전체를 대표할 수 있는 화주, 선주 및 보험자 각 8명씩 24명의 회원으로 구성되었다. 이 새로운 선급협회는 64명의 서베이어를 두고 정규 선박검사 체제를 갖추었고 선급을 매기는 일을 주 업무로 하였다. 로이드선급협회는 현재 직원이 3,900명 이상이고, 그 중 절반은 전세계 260개 사무소에서 활동하고 있는 엔지니어들이며, 한 해 평균 약 6,600척의 선급검사를 하고 있다.

한편, 로이드선급협회는 선박을 크게 세 가지의 등급으로 구분하였는데, Class A는 해당 선박이 일정한 선령 기준을 과장하지 않았고 양호한 상태를 유지하고 있는 경우이다. Class B는 해당 선박이 건화물(dry cargo)을 수송하기엔 적합하지 않지만, 해상운송 중에 손상을 입을 가능성이 거의 없는 화물수송에는 대단히 안전한 경우를 뜻하며, Class I는 건화물 수송에 적합지 않지만, 유럽 내에서의 근해항로 수송은 가능한 수준으로 정의 내리고 있다.

또, 닻이나 선용품 등의 조건이 만족스러우면 1로써 표시하고 불만족스러무년 2로 표시한다. 이에 따라, 해운업계에서 흔히 말하는 가장 우수한 선박이란 용어를 일컫는 'A1 condition'이란 말이 등장하게 된 것이다. 처음에 선급협회의 주요 기능은 선박에 등급을 매기는 것이었으나 점차 선박의 건조 및 유지관리에 필요한 기준을 설정하는 것으로 바뀌었다. 예를 들어. A1을 받고 싶으면 선박 건조 중에 최소한 세 번의 조사를 받아야만 하게 되었다.

선급협회의 주 기능은 선급증명서를 발급하는 것이다. 선주는 선박보험을 들기 위해 선급증명을 받아야 하고 어떤 경우는 해당 정부가 선급을 받도록 요구하기도 한다. 물론 '선급증명'의 이전에 선박은 당연히 양호한 상태로 건조 및 관리되어 승객과 화물의 안전운송을 이루어야 한다. 그동안 선급의 역할은 단순히 선체중심의 하드웨어적인 안전상태의 인증만을 주 대상으로 하고 있었다. 그러나 앞으로는 선박 운항 시의 안전사고를 예방할 수 있는 교육중심의 소프트웨어적인 분야에 대한 비중이 점차 커질 것으로 예상한다.

대부분의 선급협회는 비용을 보전하기 위해 수익을 올려야 하는데, 회원들로부터 받는 회비가 그 대상이다. 따라서 각 선급협회간은 회원확보를 위해 상당한 경쟁을 펼치고 있다. 선급협회는 회비 외에 정부를 대신한 기술적인 검사를 통해 수입을 보충하기도 한다. 그런데 최근 들어 선급협회간의 경쟁격화로 각 선급협회는 선급시장에서 수준을 인정받기 위해 최근 들어 매년 R&D 분야에 수백만 달러 이상을 투자해야 하는 것으로 알려졌다. 특히 그동안의 지속적인 해운·조선불황에도 시설투자에 열을 올린 선급협회들은 자본비용의 증가에도 과당경쟁에 따라 선급비용을 20~30%나 할인해주고 있어 채산성이 갈수록 악화하고 있다.

이와 같은 선급시장의 채산성 악화는 해운과 조선 불황에 따른 선급수요와 감소에 기인하는 것으로 분석된다. 즉, 선주들은 해운불황으로 환경규제의 강화에도 선급을 통한 충분한 안전관련조치를 하지 못하고 있으며, 조선소 역시 조선불황과 낮은 선박건조가격으로 채산성을 맞추기 위한 비용 절감 노력을 경주 중인데, 그 비용 절감 항목 중 선급비용도 포함되기 때문이다. 지속적인 선급의 채산성 악화에 따라 세계의 선급시장은 향후 몇몇 대형 선급을 중심으로 인수·합병과정을 거쳐 그 구조가 완전히 개편될 것이라는 전망이 나오는 등 당분간 선급시장에 어려움이 지속될 것으로 예상되고 있다.

현재 전세계에는 50개 이상의 크고 작은 선급협회가 존재한다. 그러나 사실상 국제선급협회연맹(IACS ; International Association of Classification Societies) 소속의 12개 회원사가 전체 취급물량의 90% 이상을 점하고 있다. IACS는 우리나라의 한국선급(KR : Korea Register of Shipping)을 비롯하여 영국의 로이드선급(LR : Lloyd's Register of Shipping), 미국의 ABS(American Bureau of Shipping), 일본의 NK 및 프랑스의 BV(Bureau Veritas) 등 10개의 정식회원사와 2개의 준회원사로 구성되어 있다.

최근 들어 선대의 증강에 따라 대부분의 선급협회는 그 규모가 더욱 커지고 있으며, 그 중 일본의 NK, 영국의 LR, 노르웨이의 DNV와 독일의 GL 등은 더욱 빠르게 등록 선대규모가 늘었다. 그러나 미국의 ABS, 이탈리아의 RINA와 우리나라의 KR등록 선박량은 크게 변화되지 않은 편이다.

한편, 한국선급협회(KR)는 1960년 6월 민법 제32조에 의거 설립되었으며, 설립목적은 해상에서 인명안전 및 재산을 보호하고 해운조선 및 수산에 관련된 기술진흥에 있다. 한국선급은 1975년 9월 IACS의 준회원으로 가입하였다가 1988년 5월 정회원이 되었다. 우리나라의 한국선급은 짧은 연륜에도 불구하고 차기 세계선급협회연맹(IACS)회장을 배출하는 등 세계 선급시장에서의 위상을 더욱 공고히 하고 있다고 할 수 있다.

[IACS 소속 선급협회]

구분	선급	국가	가입년도
정회원	American Bureau of Shipping(ABS)	미국	1968
	Breau Verita(BV)	프랑스	1968
	Det Norske Veritas	노르웨이	1968
	Germanisher Lloyd(GL)	독일	1968
	Nippon Kaihi Kokai(NK)	일본	1968
	Registra Italiano Navale(RINA)	이태리	1968
	Maritime Register of Shipping(RS)	러시아	1969
	Polski Rejestr Statkow	폴란드	1970
	Korean Register of Shipping(KR)	한국	1988
	China Classification Society(CCS)	중국	1988
준회원	Coratian Register of Shipping	크로아티아	1973
	Indian Register of Shipping	인도	1991

*자료 : KMI(1997), 해사관련국제기구

나 국제복합운송주선업자협회 (FIATA)

www.fiata.com

국제운송주선업자협회(FIATA ; International Federation of Freight Forwarders Association)는 1926년 5월 오스트리아의 비엔나에서 발족하였다. FIATA의 설립은 당시 유럽의 12개 국내 화물운송주선업자들에 의해 주도되었다고 한다.

유럽은 지리적인 특성상 인접국가간의 내륙·국제운송이 활발하여 화물이 유럽 내륙 운송로를 따라 2개 국가 이상 국제운송되는 경우가 일반적이었다. 따라서 운송주선업자 상호간에 통용될 수 있는 운송서류의 개발 및 정보의 교환, 그리고 관련업종 종사자간의 이해증진이 요구되었다.

FIATA의 주요기능으로서는

① 운송업무를 취급하는 국제기구의 각종 회의에 고문이나 전문가를 파견하여 화물운송주선업의 이익을 대변, 증진, 보호하고

② FIATA 내에서 화물운송주선업체간의 직·간접적인 협력을 조장하며

③ 화물주선서비스의 질을 향상하기 위한 제반 조치를 강구하는 등이다.

FIATA는 설립 이후 1939년까지 적극적인 활동을 전개한 결과, 20개국의 화물운송주선업협회가 정회원으로 가입하였다. 또한, 전체회의와 지역총회를 정기적으로 개최하는 한편, 다른 국제기구와의 협력관계도 강화하였다. 1965년에는 각국 운송주선인의 범세계적인 활동을 지원하기 위해 사무국을 스위스의 취리히에 개설하였다.

FIATA 사무국의 설치는 동시에 UNCTAD(United Nations Conference on Trade and Development)와 ICC(International Chamber of Commerce) 등과 같은 국제기구와의 협력관계를 더욱 강화하는 계기가 되었다. 1977년에는 아시아·태평양 지역에서의 회원국 상호간의 유대를 강화하고 활동을 촉진하기 위해 아시아지역 사무국을 인도 봄베이에 설치하였다.

FIATA에는 2013년 현재 전세계 150개국의 4만개 포워딩업체가 회원으로 가입되어 있다. FIATA는 전체 회원국 대표로 구성되는 총회(General Council)와 이사회, 회장단, 연구소, 자문기구 등이 있다. 총회는 FIATA의 최고 의결·집행기관이다. 이사회의 결정에 따라 일반적으로 연 1회 개최된다. 협회의 전체 회원이 참석하는 총회는 통상적으로 스위스 본부에서 개최되는 전체총회(General Council)와 지역총회(World Congress)로 구분되어 각 총회가 격년 주기로 개최된다. 즉, 짝수 해에는 지역총회를 그리고 홀수 해에는 전체총회를 개최한다. 정회원은 총회에 4명의 대표를 파견할 수 있으며, 총 4표의 투표권을 행사할 수 있다.

정회원이 총회에 참식할 수 없는 경우에는 대리권을 행사할 수 있다. 이사는 총회에서 다수결로 선출되고, 임기는 4년이다. 이사회는 임원진을 포함하여 12명 이상의 짝수 이사로 구성된

다. 이사회는 회장 또는 2명 이상 이사의 소집요구에 따라 통상적으로 연 2회 개최된다.

FIATA의 재원은 회원의 가입비와 연례적으로 납부하는 분담금으로 충당된다. FIATA의 가장 큰 업적 중의 하나는 1970년 「FIATA 복합운송증권(FIATA Combined Transport Bill of Lading)」의 개발이라 할 수 있다.

이 증권은 1983년 국제상업회의소(ICC)에서 승인됨에 따라 유통성을 더욱 확보할 수 있게 되었다. 즉, ICC는 1983년 제4차 신용장통일규칙을 개정하면서 FIATA의 FBL에 대해 선하증권과 같은 효력을 부여하였다. 이에 따라 운송주선인은 유통 가능한 FBL을 발행할 수 있게 됨으로써 복합운송 발전에 크게 기여하였다. 우리나라의 한국복합운송주선업협회(KIFFA)는 1978년에 정회원으로 가입하였다.

다 볼틱·국제해운이사회 (BIMCO)

www.bimco.dk

BIMCO는 볼트해와 백해(白海)지역의 교역에 주로 참여하던 선주들이 공동이익을 증진하기 위하여 1905년에 창설한 민간기구이다. 초기에는 볼틱·백해협의회(The Baltic and White Sea Conference)라고 칭하였다. 그 뒤 회원이 증가하고 활동범위가 확대됨에 따라 1927년에 조직이 대폭 확대·개편되자 명칭이 국제성을 띤 볼틱·국제해사협의회(BIMCO ; The Baltic and International Maritime Conference)로 변경되었으며, 최근에 현재의 명칭인 볼틱·국제해운이사회(BIMCO ; The Baltic and International Maritime Council)로 개칭되었다. BIMCO는 해운관련 민간기구 중에서 규모가 가장 크다.

BIMCO는 민간차원에서 해운에 관한 사실적 정보와 의견교환으로 국제적 협조를 도모하고 정치성이 배제된 국제해운의 당면 문제점을 실질적인 측면에서 해결하려는 순수 민간기구이다. BIMCO는 국제해운의 경제적·상업적 분야에 주로 관심을 두고 있다.

정회원은 선주회원(선박을 소유·운항하는 선주), 브로커회원(선박의 용선·매매브로커, 선박대리점 등) 및 단체회원(선주협회와 P&I 클럽 등)이 있다. 준회원 자격은 해운산업과 긴밀한 이해관계가 있는 선급, 은행, 해사법률가, 항만당국 등에게 부여된다. 100여 개국의 1,000여 개 선주회원과 1,800명의 브로커 회원 및 50여개 단체회원 등 2,800여 개의 해운 관련 회사와 단체가 가입되어 있다.

BIMCO는 불공정거래·투기적 용선계약·부당한 상행위 등 해운에 영향을 미칠 가능성이 있는 사례나 상관행에 대한 정보를 수집하여 회원들에게 배포하고, 또한 회원 상호간의 정보교환을 주선한다. 또, 용선계약서·선하증권 등 각종 해운 관련 서식을 개발하고, 개선·발전시킨다. 각종 해운 관련 서식을 발간하며, 국제적으로 사용되는 해운관련 서식을 공인된 서식으로 채택·

보급하기도 한다. BIMCO에는 우리나라의 선주협회와 일부 선사들이 회원으로 가입되어 있다.

라 국제운송노동자연합 (ITF)

www.itf.org.uk

국제운수노련(ITF ; International Transport Workers' Federation)은 1986년 영국의 런던에서 창설되었다. ITF는 전세계 모든 나라의 운수노동조합을 대상으로 하는 국제조직으로서, 국제적인 운수분야, 즉 항만, 선원, 철도, 자동차, 항공 및 관광분야 등에 종사하는 근로자들의 권익을 위해 국제적으로 연합된 노동조합이다.

ITF의 설립목적은 국제적으로 결속된 단결력과 원활한 노동조합 활동을 토대로 국제적인 운수근로자들의 권익을 보호하는 데에 있다.

ITF는 3개의 주요기능을 수행하고 있다.

첫째, 각국의 운수노조들과 근로자간의 단결을 조장하고 있다.

둘째, 운수 또는 사회적 문제들과 관련된 규정과 정책을 수립하는 국제적·지역적 기구의 노동조합을 대표하고 있다.

셋째, 각국 운수노동조합에 정보와 교육자료를 제공하고 있다. ITF는 특히 항만산업과 선원 노동관계에 직접적으로 개입하고 있으며, 선상 근로자의 권익보호 차원에서 선박의 편의치적제도(便宜置籍制度)에 대하여 지속적으로 반대활동을 전개해 오고 있다.

ITF는 모두 8개 산업분과(철도 근로자, 내륙항해근로자, 자동차운송근로자, 상선 선원, 항만근로자, 어선 선원, 민간항공근로자 그리고 관광서비스근로자)로 구분되어 모든 직종의 운수근로자를 대표하고 있다.

ITF의 주요기구는 총회, 평의원회, 집행위원회, 운영위원회, 사무국 및 산업분과이다. 총회는 ITF의 최고기관으로 위원장, 사무총장, 그리고 가맹노조 대표들과 옵서버들이 참석한다.

우리나라는 1957년 7월 1일 ITF에 가입하였다. 현재 ITF에 가입한 우리나라 근로자의 수는 선원, 자동차, 택시, 철도, 항공, 항운 등 6개 분야의 운수산업 근로자 40여만 명이다. 2013년 현재 ITF의 회원 수는 150개 국가의 700개 노동조합에서 가입한 450여만 명이다.

마 국제항공수송협회 (IATA)

www.iata.or.kr

IATA(International Air Transport Association)는 국제연합(UN)의 항공운송관련 전문 상임기구

인 국제민간항공기구(ICAO)의 협의기구이다. 항공운송의 비약적인 발전에 따라 항공수송의 표준화, 안전확보, 부당경쟁 배제 및 운임의 합리화 등을 목적으로 1945년 4월에 설립되었다. 현재 본부는 캐나다의 몬트리올에 있으며, 전세계 61개국에 63개의 지부를 가지고 있다.

2013년 현재 IATA에 가입한 항공사는 118개국 240개사이다. 결의기관으로선 연차총회, 집행기관으로서는 상임위원회가 있으며 기타 상설조사 연구기관으로서 운송, 기술, 재무, 법무, 의무 등의 5개 전문위원회가 있다.

IATA의 주요 업무로서는 국제 항공운임의 결정 및 항공기술분야 연구 및 개발, 항공운송 관련 제 규정(resolution)의 제정 및 집행, 항공사와 대리점 (여행사/항공화물운송업체)간의 항공운임 정산 및 제반 절차 집행(CASS), 항공운항 및 공항 안전관련제반기준 협의 등이다.

특히, CASS(Cargo Account Settlement System)는 다수의 항공사와 다수의 대리점간 거래에서 발생하는 국제선 항공화물 운임을 다자간 개별적으로 직접 결제하는 방식 대신에 CASS에서 발행한 통합 송장(invoice)에 따라 정산은행을 통해 일괄 정산하는 표준 항공화물 운임정산 제도이다. 그렇게 함으로써 비용의 절감은 물론 업무의 표준화, 효율화를 도모할 수 있다.

IATA는 2000년 말 기준으로 세계 곳곳에서 약 191조 원에 달하는 항공운임(여객/화물포함)을 정산하였으며 그 중 약 2%인 약 4천억 원은 IATA 한국지부에 의하여 집행된 것으로 알려졌다.

바 국제민간항공기구 (ICAO)

www.icao.org

ICAO(International Civil Aviation Organization)는 1944년 12월 「시카고 회의」에서 52개국 대표가 모여 만든 국제민간항공협약(Convention on International Civil Aviation)을 근거로 1947년에 발족한 유엔 전문기구이다. 세계 민간항공의 평화적이고 건전한 발전을 도모하기 위하여 항공기, 승무원, 통신, 공항시설, 항법 기술 면에서의 표준화를 위한 활동을 하고 있다. 현재 ICAO에 참여하는 가입국가는 191개국에 달한다.

본부는 캐나다 퀘백주 몬트리올에 있고, 지역사무소는 방콕, 카이로, 다카, 리마, 멕시코, 나이로비, 파리에 있다. ICAO는 설립 목적수행을 위해 총회(Assembly), 이사회(Council), 사무국(Secretariat)의 세 기관을 구성, 운영하고 있다. 항공통계 및 정보에 관한 사항은 항공운송위원회(Air Transport Committee)에서 취급하고, 실질적인 업무는 산하사무국인 항공운송국(Air Transport Bureau)에서 담당하고 있다.

ICAO는 세계의 민간항공에 관한 포괄적이고 상세한 통계정보를 다양한 통계요람을 통해 발표하고 있으며, 통계요람 발간을 위한 각국의 의무적인 항공통계자료 제출은 국제민간항공 협약 제67조 규정에 근거를 두고 있다. ICAO는 또, 기구 산하에 보조기구로 법률위원회를 두고 있는데, 이 법률위원회는 지금까지 15개의 항공법을 성안하였으며 그 가운데 1948년 제네바에서 승인된 항공기 소유권 보호에 대한 국제적 승인조약, 1954년 항공기 공중충돌에 관한 제조약, 그리고 1963년 9월 동경에서 조인(調印)된 항공기 기상범죄 및 어떤 행위에 관한 조약을 마련하는 등 많은 업적을 남겼다.

사 국제항만협회 (IAPH)

www.iaph.or.jp

국제항만협회(International Association of Ports and Harbors)는 비정부 민간기구로 1955년에 설립되었다. 이 협회의 설립 움직임은 1952년 일본에서 태동하였다.

일본항만협회는 협회창립 30주년 기념행사의 하나로 태평양 연안국을 포함하여 미국, 영국, 프랑스 등 15개 국가의 항만관계자를 초청하여 국제회의를 개최하면서 '세계 항만간의 상호협력과 정보교환을 촉진하기 위한 상설 국제기구를 설립할' 것을 정식 제의하였다. 그 후 3년간의 협회 설립 준비작업을 거쳐 1955년 11월 미국 로스앤젤레스에서 제1차 국제항만총회가 개최되었다.

이 총회에는 미국, 독일, 일본 등 14개 국가의 항만대표자들이 참가하였으며, 이사회를 구성하는 등 협회 설립에 관한 세부적인 절차작업을 매듭지었다. IAPH는 비영리 민간기구로서 설립 이후 30여 년 동안 범세계적 국제조직으로 성장하였으며, 유엔경제사회이사회(ECOSOC), 국제해사기구(IMO), 유엔무역개발회의(UNCTAD), 유엔환경계획(UNEP), 국제세관기구(WCO) 등 5개의 정부간 국제기구에 민간자문기구(NGO)로 참여하고 있다.

IAPH의 설립목적은 ①국제항만간의 친선 도모와 협력증진, ②항만관리·운영·건설에 관한 기술 및 정보의 상호교환, ③항만권익 향상을 위한 계획수립 및 집행, •해운 및 해운주도형 산업발전을 위하여 관련기관·단체간의 협력사업 전개, ④간행물 발간을 통한 항만업무의 이해도모, ⑤해상운송 및 해운주도형 산업발전을 위하여 선주 및 해운관련 조직·업계 등과 협조하여 항만발전을 배양하는 데 있다.

IAPH의 주요 사업으로서는 ①국제항만협회 회의 개최, ②총회 회의록, 협회지 또는 기타간행물, 협회에서 인증한 항만관련간행물의 발간, ③공공 및 민간국제기구, 협회 등과 국제적 상호관심사 논의 및 이들 조직과의 효과적인 유대관계 유지를 위한 관계 수립·강화 등이다.

IAPH의 회원은 정회원(Regular members), 준회원(Associate members), 명예회원(Honorary members)으로 구성되며, 90여 개국의 1,000여 항만관리기구 및 항만단체 등이 회원으로 가입하고 있다. 회원은 세칙의 규정에 따라 일정한 회비를 부담한다. 총회는 2년마다 특정주제로 4개 대륙을 순회하면서 개최되며, IAPH의 최고 정책기관 역할을 한다. 이사회는 IAPH의 정책 수립

기구이며, 총회 개최기간 모든 회의절차에 관한 전반적인 감독책임을 진다.

이사회의 고유업무로는 총회 의사일정의 결정, 협회 정관 또는 세칙의 수정안 제출, 예산안 작성 등이다. 우리나라는 1977년 4월에 미국 휴스턴에서 개최된 제10차 총회부터 참가했으며, 제15차 총회(1987. 4. 25~5. 2)를 서울에서 개최하였다. 부산지방해양수산청은 1995~1997년간 2년 동안 아시아지역 집행위원으로 활동한 바 있다.

아 국제해법회 (CMI)

국제해법회(Committee Maritime International)는 해상법, 해사 관행과 관습 및 해사 실무의 통일에 기여할 목적으로 1897년 벨기에의 앤트워프에서 창설된 비정부간 국제기구이며, 해상법 분야 전문가가 이 기구의 활동에 적극적으로 참여하고 있다.

전세계 53개국 국내 해법회의 약 6,500명의 회원으로 구성되어 있다. 우리나라는 1981년에 CMI에 가입하였다. 주요 조직으로서는 총회와 집행이사회가 있다. 총회(Assembly)는 전체회원으로 구성된다.

총회는 매년 3월 중 1회씩 개최되나 집행위원회의 결정 등이 있을 때는 임시총회를 개최한다. 회장(President)은 총회, 집행위원회 및 국제회의(International Conferences)의 의장이 된다. 집행이사회(Executive Council)는 회장, 집행사무국장(Secretary-General Executive), 행정사무국장(Secretary-General(Administrative)) 및 총회에서 임명된 6명의 3년 임기의 위원으로 구성된다.

CMI는 총회의 주도하에 총회가 정한 의제를 논의하기 위하여 적어도 4년에 한 번씩 국제회의를 개최한다. CMI는 비정부간 기구이기는 하나 주요 해운국 해법회를 주축으로 조직된 세계적 기구로서 설립 이후 많은 해운국의 다양한 견해를 통일하는데 크게 기여해 오고 있다.

그동안 CMI는 복잡다기하고 서로 다른 해상법의 주요 내용을 몇 개의 협약 초안들로 집약하여 벨기에 정부가 소집한 외교관회의를 통해 '브뤼셀 국제해사법협약(The Brussels International Maritime Law Conventions)'으로 알려진 해사 관계 협약들을 성립시켜 왔다. 이러한 과정을 통해 성립된 브뤼셀협약은 모두 20개에 이른다. 특히 CMI는 IMO의 국제해운 관련 협약제정에 상당한 영향을 미치고 있다.

2. 국제해사기구

국제해사기구(IMO ; International Maritime Organization)는 해상안전 및 공해방지와 관련된 국제법규 및 조약을 채택하기 위해 만들어진 유엔 산하의 국제기구로서 1958년에 세워진 「정부간 해사협의기구(IMCO ; The Inter-governmental Maritime Consultative Organization)」가 1982년에 이름을 바꾸어 발전한 것이다.

가 IMO 설립목적

IMO의 설립목적은 IMO협약 제1조에 명시되어 있다.
   ① 해운에 영향을 미치는 제반 기술사항에 관한 정부간 협력 촉진
   ② 해사(海事)안전과 해양오염 방지에 관한 실질적인 기준 채택·시행
   ③ 국제교역을 증진시키기 위하여 차별적 관행과 불필요한 제한 철폐
   ④ 해운 및 해상운송과 관련된 제반문제의 토의와 정보의 교환 등이다.

IMO는 현재 170개국의 정회원국과 3개의 준회원국을 보유하고 있다. IMO 회원국이 전세계 선박보유량의 약 98%를 차지하고 있는 것으로 알려졌다.

IMO의 본부는 영국 런던에 있으며, 모든 회원국으로 구성되어 2년마다 개최되는 총회(Assembly)가 최고의결 기구 역할을 한다.

준회원국을 제외한 각 회원국은 총회에서 1개의 투표권을 행사할 수 있으며, 표결도 특별히 정한 사항을 제외하고 출석·투표한 회원국의 과반수에 따른다.

나 총회 기능과 이사회 임무

(1) 총회의 주요기능

   ① 기구의 사업계획 및 예산·결산의 승인
   ② 보조기관의 설치
   ③ 이사회의 이사국 선출 및 사무총장 승인
   ④ 이사회의 보고서 및 상정 안에 대한 심의·의결
   ⑤ 협약 채택을 위한 국제회의소집 등이다.

총회가 개최되지 않는 해에는 총회에서 선출된 32개국으로 구성된 이사회(Council)에 의해 계류된 문제에 대하여 총회의 기능을 대행한다.

(2) 이사회의 임무

① 각 위원회의 보고·제안 및 권고에 대한 접수 및 총회제출

② 사무총장의 임명

③ 기구의 활동에 관하여 총회에 보고

④ 사무국 직원의 근무조건 등 결정

⑤ 사업계획, 예산 및 결산을 심의하고 총회에 제출

⑥ 기구의 효율적인 운영을 위한 사업계획의 조정 등이다.

다 위원회

(1) 해사안전위원회

이사회 산하에는 5개의 위원회가 있다. 해사안전위원회 (MSC ; Maritime Safety Committee)는 해상안전에 관한 모든 문제를 다루는 곳이다. 하위 분과위원에서는 항해의 안전, 항해 중의 교신, 인명구조(수색 및 구조). 표준 선원훈련 제도, 경비, 선박디자인, 화재보호, 흘수선, 어선의 안전, 위험물운송, 컨테이너에 의한 건화물 운송과 액체화물 운송 등을 다룬다.

MSC는 IMO 협약상 적어도 매년 1회 회의를 개최하게 되어 있으나 통상 매년 2회씩 개최되고 있다. 동 위원회는 매년 1회 자체의 직원을 선임하며, 위원회에서 토의된 안전 관련 규정의 제·개정에 관한 각종의 제안, 지침서 및 활동보고서를 이사회에 제출하여야 한다.

MSC는 이러한 모든 사항을 직접 처리할 수 없어서 IMO 협약의 위임규정에 따라 분야별로 9개의 소위원회를 두고 있으며, 소위원회 내에서도 더욱 상세한 문제를 다루기 위하여 사안별로 특별작업반(Ad hoc Working Group) 또는 통신연락작업반(Correspondence Group)이 구성되기도 한다.

(2) 해양환경보호위원회

해양환경보호위원회(MEPC ; Maritime Environment & Protection Committee)는 해양오염, 특히 석유에 의한 해상오염에 대한 모든 문제를 취급한다.

(3) 기술협력위원회

기술협력위원회(TC ; Technical Cooperation)는 IMO에 의해 채택된 기술적인 프로그램들이 잘 이행될 수 있도록 각국 정부를 도와주는 역할을 한다.

(4) 법률위원회

법률위원회(LEC ; Legal Committee)는 IMO의 영역 내에 있는 법적 문제들을 검토한다.

(5) 교통간소화위원회

마지막으로 교통간소화위원회(FAL ; Committee on Facilitation)는 규제 완화 및 선박 입출항 관련 서류의 단순화를 통한 국제해상교통 흐름의 원활화를 위해 존재한다.

라 안전 관련 협약

IMO의 가장 중요한 임무는 해상에서의 인명의 안전도(安全度) 향상을 위해 필요한 조치를 취하는 것이라고 할 수 있다. 실제로 동 기구는 발족 이후 해난사고 방지를 위해서 선체, 선원, 해상교통, 해양환경 보전 등과 관련한 국제법 제도를 마련하였는데, 그중에는 1974년 SOLAS협약), 73/78 MARPOL협약, STCW협약 등도 포함되어 있다.

(1) SOLAS 협약

SOLAS(Safety of Life at Sea)협약은 타이타닉호 침몰사고 후 1914년에 채택된 IMO 최초의 안전 관련 협약이라고 할 수 있다. 그 이후 여러 번 개정된 후 현재 규정은 1974년 개정안을 기본으로 하고 있다. 우리나라는 1980.12.31에 비준(1981.3.31 발효)하였다. 동 협약의 주요 내용은 해상에서의 인명안전을 위해서 선박의 구조, 기관, 무선통신 등 구명설비에 대한 정비와 검사강화의 의무 등으로 되어 있다.

지금까지는 구조 및 설비에 관한 하드웨어적 측면이 협약의 중심이었지만, 1994년의 개정에서는 운항관리 등의 소프트웨어적 측면의 규제를 강화한 것이 특징이다. 이것은 해난사고 원인의 80%가 인적과실에 의해 발생하고 있다는 것을 인식하게 되었고, 소프트웨어적인 대책에 의해서 사고를 방지할 수 있다는 판단에 근거한 것이다.

(2) STCW 협약

선원의 훈련·자격증명 및 당직 기준에 대한 국제협약(STCW ; The International Convention on Standards of Training, Certification and Watchkeeping for Seafarers, 1978)은 특히 인적요인(人的要因)에 의한 선박의 사고가 전체 사고요인의 80%가 넘는다는 세계공통의 인식 아래 선원들의 직급별 행동지침을 규정해 놓은 것이다.

그러나 동 협약의 채택 후 15년이 지났고 발효 후 10년이라는 장기간이 경과되어 동 협약이 선박의 기술변화와 선내 배승(配乘)조직의 변화에 적절히 대응하지 못해 선원의 자질향상과 새로운 환경변화에 대한 선원의 대처능력 제고 및 자격증명서 발급요건의 강화를 중심으로 하는 협약의 개정이 논의되었다. 1978년 STCW협약은 1978.7.7 채택되어, 1984.4.28에 발효되었다.

우리나라는 1985.4.4에 가입(동년 7월 4일 발효)하였다. 그러나 동 협약의 채택 후 15년이 지났고 발효 후 10년이라는 장기간이 경과되어 동 협약이 선박의 기술변화와 선내 배승조직의 변화에 적절히 대응하지 못하고 있다는 지적이 나오고 있다. 이에 따라 선원의 자질향상과 새로운 환경변화에 대한 선원의 대처능력 제고 및 자격증명서 발급요건의 강화를 중심으로 하는 협약의 개정이 논의되고 있다.

(3) MARPOL 협약

MARPOL협약(Convention for the prevention of pollution from ships)은 1973.11.2에 런던에서 만들어진 후, 1978.2.17에는 이 협약에 대한 개정의정서(MARPOL 73/78)가 채택되어 1983.10.2 발효된 이래 보통 'MARPOL 73/78'로 불린다. 우리나라는 유보를 조건으로 1984년 7월 23일 가입하였다.

MARPOL은 육상에서 만들어진 폐기물 외의 모든 종류의 해상오염 물질을 다루는데, 규정 위반의 정의, 선박검사에 관한 증명서 발급 및 특별규정, 유해물질이 포함된 사건에 관한 보고서 등에 대한 것도 포함되어 있다.

MARPOL78협약에 의해 모든 유조선은 유류배출을 위한 모니터링 장비를 보유하고 있어야 하고, 사고 시의 해상유류 오염방지를 위해 20,000DWT(그전에는 70,000DWT) 이상의 신조 유조선은 충분한 공간의 분리된 밸러스트 탱크를 갖추어야 한다.

MARPOL협약의 부속서에는 신조 유조선의 디자인(Regulation 13F)에 대해서도 명시하고 있고, 1993년 7월 이후에 주문된 선박은 이중의 선체(hull)를 갖추도록 규정짓고 있다.

3. 컨테이너 관련 국제조약

수출입화물의 컨테이너화(containerization)가 이루어지면서 선박회사 등 운송인의 책임범위도 종래 "Port to Port"에서 "CY to CY" 혹은 "Door to Door"로 바뀌면서 컨테이너 용기 자체에 대하여 관세행정상의 구분이 명확하지 못하게 되었다. 더구나 관세선을 넘어 통관되지 않은 화물과 컨테이너를 내륙지역에 수송하는 데 따른 관세행정상의 처리문제도 일어나게 되었다.

또한, 컨테이너 용기 자체의 값어치도 상당하고 그 안에 들어가 있는 화물 역시 보통 몇만불 정도 하기에 만일 수송과정에서 사고가 발생하게 될 경우 자체적인 피해가 클 뿐만 아니라, 제3자에게 미치는 영향도 또한 상당할 것이다. 이러한 문제를 해결하기 위해 컨테이너와 관련한 국제적인 통일조약이 필요하게 된 것이다. 여기에서는 몇 가지 주요한 관련 조약들을 알아보기로 한다.

가 컨테이너 통관조약 (CCC)

(Customs Convention on Container 1956)

컨테이너 자체에 대한 관세행정상의 특례를 인정하기 위하여 1956년 유럽경제위원회가 채택한 조약이다. 컨테이너가 수소용으로 관세선을 넘어 국내에 들어왔다가 자신의 목적을 다하고 공컨테이너 형태로 다시 그 나라를 벗어날 경우 종래의 관세법 개념으로서는 입국 시에 수출입 통관과 수입 관세를 납부해야 하며 돌아갈 때에는 다시 수출통관 절차를 밟고 수출 관세를 물어야 한다.

그렇지만, 현재와 같이 수많은 컨테이너가 출입할 경우 이러한 절차를 모두 거치기 곤란하다. 따라서 이 조약에서는 일시적으로 수입된 컨테이너를 재수출을 조건으로 면세하고, 국제간 보세운송은 체약국 정부세관의 봉인을 인정하여 주는 것 등을 규정하고 있다.

CCC는 TIR과 함께 유럽 대륙 내에서 컨테이너 육상수송의 편의를 위해 제정되었지만, 컨테이너 수송제도가 해운분야에 쓰이면서 글로벌한 수송체계가 구축되자 유럽 외의 지역으로까지 적용범위가 확대되게 되었다. 우리나라도 1981년 10월에 CCC의 비준동의를 하였다.

나 국제도로운송증권 담보 화물의 국제운송에 관한 통관조약 (TIR)

(Customs Convention on the International Transport of Goods under Cover to TIR Carnets)

CCC가 컨테이너 자체의 수출입에 관한 관세법상의 특례를 설정한 조약인데 반하여, TIR은 컨테이너 속에 내장된 화물이 특정국가를 통과하여 최종소비지에 도착할 때의 관세법상의 특례를 규정한 조약이다. 이 조약도 유럽경제위원회가 유럽대륙에 있는 각국간의 운송상 편의를 위해 1959년에 채택되었다.

(1) TIR의 주요 내용

TIR의 주요 내용은 다음과 같다.

① 체약국은 도로운송 차량에 의하여 컨테이너에 직접 봉인되어 운송되는 화물에 대하여는 일정 조건으로 경유지 세관에서의 수입세나 수출세의 납부나 공탁(供託)을 면제한다.

② 원칙적으로 경유지 세관의 검사가 면제된다.

또 이와 같은 편익을 향유하기 위해서는, 도로운송 차량 또는 컨테이너는 소정의 기술요건을 구비하고 사전에 설정을 받을 것(TIR plate 부착), 출발지 세관이 봉인하고 그 봉인에 이상이 없을 것, 그리고 TIR 까르네에 의하여 보증되어 있어야 한다.

이 중에서 가장 중요한 것은 TIR 까르네에 의한 보증인데, 이는 경유국에서 화물의 멸실 등의 사유가 있을 경우, 그 사고발생지 관할 세관에 지불할 관세, 운송 도중 발생되는 제세공과금 및 벌금의 지불을 보증하는 증명서로서 관련업자로 구성된 민간보증단체가 발행하고 있다. 1978년에는 TIR의 보완사항을 마련하여 신TIR이 채택되었고 우리나라는 1981년에 국회의 비준 동의를 취득하였다.

(2) 신 TIR의 특징

첫째, 운송과정 중의 일부가 도로운송으로 이루어질 경우에는 타 운송수단의 많고 적음과 관계없이 TIR운송의 적용을 받을 수 있게 되었다.

둘째, TIR 까르네 한 건당 최고보증 한도액을 5만 달러 상당으로 조정했다.

셋째, TIR 까르네의 유효기한을 설정할 수 있게 되었다.

다 ▶ 국제통관화물에 관한 통관조약 (ITI)
(Customs Convention on the International Transit of Goods)

관세협력이사회가 신 TIR 작성과 병행하여 독자적으로 국제운송과 관련한 통관조약의 작성 작업을 추진하여 1971년에 채택한 것이다. 이 조약과 TIR은 거의 같은 것을 취급하고 있는데다 TIR보다 늦게 작성되었기 때문에 동 조약에 관한 제 결의나 개정 등을 참고로 할 수 있다는 점에서 보다 광범위하고 극히 세밀한 조약이다.

예를 들어, TIR 조약이 도로주행 차량 또는 이에 적재된 컨테이너에 의한 도로운송을 대상으로 하는 데 비해서 본 조약은 각종 수송기기에 의한 육해공 모든 수송수단을 대상으로 하고 있다는 점이 다르다.

라 컨테이너 안전조약 (CSC)

(International Convention for a Safe Containers)

CSC 컨테이너안전협약은 컨테이너의 하역이나 수송 시에 안전성을 확보하기 위하여 1972년에 UN과 정부간해사협의기구(IMCO : IMO의 전신)에 의해 채택되었다. 조약의 구성은 전문, 본문 16조, 부속서 2로 구성되어 있다.

조약의 목적은 전문에도 있는 바와 같이 컨테이너의 취급, 적취 및 수송에 있어서 고수준의 인명의 안전을 유지하면서 국제 컨테이너 수송의 발달을 촉진하기 위하여 컨테이너의 구조상의 안전요건을 국제적으로 공통화함을 목적으로 하고 있다.

이들 목적을 달성하기 위한 구체적 방법으로서 체약국은 본 조약의 규정에 따라 컨테이너의 구조요건, 시험, 정비점검의 내용을 국내법으로 제정하여 이들 법규에 합격한 컨테이너에 안전승인판(Safety Approval Plate)을 부착하게 되어 있다. 본 조약은 1977년 발효되었다.

마 국제도로 물품운송조약 (CMR)

(Convention on the Contract for the International Carriage of Goods by Road)
(Convention Relative au Contract de Transport International de Merchandises par Route)

유럽 내 도로운송에서 전통운송(全通運送) 국제조약으로 1956년 스위스의 제네바에서 서명되어 현재 전유럽 55개국이 가맹하고 있다. 유럽 내 육상물품운송에서 운송인의 책임을 중심으로 규정된 조약으로서 국제철도물품운송조약(CIM)과 함께 유럽의 중요한 전통운송 국제조약 중의 하나이다.

참고로, 해상운송, 항공운송 등 각각의 운송상태에 따른 운송인의 책임한계에 대해 국제적인 조약이 정해져 있는데, 해상운송에는 1924년의 '선하증권통일조약'(International Convention for the Unification of Certain Rules of Law relating to Bills of Lading and Protocol of Signature, Brussels, August 25th 1924 : 소위 'Hague Rules')과 1978년의 '국제연합해상물건운송조약'(United Nations Convention on Carriage of Goods by Sea, 1978 : 소위 'Hamburg Rules') 등이 있다.

항공운송분야는 1929년의 '국제항공운송조약'과 그 수정조약(Convention of the Unification of Certain Rules Relating to International Carriage by Air : 소위 'Warsaw 조약')이 있다.

육상운송분야는 해상, 항공분야와는 달리 그 지리적인 제약 때문에 전 세계적인 범위에서의 조약은 성립되지 않고 있다. 그러나 유럽지역 국가들 사이에 체결된 1956년의 '국제도로화물운송조약'(CMR ; Convention relative au contract de Transport International de merchandises par Route)과

1970년의 '국제철도화물운송조약'(CIM ; Convention Internationale concernant le Transport des Merchandises par Chemins de fer)이 있다.

이들 네 가지 조약은 모두 기본적으로 과실책임 원칙에 입각하고 있음은 동일하지만 해상운송, 도로운송, 철도 및 항공운송에서 보이는 각각 다른 상황 속에서 동일한 원리가 적용된다. 그 결과 운송인과 과실의 정의에 대하여도, 또 그 책임한도액에 대하여도 각 조약에 정하여진 내용은 상당한 차이가 있다. 즉 운송인에게 요구되는 주의의무는 그 정도가 가장 완화된 헤이그룰로부터 중간단계의 함부르크룰과 Warsaw조약, 그리고 가장 엄격한 CIM, CMR의 입장이 있다.

또한, 운송물 1kg당 한도액을 비교해 보면 다음 표와 같다.

[국제조약상 운송인의 책임한도와 달러 환산액(운송물 1kg당)]

국제조약	조약상 운송인의 책임한도	미 달러화 환산액
Hague-Visby Rule	30 포앙카레프랑	2.00
Hamburg Rule	2.5S DR	3.00
CIM 1970	50 제미날 프랑	16.00
CMR	25 제미날 프랑	8.00
Warsaw조약	25 포앙카레 프랑	16.00

참 고 문 헌

국내 문헌

국토교통부(1995); 운행제한차량단속업무편람

고용기(2000); 전자상거래 활성화를 위한 제3자물류의 효율적 이용방안에 관한 연구, 물류학회지 제10호 제2권

김제철·예충열(2002); 항공화물수송부문의 경쟁력 강화방안, 서울 : 교통개발연구원

대한상공회의소(1999); 제3자물류업체의 경영실태조사

민성규(역)(1981); 해운실무사전, 서울 : 한국해운정보센터

박대위(1979); 선하증권론, 서울 : 법문사

박영재(1998); 국제수송수단 선택에 관한 실증적 연구, 중앙대 박사학위 논문

박영태·김영민(2000); 우리나라 무역업체의 공급체인관리 도입전략에 관한 연구, 물류학회지 제10호 제2권

박용안(1999); 제3자물류업에 대한 종합육성계획 시급, 한국해양수산개발원, 해양수산동향, 12월 6일

백종실(1999); 해운기업과 제3자물류에 관한 소고, 해양한국 6월호. 아시아 주요국 항만배후지 물류거점화 정책 비교 연구, 한국해양수산개발원

방희석(1989); 현대해운론, 서울 : 박영사

송계의(1995); 기업의 물류관리, 서울 : 21세기한국연구재단

옥선종(1986); 해운론, 서울 : 법문사

(주)운송신문사(2000); 물류용어사전

오원석(1990); 국제운송론, 서울 : 박영사

오세영(2000); 제3자물류와 해운기업의 대응, 월간 해양한국 3월호

이제홍(2000); 국제물류과정에서 한국 복합운송주선업체의 서비스 경쟁력 분석, 한국국제상학회, 국제상학 제15권 제2호.

이철영 외 2인(1999); 로지스틱스의 진화에 대응한 항만의 발전전략에 대하여(1), 한국항만학회지 제13권 제2호.

이태원(1991); 현대항공수송론, 서울 : 서울컴퓨터프레스

임석민(1999); 글로벌 물류와 포워더들의 진로, 해양한국 3월호.

전창원(1993); 무역운송실무, 서울 : 일신사

정종석(1998); 물류산업 고도화를 위한 제3자물류 발전방안, 대한상의 제3자물류 촉진방안 세미나 자료

조진행(1997); 우리나라 기업의 물류기능 아웃소싱에 관한 연구, 97 정례학술발표논문집, 한국무역학회

조진행·김재봉(1999); 제조업체의 유통공급망관리(SCM) 전략 구축방안, 한국해양대학교 사회과학논총 1999년 제7호, 한국해양대학교 인문사회과학대학

한국로지스틱스학회 논문집(1998); 한국로지스틱스학회

한국무역협회(1998); 수출입물류비 절감을 위한 제3자물류 도입방안 세미나자료. 수출입물류요금 및 주요 지표. 무역서식 기재요령

황인수(1998); 로지스틱스 산업의 합리화와 국내기업들의 제3자로지스틱스에 관한 연구, 로지스틱스연구 제6권 제1호.

허문구(2000); 알기 쉬운 무역운송실무, 서울 : 한국재정경제연구소

일본 문헌

寺前秀一(1997); 經濟構造改革と物流, 東京: 日通總合研究所.

阿保榮司(1993); ロジスティクス革新戰略, 東京: 日刊工業新聞社.

阿保榮司(1996); Logistics: 物的流通·製造·調達の總合管理, 東京: 中央經濟社.

廣岡治哉, 野村 宏 共編(1994); 現代の物流, 東京 : 成山堂書店.

三浦政史(1997); 荷主企業の物流需要變化と物流アウトソーシング, 季刊 運送展望 여름호.

サ-トパ-ティロジスティクス(3PL)の實態調査報(1999); 日本ロジスティクス協會.

上野裕子(1998); 物流を変えるサ-トバ-ティロジスティクス, 三和總合研究所.

上野裕子(2000); 物流ガ変わる!, 三和總合研究所.

道路交通管理研究會(2001); 最新車輛制限令實務の手引, (주)ぎょうせい

서양 문헌

Martin Stopford(2000); Maritime Economics, New York : Routledge

Ballou, Ronald H.(1992); Business Logistics Management, Englewood Cliffs, N.J. : Prentice Hall.

Christopher, Martin(1992); Logistics and supply chain management : strategies for reducing costs and improving services, London: Pitman Pub.

Coyle, John J., Edward J. Bardi, Langley John Jr.(1992); The Management of Business Logistics, St. Paul: West Publishing. Co.

Gardner, R.W. and Johnson, C.L.(1994); Third-party Logistics, New York: The Free Press.

Johnson, James C.(1996); Contemporary logistics, New York: Macmillan.

Langford, John W.(1995); Logistics : principles and applications, New York : McGraw-Hill.

Randall H.L.(1994); Contract Logistics: Is Outsourcing Right for You, New York: The Free Press.

논문 및 연구자료

Ackerman, K.B.(1996); Pitfalls in Logistics partnerships, International Journal of Physical Distribution and Logistics Management, Vol. 26 No. 3.

Andersen Consulting and Cranefield School of Management(1998); Reconfiguring European Logistics Systems, Council of Logistics Management.

Bhatnagar, Sohal, and Millen(1999); Third party logistics services : a Singapore perspective, International Journal of Physical Distribution and Logistics Management, Vol. 29 Issue 9.

Cooke, James Aaron(1998); Third-party Logistics grows up, Logistics Management and Distribution Report, November.

Dapiran, Lieb, Millen and Sohal(1996), Third party logistics services usages by large Australian firms, International Journal of Physical Distribution and Logistics Management, Vol. 26 Issue 10.

Frankel, R. and Whipple, J. S.(1996); "Alliance Formation Motives: A Comparison of International Perspectives", The International Journal of Logistics Management Vol. 7, No. 2.

Goldsmith, M.(1989); Outsourcing plays a role in corporate strategies, Transportation and Distribution, October.

Gooley, Toby B.(1997); The state of third party logistics in Europe, Logistics Management, January.

Koh, S. C., and etc.(2000); Measuring uncertainties in MRP environments, Logistics Information Management, Vol. 13 No. 3.

Lieb, R. C.(1992); The use of third-party logistics services by large American manufacturers, Journal of Business Logistics, Vol. 13 No. 2.

Lieb, R. C. and Randall, Hugh L.(1991); A Comparison of the Use of Third Party Logistics Services by Large American Manufacturers, 1991, 1994, and 1995, Journal of Business Logistics, Vol. 17, No. 1.

Lieb, R. C. and Randall, Hugh L.(1996); A Comparison of the Use of Third Party Logistics Services by Large American Manufacturers, Journal of Business Logistics, Vol. 17 No. 1.

Lieb, R. C., Millen, R.A. and Van Wassenhove, L.N.(1993); Third party logistics services: a comparison of experienced American and European manufacturers, International Journal of Physical Distribution and Logistics Management, Vol. 23. No. 6.

Lieb, Randall and Peters(1998), The Use of Third-party Logistics Services by European Industry, Transport Logistics, Vol. 1 No. 3.

Menon, Mohan K., McGinnis, Michael A., and Ackerman, Kenneth B.(1998); "Selection Criteria for

Providers of Third-party Logistics Services : An Exploratory Study", Journal of Business Logistics, Vol. 19 No. 1.

Muller, E. J.(1993); The top guns of third-party logistics", Distribution, March. More top guns of third-party logistics, Distribution, May.

Razzaque, Mohammed Abdur(1998); "Outsourcing of logistics: a literature survey", International Journal of Physical Distribution and Logistics Management, Vol. 28 Issue 2.

Richardson, H. L.(1992); Outsourcing: the power worksource, Transportation and Distribution, 1992.

Sheffi, Y.(1990); The third party logistics: present and future prospects, Journal of Business Logistics, Vol. 11 No. 2.

Sink, Harry L. and Langley, C. John Jr.(1997); A Managerial Framework for the Aquisition of Third Party Logistics Services, Journal of Business Logistics, Vol. 17, No. 2.

Sink, Harry L. Langley, C. John Jr. and Gibson, Brian J.(1996); "Buyer observations of the US third-party logistics market", International Journal of Physical Distribution & Logistics Management, Vol 26 Issue 3.

Tate, K.(1996); The elements of a successful logistics partnership, International Journal of Physical Distribution and Logistics Management, Vol. 26 Issue 3.

Van Laarhoven, P., Berglund, M., and Melvyn, P.(2000); Third-party logistics in Europe-five years later. International Journal of Physical Distribution & Logistics Management, Vol. 30 No. 5.

Van Damme, D. A. and Van Amstel, M. J. P.(1996); "Outsourcing Logistics Management Activities," The International Journal of Logistics Management, Vol. 7. No. 2.

인터넷 사이트

http://home4.highway.ne.jp/matuyuki/in/1homego 1.html
http://www.samsungsds.pe.kr
http://sanmic.sric.co.jp
http://www.kcals.or.kr
http://www.manufacturing.net/magazine/logistics/ archives/1999/log0701.99/0713plar.htm
http://japan.hanmir.com/j2k.cgi?url
http://www.sakata.co.jp/scm/scm_menu.htm
http://kopczak.ascet.com
http://www.erhouse.co.kr/scm.asp
http://www.kicd.co.kr/icd/top.htm

http://www.kca.or.kr
http://www.yscid.co.kr
http://www.komares.re.kr

http://www.kcab.or.kr
http://www.shipowners.or.kr
http://www.isaak.or.kr
http://www.kola.or.kr
http://www.kiffa.or.kr

http://www.iata.or.kr
http://www.moct.go.kr
http://www.customs.go.kr/
http://www.pusan.momaf.go.kr
http://www.korail.go.kr
http://www.momaf.go.kr/main/main.asp

찾 아 보 기

표　　그림　　서식

American Land bridge (ALB) 161
Canadian Land Bridge (CLB) 161
CASS의 운임 정산절차 137
CFS의 내외부 모습 25
CSC plate 67
Customs Approval Plate 68
Dell 컴퓨터의 SCM 전략 286
Detention Charge 요율표 229
FCL 화물의 운송 루트:부산항 선적의 경우 23
FLT 시스템 84
Global Supply Chain Management의 개념도 283
IACS 소속 선급협회 392
ICD의 주요기능 41
ISO TYPE CODE 66
LCL 화물의 운송루트 25
Micro Bridge (Interior Point Inter modal: IPI) 161
Mini Land Bridge (MLB) 161
OOCL의 Arrival Notice 양식 27
Owner's plate 69
Reversed Interior Point Intermodal (RIPI) 162
RORO선 모습 79

고려해운의 온라인부킹시스템 16
과적 규제내용 및 벌칙규정 35
국가별 해운 순위 70
국내수송수단별 컨테이너선 물동량 처리실적 48
국제물류주선업의 등록요건 153

국제조약상 운송인의 책임한도와 달러 환산액(운송물 1kg당) 407
국제항공화물 운임의 결정 과정 135
국제항공화물 운임의 결정 과정 232
국제협약의 책임한도액 비교 143
기업 전체물류비용 중 제3자물류업체에 지급한 비용 의 비중 315
기존 생산방식과 JIT 생산방식의 차이점 279

다목적선 80
대표적인 씰의 도구와 씰링된 형태 19
대형선사들의 글로벌 서비스체제 그룹 현황 292
도어작업 모습 18
도어작업 완성 직전의 컨테이너 내부 모습 19
동남아시아 경유 Sea & Air 160
드라이 컨테이너 61
드라이 컨테이너의 사양 58

러시아 경유 Sea & Air 160
로케이션 시스템 87
리치스태커 시스템 85
리퍼 컨테이너 야드와 리퍼 리셉터클 (receptacle) 62

Seoul-Tokyo SCR 요율표 237
TACT Rate 상의 품목 번호 예시 234
TACT의 구성체계 234
Trans Siberian Road (TSR) 162

3PL 계약시 포함 내용의 예 337
3PL 대상업무 선정 절차 332
3PL 리스크 분류 341
3PL 사업자 선정시 고려해야 할 요소 335
3PL 사업자 선정시 필요한 기본정보 333
3PL 서비스 이용으로 인한 상시 물류 담당자의 감 축 현황 309
3PL 서비스수준협약(SLA) 내용 338
3PL 서비스수준협약(SLA) 목차사례 339
3PL 서비스수준협약(SLA) 절차 339
3PL 의사결정을 위한 요소 331
3PL 이해관계자 구분과 내용 342
3PL 전략 결정내용 331
3PL 제안요청서에 포함될 일반적인 내용 334
3PL 추진 프로세스 330

부산 ⇌ 인천 연안해송 스케줄 현황 54
부산 ↔ 인천 운임 현황 (2009년 현재) 54
부킹확약서 양식 17
북미서안 경유 Sea & Air 159

상기 운송 조건하에서의 항공화물운송장 기재 예 244
샤시 시스템 84
선박과 관련된 비용(Ship-based related costs) 226

선하증권 사례 183
선하증권 상단부 양식 177
선하증권 중단부 양식 179
선하증권 하단부 예시 180
선하증권과 해상화물운송장의 비교 187

성과측정 및 평가관리 개념 344
성과측정지표(KPI) 작성사례 341
세계 신조 컨테이너 생산량 추이 59
세계 정기선 해운시장의 글로벌 제휴 추이 98
세계 주요 컨테이너 생산기업의 생산량 추이 60
세계 주요 컨테이너 선사의 분야별 인터넷 활용현황 301
세미컨테이너선 모습 78
수입항공화물의 유통과정 128
수출입계와 물류요금 사례 254
수출입화물의 CFS 경유 형태 24
수출컨테이너 철송 절차도 44

수출항공화물 유통과정	124
스트래들캐리어 시스템	85
스페셜서비스와 관련된 비용	226
신 해상보험증권의 담보위험과 면책위험 일람표	265
아사히맥주의 SCM 전략	288
얼라이언스 현황	97
연안 컨테이너선 취항 현황	48
영업용 보세창고 보관요율표(선박화물)	212
외국과의 과적 차량 단속기준 비교	36
용선 계약별 특성 비교	117
의왕ICD의 시설현황	41
인천항기항 정기컨테이너 항로현황 (정기선 운항표)	51
일반적인 S/R 양식	15
일반적인 컨테이너 터미널의 배치도	83
일반하역료(일반 포장품) 예시	249
자동차전용선에의 자동차 선적 모습	79
전국 컨테이너 물동량 추이	57
전문물류업체의 개념도	300
전통적인 경로 관계와 SCM의 차이점	284
정기선과 부정기선의 특징 비교	94
정기선운임의 종류	109
제3자물류 서비스 이용으로 인한 편익	308
제3자물류 서비스 활용 분야	315
제3자물류에 대한 정의	304
제4차 산업혁명의 개념도	295
조건별 정박일수 4일 예시	116
주요 국제특송업체 현황	132
주요 기타요금 코드	197
주요 항로별 THC/CFS Charge 현황	227
주요국 THC 현황	224
체크디지트 산출표	65
총중량과 축중량의 개념도	33
최근 대형 컨테이너선의 인도 현황	293
최근 인도 초대형 컨테이너선 현황	78
컨테이너 및 컨테이너 차량의 제원	34
컨테이너 연안해송 절차도	49
컨테이너 운송요율 체계 예시	210
컨테이너 육상운송 장비	31
컨테이너 육송요금 변천 과정	208
컨테이너 일련번호	64
컨테이너 정기선사의 전략적 제휴의 발전 방향	98
컨테이너 철도운송 모습	38
컨테이너 철송을 위한 하역작업 모습	46
컨테이너 터미널의 전경	83
컨테이너 표식의 부착지점	69
컨테이너선의 대형화 추이	293
컨테이너선의 크기변화추이	77
트랙터와 트레일러	31
트랜스퍼 크레인 시스템	86
특수컨테이너의 모양	63
포장단위(package, unit)의 정의(Visby Rule)	203
풀 컨테이너선의 모습	77
한·러간 컨테이너 물동량 추이	106
한·일간 컨테이너 물동량 추이	104
한국발 항공화물 태리프 예시	235
한중간 컨테이너 물동량 추이	105
할인/할증품목 리스트	239
항공운송용 컨테이너	148
항공운송장 작성 예	238
항공화물 부대 요금 현황	246
항공화물 요율표의 구성	235
항공화물대리점과 항공운송주선업자 비교	130
항공화물운송장 상단부	194
항공화물운송장 중단부	196
항공화물운송장 하단부	198
항공화물운송장	192
항공화물운송장과 선하증권의 차이점	190
항만하역료의 구성체계	248
항만하역요금 조정절차	247
해상운송 관련 주요협약 비교	176
해상화물운송장 사례	188
협회적하약관 신·구 약관 대비표	263
호주와 싱가포르 화주기업의 3PL 이용현황	314
화물과 관련된 비용(Cargo-based related costs)	225
화물입출항료 요율 현황	217
화물입항료 납부를 위한 측정 단위간의 상호 환산 기준	215
화주기업 3PL 사업자 선정기준	329

용어

영문

AR (ALL RISKS)	263
AWB	193
B/L	387
BUC	242
CAF / BAF	227
CALS	136,274
CCR	238
CFR	259
CFS	82,227
CIF	258
CSC Plate	67
CY	81,82
DDP (DELIVERED DUTY PAID)	258
ECR (Efficient Consumer Response)	278
EXW (EX WORKS)	259
FCA (FREE CARRIER)	259
FCL 화물경로	28
FLT 시스템 (fork lift system)	84

FOB (FREE ON BOARD)	180,258
FPA (FREE FROM PARTICULAR AVERAGE)	263
IATA의 운임 정산제도 : CASS	136
ICC	264,265,266,267
ICD	39,40,42
IMO	400
MARPOL 협약	403
MRP	277
OAG와 TACT	233
ODCY 내 CFS 통관의 경우	29
SCR	236,237
SOLAS 협약	401
STCW 협약	401
TACT의 구성체계	233
THC(Terminal Handling Charge)	245
ULD	147,241,242
WA (WITH AVERAGE)	263

ㄱㄴ

공동해손	270,271
구주항로	103
국제도로 물품운송조약 (CMR)	405
국제민간항공기구 (ICAO)	396
국제복합운송주선업자협회 (FIATA)	393
국제운송노동자연합 (ITF)	395

국제통관화물에 관한 통관조약 (ITI)	404
국제특송업	131
국제항공수송협회 (IATA)	395
국제항만협회 (IAPH)	397
국제해법회 (CMI)	398
나용선 계약	114

ㄷ/ㄹ/ㅁ/ㅂ

담보(to cover)와 보상(to pay)	256
동남아 항로	104
로로선 (Ro-Ro, Roll-on Roll-off)	78
면책약관	174
몬트리올조약(Montreal Convention)	141
물적 손해	261
배수톤수 (displacement tonnage)	72
변형통일책임론 (Modified Uniform Liability System)	154
보관료	212, 213
보세운송	127
보험가액 (Insurable Value)	257

보험가액 (Insurable Value)	257
보험계약자와 피보험자 (Insured, Assured)	256
보험금 (Loss, Claim paid)	256
보험금액 (sum insured)	257
보험료 (insurance)	112, 256
보험자 (Insurer, Underwriter)	256
보험증권	262
복합운송증권	156, 157
볼틱·국제해운이사회 (BIMCO)	394
부선양 적재작업	250
부정기선운임	116,175,219
북미항로	102

ㅅ

서비스수준협약	269,338,339
선급협회	390
선용품비(stores and consumables)	111
선원비 (crew cost)	110
선적예약 (Booking)	15
선적지 변경	22

선하증권	118,164,165,166,167,169,171,173,177
세관인증표시 (Customs Approval Plate)	68
수송비 (transport cost)	92
수입LC화물 운송경로	29
수입통관	27
수입항공화물의 취급절차	125

ㅅ

수출단계와 물류요금 사례	253
수출신고	122

ㅇ/ㅈ/ㅊ/ㅋ

아프리카 항로	53
용선 중개인 (chartering broker)	117
용선계약	114
용선료 (Charterage)	118
용선자 (charterer)	117
운송서류	156
운송클레임	200,201
운크타드 코드(UNCTAD Code)	99, 100
임시개청허가 수수료	252
정기선	76,94,102,114,219,221
정박기간의 시기와 종기	119
제3자 선하증권 (Third Party B/L)	169
종가요금	241,242
종가운임	241

ㅌ/ㅍ/ㅎ

터미널 화물처리비 (THC)	224
파손위험	268
파출검사 수수료	251
풀 컨테이너선	76
품목분류요율	238
피보험이익 (Insurable Interest)	257
피크계수(peak factor)	89
하역료	213
한·일 항로	51
한국·러시아 항로	105
한일항로	104
한중항로	104
할증료	222
항공운송의 이용절차	122
항공운송인의 책임한도	142
항공운송클레임	203
항공화물 운임	133,134,231,232,236
항공화물 화주보험	139
항공화물대리점	129
항공화물운송장	191
항만시설 사용료	214

수출심사	123
수출허가	123
중국항로	51
지체료와 디머리지 (demurrage)	228
착지불 수수료 (Charges Collect Fee)	245
추가운임 (additional charge)	223
카고운송	155
컨테이너 규격코드	66
컨테이너 안전조약 (CSC)	405
컨테이너 인식코드	64
컨테이너 장치능력	88
컨테이너 터미널	81,83,86,87
컨테이너 통관조약 (CCC)	403
컨테이너의 종류	61
클레임	200,202,203
항만운송업	386
항해비용 (voyage cost)	112
항해용선 (Trip, Voyage Charter)	114
해사안전위원회	400
해상운송 코스트	110
해상운송 클레임	204
해상화물운송장	184,186
해약기일 (Canceling date)	119
해양 선하증권	169
협회적하약관	262
혼잡할증료 (congestion surcharge)	223
혼재화물	156
혼합위험 / 오염위험	269
화물가액신고서	271
화물검사	123
화물량의 최저단위	251
화물보안료	218
화물비 (cargo handling cost)	112
화물취급수수료 (handling charge)	230
환적 선하증권 (Transshipment B/L)	16

저 자 소 개

♣ 허 문 구

경영학 박사
한국해양대학교 해운경영학과 졸업
한국외국어대학교 무역대학원 해운경영학과 졸업
한국해양대학교 대학원 해운경영학과 졸업
Diploma, IMTA, Shipping & Transport College (네덜란드)
부산경상대학 무역과 겸임교수
한국해양대학교 해운경영학부 겸임교수
한국무역협회 무역아카데미 강사
한국통합물류협회 강사
서경대 대학원 물류학과, 경기대 무역학과, 건국대 무역학과 강사 등
국제무역사시험 출제위원
물류관리사 시험 운영 및 선정위원
한국무역협회 물류개선팀장 역임
(현재) 한국무역협회 부산지역 본부장
　　　　대한상사중재원 중재인

(논문 등)
수출입기업의 제3자물류 서비스 활용에 관한 실증적 연구

수출입물류실무

발행일	2005년 7월 20일 1판 발행
	2014년 3월 10일 3판 발행
	2018년 9월 15일 4판 1쇄 발행
저자	허문구
발행인	강석원
발행처	**한국재정경제연구소《코페하우스》**
출판등록	제2-584호(1988.6.1)
주소	서울특별시 강남구 테헤란로 406
전화	(02) 562-4355
팩스	(02) 552-2210
메일	kofe@kofe.kr
홈페이지	www.kofe.kr
ISBN	978-89-93835-54-0 (13320)
값	30,000원